Christophe André / François Lelord

Die Macht der Emotionen

Christophe André
François Lelord

Die Macht der Emotionen

und wie sie unseren Alltag bestimmen

Aus dem Französischen
von Ralf Pannowitsch

Gustav Kiepenheuer Verlag

Originaltitel: La Force des Émotions

Veröffentlicht mit Unterstützung der Maison des sciences de l'homme,
Paris, und des französischen Ministeriums für Kultur

ISBN 3-378-01058-4
1. Auflage 2002

Einbandgestaltung Therese Schneider
Satz Dörlemann Satz, Lemförde
Druck und Binden Wiener Verlag
Printed in Austria

www.gustav-kiepenheuer-verlag.de

Einführung

»Emotionen sind so lästig ...«

»Aber nicht doch! Emotionen sind unser ganzes Leben!«

»Na toll – man hat einen Kloß im Hals, hat Herzklopfen, feuchte Hände ...«

»Fühlt sich vergnügt, ist verliebt!«

»Ist zornig oder von Neid zerfressen ...«

»Man begeistert sich für etwas, ist zärtlich ...«

»Bekümmert, deprimiert, niedergeschlagen ...«

»Aufgekratzt, voller Energie!«

»Wie gelähmt, unfähig zum kleinsten vernünftigen Gedanken ...«

»Inspiriert, voller Intuition!«

Die Debatte könnte noch lange so weitergehen, und beide Gesprächspartner hätten recht.

Was wäre Glück ohne Emotionen? Wollen wir in unserem Streben nach Glück nicht vor allem einen bestimmten emotionalen Zustand erreichen? Und bedeutet Unglück nicht, daß man sich von unangenehmen Emotionen gequält oder niedergedrückt fühlt?

Überhaupt – wie viele Irrtümer unterlaufen uns bei heftigen Gefühlsausbrüchen! Andererseits konnten wir auch viele Irrtümer vermeiden, weil wir auf unsere Emotionen oder die der Mitmenschen geachtet haben.

Emotionen stürzen uns in Verzweiflung oder versetzen uns in Ekstase, sie begleiten oder verursachen unsere Erfolge wie unsere Niederlagen.

Wir können ihre Macht und ihren Einfluß auf unsere Entscheidungen, unsere Beziehungen oder unsere Gesundheit nicht leugnen. Im Mittelpunkt des vorliegenden Buches steht die Frage, ob und wie es uns gelingen kann, mit dieser Macht umzugehen.

Das erste Kapitel heißt »Überall Emotionen ...« und berichtet davon, wie Wissenschaftler unterschiedlicher psychologischer Schulen die Emotionen heutzutage deuten. Daraus kann man erste Ratschläge ableiten, mit deren Hilfe man die eigenen Emotionen besser versteht.

Dann widmen wir jeder grundlegenden Emotion ein eigenes Kapitel: dem Zorn, dem Neid, der Freude, der Traurigkeit, dem Schamgefühl, der Eifersucht, der Angst und zu guter Letzt der Liebe. Neben den Basisemotionen behandeln wir auch immer verwandte bzw. ähnliche Emotionen. So werden wir von der Freude auf die gute Laune zu sprechen kommen, auf die Zufriedenheit und schließlich auf das Glücksgefühl.

Mit der Beschreibung jeder Basisemotion möchten wir:

- Ihnen helfen, sie zu erkennen, indem wir all ihre Erscheinungsformen aufzeigen;
- Ihnen ihre Nützlichkeit erklären, vor allem bezogen auf den Umgang mit Ihren Mitmenschen;
- analysieren, auf welche Weise eine Basisemotion Ihr Urteilsvermögen schärfen oder auch eintrüben kann;
- Ihnen Tips geben, wie Sie diese Emotion besser erkennen und erfolgreicher einsetzen können.

Was die Liebe betrifft, so wird zwar sie selbst nicht als Basisemotion angesehen (wir werden noch sehen, weshalb), dennoch haben wir ihr ein eigenes Kapitel gewidmet, da sie eine unerschöpfliche Quelle heftigster Emotionen darstellt.

Kapitel 1

Überall Emotionen ...

> »Aber hör mal«, fuhr er in verändertem Ton fort, »du siehst ja trübe aus! Was du brauchst, ist ein Gramm Soma.« Benito griff in die rechte Hosentasche und zog ein Röhrchen hervor. Ein Kubikzentimeter davon, und zehn Gefühle sind geheilt ...

In seinem Roman *Schöne neue Welt* beschreibt Aldous Huxley nicht nur ein Universum der Klone und Retortenbabys, sondern auch eine Welt, aus der man jede unerfreuliche oder zu heftige Emotion zu verbannen versucht, sogar die Liebe.

Sollte es dennoch passieren, daß sich jemand ein wenig aufregt oder sich verbittert, frustriert, eifersüchtig oder unbestimmt verliebt fühlt – selbst in dieser perfekten Welt steigen die guten alten Emotionen der Menschen hin und wieder an die Oberfläche –, gibt es für jedermann eine einfache Lösung: *Soma* ist eine Droge, die einen sogleich in gute Stimmung versetzt, und das ohne irgendwelche Nebenwirkungen. Nun kann man die Versammlung weiterhin effizient leiten oder den Hubschrauber sicher steuern.

Wenn man Ihnen *Soma* anböte: Wären Sie bereit, eine Kapsel zu schlucken, um sich all Ihrer störenden Emotionen zu entledigen? Die Antwort hängt natürlich davon ab, welches Verhältnis Sie zu Ihren Emotionen haben. Betrachten Sie Ihre Gefühle als Feinde, die Ihnen Knüppel zwischen die Beine werfen? Oder eher als Verbündete, die Ihnen Energie spenden?

Wenn man Emotionen im Überfluß hat

Was meinen Sie – sollte Anne es mal mit *Soma* probieren?

Ich habe schon immer zu starke Empfindungen gehabt. Zum Beispiel schrecke ich sehr leicht zusammen, was die anderen schon aus-

genutzt haben, als ich noch ein kleines Mädchen war. Meine Geschwister machten sich einen Spaß daraus, mich zu erschrecken, denn sie wollten sehen, wie ich zusammenzucke oder losschreie. In der Schule bekam ich schrecklichen Bammel, wenn ich an die Tafel mußte. Dabei war ich eher eine gute Schülerin (meine Ängstlichkeit trieb mich zu fleißigem Lernen an). In meinen Freundschaften hat mir diese Überempfindlichkeit schon als Kind Kummer bereitet: Der kleinste Spott verletzte mich, und sobald jemand auch nur ein bißchen auf Abstand ging, schien es mir gleich, als würde er mich für immer von sich stoßen. Den kleinen Spielen und Intrigen jener Jahre fühlte ich mich schutzlos ausgeliefert. Zum Glück konnte ich trotzdem ein paar Freundinnen gewinnen. Sie können sich vorstellen, wie es später mit meinem Liebesleben aussah: Ich kann nicht anders, als mich schon im ersten Augenblick einer Beziehung Hals über Kopf zu verlieben. Dann lebe ich ständig in der Furcht, verlassen zu werden; mein Herz krampft sich zusammen, sobald der Mann, den ich liebe, mit einer anderen spricht, und die Augenblicke von Ekstase sind bei mir wie ein paar Bergspitzen in einer Landschaft voll tiefer Schluchten. Meine Freundinnen meinen, ich hätte Glück, so leidenschaftlich zu sein – wenigstens würde ich ein intensives Leben führen. Gewiß haben sie auch recht, aber manchmal finde ich, daß ich einfach zuviel leide. Außerdem fürchte ich mich nicht nur vor meiner Ängstlichkeit, sondern muß mich auch vor meinen Zornesausbrüchen in acht nehmen. Wenn ich sehr gestreßt bin, kann ich nämlich wegen einer Lappalie an die Decke gehen, was ich hinterher natürlich bedaure. Sogar in glücklichen Augenblicken fällt mir dieser Emotionsüberschwang zur Last: Mir kommen viel zu schnell die Tränen, und ich muß dauernd aufpassen, daß ich in einem Augenblick von Zärtlichkeit oder bei einer Wiederbegegnung nicht zu heulen anfange! Es reicht schon, daß ich von einem Film spreche, der mich bewegt hat – gleich werden meine Augen feucht. Deshalb meide ich auch eine Menge Gesprächsthemen, und vielleicht macht das ein Gespräch mit mir nicht so interessant?

Anne ist ein gutes Beispiel für ein sogenanntes »hypersensibles Temperament«.[1] In ihr toben alle möglichen Emotionen. Bei anderen Personen dagegen dominiert eine bestimmte Leitemotion die ganze Persönlichkeit: Sie gelten dann bei ihren Mitmenschen oder auch im eigenen Urteil als ängstliche, zornige, eifersüchtige, traurige oder verschämte Menschen. Das bringt sie manchmal dazu, bei Ärzten oder Psychologen Hilfe zu suchen.

Wäre für all jene, die von einem Übermaß an Emotionen betroffen sind, ein bißchen *Soma* nicht nützlich? Oder sogar für uns alle, denn hat nicht jeder schon einmal an einer Emotion gelitten, die er nicht unter Kontrolle bekam, sei es nun Angst, Zorn, Schamgefühl, Traurigkeit oder Eifersucht?

Stellen Sie sich vor, man würde Ihnen ein Mittel anbieten, welches diese unkontrollierbaren Emotionen ausschaltet. Wie sähe Ihr Leben dann aus? Führen Sie sich zunächst die unmittelbaren Vorteile vor Augen:

- Schluß mit dem Bammel, wenn man vor Publikum sprechen oder eine Liebeserklärung machen muß! Sie gingen diese Situationen mit heiterer Miene an und mit einer Seelenruhe, die Ihre Mitmenschen in Erstaunen versetzen würde.
- Nie wieder gäbe es all die Zornesausbrüche, in denen Sie sich immer zu Worten hinreißen lassen, die nicht wiedergutzumachen sind, und es wäre Schluß mit jener Wut, die in Ihnen frißt.
- Kein Mißerfolg könnte Sie erschüttern: Sie würden nie von Traurigkeit oder Mutlosigkeit bedrückt werden.
- Neidlos könnten Sie die Erfolge der anderen mit ansehen und eine Partnerschaftsbeziehung ohne Eifersucht durchhalten.
- Keine Verlegenheit mehr nach einem Tritt ins Fettnäpfchen, kein Schamgefühl wegen Ihrer sichtbaren oder versteckten Schwächen.
- Herzklopfen, Tränen, Bauchweh, Kopfschmerzen, Erröten, Erblassen, feuchte oder zitternde Hände? Alle körperlichen Äußerungen von Emotionen würden das Weite suchen.
- Auch würden Sie sich nicht mehr von Liebe oder Freude blenden lassen; künftig würden Ihnen überhaupt keine Irrtümer mehr wegen heftiger Gefühlswallungen unterlaufen.

Wären Sie nach der Auflistung all dieser Wohltaten bereit, das Medikament zu schlucken? Überlegen Sie es sich gut! Käme es nämlich mit Zustimmung der Gesundheitsbehörden in Umlauf, würde in der Rubrik »Risiken und Nebenwirkungen bei längerem Gebrauch« wahrscheinlich folgendes stehen:

- Gleichgültigkeit, Interesselosigkeit, Untätigkeit;
- Verhaltensweisen, die für einen selbst oder die Mitmenschen riskant sind;
- Störungen des Gedächtnisses und der Urteilsfähigkeit;
- Beziehungsschwierigkeiten, unangemessenes Verhalten in Gesellschaft.

Nun wirkt dieses Medikament der Zukunft schon weniger sympathisch. Aber wie können wir so sicher sein, daß es diese Nebenwirkungen geben würde?

Wenn es an Emotionen mangelt

Früher war Eliott ein guter Ehemann und Familienvater. Seine Berufskollegen schätzten ihn als Geschäftsmann. Heute ist er nicht mehr derselbe. Nach wie vor ist er höflich und lächelt, selbst wenn man ihm unangenehme Fragen stellt. Aber dieses ewige Lächeln verwirrt die anderen ein bißchen, denn Eliotts Leben ist zur wahren Katastrophe geworden. Seine Frau hat ihn verlassen, und in seiner Firma hatte man keine Verwendung mehr für ihn. Bei Intelligenz- und Gedächtnistests erzielt er weiterhin exzellente Resultate, aber er setzt sich nicht mehr spontan an die Arbeit – man muß ihn dazu drängen. Und hat er sich einmal an eine Aufgabe gemacht, zum Beispiel an die Lektüre und das Ordnen von Akten, so scheint er nicht mehr imstande zu sein, sich die Arbeit einzuteilen: Es kommt vor, daß er plötzlich innehält, um den restlichen Tag mit einer einzigen Akte zuzubringen, oder er ändert plötzlich die Einordnungskriterien, ohne an die schon getane Arbeit zu denken. Bei alledem achtet er nicht auf die verstreichende Zeit. Im Alltag knüpft Eliott zwar schnell Kontakte, geht dabei aber wahllos vor, so daß er schon an Leute geraten ist, die ihn ausnutzten. Macht man ihn auf all diese Probleme aufmerksam, streitet Eliott sie nicht ab, doch verläßt die lächelnde Seelenruhe ihn auch jetzt nicht. Ihn quält kein Zuviel an Emotionen – er kann gar keine mehr empfinden. Ausgelöst wurde dieser Zustand nicht etwa durch einen Mißbrauch von Soma, sondern durch eine winzige Verletzung der vorderen Hirnrinde. Eliott gehört zu den Patienten, die der international renommierte Neurologe Antonio Damasio in seinem Buch *Descartes' Irrtum* beschrieben hat.[2] Infolge lokaler Schädigungen des Nervensystems haben diese bedauernswerten Menschen die Fähigkeit verloren, Emotionen zu verspüren, während ihre übrigen Fähigkeiten voll erhalten geblieben sind. Die meisten dieser Menschen sind aufgrund ihrer bemerkenswert gleichförmigen Stimmung für andere eine angenehme Gesellschaft. Es gelingt ihnen jedoch nicht mehr, einen Zeitplan aufzustellen oder einzuhalten; sie können nicht mehr sagen, was sie persönlich bevorzugen, können nicht mehr zwischen verschiedenen Lösungen für ein einfaches Problem auswählen und haben jegliche Motivation verloren. Sie haben entweder das Interesse an anderen Menschen eingebüßt oder zeigen sich übertrieben kumpelhaft oder unternehmungslustig, wobei die Resultate in beiden Fällen von Nachteil sind. Solchen Menschen fällt es nämlich auch schwer, den Gefühlszustand anderer Leute zu erkennen, wodurch ihnen häufig Taktlosigkeiten oder Fehleinschätzungen unterlaufen.

Bei diesen Patienten ist extrem und dauerhaft ausgeprägt, was uns allen von Zeit zu Zeit passieren kann: Wir irren uns, weil wir unsere eigenen Emotionen mißachtet haben oder die der anderen nicht begreifen konnten. Damasio schlußfolgert, daß unsere Fähigkeit, Emotionen zu verspüren und auszudrücken, einen Teil unserer Vernunft ausmache, und zwar im Guten wie im Schlimmen. Auf Emotionen können wir also nicht verzichten, auch nicht auf die unangenehmen!

Was ist nun aber eine Emotion?

Den Begriff »Emotion« zu definieren, ist nicht gerade einfach. Als wir dieses Buch zu schreiben begannen, haben wir die Frage nach der Definition oft im Bekanntenkreis gestellt. Die meisten Befragten umgingen daraufhin die Schwierigkeit, indem sie die einzelnen Emotionen einfach aufzählten. Sie waren sich schnell darin einig, daß Freude eine Emotion ist, ganz sicher auch Traurigkeit, Angst und Zorn … Aber wie sieht es mit der Liebe aus? Ist sie eine Emotion? Das Schamgefühl? Überdruß und Langeweile? Eifersucht? Einige versuchten, eine Emotion zu definieren, indem sie sie von einem *Gefühl*, einer *Stimmung* oder einer *Leidenschaft* abgrenzten.

Eines der frühesten Wörterbücher der französischen Sprache, Antoine Furetières *Dictionnaire* (1690)[3], gibt uns folgende Auskunft:

EMOTION: *Außergewöhnliche Bewegung, die Körper und Geist aufrührt und das Temperament oder das Gleichgewicht des Gemütes stört. Das Fieber beginnt und endet mit einer kleinen Emotion des Pulses. Bei einer heftigen Anstrengung verspürt man im ganzen Körper eine Emotion. Ein Liebhaber fühlt eine Emotion beim Anblick seiner Geliebten, ein Feigling beim Anblick seines Feindes.*

Wir haben diese so alte Definition aufgenommen, weil sie paradoxerweise die wesentlichen Merkmale enthält, mit denen die moderne Wissenschaft Emotionen definiert:

- Eine Emotion ist eine »Bewegung«, das heißt eine Veränderung im Vergleich zu einem unbewegten Ausgangszustand. Eben noch zeigte sich in uns keine Gefühlsregung, und plötzlich ist sie da.
- Eine Emotion ist körperlich – sie kann sich am ganzen Leib äußern. Unser Herz schlägt schneller oder manchmal auch langsamer, wie wir noch sehen werden. Die modernen Wörterbücher berücksichtigen vor allem diese *physiologische Komponente* der Emotionen.

- Die Emotion bringt auch den Geist in Wallung, sie läßt uns anders denken als zuvor. Die Forscher nennen das die *kognitive Komponente* der Emotion. Sie trübt den Verstand oder schärft ihn manchmal auch.
- Die Emotion ist eine *Reaktion* auf ein Ereignis. Furetière führt als Beispiel die Emotion an, die uns bei der Begegnung mit der geliebten Frau oder dem Feind überfällt; es gibt noch jede Menge anderer Situationen, von denen unsere Emotionen ausgelöst werden können.
- Selbst wenn die Definition es nicht ausdrücklich sagt, darf man annehmen, daß die Emotion uns im ersten Fall dazu bringt, die Nähe der Geliebten zu suchen, und daß sie uns im anderen Fall den Feind bekämpfen bzw. uns vor ihm fliehen läßt. Eine Emotion bereitet uns also aufs Handeln vor, sie drängt uns oft geradezu zur Aktion. Hierin liegt die *Verhaltenskomponente* der Emotion.

Zusammenfassend kann man sagen, daß eine Emotion eine plötzliche Reaktion unseres gesamten Organismus ist, die physiologische (unseren Körper betreffend), kognitive (unseren Geist betreffend) und Verhaltenskomponenten (unser Handeln betreffend) enthält.

Diese Definition verrät uns jedoch nichts über die Zahl der Emotionen. Wie viele mag es geben? Sechs, wie Charles Darwin im Jahre 1872 vermutete? Sechzehn, wie der zeitgenössische Forscher Paul Ekman[4] vorschlägt? Unendlich viele, wie andere denken? Und variiert die Anzahl der Emotionen nicht abhängig von der Gesellschaft, in die man hineingeboren wurde? Spürt man in Paris dieselben Emotionen wie in Kuala Lumpur, im Packeis dieselben wie im Amazonasdschungel?

Bevor wir uns an eine Auflistung der Emotionen machen, müssen wir die vier großen Theorien anschneiden, die es zu ihrer Erklärung gibt.

Vier Sichtweisen

Alle vier Theorien haben ihre Vorläufer und ihre zeitgenössischen Verfechter und bilden die Basis für spezielle praktische

Anwendungen, die uns helfen können, mit den eigenen Emotionen besser zu leben. Wir wollen diese Sichtweisen ausgehend von ihrer jeweiligen Grundhypothese untersuchen.

Erste Hypothese: *»Wir verspüren Emotionen, weil es in unseren Genen steckt.«*

Diesen Standpunkt vertreten die modernen Nachfolger Darwins, die *Evolutionspsychologen*. Wenn wir Zorn empfinden, Freude, Traurigkeit, Angst und andere Emotionen, dann weil uns diese Emotionen (ganz wie unsere Fähigkeit zum aufrechten Gang oder zum Ergreifen von Gegenständen) zum besseren Überleben und zur gelungeneren Fortpflanzung im natürlichen Milieu verholfen haben. Sie sind im Laufe der Entwicklungsgeschichte unserer Art als richtiggehende »mentale Organe« herausgebildet worden und werden auch weiterhin durch Vererbung übertragen. Hier einige Argumente der Evolutionspsychologen:

- *Emotionen sind lebensrettend:* Basisemotionen werden in Situationen ausgelöst, in denen für uns eine Menge auf dem Spiel steht, sei es für unser Überleben oder unseren Status. Angst hilft uns zum Beispiel, einer Gefahr zu entfliehen, mit Hilfe des Zorns können wir über Rivalen triumphieren, und die sinnliche Begierde treibt uns dazu, einen Partner zu suchen, mit dem wir uns fortpflanzen. Emotionen waren für das Überleben und die Reproduktion unserer Vorfahren förderlich, was auch ihre Weitergabe über alle Generationen erklären würde.
- *Auch unsere tierischen Verwandten haben Emotionen:* Bei unseren nächsten Verwandten, den Affen, stößt man auf Verhaltensweisen, die sehr bezeichnend für bestimmte Emotionen sind. Primatologen haben in zahlreichen Beobachtungen Indizien dafür gefunden, daß es bei unseren engsten Verwandten im Tierreich, etwa den Schimpansen, so etwas wie ein intensives Gefühlsleben gibt.[5] Ihre Bündnisse, Konflikte, Rivalitäten und auch Versöhnungen geben ein verblüffendes Spiegelbild unserer alltäglichen Emotionen ab.

- *Schon ein Baby verspürt Emotionen:* Emotionale Reaktionen wie Zorn oder Angst erscheinen beim Menschen schon im zartesten Alter (die Freude mit drei Monaten, Zorn im Alter zwischen vier und sechs Monaten), was für eine »Programmierung« dieser Emotionen im Erbgut des Babys spricht. Dieses Erbgut ist aber das Ergebnis vieler Selektionen im Laufe der Entwicklungsgeschichte.

CHARLES DARWIN (1809–1882)

Anders als allgemein angenommen, hat nicht Charles Darwin, der englische Naturforscher der viktorianischen Ära, die Evolution der Arten entdeckt: Der Franzose Lamarck hatte dieses Phänomen bereits ein Jahr vor Darwins Geburt geistig vorweggenommen.[6]

Wenn Darwin schon nicht die Evolution entdeckt hat, dann doch zumindest ihren Wirkmechanismus, die natürliche Auslese. Demnach führen spontane Mutationen dazu, daß die Tiere ein und derselben Art unablässig in Größe, Gewicht, Aussehen und Stoffwechseleigentümlichkeiten variieren. In einer bestimmten Umgebung kommen manche dieser erblichen Mutationen dem Überleben oder der Fortpflanzung des Individuums zugute. Individuen mit dieser Mutation werden also mehr Nachkommen hinterlassen, und die Nachkommen dieser Nachkommen werden am Ende einer langen Entwicklung die gesamte Art repräsentieren.

Als zum Beispiel in der letzten Eiszeit die Eismassen immer mehr vorrückten, konnten sich am Ende die Wollmammuts als einzige Vertreter ihrer Gattung behaupten. Viele aufeinanderfolgende Mutationen hatten ihr Fell dichter werden lassen, wodurch sich Wollmammuts besser an das sich abkühlende Klima anpassen konnten. Die Stämme von Individuen, bei denen diese Mutation ausgeblieben oder schwächer ausgefallen war, starben hingegen aus. Darwin kam auf die Idee, daß die Natur unwillkürlich und in langen Zeiträumen eine ähnliche Arbeit leiste wie die Tier- oder Pflanzenzüchter bei ihren Versuchen, eine Art nach bestimmten Kriterien zu selektieren. Das soll nicht heißen, daß Darwin die natürliche Auslese für *moralisch* gehalten hätte – er tat es ebensowenig, wie ein Spezialist für Alterungsprozesse sich daran erfreut, uns (und sich selber) hinfällig werden zu sehen.

Die Natur ist nicht moralisch, die natürliche Auslese noch weniger, aber das bedeutet nicht, daß die Erforscher der natürlichen Auslese unmoralisch wären.

Zur Erläuterung der Evolutionstheorien werden wir oft auf die Lebensweise der Jäger und Sammler zurückkommen, und das mit einer Nachdrücklichkeit, die Sie vielleicht überraschen wird. Man muß sich vor Augen halten, daß wir, wie Jared Diamond erklärt, acht Millionen Jahre lang Primaten sowie Jäger und Sammler gewesen sind.[7] Zum *Homo sapiens* wurden wir erst vor 100000 Jahren, und mit dem Ackerbau begannen wir sogar erst vor 10000 Jahren, und das auch nur in bestimmten Weltgegenden. Das Leben als Jäger und Sammler macht also 99 % unserer Evolutionsgeschichte aus, und viele unserer physischen und psychischen Merkmale sind Anpassungen an die Erfordernisse dieser heute beinahe verschwundenen Lebensweise.

Zweite Hypothese: *»Wir verspüren Emotionen, weil unser Körper etwas spürt.«*

Der amerikanische Psychologe und Philosoph William James (1842–1910) ist der Vorläufer einer Theorie, die man mit dem Schlagwort »Emotion ist Empfindung« charakterisieren könnte. Wir neigen zu der Ansicht, daß wir zittern, weil wir Angst haben, oder daß wir weinen, weil wir traurig sind. Nach James funktioniere es genau umgekehrt: Wenn wir spüren, daß wir zittern, bekommen wir Angst, und wenn wir weinen, macht uns das traurig.

Auf den ersten Blick widerspricht diese Hypothese dem gesunden Menschenverstand, aber die Forschung hat viele Beobachtungen zusammengetragen, die solche Annahmen untermauern. Es gibt zum Beispiel Situationen, in denen unsere körperliche Reaktion schon ausgelöst wird, ehe sich die Emotion im ganzen einstellt. So verhält es sich etwa, wenn wir beim Autofahren um Haaresbreite einer Kollision entgehen. Häufig verspüren wir die Angst *nach* dem Ereignis, während unser Körper innerhalb von Sekundenbruchteilen mit einem Adrenalinausstoß und einer Beschleunigung der Herzfrequenz reagiert hat.

Im übrigen wären unsere Emotionen inhaltsleer, wenn es nicht die Empfindungen gäbe, die von unserem Körper herrühren. Antonio Damasio spricht auch von *somatischen Markern*, die unseren Geist über das Vorhandensein einer Emotion informieren und uns helfen, schneller zu reagieren. Die unangenehmen körperlichen Empfindungen, welche mit der Angst verknüpft sind, werden uns zum Beispiel helfen, einer Gefahrensituation schnell auszuweichen. Patienten, die solche Marker nicht mehr wahrnehmen können, werden folglich keine Angst haben, was ein Vorteil sein kann, aber auch etwas sehr Riskantes.

Die Miene macht die Stimmung

Eine der frappierendsten Illustrationen dieser Theorie wird vom sogenannten *facial feed-back* geliefert. Mimt man absichtlich den Gesichtsausdruck, der für eine bestimmte Emotion typisch ist, werden die entsprechenden physiologischen Reaktionen und sogar die entsprechende Stimmung ausgelöst.[8] Die Yogi, die empfehlen, immer ein leichtes Lächeln auf den Lippen zu tragen, haben also recht: Lächeln bringt bessere Laune! Es handelt sich allerdings um einen bescheidenen und vorübergehenden Einfluß: Große Traurigkeit oder gar Depressionen kann man nicht mit einem einfältig-seligen Lächeln behandeln.

DARWIN, MARX UND FREUD

In einem Brief an Engels schrieb Marx zu Darwins *Über die Entstehung der Arten durch natürliche Zuchtwahl*: »Obgleich grob englisch entwickelt, ist dies das Buch, das die naturhistorische Grundlage für unsere Ansicht enthält.«[9]

Auch Freud hat Darwin gelesen und kommt mehrfach auf dessen Gedanken zurück,[10] vor allem in *Totem und Tabu*, wo er Darwins Beschreibung der Urhorde ausführlich zitiert. Das Männchen habe damals eifersüchtig darüber gewacht, daß sich seine Nachkommen nicht an die Weibchen heranmachen konnten. Das führte diese Nachkommen dazu, den Vater zu töten. Später gingen sie dazu über, ein Gesetz zu schaffen. Dies bezeichnet

nach Freud den Anfang der Kultur. Über Parallelen oder Unterschiede in den Ansichten Darwins und Freuds zur menschlichen Natur könnte man ein ganzes Buch schreiben. Besonders in *Massenpsychologie und Ich-Analyse*[11] wird auf richtiggehend evolutionistische Weise beschrieben, wie sich die Veranlagung zum Altruismus herausbildete und durch Vererbung weitergetragen wurde.
Trotz der Distanz, die heute zwischen den Schülern Freuds und Darwins besteht, haben beide Wissenschaftler einst aus ähnlichen Gründen die heftigste Ablehnung hervorgerufen: Sie enthüllten, daß wir *ohne unseren Willen* von Mechanismen bewegt werden, die wir aus einer fernen Vergangenheit geerbt haben. Dabei halten wir uns doch so gerne für freie und vernunftgeleitete Geschöpfe ...
Wir werden noch sehen, warum dieses animalische Erbe auch eine Bereicherung für uns ist: Der darwinistische Standpunkt ruft uns ins Bewußtsein, daß unsere Emotionen seit jeher *nützlich* gewesen sind und wir ihnen deshalb große Aufmerksamkeit widmen sollten.

Dritte Hypothese: *»Wir verspüren Emotionen, weil wir denken.«*

Wenn ich einem Freund etwas auf den Anrufbeantworter gesprochen habe, und er ruft nicht zurück, wird meine Emotion davon abhängen, ob ich denke, daß er mich nicht mehr sehen will (Traurigkeit), daß er gerade bis über beide Ohren verliebt ist (ich freue mich für ihn oder bin neidisch) oder daß ihm vielleicht etwas zugestoßen ist (Sorge).

Die Hypothese »Wir verspüren Emotionen, weil wir denken« ist sicher am beruhigendsten für uns, da wir uns gern als vernunftgeleitete Wesen betrachten. Die Anhänger dieser sogenannten *kognitiven* Herangehensweise glauben, daß wir an alle Ereignisse unaufhörlich und mit großer Geschwindigkeit ein Entscheidungsraster anlegen: erfreulich/unerfreulich; vorhergesehen/unvorhergesehen; kontrollierbar/unkontrollierbar; von uns verursacht/von anderen verursacht. Je nach der Kombination, die man dabei erhält, taucht die eine oder die andere Emotion auf. Die Mischung »unvorhergesehen-unerfreulich-kontrollierbar-von anderen verursacht« würde zum Beispiel unseren Zorn auslösen, die Kombination »vorhergesehen-unerfreulich-kontrollierbar« unsere Angst.

Diese Theorien kamen in verschiedenen Formen von Psychotherapien zur Anwendung, besonders bei den *kognitiven* Therapien[12], die dem Patienten helfen sollen, anders zu denken. Ein depressiver Patient neigt zum Beispiel dazu, nachteilige Ereignisse als »unkontrollierbar« und »von mir selbst verursacht« einzuordnen. Die Analyse seiner Denkmechanismen kann ihm helfen, auf weniger stereotype Weise zu denken und Emotionen wie Traurigkeit und Angst zu dämpfen.

Vordenker einer solchen Herangehensweise finden sich unter den Philosophen, besonders unter den antiken Stoikern. Epiktet schrieb zum Beispiel: »Nicht die Ereignisse sind es, welche die Menschen betrüben, sondern ihre Vorstellungen über diese Ereignisse.«

Vierte Hypothese:
»Wir verspüren Emotionen, weil sie ein Teil unserer Kultur sind.«

Wenn wir nach einer Niederlage unseres Lieblingsvereins Traurigkeit verspüren oder wegen einer ausgebliebenen Gehaltserhöhung wütend werden, liegt das daran, daß wir diese emotionalen Rollen, die bestimmten Situationen unserer Gesellschaft angepaßt sind, erlernt haben. Niemand in unserer Umgebung ist erstaunt, wenn wir solche Emotionen verspüren. Man würde sich auch nicht wundern, daß wir sie ausdrücken, indem wir mit niedergeschlagener beziehungsweise empörter Miene ins Büro kommen. Unsere Mitmenschen haben dieselben Rollen erlernt und erkennen sie leicht wieder.

Für die Verfechter der bisweilen als *kulturrelativistisch* bezeichneten Methode ist eine Emotion zunächst einmal eine *soziale Rolle*, die wir in unserer Kindheit und Jugend in einer bestimmten Gesellschaftsform erlernt haben. Daraus würde folgen, daß Personen, die in anderen Kulturen groß geworden sind, Emotionen auch anders verspüren und ausdrücken müßten. Von einem Kontinent zum andern wären die menschlichen Emotionen ebenso breit gefächert wie die Sprachen der verschiedenen Völker. Spitzt man diese Hypothese extrem zu, könnte man sich vorstellen, daß gewisse ethnische Gruppen manche unserer Emotionen wie etwa sexuelle Eifersucht oder Traurigkeit gar nicht kennen. Wir werden später sehen, daß gründliche Forschungen diese Hoffnung, einen »guten Wilden« zu entdecken, zunichte gemacht haben.

Der berühmte kulturrelativistische Psychologe James Averill[13] wies darauf hin, daß man uns dank der sozialen Rolle von Emotionen gewisse Verhaltensweisen durchgehen läßt, die ansonsten inakzeptabel wären: Man verzeiht uns ein böses Wort schneller, wenn es im Zorn ausgesprochen wurde, und wenn wir unsere Verliebtheit gestehen, toleriert man ebenfalls bestimmte Verhaltensweisen (wir langweilen unsere Freunde, indem wir jedes Auf und Ab unserer Liebesbeziehung hundertmal herbeten, oder vernachlässigen sie einfach; wir tanzen vor Freude oder fangen an zu schluchzen). In anderen Gesellschaften würde ein solches Verhalten womöglich als schockierend oder unverständlich aufgefaßt werden.

Das kulturrelativistische Verständnis von Emotionen erinnert uns daran, daß wir stets auf das soziale Umfeld achten müssen, ehe wir eine Emotion ausdrücken oder die Emotionen anderer interpretieren. Während man bei den einen zum Beispiel Aufmerksamkeit und Sympathie hervorruft, wenn man in der Öffentlichkeit weint, gilt das anderswo als Zeichen mangelnder Männlichkeit oder *self-control*.

AMERIKANER UND JAPANER

Ein unter Psychologen berühmtes Experiment[14] illustriert die kulturellen Unterschiede beim Ausdrücken von Emotionen: Man führte amerikanischen und japanischen Studenten einen Film vor, der einen schweren chirurgischen Eingriff zeigt. Die Studenten beider Länder drückten mit ihrer Mimik auf ähnliche Weise Angst- und Ekelgefühle aus. Dann wiederholte man das Experiment mit zwei anderen Studentengruppen, diesmal aber im Beisein eines älteren Professors. Die Mimik der amerikanischen Studenten war genauso expressiv wie im ersten Versuch, während die japanischen Studenten eine ungerührte Miene aufsetzten oder sogar lächelten …

Anschauliche Beispiele für die kulturrelativistische Methode lassen sich in den Schriften Margaret Meads finden. In einem berühmten Buch aus dem Jahre 1928 beschrieb sie das Leben verschiedener ozeanischer Volksstämme und leitete aus ihren Studien Schlußfolgerungen über den Einfluß der Kultur auf unsere psychischen Mechanismen, besonders die Sexualbräuche und Neurosen, ab.[15]

Theoretische Strömung	*Devise*	*Begründer oder wichtiger Vertreter*	*Lebenspraktischer Ratschlag*
Evolutionspsychologen	Wir verspüren Emotionen, weil es in unseren Genen steckt.	Charles Darwin (1809–1882)	Wir sollten aufmerksam auf unsere Emotionen achten, denn sie sind uns nützlich.
Physiologen	Wir verspüren Emotionen, weil unser Körper etwas spürt.	William James (1842–1910)	Indem wir unseren Körper kontrollieren, bekommen wir auch unsere Emotionen unter Kontrolle.
Kognitivisten	Wir verspüren Emotionen, weil wir denken.	Epiktet (55–135)	Indem wir anders denken, bekommen wir unsere Emotionen unter Kontrolle.
Kulturrelativisten	Wir verspüren Emotionen, weil sie ein Teil unserer Kultur sind.	Margaret Mead (1901–1978)	Wir sollten das jeweilige soziale Umfeld beachten, ehe wir eine Emotion ausdrücken oder deuten.

Die vier großen Theorien zum Thema Emotionen

Moderne Beobachtungen und die Fortschritte in den anderen drei Theorien haben die langjährige Vormachtstellung der kulturrelativistischen Methode in Frage gestellt. Wir werden noch sehen, daß es immer schwieriger wird, die Hypothese von der kulturellen Bedingtheit unserer Emotionen aufrechtzuerhalten.

Die beste aller Theorien

> Jeder hat gewonnen, und jeder verdient einen Preis.
> *Lewis Carroll,* Alice im Wunderland

Man könnte annehmen, daß diese vier Emotionstheorien einander widersprechen und ihre jeweiligen Verfechter in strenger Abgrenzung voneinander forschen. In Wirklichkeit ist es umgekehrt: Sie treffen sich regelmäßig auf Kolloquien und teilen in Sammelbänden sogar die einzelnen Kapitel untereinander auf, wodurch jeder die Möglichkeit hat, seinen Standpunkt einzubringen.

Jede der vier Theorien unterscheidet sich von den übrigen durch die Bedeutung, die sie einem besonderen Aspekt der Emotionen beimißt; damit leugnet sie freilich nicht, daß auch die anderen Sichtweisen von Interesse sind.

So geht selbst der eingefleischteste Evolutionspsychologe davon aus, daß emotionsauslösende Situationen und die Regeln für das Ausdrücken der Emotionen von Kultur zu Kultur variieren können. Umgekehrt weisen die modernen Kulturrelativisten die Vorstellung, daß es weltweit verbreitete Emotionen gibt, nicht von sich. Die Kognitivisten räumen ein, daß bestimmte emotionale Reaktionen unabhängig vom Denken ausgelöst werden, und die Vertreter der physiologischen Betrachtungsweise erkennen gern an, daß unsere Emotionen in manchen komplexen Situationen zunächst einmal davon abhängen, was wir denken.

Im vorliegenden Buch wollen wir uns bemühen, zu jeder Emotion den Standpunkt der vier verschiedenen Denkansätze zu berücksichtigen. Dennoch werden wir der Evolutionstheorie, die von allen vieren am spätesten entstand, manchmal etwas mehr Aufmerksamkeit widmen, denn ihre Denkweise ist weniger bekannt und erfordert oftmals mehr Erläuterungen oder ein paar Vorsichtsmaßregeln beim Gebrauch.

Basisemotionen

Auch wenn die Farben des Himmels oder einer Landschaft unendlich variieren, weiß man seit langem, daß sich in jedem Farbton drei Grundfarben mischen – Rot, Blau und Gelb. Kann man von unserer Gefühlslandschaft dasselbe behaupten? Gibt es so etwas wie Grundemotionen, deren jeweilige Verbindung die subtilen Nuancen unserer Stimmung hervorruft? Die meisten Forscher gehen von dieser Annahme aus und versuchen, diese Basisemotionen zu definieren.

Wenn es solche Emotionen gibt, muß es auch möglich sein, sie aufzulisten. Charles Darwin hielt im Jahre 1872 Freude, Überraschung, Traurigkeit, Angst, Ekel und Zorn für fundamental. Daher nennt man diese Emotionen bisweilen Darwins *»big six«*, nicht zu verwechseln mit Descartes' »sechs einfachen und ursprünglichen Leidenschaften«: Bewunderung, Liebe, Haß, sinnliche Begierde, Freude und Traurigkeit.

Paul Ekman schlägt vor, die Liste auf sechzehn Emotionen zu erweitern; hinzukommen sollen seiner Ansicht nach Vergnügen, Verachtung, Zufriedenheit, Verlegenheit, Stimulation, Schuldgefühl, Stolz, Genugtuung, Sinnenlust und Scham. Er räumt jedoch ein, daß nicht alle diese Emotionen die erforderlichen Kriterien erfüllen: Gibt es zum Beispiel einen universell verbreiteten Gesichtsausdruck für Verachtung? So geht die Forschung weiter …

In unserem Buch versuchen wir, alle genannten Emotionen zu behandeln. Den Schwerpunkt legen wir aber auf solche, die unserer Ansicht nach einen prägenden Einfluß auf unser Wohlbefinden und die Anpassung an unsere Lebenswelt ausüben.

WORAN ERKENNT MAN EINE BASISEMOTION?

Um den Titel »fundamental« oder »elementar« zu verdienen, muß eine Emotion verschiedenen Kriterien genügen.[16]

- *Sie muß abrupt einsetzen:* Eine Emotion ist immer eine *Reaktion* auf ein Ereignis oder einen Gedanken.
- *Sie muß von kurzer Dauer sein:* Ein langanhaltender Zustand von Traurigkeit wird schon nicht mehr als Emotion betrachtet, sondern eher als ein *Gefühl* oder eine *Stimmung*.
- *Sie muß sich von anderen Emotionen unterscheiden*, und zwar so klar, wie sich Rot von Blau absetzt. Zorn und Angst können miteinander vermischt auftreten, sind aber zwei deutlich unterschiedene Emotionen. Angst, Bangigkeit und Beklemmung hingegen gehören zur selben Familie.
- *Sie muß schon bei Babys vorkommen* und sich auch in diesem Alter deutlich von den übrigen Emotionen unterscheiden.
- *Sie muß in einer für sie typischen Weise auf den Körper wirken:* Jede fundamentale Emotion muß sich in charakteristischen körperlichen Reaktionen äußern. So führen Angst und Zorn beide dazu, daß das Herz schneller schlägt. Aber im Zorn steigt die Oberflächentemperatur der Finger, während sie bei Angst sinkt. Dank moderner Untersuchungsgeräte wie dem Positronen-Emissions-Tomographen oder dem Kernspintomographen kann man diese Unterschiede sogar im Gehirn beobachten. Bei Traurigkeit werden zum Beispiel andere Hirnzonen aktiviert als bei Freude.

Die Evolutionspsychologen legen noch auf drei weitere Kriterien Wert:

- *Es muß auf der ganzen Welt einen typischen Gesichtsausdruck für die betreffende Emotion geben:* Dieses Kriterium war, wie wir noch sehen werden, Gegenstand einer langen Debatte.
- *Sie muß von universellen Lebenssituationen ausgelöst werden:* Wenn ein schwerer Gegenstand auf Sie niedergesaust kommt, so wird dadurch immer und überall Angst ausgelöst, und der Verlust eines geliebten Wesens ruft stets Traurigkeit hervor.
- *Sie muß auch bei unseren nächsten Verwandten im Tierreich zu beobachten sein:* Wenn wir beobachten, wie sich zwei Schimpansen bei ihrer Begegnung umarmen, küssen und zu Luftsprüngen hinreißen lassen, können wir diese Tiere zwar nicht interviewen, aber die Annahme, sie würden Freude verspüren, ist sicher nicht absurd.

Kapitel 2

Zorn

Robert, ein Familienvater, kommt auf dem Flughafen an, von wo aus er in den Urlaub starten will. Er muß aber erfahren, daß alle Flüge des Tages auf Grund eines Streiks gestrichen worden sind. Robert beschimpft die Hostessen. Seine Frau versucht, ihn zu besänftigen; die Leute gucken; Roberts Töchter möchten am liebsten im Erdboden versinken.

Gerade in dem Augenblick, da Catherine nach zehnminütiger Suche endlich einen freien Parkplatz entdeckt, fährt ein anderes Auto an ihr vorbei und stößt in die Parklücke. Voll Wut rammt Catherine absichtlich die Stoßstange des Vordränglers.

Der achtjährige Adrien hat zum Geburtstag endlich den Roboter bekommen, den er sich seit Wochen gewünscht hatte. Er schafft es jedoch nicht, die einzelnen Teile zusammenzusetzen, und am Ende trampelt er heulend auf seinem Geschenk herum.

Wie kann es sein, daß Leute, die normalerweise ganz vernünftig sind (selbst Adrien ist ein besonnener kleiner Junge), auf diese Weise Dinge tun, die häufig ärgerliche Folgen haben? Und was soll man erst über die folgende Geschichte sagen, in der Véroniques Vater (gewöhnlich ein so ruhiger Herr) in Zorn gerät?

Das Gesicht des Zorns: vom Papa bis zum Papua

Ich erinnere mich noch gut, daß ich als kleines Mädchen (ich war damals vielleicht sechs Jahre) eines Tages von meinem Vater zum

Angeln mitgenommen wurde. Ich war ganz aufgeregt, denn für mich war es das erste Mal, und ich hielt es für ein Privileg, denn meine Mutter begleitete ihn niemals. Nachdem wir eine Stunde warteten und die Zeit mir lang zu werden begann, hat etwas angebissen; die Angelsehne spannte sich sehr stark. Ich sah, wie mein Vater voller Konzentration an der Rolle drehte und dazu an der Angel zog. Im grünlichen Wasser konnte man einen großen Fisch erkennen. Meinem Vater gelang es, ihn mit dem Kescher ans Ufer zu holen (es war ein sehr schöner Zander), und er warf den noch zappelnden Fisch in einen großen Plasteeimer. Ich beugte mich nach vorn, um das Tier besser sehen zu können, glitschte aus und stieß den Eimer mitsamt Inhalt ins Wasser, worauf der Zander auf Nimmerwiedersehen verschwand. Ich schaute zu meinem Vater hoch. Seinen Gesichtsausdruck werde ich nie vergessen. Rot vor Wut, mit verkrampften Zügen, starrem Blick und zusammengebissenen Zähnen, ballte er die Fäuste und mußte sich offensichtlich zurückhalten, mich nicht zu schlagen. Ich schrie und verbarg mein Gesicht in den Händen. Es ist dann aber nichts passiert. Als ich die Augen wieder aufmachte, hatte er mir den Rücken zugedreht und versetzte dem Gebüsch die heftigsten Fußtritte.

Ich erinnere mich noch gut an dieses Erlebnis, denn mein Vater war ansonsten ein sehr ruhiger Mann, der so gut wie nie in Zorn ausbrach.

Eine solche Szene wirft mehrere Fragen auf. Weshalb steigert sich der Vater, der doch ein vernünftiges Wesen ist, derart in seinen Zorn hinein, obwohl der Fisch sowieso verloren ist und die kleine Tochter es nicht mit Absicht gemacht hat? Warum versetzt er den Büschen, die ihm nichts zuleide getan haben, Fußtritte? Und weshalb diese Grimassen, dieser puterrote Kopf – Zeichen, die Véronique schon als Sechsjährige ohne Mühe deuten konnte?

Ist solch ein Zorn nun eine weltweit verbreitete Emotion? Wenn ein Papua oder ein Chinese zu Zeugen dieser Szene geworden wären, hätten sie dann die Emotion des in seinem Anglerglück frustrierten Vaters erkannt und verstanden? Und unsere fernen Vorfahren, die vor fünfzehntausend Jahren vom Jagen, Sammeln und Fischen lebten, hätten sie diesen Zorn verstanden?

Weil es nicht möglich ist, sich um fünfzehntausend Jahre zurückversetzen zu lassen, hat der Anthropologe Paul Ekman[1] wenigstens fünfzehntausend Kilometer zurückgelegt: Ende der sechziger Jahre lebte er bei einem Papuastamm, der noch wenig Kontakt mit der westlichen Zivilisation hatte. Die Eingeborenen lebten in einer abgelegenen Gebirgsregion Neuguineas wie steinzeitliche Jäger und Sammler. Weil sie bisher nur sehr wenig Berührung mit den Weißen gehabt hatten, erwartete Ekman, daß ihre Emotionen und deren Gesichtsausdruck sich von den unsrigen sehr unterscheiden würden. Die damals hoch im Kurs stehenden kulturrelativistischen Theorien (wie sie vor allem von der berühmten Anthropologin Margaret Mead vertreten wurden) behaupteten nämlich, daß die Emotionen und ihre Ausdrucksformen eine Frage der Erziehung seien und von Kultur zu Kultur variierten.

Ekman bat einen Papua, vor der Kamera die Emotion zu mimen, die er in folgendem Szenario verspüren würde: »Sie sind zornig und bereit, sich zu schlagen.« Der Papua runzelte die Stirn, biß die Zähne zusammen und verzog die Lippen zu einer bedrohlichen Grimasse.

Solche Szenarios benutzte Ekman, um mögliche Übersetzungsschwierigkeiten zu umgehen. Er ließ weitere Emotionen mimen, etwa zu folgenden Situationsmustern: »Ein Freund ist eingetroffen, und Sie freuen sich«, »Sie entdekken auf dem Weg den Kadaver eines Wildschweins, das schon lange tot ist«, »Ihr Kind ist gestorben«.

Nach seiner Rückkehr in die Vereinigten Staaten zeigte Ekman die Fotos amerikanischen Bürgern, die überhaupt nichts von den Sitten und Gebräuchen der Papua wußten. Eine große Mehrheit ordnete den entsprechenden Gesichtsausdruck der Emotion Zorn zu. Ekman machte auch das umgekehrte Experiment: Er präsentierte seinen papuanischen Freunden Porträts zorniger Europäer und Nordamerikaner. Auch die Papua erkannten sofort, welche Emotion die Gesichter der Weißen verrieten. Auf anderen Fotos identifizierten sie mit hoher Treffsicherheit Emotionen wie Freude, Traurigkeit, Angst und Ekel.

Ekman und andere Forscher wiederholten das Experiment in 21 verschiedenen Kulturen, die über alle fünf Kontinente verteilt waren.[2] Die Resultate waren eindeutig: Die meisten Papua erkannten die Emotionen der Esten, die wiederum die Emotionen der Japaner erkannten; die Japaner erkannten die Emotionen der Türken, jene die der Malaysier und so weiter ... Die Forschungsergebnisse scheinen den universellen Charakter von Emotionen und ihren typischen Gesichtsausdrücken zu belegen.

Die weltweite Ähnlichkeit des Gesichtsausdrucks zorniger Menschen ist nicht nur von anekdotischem Interesse: Sie führt uns zu der Annahme, daß unsere Fähigkeit, zornig zu werden, in unser genetisches Material eingeschrieben sei. Wir werden noch sehen, daß die Standpunkte der Kulturrelativisten aber auch nicht völlig haltlos sind: Kultur und Milieu legen die Regeln fest, nach denen man Zorn ausdrückt, und von ihnen hängt auch ab, welche Situationen und Beweggründe Zorn hervorrufen. Die Emotion selbst bleibt aber universal.

GESICHTSAUSDRUCK UND KOLONIALISMUS

Ein Jahrhundert vor Ekmans Studien, in der Glanzzeit des britischen Empire, untersuchte Charles Darwin die Emotionen des Menschen.[3] Da er wegen seiner anfälligen Gesundheit nicht mehr reisen konnte, befragte er seine Landsleute – Reisende, Entdecker, Seeleute und Missionare. Seine Methode war nicht gerade streng wissenschaftlich, doch er leitete aus seinen Untersuchungen ab, daß es sechs Emotionen gebe, die mitsamt ihrem typischen Gesichtsausdruck weltweit verbreitet seien.

Diese Hypothese mißfiel manchen Zeitgenossen zutiefst. Darwin war schon angegriffen worden, als er behauptet hatte, der Mensch stamme vom Affen ab. Nun machte er alles noch schlimmer, indem er erklärte, daß die Dajak und die Zulus von denselben großen Emotionen bewegt würden wie die Absolventen von Eton. *How shocking!*

Die ehemaligen Eton-Schüler waren wahrscheinlich besonders verärgert über *Der Ausdruck der Gemütsbewegungen bei dem Menschen und den Tieren*, weil man sie gelehrt hatte, die äußerlich

sichtbaren Anzeichen für ihre Emotionen zu kontrollieren, besonders was das Mienenspiel betraf: Auf die berühmte *stiff upper lip* wurde in den gehobenen Klassen viel Wert gelegt.
Für Darwin und seine Nachfolger, die Evolutionspsychologen, haben Emotionen wie der Zorn die natürliche Auslese innerhalb unserer Art über Tausende von Generationen hinweg überdauert, weil sie für das Überleben und den Fortpflanzungserfolg all unserer Ahnen nützlich waren.

Nehmen wir also an, der Zorn sei eine universell verbreitete, im Laufe der Entwicklungsgeschichte selektierte Emotion. Wozu sollte sie uns aber dienen? Die Funktion einer Emotion kann man zum Beispiel verstehen, indem man beobachtet, welche körperlichen Veränderungen sie bewirkt.

Der zornige Körper

In mehreren Befragungen hat man Menschen aus verschiedenen Ländern gebeten, ihre Zornsymptome zu beschreiben. Hier die häufigsten Antworten:

- ein Gefühl von Muskelanspannung,
- eine Beschleunigung des Pulses,
- eine Wärmeempfindung.

Begriffe wie »heiß« und »Wärme« tauchen in den Antworten oft auf; man »kocht« oder »schäumt« vor Wut, jemand hat einen »hitzigen« Charakter, man sollte uns besser nicht »zur Weißglut bringen« etc. (In Comics ist es üblich, den Zorn einer Figur durch ein schwarzes Rauchwölkchen über ihrem Kopf darzustellen.)

Diese Symptome wurden übereinstimmend von Personen aufgezählt, die aus 31 Ländern aller fünf Kontinente stammten, was noch einmal für den universellen Charakter des Zorns und seiner äußeren Kennzeichen spricht.[4] Die Beschreibungen entsprechen auch den von Forschern beobachteten Veränderungen im Organismus:

- Zorn bewirkt, vor allem in den Armen, eine stärkere Muskelspannung und führt oft auch dazu, daß man die Fäuste ballt.
- Die oberflächennahen Blutgefäße weiten sich, wodurch das Wärmeempfinden hervorgerufen wird (umgekehrt ist es bei der Angst). Zorn äußert sich häufig auch in einer Gesichtsrötung, einem Symptom, das von Comiczeichnern ebenfalls gern dargestellt wird und besonders bei kleinen Kindern deutlich sichtbar ist. Die Oberflächentemperatur der Finger steigt, während sie im Falle von Angst zurückgeht.
- Zorn geht auch einher mit einer Beschleunigung von Atemrhythmus und Herzfrequenz sowie mit einer Erhöhung des Blutdrucks. Im Zorn pumpen wir mehr Blut durch den Körper und versorgen ihn stärker mit Sauerstoff. Wir werden noch sehen, daß diese Auswirkungen auf Herz und Kreislauf nicht gerade harmlos sind für unsere Gesundheit.

Die Doppelfunktion des Zorns

Hören wir, was Jean-Jacques berichtet, ein hitzköpfiger Mann, dem seine Wutanfälle selbst nicht geheuer sind:

Ich hatte meinen Wagen zur Durchsicht in die Werkstatt geschafft und nachdrücklich darauf bestanden, daß er am nächsten Tag zur Mittagszeit fertig sein müsse, denn ich brauchte ihn, um zu einem Kundengespräch zu fahren. Den Reparaturtermin hatte ich lange im voraus ausgemacht, damit sie genug Zeit hatten, sich darauf einzurichten. Als ich am nächsten Tag in die Werkstatt komme, steht mein Auto noch genau dort, wo ich es abgestellt hatte. Ich wende mich an einen Mechaniker, der mir, ohne auch nur hochzugucken, sagt: »Müssen Sie den Chef fragen …« Ich beginne mich aufzuregen und suche den Werkstattchef in seinem Büro auf. Nein, die Durchsicht sei noch nicht gemacht, aber es werde irgendwann am Nachmittag passieren. Ich weise ihn darauf hin, daß es so nicht abgesprochen war und daß ich meinen Wagen sofort benötige. Er antwortet in mürrischem Ton: »Man kriegt eben nicht immer, was man will. Sie brauchen Ihr Auto ja nur mitzunehmen und ein andermal wieder vorbeizubringen.« Ich dachte, mein Herz bleibt stehen. Ich fühlte, wie mein Gesicht zur Maske erstarrte, wie meine Arme sich spannten und die Brust schwoll, und ich hatte wirklich Lust, diesem Idioten eins über den Schädel zu geben. Meine Frau bekommt immer Angst, wenn sie mich in diesem Zustand sieht. Dem Werkstattchef scheint es genauso ergangen zu sein, denn er änderte sofort seine Haltung: Er stammelte eine Entschuldigung und sagte, die Durchsicht werde sofort erledigt, und in einer halben Stunde könne ich meinen Wagen mitnehmen.

Emotionen haben allgemein die Funktion, uns aufs Handeln vorzubereiten. Wie die Handlung aussehen würde, an deren Beginn der Zorn steht, läßt sich unschwer erraten, wenn man die physiologischen Veränderungen bei Individuen beobachtet, die man im Rahmen eines Experiments in (leichten) Zorn versetzt hat. Es steigt der Muskeltonus jener Muskeln, die man fürs Zuschlagen braucht; zugleich erlauben es die Modifikationen im Herz- und Atembereich, diese Muskelpartien besser mit Sauerstoff zu versorgen.

Im übrigen führt die Emotion Zorn bei uns wie in allen anderen Kulturen manchmal wirklich zu einem bestimmten *Verhalten*: Man greift sein Gegenüber an.

In unserem Beispiel hat Jean-Jacques den Werkstattbesitzer dennoch nicht geschlagen, was sicher für beide von Vorteil war. Der *äußere Ausdruck* von Zorn bei Jean-Jacques hat, selbst ohne Worte, ausgereicht, um beim Gesprächspartner eine veränderte Haltung auszulösen. Der Werkstattchef hat gemerkt, wie in Jean-Jacques die Wut aufstieg, und wollte ihren möglichen Folgen entgehen, indem er sogleich eine Lösung vorschlug. Man kann wetten, daß *er* eine andere Emotion verspürte – Angst.

Zorn hat also zwei Funktionen: Er soll uns auf den Kampf vorbereiten, aber diesen Kampf auch unnötig machen, indem man den Gegenspieler einschüchtert. Dieser Doppelfunktion von Handlungsvorbereitung und Kommunikation werden wir bei praktisch allen Emotionen wiederbegegnen.

Diese Einschüchterungsfunktion ist von grundlegender Bedeutung. Sie gestattet es, einen Kampf zu vermeiden, der bei allen Arten ein riskantes und energieaufwendiges Verfahren ist. Wenn die menschliche Art überdauert hat, so liegt das teilweise auch daran, daß in den kleinen Stämmen unserer Ahnen (wie in allen Gruppen von vergesellschafteten Tieren) die meisten Konflikte geregelt wurden, indem sich der eine unterwarf, wenn er den einschüchternden Zorn des anderen wahrnahm.

Dieses Phänomen findet sich auch bei den Schimpansen wieder. An Konflikten mangelt es dort nicht (ganz wie wir streiten sich Schimpansen um den sozialen Status, um verschiedenste Ressourcen und um Sexualpartner), aber diese Streitfälle münden selten in einen richtigen Kampf. Zum Glück nicht, denn solche Kämpfe können tödlich sein (ganz wie wir verstehen es auch die Schimpansen, einander umzubringen).[5]

Agnès, Lehrerin an einer Gesamtschule, hat uns folgendes berichtet:

Auf Versammlungen des Lehrkörpers neigt Monique dazu, die ganze Zeit zu reden und anderen ins Wort zu fallen. Sie will die Versammlung immer dominieren und sich vor dem Direktor interessant machen. Als ich neu an die Schule kam, haben mich die Kollegen gleich vor Moniques Benehmen gewarnt. Allerdings half mir die Warnung nicht viel: Jedes Mal, wenn ich meine Ideen für ein pädagogisches Vorhaben präsentierte und Monique mir das Wort abschnitt, fühlte ich meinen Zorn anschwellen. Ich begnügte mich aber damit, einfach weiterzureden und wenigstens den Satz zu Ende zu bringen. Ich wollte ja vor all diesen Leuten keine Szene machen.

Als mir Monique auf der Versammlung von letzter Woche zweimal hintereinander ins Wort fiel, habe ich dann doch rotgesehen. Ich haute mit der Faust auf den Tisch, was alle Kollegen hochschrekken ließ, und ich schrie Monique an, daß ich »echt die Schnauze voll« davon hätte, mir dauernd von ihr das Wort abschneiden zu lassen. Meine Ideen seien genauso interessant wie ihre, und sie solle doch endlich aufhören mit ihrem blöden Dazwischengequatsche!

Im Raum erhob sich ein großes Schweigen, und alle starrten mich verblüfft an. Weil ich in Zorn geraten war, fühlte ich mich so verlegen, daß ich bis zum Ende der Versammlung nicht mehr den Mund aufmachte. Andererseits muß man auch sagen, daß Monique mir seitdem kein einziges Mal mehr ins Wort gefallen ist ...

Agnès hat mit der Faust auf den Tisch gehauen, was auf ihre übermäßige Muskelanspannung und ihren Aggressionswunsch hinwies und gleichzeitig eine Einschüchterungsgeste darstellte. Ohne Agnès damit verletzen zu wollen: Wütende Schimpansen verwenden dieselbe Gestik, um einen Gegner einzuschüchtern; sie trommeln auf den Boden oder reißen an den nächstbesten Zweigen.

Warum Agnès hinterher so verlegen war, werden wir noch sehen.

ZORNAUSBRÜCHE AUF DER LEINWAND UND IM COMIC

Einen der spektakulärsten Zornausbrüche der Filmgeschichte kann man in Alan Parkers *Midnight Express* (1978) miterleben. Der Held, ein junger Amerikaner, findet sich in einem türkischen Gefängnis wieder, nachdem er leichtsinnigerweise versucht hatte, Haschisch zu schmuggeln. Im Gefängnis muß er Mißhandlungen und Demütigungen erleiden und entdeckt schließlich, daß ein Zellengefährte den Aufsehern seinen Fluchtplan verraten hat. In einem der schönsten Wutanfälle, die man je im Kino gesehen hat, jagt er den verängstigten Verräter durchs ganze Gefängnis und reißt dabei alles um, was ihm im Wege steht. Nachdem er ihn halbtot geschlagen hat, schreitet er zu einer noch schrecklicheren Bestrafung: Er beißt ihm die Zunge ab!

In Martin Scorceses Filmen, vor allem in *Good Fellas* (1990) und *Casino* (1995), spielt Joe Pesci oft die Rolle eines kleinen Gangsters, der sehr beunruhigend wirkt durch seine Fähigkeit, von jovialem Humor augenblicklich zu unvorhersehbaren und mörderischen Zornausbrüchen umzuschwenken. Aufgrund dieser Gabe fürchtet und respektiert man ihn, aber in beiden Fällen wird sie ihm schließlich auch zum Verhängnis: Die Bosse befehlen, ihn zu exekutieren. Selbst in der Mafia schätzt man eine gewisse *self-control*!

Louis de Funès liefert in der Mehrzahl seiner Filme schöne Bei-

spiele für ausdrucksvolle Zornesausbrüche, die aber selten zu Gewalttätigkeiten führen. Auch Jean Gabin wird im Kino häufig wütend, sei es als stämmiger junger Arbeiter in *Der Tag bricht an* (1939) oder als Patriarch in *Les grandes familles* (1958).
In Hergés Comic *Reiseziel Mond* (1953) aus der *Tim und Struppi*-Reihe gerät der sonst so sanftmütige Professor Bienlein in Zorn, als er zu verstehen glaubt, daß Kapitän Haddock sein Mondreiseprojekt nicht ernst nimmt (der gute Bienlein ist ein bißchen schwerhörig ...). Gerunzelte Stirn, gesträubtes Haar – plötzlich läßt diese harmlose Figur eine beunruhigende Seite ihres Wesens erahnen.

Die Ursachen für Zorn

Warum geraten wir in Zorn? Nach Ansicht der kognitivistischen Psychologen[6] (»Wir verspüren Emotionen, weil wir denken«) ist unser Zorn das Ergebnis einer Reihe von psychischen Evaluationen, die sich in Sekundenschnelle vollziehen und anzeigen, daß das Ereignis:

- unerwünscht,
- beabsichtigt (also von einer anderen Person willentlich herbeigeführt),
- unserem Wertesystem zuwiderlaufend und
- durch unsere Zornreaktion unter Kontrolle zu bekommen ist.

Das zornauslösende Ereignis ist unerwünscht

Wir wollten erreichen, was wir uns vorgenommen hatten, wir wollten respektvoll behandelt werden, etwas erwerben oder unser Territorium sichern, und dann kommt alles anders als geplant. Der Zorn wird aus dieser Frustration heraus erzeugt. Leider ist unser Leben aber angefüllt mit frustrierenden Ereignissen.

Es sieht nach böser Absicht aus

Tritt Ihnen jemand auf den Fuß, so wird Ihre Reaktion davon abhängen, ob Sie glauben, daß es aus Ungeschicklichkeit oder mit Absicht geschehen ist.

Allerdings ist dieser Begriff der Absichtlichkeit ziemlich heikel. Wie die folgende Tabelle veranschaulicht, sind wir für mehr Nuancen empfänglich als für ein bloßes »absichtlich« oder »unabsichtlich«.

Niveau 1. Völlig unbeabsichtigte Handlung.	Ein Autofahrer bremst ein bißchen spät und zerbeult Ihren Kotflügel. Ein Kollege, der Ihnen bei der Arbeit helfen möchte, schüttet seinen Kaffee über Ihre Computertastatur.
Niveau 2. Absichtliche Handlung, aber ohne das Bewußtsein, Ihnen zu schaden.	Ein Autofahrer, der nicht bemerkt hat, daß Sie in einen frei werdenden Parkplatz einfahren möchten, schnappt ihn Ihnen vor der Nase weg. Ein Kollege nimmt auf der Versammlung die ganze Redezeit für sich in Anspruch, weil all seine Gedanken nur um sein eigenes Problem kreisen.
Niveau 3. Absichtliche Handlung im Bewußtsein, Ihnen zu schaden.	Der Autofahrer hat zwar gesehen, daß Sie warteten, ist aber trotzdem in die Lücke gefahren. Der Kollege merkt, daß er keinen anderen zu Wort kommen läßt, aber er denkt, daß seine Ideen sowieso interessanter wären als Ihre.
Niveau 4. Absichtliche Handlung mit dem Ziel, Ihnen zu schaden.	Aus Wut, daß Sie »seinen« Parkplatz besetzt haben, verpaßt ein Autofahrer Ihrer Karosserie eine Schramme. Der Kollege schneidet Ihnen absichtlich die Redezeit ab, um den anderen vorzuführen, wer von Ihnen beiden das Sagen hat.

Die Ursachen für Zorn

Im Zorn neigen wir dazu, dem Verhalten des anderen ein »zu hohes Niveau« zuzuschreiben. Um das Beispiel mit Ihrem Kollegen aufzugreifen: Ein Verhalten auf Niveau 2 (er nimmt die ganze Redezeit in Anspruch, ohne es zu merken) kann schnell als Verhalten auf Niveau 3 (er weiß es, aber pfeift drauf) oder 4 (er will Sie demütigen) interpretiert werden.

Wenn unser Lebenspartner oder unser Chef den gemeinsamen Zeitplan verändert, ohne uns ein Wörtchen zu sagen, wird uns das ebenfalls in Zorn versetzen, auch wenn es nicht im Bewußtsein geschehen war, uns damit zu schaden (Niveau 2). Dieser Mangel an Aufmerksamkeit beinhaltet eine Statusminderung unserer Person. Die Bedeutung eines Individuums in einer Familie oder einer Versammlung mißt sich nämlich am Grad der Aufmerksamkeit, welche man ihm schenkt. Den eigenen Status aufrechtzuerhalten, ist im Sozialleben von Menschen oder Tieren stets von höchster Wichtigkeit.

Das zornauslösende Ereignis läuft unserem Wertesystem zuwider

Wir alle haben ein System von Werten oder Regeln verinnerlicht, auf dessen Grundlage wir entscheiden, ob eine Handlung akzeptabel, normal oder »skandalös« ist. Dieses System beginnt sich schon in der Kindheit herauszubilden, und es ist von Kultur zu Kultur unterschiedlich, manchmal sogar von einer Familie zur andern. Bei einem Streik des Flugpersonals wird Ihre Reaktion natürlich nicht dieselbe sein, wenn in Ihr Wertesystem eingeschrieben ist: »Das Streikrecht ist unantastbar, und die Angestellten haben immer recht, wenn sie sich gegen ihre Direktion zur Wehr setzen«, als wenn Sie denken: »Es ist skandalös, wenn gerade die streiken, die sowieso schon privilegiert sind.«

Ein von ziemlich allen Menschen geteilter Wert ist die *Wechselseitigkeit*: Wir erwarten von anderen Menschen, zumindest von unseresgleichen, daß sie sich zu uns so verhalten wie wir zu ihnen. Wo es mit dieser Wechselseitigkeit hapert, geraten wir leicht in Zorn. Besonders im Zusammenleben eines Paares liegt die Schwierigkeit nun darin, daß jeder seine eigene Vorstellung von Wechselseitigkeit hat und womöglich den Eindruck gewinnt, mehr Anstrengungen zu unternehmen als der Partner.

Dieses Wertesystem kommt noch in anderer Gestalt zum Ausdruck, nämlich in dem, was die kognitiven Therapeuten als »Grundüberzeugungen« bezeichnen. Es handelt sich hierbei um mehr oder weniger unbewußte Regeln, die einen Teil unserer Persönlichkeit ausmachen und mit deren Hilfe wir entscheiden, was »normal« ist und was nicht. Wenn man es in der Therapie schafft, den Patienten seine Grundüberzeugungen in Worte kleiden zu lassen, hört man dabei häufig die Worte »müssen« und »sollen«. Solche Sätze lauten dann zum Beispiel: »Ich muß alles, was ich anpacke, ordentlich zu Ende bringen«, »Ich muß es schaffen, daß mich alle mögen«, »Die Leute sollten sich mir gegenüber benehmen, wie ich mich zu ihnen verhalte«, »Es sollte gerecht zugehen auf der Welt« ... Werden unsere Grundüberzeugungen von der Wirklichkeit erschüttert, folgt daraus eine starke Emotion, meist Zorn oder Traurigkeit.

VOM ZORN IN DER ARBEITSWELT

Was macht Sie wütend? Eine australische Forscherin[7] hat diese Frage 158 Angestellten vorgelegt. Sie sollten ein Ereignis im Rahmen ihres Arbeitstages beschreiben, das sie in Zorn versetzen würde. Nachdem sich die Wissenschaftlerin ihre Berichte angehört hatte, teilte sie die zornverursachenden Ereignisse in fünf Kategorien ein:

– *Ungerecht behandelt werden* (von 44 % der Befragten genannt): Man muß zu Unrecht Kritik einstecken, findet keine Anerkennung oder wird nicht belohnt; man wird im Vergleich zu den anderen mit Arbeit überhäuft oder für einen Fehler bestraft, für den man gar nicht verantwortlich ist.

– *Unmoralische Verhaltensweisen aufspüren* (23 %): Man wird Zeuge von Lügen, Nachlässigkeit, Diebstahl, Günstlingswirtschaft, Faulheit bei der Arbeit, schlechter Behandlung von Kollegen oder Mobbing.

– *Mit Inkompetenz in fachlichen Dingen konfrontiert werden* (15 %): Man sieht, daß die Arbeiten mangelhaft oder zu langsam erledigt werden; es passieren Fehler, oder die Verfahrensnormen

werden nicht befolgt. Besonders ärgerlich ist dies, wenn es Konsequenzen für die eigene Arbeit nach sich zieht.
- *Zu wenig Respekt erwiesen bekommen* (11%): Man wird von oben herab behandelt; man bekommt Arroganz oder Geringschätzung zu spüren (meistens vom Vorgesetzten).
- *Im Beisein anderer gedemütigt werden* (7%): Man wird in Gegenwart der Kollegen zur Zielscheibe herabwürdigender oder aggressiver Kritik.

Haben die Leute ihren Zorn aber auch ausgedrückt? Ja, sofern es ein Unterstellter war, der sie geärgert hatte; in diesem Fall brachten 77% der befragten Personen ihren Zorn zum Ausdruck. Es waren nur noch 58%, wenn ein gleichrangiger Kollege den Zorn verursacht, und gar nur 45%, wenn ein Vorgesetzter sie gereizt hatte.

Wenn die Leute ihren Zorn zeigten, war das kein Hindernis für eine positive Problemlösung (so sahen es zumindest diejenigen, die einem Unterstellten gegenüber in Zorn gerieten). Einem Vorgesetzten gegenüber heißt die in 30% aller Fälle verwendete Strategie jedoch Rache. (Die Studie führt das Beispiel von Restaurantbediensteten an, die sich am Küchenchef rächten, indem sie den Kunden ihre Speisen versalzten ...) Das ist leicht zu erklären: Fast die Hälfte aller zornauslösenden Ereignisse, bei denen ein Vorgesetzter im Spiel war, wurde als *demütigend* empfunden, und Demütigung provoziert nicht allein Zorn, sondern auch Haß. Ein guter Rat also für alle Arbeitgeber: Kritisieren Sie Ihre Unterstellten, aber würdigen Sie sie nicht herab!

Persönlichkeitstyp	*Häufig auftretende Überzeugung*	*Zornauslösende Situationen*
Narzißtische Persönlichkeiten	Ich stehe über den anderen, und sie schulden mir besondere Aufmerksamkeit.	Man läßt den Eindruck entstehen, daß man sie nicht beachtet, man behandelt sie »wie jeden andern auch«. Man drückt offen aus, daß man nicht ihrer Meinung ist.

Persönlichkeitstyp	*Häufig auftretende Überzeugung*	*Zornauslösende Situationen*
Paranoische Persönlichkeiten	Ich muß immerzu auf der Hut sein, denn die Leute wollen mich ausnutzen und hereinlegen.	Man macht humorvolle oder kritische Bemerkungen, die der Paranoiker als Beweis für finstere Absichten auffaßt.
Zwanghafte Persönlichkeiten	Alles, was ich in die Hand nehme, muß perfekt werden.	Man bringt ihre Pläne durcheinander, unterbricht ihren Arbeitsablauf oder macht ironische Kommentare über ihre pingelige Art.
Borderline-Persönlichkeiten	Die anderen müssen sich um mich kümmern und meine Bedürfnisse erfüllen. / Damit muß ich ganz allein fertig werden.	Man gibt ihnen das Gefühl, sie würden links liegengelassen. / Man baut eine zu große affektive Nähe zu ihnen auf oder will sie zu stark kontrollieren.

Schwierige Persönlichkeiten, Zorn und Grundüberzeugungen[8]

Wir meinen, das Ereignis durch unsere Zornreaktion kontrollieren oder verhüten zu können

Einen Zornausbruch riskieren wir lieber gegenüber einem Unterstellten als vor unserem Chef, lieber, wenn uns ein Hänfling gegenübersteht, als wenn wir es mit einem großen, stämmigen Kerl zu schaffen haben. In einer frustrierenden Situation schätzen wir sehr schnell ab, ob die Option »Unterordnung« der Option »Einschüchterung« vorzuziehen ist. Nach Ansicht der Evolutionspsychologen ist diese Fähigkeit im Laufe der menschlichen Entwicklungsgeschichte selektiert worden. Wer die falsche Wahl zwischen Unterwerfung und Einschüchterung traf, hatte ein kürzeres Leben oder weniger Nachkommen. (Ein zu aggressives Männchen wird früher zu Tode kommen, ein zu unterwürfiges keine Geschlechtspartnerin finden.)

Wenden wir diese Theorie auf unsere Beispielsituationen an:

Das zornauslösende Ereignis ist …	*Jean-Jacques und der Kfz-Mechaniker*	*Agnès und ihre Kollegin Monique*
Frustrierend	Das Auto ist nicht abholbereit. Man bekommt kein Wort der Entschuldigung zu hören.	Jemand schneidet uns das Wort ab.
Absichtlich	Der Werkstattchef ist ein unhöflicher Mensch.	Monique will sich dauernd auf Kosten anderer profilieren.
Unserem Wertesystem zuwiderlaufend	Ein Kunde muß ordentlich behandelt werden.	Man muß höflich sein.
	Was man versprochen hat, muß man auch halten.	Die anderen sollen mich so behandeln, wie ich sie behandle (Prinzip der Gegenseitigkeit).
Durch Zorn kontrollierbar	Ich weiß, daß ich anderen angst machen kann.	Ich kann meine Kollegin unterkriegen.

Schwierige Persönlichkeiten im Zorn

Mit dem Prinzip »Wir verspüren Emotionen, weil wir denken« läßt sich die Emotion Zorn anscheinend recht effizient erklären. Außerdem liefert sie den Therapeuten einen guten Ansatzpunkt, wenn sie uns beibringen wollen, unseren Zorn unter Kontrolle zu bekommen. Es gibt jedoch auch ein paar Ausnahmen, denen mit dieser Theorie nicht beizukommen ist: Manchmal erzürnen wir uns über Dinge, die andere ganz unabsichtlich getan haben (Véronique hat den von ihrem Vater geangelten Fisch nicht mutwillig ins Wasser geworfen), oder über Situationen, die wir beim besten Willen nicht beeinflussen können (Robert wird den Pilotenstreik durch sein Toben nicht beenden).

Und haben Sie nie Wut in sich gespürt, nachdem Sie sich am Schrank gestoßen hatten? Dabei hat es der Schrank gewiß nicht »mit Absicht« getan! (Sie könnten vielleicht gegen den Inneneinrichter wüten oder gegen sich selbst, weil Sie so tolpatschig waren.)

Es ließe sich fast sagen, daß wir manchmal nicht in Rage geraten, weil wir denken, sondern weil wir »falsch herum« oder nicht genug denken. Je nach Bedeutung oder Plötzlichkeit des auslösenden Ereignisses gibt es wahrscheinlich verschiedene »Evaluierungsprogramme«.

DIE WEGE DES ZORNS

Werden Sie auf der Straße brutal zur Seite geschubst, ist Ihre erste Zornreaktion augenblicklich da. Sie unterscheidet sich sehr vom Zorn, der sich allmählich in Ihnen aufstaut, wenn Ihr Partner trotz all seiner Versprechungen wieder einmal unpünktlich ist. Im ersten Fall handelt es sich um eine beinahe instinktive Emotion, die von einer »Ursituation« ausgelöst wird: Jemand verletzt unser persönliches Territorium. Im zweiten Fall wird Ihr Zorn hervorgerufen durch das Aufkommen von Erinnerungen und Ihre Einschätzung, wie eine Partnerschaft aussehen soll.

Nach Ansicht der Biologen wird der »instinktive« Zorn auf kurzem Wege, beinahe reflexartig, ausgelöst, und zwar über die ursprünglichsten Teile unseres Gehirns – das Riechhirn, eine primitive Hirnpartie, die auch bei weniger hochentwickelten Tierarten zu finden ist. Der im nachhinein aufkommende Zorn macht hingegen einen Umweg über die Hirnpartie, die sich in der Evolution zuletzt ausgebildet hat – die präfrontale oder, noch genauer, medioventrale Hirnrinde (Cortex). Diese Gehirnpartie wird uns dann übrigens auch dazu dienen, den Zorn je nach Komplexität der Situation unter Kontrolle zu bekommen.[9] Unser Cortex kommt zum Beispiel zum Einsatz, wenn wir uns beruhigen, nachdem die Person, die uns gerade geschubst hat, verlegene Entschuldigungen stammelt und damit die Unabsichtlichkeit der Geste beweist.

In einer Studie[10] sollten sich Versuchspersonen (acht Männer und sieben Frauen) vorstellen, sie wären gemeinsam mit ihrer Mutter unterwegs, und diese würde von zwei Unbekannten angegriffen; die Versuchspersonen würden darauf aber reagieren, indem sie die Angreifer ihrerseits attackieren. Auf den Hirnbildern, die man dank einer Positronenkamera in Echtzeit erhielt, war eine plötzliche Verringerung der Blutversorgung (und damit des Stoffwechsels) in gewissen Zonen der medioventralen Hirnrinde zu beobachten, so als wäre dieser Hirnteil »vom Netz genommen worden«, um eine ungezügelte aggressive Antwort zu erlauben. Sollten sich dieselben Versuchspersonen hingegen vorstellen, sie würden sich in obiger Situation zügeln, wurde die Blutversorgung in dieser Cortexzone stärker. Das beweist, daß sie bei der Kontrolle unserer emotionalen Reaktionen eine Rolle spielt.

Wie man seinen Zorn kontrolliert: die Verschiebung und andere Abwehrmechanismen

Wenn Véroniques Vater den Büschen Fußtritte versetzt, ist es klar, daß er gegen diese harmlosen Gewächse keine Feindseligkeit hegt. Seine Geste erlaubt ihm aber, die körperliche und emotionale Spannung zu entladen. Weil er eingesehen hat, daß man ein sechsjähriges Kind für eine bloße Ungeschicklichkeit nicht bestrafen kann (zumindest nach seinem Wertesystem nicht), richtet er seinen Zorn gegen die Büsche.

Ein anderes hervorragendes Beispiel für eine solche Verschiebung liefert uns eine Szene aus Prousts Romanzyklus *Auf der Suche nach der verlorenen Zeit*. Der Erzähler begleitet seinen Freund Robert de Saint-Loup hinter die Kulissen eines Theaters, wo sie die Schauspielerin Rachel treffen wollen, in die Saint-Loup hoffnungslos verliebt ist. Leider bereitet ihm Rachel einen schlechten Empfang: Sie stachelt seine Eifersucht an, indem sie mit einem als Harlekin kostümierten Tänzer allzu offenkundig flirtet. Währenddessen wird unser asthmakranker Erzähler durch den Qualm einer Zigarre belästigt, die ein Journalist ein paar Schritte weiter raucht. Saint-Loup ist ein aufmerksamer Freund, dem das nicht entgeht:

Er berührte leicht seinen Hut und sagte dem Pressemann: »Würden Sie wohl die Güte haben, mein Herr, Ihre Zigarre wegzuwerfen, der Rauch schadet meinem Freund.«

[Rachel flirtet weiter auf schamlose Weise mit dem Harlekin.]

– *»Soviel ich weiß, ist Rauchen hier erlaubt; wer krank ist, soll zu Hause bleiben, meinte der Journalist.« […]*

– *»Jedenfalls, mein Herr, sind Sie nicht sehr höflich«, sagte Saint-Loup immer noch in einem sehr korrekten und ruhigen Ton bloßer Feststellung zu dem Journalisten, ganz als spreche er nur rückblickend seine Meinung über einen abgeschlossenen Vorfall aus.*

In diesem Augenblick aber sah ich, wie Saint-Loup den Arm vertikal über seinen Kopf erhob, als gebe er jemandem, den ich nicht sah, ein Zeichen, oder wie ein Orchesterdirigent, und tatsächlich […] ließ er nach den höflich geäußerten Worten seine Hand in einer klatschenden Ohrfeige auf die Wange des Journalisten fallen.[11]

Saint-Loups Zorn richtet sich zunächst gegen Rachel, aber hätte er ihn zum Ausdruck gebracht, wäre das vielleicht mit unschönen Konsequenzen verbunden gewesen, etwa mit dem Bruch der Beziehung. Also wird der Zorn gegen den flegelhaften Journalisten, eine »unproblematischere« Frustrationsquelle, umgeleitet. (Der ist nach dem plötzlichen und unerwarteten Gewaltakt übrigens so verwirrt, daß er sich sang- und klanglos aus dem Staube macht.)

Ein viel tristeres Beispiel für eine Verschiebung findet sich in *Entsprechungen*, einer Erzählung aus *Dubliner* von James Joyce. Die Hauptfigur Farrington ist ein ziemlich robuster und aufsässiger Angestellter, der sich vom Büroalltag eingezwängt fühlt. Eines Tages gibt er seinem Chef eine Antwort, mit der er ihn vor allen Kollegen lächerlich macht. Der Chef fragt aggressiv: »Halten Sie mich für einen Vollidioten?« Farrington antwortet: »Das, Sir, fragen Sie mich besser nicht.« Auf der Stelle gefeuert, stillt er seinen Zorn in den Pubs der Umgebung und vertrinkt dort den mageren Rest Gehalt, der ihm noch geblieben ist. Auf dem Nachhauseweg wird ihm überdeutlich bewußt, daß er jetzt weder Job noch

Geld hat. Zu Hause stellt er fest, daß sein kleiner Sohn Charlie das Feuer ausgehen lassen hat. Farrington verlagert nun seinen ganzen Zorn über den scheußlichen Tag, den Chef und sich selbst auf seinen Sohn und will ihn mit dem Gürtel versohlen. Die Erzählung schließt mit den herzzerreißenden Bitten des kleinen Charlie: »›Ach Papa!‹ rief er. ›Schlag mich nicht, Papa! Ich sag ... ich sag auch ein *Ave Maria* für dich ... Ich sag ein *Ave Maria* für dich, Papa, wenn du mich nicht schlägst ... Ich sag ein *Ave Maria* ...‹«[12]

ZORN UND ABWEHRMECHANISMEN

Die Verschiebung, das heißt die Übertragung einer Emotion auf ein anderes Objekt als jenes, welches sie hervorgerufen hat, zählt zu den Mechanismen, die Freud als einer der ersten beschrieben hat. (Sie ist ein Grundbaustein seiner Triebtheorie.)
Ähnliche Phänomene haben die Verhaltensforscher jedoch bei Tieren beobachtet. Steht ein Täuber einem Rivalen gegenüber, der unbesiegbar scheint, macht sich das Tier daran, wütend auf dem Erdboden herumzupicken. Wenn Proust, der stets begierig auf Vergleiche aus der Tierwelt war, von diesen Fakten gewußt hätte, wäre er in seinen Beschreibungen sicher mit Vergnügen darauf zurückgekommen.[13] Das Tier kann sein aggressives Benehmen auch komplett hemmen und sich auf ein andersgeartetes Verhalten verlegen, indem es zum Beispiel seine Federn glattstreicht. In anderen Fällen greift es zu einer Regression und nimmt typische Verhaltensweisen eines Jungtieres an, um so die Aggression des anderen zu hemmen.
Diese Reaktionen sind wohl Vorläufer jener viel komplexeren Mechanismen, mit welchen wir Menschen unsere Emotionen bewältigen. Besonders zutreffend ist dies für die von Psychoanalytikern »Abwehrmechanismen« genannten Reaktionen, von denen Freuds Tochter Anna eine wichtige Beschreibung lieferte.[14] Sie dienen uns dazu, das Bewußtsein vor einer schmerzhaften oder inakzeptablen Emotion zu schützen oder von vornherein zu verhüten, daß wir dieser Emotion ausgesetzt werden.
Hier einige Abwehrmechanismen und ihre Anwendung auf den Zorn:
Stellen Sie sich vor, Ihr Chef platzt in Ihr Büro und sagt, Sie sollten sich gefälligst ein bißchen bewegen und schneller arbeiten. Dabei wissen Sie vor lauter Arbeit gar nicht, wo Ihnen der Kopf steht.

- *Übergang zum Handeln:* Sie beleidigen den Chef.
- *Verschiebung:* Nachdem der Chef wieder weg ist, richtet sich Ihr Zorn gegen Ihre Sekretärin.
- *Regression:* Wenn der Chef das Büro verlassen hat, flitzen Sie zum Automaten und schlingen gierig einen Schokoriegel hinunter.
- *Träumerei:* Sie träumen von einer Szene, in der Sie der Chef Ihres Chefs sind und ihn nach Strich und Faden demütigen.
- *Somatisierung:* Hinterher bekommen Sie Kopfschmerzen oder Bauchweh.
- *Isolierung:* Sie erleben die ganze Szene in einem Zustand emotionaler Gleichgültigkeit. Sie kapseln sich von Ihrer wahren Emotion ab, die gerade heraufzusteigen droht.
- *Reaktionsbildung:* Sie nehmen die Rolle des respektvollen und unterwürfigen Mitarbeiters an.
- *Rationalisierung:* Im nachhinein rechtfertigen Sie vor sich selbst Ihre devote Haltung mit einer Reihe von rationalen Argumenten.
- *Dissoziation:* Sie fühlen, wie Sie vor Wut ersticken, und fallen tatsächlich in Ohnmacht.
- *Projektion:* Sie denken, daß Ihr Chef Sie haßt (Sie übertragen Ihren eigenen Haß auf seine Person).

Die drei folgenden werden als »erwachsene« Abwehrmechanismen angesehen. Zu ihnen greifen Menschen, die schon eine gewisse psychische Reife erlangt haben. Diese Mechanismen haben den Vorteil, daß Sie sich mit ihrer Hilfe besser auf die Situation einstellen können, ohne die Realität zu verleugnen.

- *Sublimierung:* Am Abend streiten Sie auf einer Gewerkschaftsversammlung für die Rechte der Angestellten.
- *Verdrängung:* Die ganze Szene belastet Sie sehr, aber Sie beschließen, nicht mehr daran zu denken.
- *Humor:* Sie amüsieren sich über die Neigung Ihres Chefs, sich immer um die Arbeit der anderen zu scheren, wo er doch selber nicht gerade ein Ausbund von Aktivität ist.

Dieses Beispiel ist dennoch simpler als das wirkliche Leben: Meistens vermischen sich unsere Abwehrmechanismen so sehr, daß sie selbst von erfahrenen Wissenschaftlern nur schwer voneinander abgegrenzt werden können.[15]

Erinnern wir uns daran, wie verlegen Agnès wurde, nachdem sie auf der Lehrerversammlung in Zorn ausgebrochen war.

Ich fühlte mich so betreten, weil ich vorgeführt hatte, wie ich die Selbstkontrolle verlieren kann, und das ist nicht gerade das, was man von einer Lehrerin erwartet. Und dann stellte ich mir vor, wie ich puterrot war im Gesicht, wie ich herumfuchtelte wie ein Marktweib – alles nicht sehr graziös bei einer Frau. Mit einem Wort, ich fühlte mich häßlich und vulgär.

Agnès verleiht hier zwei Ideen Ausdruck: Ihr Zorn entsprach weder den Regeln ihres Berufsstandes (sie ist Lehrerin, sie muß sich »beherrschen« können) noch dem, was man von einer Frau erwartet. Selbst wenn Agnès »emanzipiert« ist, stecken in ihr weiterhin mehr oder minder bewußte Erziehungsmodelle, die Frauen nahelegen, sich liebenswürdiger und diplomatischer zu verhalten als Männer.

Psychologen haben diese Hypothesen bestätigt. Zorn wird nicht als eine Emotion betrachtet, die sich »für jedermann schickt«. Das spiegelt den Einfluß der Kultur auf die Regeln wider, nach denen man seinen Zorn ausdrückt.

Zorn in besseren Kreisen und in der Vorstadt

Stellen wir uns vor, Sie suchen im Café gerade einen freien Tisch, um sich dort mit ein paar Freunden hinzusetzen, und ein Unbekannter rempelt Sie an, ohne sich dafür zu entschuldigen. Als Sie ihn darauf aufmerksam machen, entgegnet er ziemlich unwirsch, Sie hätten ihm ja nicht im Weg herumzustehen brauchen. Wie reagieren Sie?

Ihre Reaktion würde von zahlreichen Faktoren abhängen (Alter und Geschlecht, physische Verfassung, Gereiztheit, bisherige Erfahrungen mit handfestem Streit und auch Ihr Alkoholpegel). Aber auch Ihre soziale Herkunft würde eine Rolle spielen.

ZORNIGE FÜHRUNGSKRÄFTE: GUT BEI MÄNNERN, SCHLECHT BEI FRAUEN

Ein Forscherteam bat 368 Versuchspersonen, den Grad der Glaubhaftigkeit eines Firmenchefs einzuschätzen, der in verschiedenen emotionalen Registern seinen Mitarbeitern schlechte Zahlen fürs abgelaufene Geschäftsjahr bekanntgibt. Was dabei herauskam, dürfte alle Feministen traurig stimmen.[16]

Ein männlicher Chef verliert nicht an Glaubwürdigkeit, wenn er Zorn zeigt, wohl aber, wenn er Traurigkeit bekundet.

Ist der Chef eine Frau, geht ihre Glaubwürdigkeit baden, wenn sie Zorn ausdrückt; Traurigkeit schadet ihrem Image als Chefin hingegen weniger, als es bei ihrem männlichen Pendant der Fall war.

In allen Fällen und bei beiden Geschlechtern ist jedoch die Führungskraft am glaubwürdigsten, die sich weder Zorn noch Traurigkeit anmerken läßt, also einen neutralen Ausdruck bewahrt.

Der Soziologe David Lepoutre lebte drei Jahre in der *Cité des Quatre Mille*, einem »heißen« Pariser Vorort mit hohem Immigrantenanteil, und beschrieb die Sitten der dort wohnhaften jungen Leute[17]:

So sind die Jugendlichen im allgemeinen sehr empfindlich gegen verbale Beleidigungen (oder sie tun zumindest so). Um einen Platz unter ihresgleichen zu bekommen und den Rang in der Gruppe zu bewahren, müssen sie es verstehen, auf jedes böse Wort rasch und zugleich heftig zu reagieren, sofern das Kräfteverhältnis es erlaubt. Man muß an die Decke gehen und Zornesausbrüche mimen können; man muß sein Kinn heftig nach oben recken und den Beleidiger dazu anhalten, seine Worte zu mäßigen, seinen Ausspruch zurückzunehmen; man muß ihn eventuell die Beleidigung wiederholen lassen, obwohl man sie sehr gut verstanden hat (»Was? Wie war das?! Sag das noch mal!«), man muß ihm offen drohen und notfalls auch zuschlagen.

Soziologen haben schon lange festgestellt, daß die »Kultur der unteren Volksschichten« bei Männern besonderen Wert auf Ehre und körperliche Kraft legt. In den sozial benachteiligten Vorstädten von heute wie in jenen der dreißiger Jahre muß ein Mann bereit sein, eine verbale Beleidigung mit Gewalt zu beantworten oder auf jeden Fall mit der Drohung, Gewalt anzuwenden. Andernfalls droht seine Ehre in Frage gestellt zu werden, vor allem, wenn andere Mitglieder seiner sozialen Gruppe Zuschauer dieser Szene sind. Kehren wir noch einmal in die *Cité des Quatre Mille* zurück:

Jeder Angriff auf die persönliche oder kollektive Ehre kann nur kompensiert werden, indem man den Gegner seinerseits beleidigt. Nur so läßt sich die verlorene Ehre wiedergewinnen. [...]

Am wichtigsten ist dabei die als essentiell betrachtete Fähigkeit, sich nichts gefallen zu lassen, sich Respekt zu verschaffen, auf Beleidigungen immer eine entsprechende Antwort parat zu haben.[18]

In den sozial begünstigten Klassen wird dagegen eher darauf orientiert, Konflikte durch Diplomatie zu lösen und Situationen zu vermeiden, in denen man sich prügelt, als wäre man ein »Prolo«. Zorn ist nicht verboten, aber die Formen, die der eigenen Klasse gemäß sind, müssen gewahrt werden. *Jeu de mains, jeu de vilains*, besagt schon ein französisches Sprichwort – Rangeleien ziemen sich für Bauernrüpel.

EIN SUPERSCHICKER ZORN: DER BARON CHARLUS

In *Die Welt der Guermantes*, dem dritten Band von Prousts Romanzyklus *Auf der Suche nach der verlorenen Zeit*, hat der junge Erzähler unwissentlich den Stolz des Barons verletzt, indem er zweimal dessen Einladungen ausschlug. Charlus (der auch noch die Titel eines Herzogs von Brabant sowie eines Fürsten von Oléron, Carency und Viareggio trägt) ist aber der brillanteste und gefürchtetste Mann im ganzen vornehmen Faubourg Saint-Germain.

– *»Monsieur, ich schwöre Ihnen, ich habe nichts gesagt, was Sie verletzen könnte.«*

– *»Und wer sagt Ihnen, daß ich verletzt bin?« rief er wütend aus und erhob sich mit einem heftigen Ruck von der Chaiselongue, auf der er bislang unbeweglich verharrt hatte. Weißgelb geifernde Schlangen krümmten sich auf seinem Gesicht, während seine Stimme abwechselnd schrill*

und dumpf grollend war wie ein ohrenbetäubend rasender Orkan. [...]
»Meinen Sie wirklich, es stehe in Ihrer Macht, mich überhaupt zu verletzen? Wissen Sie denn nicht, mit wem Sie eigentlich reden? Glauben Sie, der giftige Speichel von fünfhundert kleinen Kerlen wie Sie, selbst wenn sie sich aufeinanderhocken, könne auch nur meine erhabenen Zehen berühren?«
Während dieser beschuldigende Monolog auf den Erzähler niederprasselt, gerät der seinerseits in Rage und liefert uns ein glänzendes Beispiel für eine Verschiebung.
Mit einer impulsiven Bewegung wollte ich auf irgend etwas losschlagen, ein Rest von Besinnung jedoch hielt mich von einem Mann zurück, der so viel älter war als ich, und wegen ihrer Würde als Kunstgegenstände sogar von den Meißner Porzellanen, die ihn förmlich umgaben; so stürzte ich mich denn auf den neuen Zylinderhut des Barons, schleuderte ihn zu Boden, trampelte darauf herum und ließ nicht locker, bis ich ihn völlig zerfetzt hatte; ich riß den Kopf heraus und zerbrach die Krempe, ohne auf das wütende Gebrüll von Monsieur de Charlus zu hören, das immer noch weiterging.[19]

Seinen Gegenspieler durch eine schneidende Bemerkung lächerlich zu machen, ist vielleicht ein Meisterstück von Vornehmheit, kann aber auch schnell in eine handfestere Konfrontation münden. In William Boyds *Die neuen Bekenntnisse* begegnet der Erzähler in den dreißiger Jahren in der Abfertigungshalle eines Flughafens zufällig seinem alten Kriegskameraden Druce, mit dem er zerstritten ist. Druce provoziert den Erzähler, indem er ihn daran erinnert, wie dieser auf etwas lachhafte Weise in deutsche Kriegsgefangenschaft geraten war: Sein Aufklärungsballon war von widrigen Winden hinter die feindlichen Linien getrieben worden. Doch die Replik des Erzählers ist noch beleidigender: Er beschuldigt Druce, sich damals mit Absicht ins Bein geschossen zu haben, um den Sturmangriff nicht mitmachen zu müssen.

Sein entsetzter Blick bestätigte mir, daß ich mit meiner höhnischen Bemerkung die Wahrheit getroffen hatte. Er schlug mir ins Gesicht.
»Du verdammter Feigling!«
Es war, wie man mir sagte, ein ganz unmenschlicher Schrei, mit dem ich mich auf ihn stürzte. Sehr schnell wurde ich durch eine TWA-Bedienstete von ihm getrennt, aber bis es soweit war,

droschen meine Fäuste in dieses selbstzufriedene, unehrliche, feige Gesicht. Eines seiner Augen schwoll zu, und seine Oberlippe sprang auf. Ein stummes, atavistisches Triumphgeheul erfüllte mich, als er, stöhnend und vornübergebeugt, von seinen Begleitern zu den Waschräumen getragen wurde.[20]

Mit dem Gespür des Romanciers greift William Boyd zu den Worten *unmenschlich* und *atavistisch*: er fühlt, daß wir den Zorn mit den Primaten, unseren nächsten Verwandten im Tierreich, gemein haben.

Zorn erscheint also einerseits als nützliche Emotion, die uns dazu verhilft, daß die anderen nicht alles mit uns machen können, andererseits jedoch als Sünde, als Mangel an Weisheit, als Angriff auf die sozialen Regeln und als Verlust der Selbstkontrolle. Ideal wäre es, wenn man seinen Zorn auf die jeweilige Umgebung abstimmen könnte, aber es gibt nicht viele Leute, die zu solch einer emotionalen Virtuosität imstande sind.

ZORN AUF DEM PACKEIS

Zu Beginn der sechziger Jahre ging die kanadische Anthropologin Jean Briggs in die Northwest Territories, um dort mit den Inuit (den »Eskimos« in den Sprachen der Weißen) zusammenzuleben. Von ihren Beobachtungen berichtete sie in *Never in Anger* (»Niemals zornig«), einem Buch, das zu einem Klassiker der Anthropologie wurde.[21] Schon der Titel nennt ein bezeichnendes Merkmal, auf das sie bei ihren Gastgebern stieß: Sie gerieten nie in Zorn, selbst in Situationen nicht, die jeden Weißen (Jean Briggs eingerechnet) an die Decke gehen lassen würden. Dieses Buch, das sich wie ein Roman liest, wird von den Verfechtern der kulturrelativistischen Betrachtungsweise manchmal als Beleg dafür herangezogen, daß Emotionen nicht überall die gleichen sind. Beweis: Bei den Inuit vom Stamm der Utkuhikhalingmiut gibt es keinen Zorn! In Wirklichkeit vertritt Jean Briggs die Ansicht, daß die Eskimos ihren Zorn kontrollieren, und meint nicht etwa, daß sie niemals zornig wären. »Die Kontrolle der Emotionen genießt bei den Eskimos hohe Wertschätzung, und wenn sie unter den beschwerlichsten Umständen ihren Gleichmut bewahren, gilt das als wichtigstes Zeichen von Reife, von einer Erwachsenen-Haltung.« Gerät jemand schnell

in Zorn, betrachten sie ihn als *nutaraqpaluktuq*, was ungefähr »kindisches Benehmen« bedeutet, ein Etikett, mit dem Jean Briggs übrigens sehr bald versehen wurde – wie die meisten Weißen, deren Bekanntschaft die Eskimos machen. Der Begriff läßt auch erahnen, daß die Inuit den Zorn *bei ihren eigenen Kindern* beobachten, was wiederum dafür spricht, daß er eine Basisemotion ist.
Warum diese außergewöhnliche Wertschätzung von Ruhe und Selbstkontrolle? Man darf annehmen, daß in einer so unwirtlichen Umgebung wie dem Hohen Norden (bis in die fünfziger Jahre hatten Hungersnöte die Eskimostämme dezimiert) eine uneingeschränkte Solidarität innerhalb der Gruppe die Voraussetzung für das Überleben der Inuit war. Der Zorn mit all seinen Risiken wie Spaltung der Gruppe oder Ächtung von Individuen war zu gefährlich, um toleriert zu werden.

Den Zorn der anderen rechtzeitig erkennen

In ihrem Roman *La honte (Die Scham)* schildert Annie Ernaux eine Kindheitserinnerung, einen Streit zwischen ihren Eltern, der eine böse Wendung nahm.

Der Streit, den sie mit meinem Vater angefangen hatte, kaum daß wir am Tisch saßen, hörte während der ganzen Mahlzeit nicht auf. Als das Geschirr weggeräumt und die Wachstuchdecke abgewischt war, fuhr sie fort, meinem Vater Vorwürfe zu machen, und lief dabei in der Küche hin und her […] wie immer, wenn sie verärgert war. Mein Vater war am Tisch sitzen geblieben; er antwortete nichts darauf und hatte den Kopf zum Fenster gedreht. Mit einem Mal begann er konvulsivisch zu zittern und schwer zu atmen. Er stand auf, und ich sah, wie er meine Mutter packte und ins Café schleifte. Dabei schrie er mit einer rauhen Stimme, die mir unbekannt war.[22]

Ein paar Augenblicke später beobachtet die Erzählerin ihre Eltern im Keller:

Im schlecht erleuchteten Keller packte mein Vater meine Mutter an den Schultern, am Hals. In der anderen Hand hielt er die kleine Axt, die er aus dem Hauklotz gezogen hatte, wo sie gewöhn-

lich steckte. Von allem weiteren erinnere ich mich nur noch an Schluchzen und Schreie.

Glücklicherweise gewinnt der Vater seine Selbstkontrolle zurück; der Zorn wird jedoch Spuren hinterlassen. Die Erzählerin ist in den nächsten Tagen in einer Verfassung, die sehr einem posttraumatischen Streßzustand ähnelt (schon wenn sie im Radio einen bestimmten Countrysong hört, in den die Geräusche einer Schlägerei eingeblendet sind, wird sie jedesmal von Angst gepackt). Warum hat sich der Vater derart in seinen Zorn hineingesteigert? Seine Tochter weiß es selbst nicht oder erinnert sich nicht mehr daran. Ihre einzige Erklärung ist, daß ihn die Vorhaltungen seiner Ehefrau, die vielleicht länger andauerten oder heftiger waren als gewöhnlich, aus der Fassung gebracht haben mußten.

Diese Szene aus dem Eheleben ist typisch für das, was der international renommierte Wissenschaftler Mordechai Gottman bei Paaren beobachtet hat. Die Frau setzt ihrem Mann mit Klagen und kritischen Bemerkungen zu *(nagging)*, während dieser nichts antwortet und woandershin schaut *(stonewalling)*.[23] Die Frau hält das Schweigen ihres Partners für ein Zeichen von Unaufmerksamkeit oder Gleichgültigkeit, während es sich in Wahrheit um ein typisch männliches Verfahren handelt, mit dem man die Emotionen kontrolliert, die einen aufwühlen und die sicher auch im Vater von Annie Ernaux tobten, denn er begann ja plötzlich »zu zittern und schwer zu atmen«.

Weil Frauen ihre Emotionen offener ausdrücken als Männer,[24] neigen sie dazu, die offensichtliche Unbewegtheit (das *stonewalling*) ihrer Partner als Gleichgültigkeit zu deuten. Aber aufgepaßt, manchmal liegen sie mit dieser Interpretation daneben! Wir werden im Kapitel über die Eifersucht noch auf Gewalt in der Ehe (das heißt in den meisten Fällen Gewalt gegen Frauen) zurückkommen.

Die Romanszene erinnert uns daran, daß uns Zorn auf eine Gewaltanwendung vorbereitet und oft tatsächlich in Gewalt mündet. Es ist begreiflich, daß alle Religionen diese Emotion getadelt haben: Zorn bedroht den Zusammenhalt der Gruppe, und oft sind die Schwächsten seine Zielscheibe.

IST ZORN IMMER EINE SÜNDE?

Es gibt einen heiligen Zorn, welcher erweckt wird durch unseren Eifer, jene mit Härte zurechtzuweisen, die unsere Milde nicht bessern konnte.

Aus einem christlichen Erbauungsbuch (1858)

In der jüdisch-christlichen Tradition ist allein der Zorn Gottes legitim, der Heilige Zorn, dazu noch der einer Handvoll Gerechter wie Moses. »Die Götter sind Autokraten«, schreibt Jean-Pierre Dufreigne in seinem Essay über den Zorn, »sie haben die Unsterblichkeit und den Zorn für sich reserviert.«[25]

Der Gott des Alten Testaments ist recht jähzornig, allerdings benehmen sich manche Menschen dort auch ziemlich unerträglich. Aber in seiner Zorneswallung läßt sich der Schöpfer zu extremen Maßnahmen hinreißen: Er verstößt die ersten Menschen aus dem irdischen Paradies, zerstört Sodom und Gomorrha durch einen feurigen Regen, läßt Korahs Rotte lebendig begraben und droht sogar dem ganzen jüdischen Volk mit Ausrottung, als es wieder beginnt, Götzenbilder anzubeten. Zum Glück kann Moses den Herrn von einer solchen Radikallösung abbringen (was wäre sonst wohl aus dem Monotheismus geworden?), aber dann lädt er sich selbst mit diesem göttlichen Zorn auf, und als er vom Sinaigebirge wieder herabsteigt, wirft er das Goldene Kalb um und zerbricht die Gesetzestafeln.

Von diesen göttlichen Ausnahmen einmal abgesehen, wird Zorn an zahlreichen Stellen der Bibel mißbilligt: »Darum, liebe Brüder, ein jeglicher Mensch sei schnell, zu hören, langsam aber, zu reden, und langsam zum Zorn. Denn des Menschen Zorn tut nicht, was vor Gott recht ist.« (*Brief des Jakobus*, I, 19–20)

Das ein wenig altmodisch klingende Wort »Langmut« bezeichnet nichts anderes als die Tugend eines Menschen, der nur schwer in Zorn gerät.

Oft ist die Rede von Christi Zorn gegen die Händler im Tempel, aber man könnte zu dieser Szene anmerken, daß der Zorn in ihr eher reiflich überlegt als impulsiv daherkommt. Immerhin nimmt sich Jesus die Zeit, aus dünnen Schnüren eine Peitsche zu flechten, und teilt nicht nur Schläge aus, sondern auch einen sehr beherrschten pädagogischen Diskurs: »Es steht geschrieben: ›Mein Haus soll ein Bethaus heißen‹; ihr aber habt eine Mördergrube daraus gemacht.« (*Matthäus*, XXI, 13)

Dieser Zorn wird im Film *Jesus aus Montreal* (1989) von Denys Arcand auf brillante Weise neu interpretiert. Auf dem Hügel Mont-Royal, der über der Stadt Montreal thront, stellt eine Schauspielertruppe die Passion Christi dar und findet sich in ihrem Alltagsleben unfreiwillig in Situationen wieder, die den von Christus und seinen Aposteln durchlebten ähneln. Die Darstellerin der Maria Magdalena (Catherine Wilkening) nimmt an einem Casting für eine ziemlich hüllenlose Werbung teil. Unter dem Vorwand, ihr schauspielerisches Talent so besser begutachten zu können, verlangen die anwesenden Werbeleute von ihr, sie solle sich nackt ausziehen. Die Schauspielerin fühlt sich gedemütigt und zögert, aber sie braucht das Geld, und so beginnt sie sich mit Tränen in den Augen zu entkleiden. In diesem Moment kommt der Darsteller des Jesus hinzu (Lothaire Bluteau). Empört über diese demütigende Szene, steigert er sich in einen gewaltigen Zorn hinein, verwüstet das Studio und schlägt die Werbespezialisten und ihre Kunden in die Flucht. Später wird ihm ein charismatischer Kommunikationsberater anbieten, einen »Medienplan« zu entwerfen, mit dem er seine Berühmtheit steigern könne; der Schauspieler wird aber ablehnen …

Zorn ist auch ein Bestandteil der sieben Todsünden, wie sie der heilige Gregor definiert hat (zusammen mit Hoffart, Geiz, Trägheit, Unkeuschheit, Neid und Völlerei). Für Buddha schließlich ist Zorn eines der fünf *Hindernisse auf dem Weg zur Erleuchtung* (gemeinsam mit Begehren, Lethargie, Unruhe und Zweifel).

Wenn Zorn krankhaft wird

Der unglaubliche Hulk

> Machen Sie mich nicht wütend; Sie werden mich nicht mögen, wenn ich wütend bin!
>
> *Hulk*

Erinnern Sie sich noch an die Fernsehserie *Der unglaubliche Hulk*, die so viele junge Zuschauer begeistert hat? David Banner, ein freundlicher Atomwissenschaftler (verkörpert von Bill Bixby), hat bei einem Störfall zu viel nukleare Strahlung abbekommen und leidet seither an einem ärgerlichen Symptom: Immer wenn er zornig wird (und der gute

Doktor Banner tut wirklich alles, um sich nicht zu ereifern, selbst wenn er es mit den widerlichsten Leuten zu tun hat), verwandelt er sich in einen gigantischen und vollkommen grünen Bodybuilder, dessen Muskeln die ganze Kleidung zum Explodieren bringen. Dann schlägt er alles um sich kurz und klein und setzt die bösen Menschen, die ihn geärgert hatten, außer Gefecht. Hinterher gewinnt er sein gewöhnliches Aussehen und die übliche Persönlichkeit zurück, verspürt ein gewisses Schamgefühl, weil er derart die Kontrolle über sich verloren hatte, und muß seine ganze Garderobe ersetzen.

Wie so oft ist die Fiktion nicht allzu weit von der Wirklichkeit entfernt. Es gibt Personen, die an einer »Hulk-artigen« Störung leiden, an der intermittierend explosiblen Störung.[26] In der Mehrzahl sind es Männer, die sich nach einem verheerenden Zornesausbruch oftmals im Gefängnis oder in der Psychiatrie wiederfinden. Im Unterschied zu den gewöhnlichen gewalttätigen Delinquenten, bei denen die Aggressivität Teil der Persönlichkeit ist, sind diese explosiven Menschen in ihrem üblichen Zustand ganz ruhig und sogar ein wenig schüchtern. Nach ihrem Zornanfall empfinden sie Scham und ehrliche Schuldgefühle. Ihr Zorn steht in keinem Verhältnis zur auslösenden Situation.

Die Ursachen dieser Störung kennt man noch nicht gut. Wie so häufig in der Psychiatrie soll es auch hier sowohl erziehungsbedingte Risikofaktoren geben (Mißhandlungen in der Kindheit durch die Eltern) als auch biologische (kleine Anomalien im Gehirn, die sich mit dem Kernspintomographen beobachten lassen, Störungen im Elektroenzephalogramm). Die intermittierend explosible Störung soll übrigens mit bestimmten Formen von Epilepsie verwandt sein, welche ihrerseits zu plötzlichen und unkontrollierten Wutausbrüchen führen können (partielle Epilepsie). Es wird eine Behandlung vorgeschlagen, die auf Einzel- oder Gruppentherapien[27] zurückgreift und gleichzeitig Medikamente einsetzt (Antidepressiva und Antiepileptika).

Seit den achtziger Jahren hat eine ganze Reihe von epidemiologischen Studien auf das erhöhte Herzinfarkt-Risiko bei Cholerikern hingewiesen.[28] Dazu zwei wichtige Anmerkungen:

- Es handelt sich um einen statistisch meßbaren Risikofaktor, nicht um eine absolute Gewißheit für jedes einzelne Individuum. Doch werden die Gefahren wachsen, wenn sich bei Ihnen weitere Risikofaktoren hinzugesellen, zum Beispiel Nikotinsucht, Übergewicht, Bluthochdruck, Cholesterin und leider auch eine erbliche Veranlagung für Herz- und Gefäßleiden.
- Explosive Zornesausbrüche erhöhen zwar wirklich das Infarktrisiko, aber wenn jemand seinen Zorn immer in sich hineinfrißt, Groll verspürt oder chronische Feindseligkeit an den Tag legt, scheint das ebenfalls Gift für die Herzkranzgefäße zu sein.[29] Um das Herz zu schützen, reicht es also nicht, mit dem Zorn »an sich zu halten« – man muß es schaffen, sich tatsächlich zu beruhigen.

Jetzt haben wir gesehen, daß es sich beim Zorn um eine fundamentale und weltweit verbreitete Emotion handelt, die notwendig ist für unsere Anpassung an die Gesellschaft, deren Folgen aber häufig auch schädlich, wenn nicht katastrophal sind. Wie können wir nun diese Emotion besser handhaben?

Wie Sie mit Ihrem Zorn besser umgehen

Man könnte sagen, daß man auf zweierlei Weise *falsch* umgeht mit seinem Zorn:

- *Explosion:* Man läßt seinem Zorn auf unkontrollierte Weise oder wegen einer Nichtigkeit freien Lauf. Solche Wutanfälle bedauert man im nachhinein; sie haben unnötige Beziehungsbrüche im Gefolge, lassen Ressentiments zurück oder machen einen sogar lächerlich. Durch dieses »Zuviel an Zorn« können Sie auf kurze Sicht manchmal erreichen, was Sie wünschen, aber langfristig riskieren Sie schädliche Folgen für Ihre Beziehungen zu den Mitmenschen. Ihr Riechhirn dreht durch, Ihre Hirnrinde wird kurzgeschlossen – wozu haben Sie eigentlich eine mitbekommen?!

- *Hemmung:* Man kehrt seinen Zorn vollkommen »nach innen«, indem man ihn vor den anderen und manchmal auch vor sich selbst versteckt. In diesem Fall riskieren Sie, die Verärgerungen in sich reinzufressen, was schlecht für Ihre Herzkranzgefäße ist. Außerdem wird man Sie für jemanden halten, den man gefahrlos reizen kann. Diese exzessive Zurückhaltung (ein »Nicht genug Zorn«) bringt auch das Risiko mit sich, daß Sie eines Tages plötzlich in die oben beschriebene Situation geraten: Wer den Zorn immerfort in sich anstaut, wird eines Tages explodieren, und das oft im unpassendsten Moment.

Die Forschungen zum Thema Konfliktbewältigung bestätigen diese Feststellungen: Es scheint, als gelangten die Leute besser zu einer Lösung, wenn der Emotionspegel mittelhoch ist.[30] Bei heftigem Zorn kann man die alternativen Lösungen für ein Problem nicht mehr so gut wahrnehmen und seine übliche Beziehungskompetenz nicht mehr einsetzen. So macht Zorn tatsächlich blind.

Was tun bei zuviel Zorn?

> Es läßt sich nämlich beobachten, daß der Zorn in gewissem Grad auf die Stimme sachlicher Reflexion hinhört, aber sie nicht richtig hört. Es ist wie bei den voreiligen Dienern: noch ehe sie alles gehört haben, was man ihnen sagt, rennen sie davon und bringen dann den Auftrag durcheinander.
>
> *Aristoteles*, Nikomachische Ethik, VII, 7

Wir beziehen uns auf Aristoteles, den Schüler Platons und Erzieher Alexanders des Großen, weil sich dieser Gelehrte nicht nur für Metaphysik und Naturwissenschaften interessierte, sondern auch versucht hat, die Voraussetzungen für ein »gutes Leben« zu bestimmen. Beschrieben hat er sie in der *Nikomachischen Ethik*.

Hören wir noch einmal Jean-Jacques zu, dem großen Choleriker, der den Werkstattchef das Fürchten gelehrt hat. Er entfernt sich durch sein Zuviel an Zorn vom »guten« Leben:

Je älter ich werde, desto schwerer fällt es mir, meine eigenen Zornausbrüche zu ertragen. Zunächst einmal ermüden sie mich viel mehr als in jungen Jahren. Hinterher fühle ich mich erschöpft, und weil ich manchmal Schmerzen in der Herzgegend habe, lasse ich mir Elektrokardiogramme machen, die bisher alle normal ausgefallen sind. Ich bin in einem ziemlich einfachen Milieu aufgewachsen und gehörte zu einer Clique, in der meine Fähigkeit, schnell auf hundertachtzig zu sein, den anderen Respekt einflößte. Inzwischen bin ich sozial aufgestiegen und von Mitarbeitern umgeben, die jünger sind als ich und oft höher qualifiziert. Ich spüre ganz deutlich, daß mein Zorn mir bei manchen noch immer Respekt verschafft, daß aber andere denken: ›Der hat doch wirklich 'ne Schraube lokker!‹ Es stimmt auch, daß ich manchmal Dinge sage, die mir hinterher leid tun; und wegen einer Sache, die ich heute als Lappalie ansehe, habe ich es mir sogar mit einem Freund verdorben. Im großen und ganzen glaube ich, daß mir meine Zornausbrüche im ersten großen Lebensabschnitt vielleicht geholfen haben, aber daß sie mir heute eher schaden als nutzen. Mit den Kindern ist es genauso. Als sie noch klein waren, fürchteten sie mich; heute verbünden sie sich mit meiner Frau, um mir meinen schlechten Charakter vorzuwerfen und meine Neigung, die schönen Momente zu verderben. (Sie kommen mit ihren Kindheitserinnerungen an und erzählen, wie ich im Urlaub oft schrecklich wütend geworden bin.)

Jean-Jacques zeigt inzwischen schon ein gutes Maß an Einsicht, und gewiß ist er keine narzißtische Persönlichkeit, die ihre Zornesausbrüche ganz und gar gerechtfertigt finden würde (»Wenn die anderen meinen Zorn nicht mögen, brauchen sie mich bloß nicht zu nerven!«).

Hier eine Reihe von Ratschlägen, die man ihm und allen übrigen hitzköpfigen Menschen erteilen könnte.

◆ Verringern Sie die Anlässe für Gereiztheit!

Dieser Tip mag ein bißchen einfältig wirken, aber er ist ein grundlegendes Mittel zur Verhütung unmäßiger Zornesausbrüche.

Denken Sie an Agnès, die sich mitten in der Lehrerversammlung über ihre Kollegin Monique erzürnt hatte:

Ich war schon ziemlich genervt angekommen, weil sich meine Kinder noch langsamer angezogen hatten als gewöhnlich und weil mich mein Mann darauf hingewiesen hatte, daß ich keine Autorität bei ihnen habe. Dann war auf der Straße noch ein Stau gewesen. Resultat: Den ganzen übrigen Weg war ich gestreßt, weil ich zu spät zu kommen fürchtete, und Verspätungen ertrage ich überhaupt nicht.

Als Agnès das Sitzungszimmer betrat, hatte ihre Gereiztheit also schon einen gewissen Pegel erreicht. Moniques Dazwischenreden war der sprichwörtliche Tropfen, der das Faß zum Überlaufen brachte, aber all die vorangegangenen Tropfen waren keineswegs auf ihr Konto gegangen.

Man hat nachgewiesen, daß Teilnehmer an einem psychologischen Experiment, die man absichtlich verärgerte (indem man sie lange warten ließ, indem sie ellenlange Fragebögen ausfüllen mußten oder mit einem gezielt unsympathischen Experimentator konfrontiert wurden), in stärkerem Maße feindselige oder aggressive Reaktionen zeigten, wenn sie hinterher einen emotional neutralen Test absolvieren mußten.[31]

Konrad Lorenz hat selbst solche Erfahrungen gemacht. Er konstatierte, wie sehr einen die Enge und die unterschiedlichsten Frustrationen in einem Kriegsgefangenenlager für maßlose Zornausbrüche empfänglich machen: »In einer solchen Lage unterliegen [...] alle Reize, die Aggression und innerartliches Kampfverhalten auslösen, einer extremen Erniedrigung ihrer Schwellenwerte. Subjektiv drückt sich dies darin aus, daß man auf kleinste Ausdrucksbewegungen seiner besten Freunde, darauf, wie sich einer räuspert oder sich schneuzt, mit Reaktionen anspricht, die adäquat wären, wenn einem ein besoffener Rohling eine Ohrfeige hineingehauen hätte.«[32]

Die Rolle der Reizbarkeit beim Aufkommen von Zorn spiegelt sich im berühmten »Das ist kein guter Moment, um darüber mit dem Chef zu sprechen« wider; einer Bemerkung, die alle Untergebenen jähzorniger Vorgesetzter gut kennen. Sie sind Experten darin geworden, den »Gereiztheitspegel« ihres Chefs abzuschätzen. Eine der nachteiligen Folgen, wenn Sie ein zu Zornausbrüchen neigender Vorgesetzter sind: Man wird Ihnen schließlich die störenden Informationen vorenthalten (und hinterher wird der Untersuchungsrichter vielleicht nicht an Ihre Unschuld glauben ...).

Arbeiten Sie deshalb daran, sich das Leben angenehmer zu gestalten, selbst dort, wo es nur um Kleinigkeiten geht. Wenn Ihre Mittel es erlauben, sollten Sie zum Beispiel Haushaltsgeräte, die immerzu streiken, lieber ersetzen. Dieser Grund für chronischen Ärger ist leichter aus dem Weg geräumt als ein nervtötender Ehepartner ... Achten Sie darauf, sich so viele angenehme Augenblicke wie möglich zu bewahren, denn es sind gute Stoßdämpfer gegen Gereiztheit.

◆ Denken Sie über Ihre Prioritäten nach und sprechen Sie zu sich selbst!

Aus den kognitivistischen Theorien über den Zorn (»Wir geraten in Zorn, weil wir denken«) geht als logische Schlußfolgerung hervor: »Denken Sie anders, und Sie werden seltener in Zorn verfallen!«

Hören wir, was Robert, Bauleiter auf einer Baustelle, dazu berichtet:

Ich bin schon immer leicht in Rage geraten. Wenn die Dinge nicht so laufen, wie ich will, wenn die Leute trödeln oder wenn ich finde, daß jemand schlechte Arbeit macht, dann sehe ich rot. In meinem Beruf ist mir das eher zugute gekommen: die Jungs auf der Baustelle wissen, daß mit mir nicht zu spaßen ist. Und so hat man mir immer wichtigere Baustellen anvertraut, was sich auch in der Bezahlung ausdrückte. Meine Frau hat mir aber immer vorgeworfen, ich würde wegen Nichtigkeiten in Zorn geraten: wenn der Kellner nicht schnell genug kommt, das Auto vor uns schleicht oder die Kinder im Urlaub herumtrödeln.

Letztes Jahr hatte ich ein Herzproblem. Ich dachte, es wäre aus mit mir, und das hat mir doch zu denken gegeben. In meiner Klinik gab es eine Psychologin, die eine Gruppe für Leute wie mich leitete – die immerzu Gestreßten, die Choleriker. Dort habe ich so manches gelernt, vor allem auf dem Gebiet »Anders denken«. Seitdem bemühe ich mich (nicht immer mit Erfolg), nicht mehr über Dinge in Rage zu geraten, die die Mühe nicht wert sind. Ich sage dann zu mir selbst: »Cool, Robert, cool, das ist nichts, was wirklich zählt!«

Die Therapeutin hat Robert eine Technik beigebracht, die in der Verhaltenstherapie angewendet wird: Man führt einen *inneren Diskurs (self-talk)*, um seinen Zorn schon im Anfangsstadium unter Kontrolle zu bekommen.[33]

ZORN IM STILLEN OZEAN

Die Ifaluk, Bewohner eines mikronesischen Korallenatolls im Südpazifik, haben ein sehr reiches Vokabular zur Bezeichnung von Zorn. *Lingeringer* ist der Zorn, der sich langsam anstaut, wenn eine Reihe ärgerlicher Vorkommnisse aufeinanderfolgen, *nguch* der Groll, welchen Sie verspüren, wenn Ihre Familie Ihnen nicht so geholfen hat wie erwartet, *tipmochmoch* bezeichnet die Reizbarkeit von Kranken, und *song* ist schließlich der mit Entrüstung gemischte Zorn auf jemanden, der etwas moralisch Verwerfliches getan hat.

Die Anthropologin Catherine Lutz hat all diese Emotionen in ihrem berühmten Buch *Unnatural Emotions*[34] beschrieben, dem eine radikal kulturrelativistische Herangehensweise zugrunde liegt: Nach Ansicht der Autorin gibt es keine weltweit gleichen Emotionen, und unser Bemühen, sie wissenschaftlich zu untersuchen (etwa durch Analyse der Mimik), ist nicht neutral und objektiv, sondern bereits tief von der westeuropäisch-amerikanischen Kultur geprägt.

Paradoxerweise scheinen uns jedoch alle von ihr beschriebenen Emotionen durchaus nachvollziehbar und vertraut, so auch der Respekt und die Bewunderung, welche die Ifaluk für jemanden hegen, der *maluwelu* ist, also ruhig und freundlich, und nicht *sigsig*, von schlechtem Charakter. Das ist auch nur zu begreif-

lich für eine Gesellschaft, in der man zu Hunderten eng aufeinander einen schmalen Landstreifen bewohnt.
Auf den Fotos in diesem Buch erkennt man übrigens ohne Mühe am Gesichtsausdruck, daß ein kleiner Ifaluk-Junge Angst hat (was uns die Bildunterschrift bestätigt: Er glaubt, der Fotograf wolle ihm eine Spritze geben); und das gerührte Lächeln der Mutter angesichts seiner Fehlinterpretation scheint uns ebenfalls ziemlich universell zu sein.

Selbst ohne die Hilfe eines Therapeuten können Sie die häufigsten Situationen auflisten, in denen Sie künftig nicht mehr in Zorn geraten wollen. Und Sie können sich ein paar beschwichtigende Sätze zurechtlegen, die Ihnen als Beruhigungsmittel dienen werden, wenn Sie spüren, daß die Wut wieder in Ihnen hochsteigt.

Ein Therapeut wird Ihnen helfen, Ihre Grundüberzeugungen aufzudecken und über sie nachzudenken. Das könnte etwa so aussehen:

Grundüberzeugung, die Zorn auslösen wird	*Flexiblere Grundüberzeugung*
Die Leute sollen sich zu mir so verhalten, wie ich mich zu ihnen verhalte. Wenn nicht, ist das unerträglich und skandalös, und sie haben meinen Zorn verdient.	Ich mag es nicht, wenn sich die Leute nicht so zu mir verhalten wie ich mich zu ihnen, aber ich kann es verkraften (und halte gleichzeitig mit meinem Standpunkt nicht hinterm Berg).
Ich muß zornig werden, um zu erreichen, was ich will. Wenn nicht, werden die Leute auf meine Bedürfnisse pfeifen.	Ich kann meinem Standpunkt Gewicht verleihen, indem ich in Zorn gerate, aber das ist nicht immer das beste Mittel.
Ich muß in Zorn geraten, wenn mich die anderen nicht für einen Schwächling halten sollen.	Ich mag es, wenn man mich respektvoll behandelt, aber das kann ich auch anders erreichen.

Welches Zornschema paßt auf Sie?

Wenn Ihre Denkschemata geschmeidiger gemacht werden sollen, dann nicht, um jeglichen Zorn für immer aus Ihnen zu verbannen. Das wäre überhaupt nicht wünschenswert. Unnötige oder zu heftige Zornanfälle sollen Ihnen jedoch erspart bleiben. Nach Ellis, einem der Begründer der kognitiven Therapien, kann Zorn gerechtfertigt sein, aber Rage und blinde Wut sind häufig unnütz und schädlich.[35]

◆ Ziehen Sie auch den Standpunkt des anderen in Betracht!

Ist es Ihnen nicht auch schon passiert, daß Sie von einem Zornausbruch überrascht wurden, der sich gegen Sie richtete? Und daß man Ihnen zum Beispiel sagte: »Sie müssen wirklich nicht glauben, ich wäre ein Idiot!« oder »Für wen hältst du mich eigentlich?!«. Und Sie waren ganz erstaunt über diese Vorwürfe, denn Sie hatten gar nicht mitbekommen, daß Sie gerade etwas sagten oder taten, was den anderen in Zorn versetzen könnte. So erging es dem Erzähler aus *Die Welt der Guermantes* mit Charlus: Er ist ganz überrascht vom Zorn des Barons, denn es war ihm nicht bewußt gewesen, ihn beleidigt zu haben, als er seine Einladungen ausschlug (er war nämlich aus triftigen Gründen verhindert gewesen).

Jedem von uns kann es passieren, daß er den Irrtum des Barons Charlus wiederholt: Wenn wir auf jemanden wütend sind, dann oftmals, weil wir denken, er oder sie wolle uns zum Narren halten und versuche absichtlich, uns in Wut zu bringen. Wir finden in den Verhaltensweisen der anderen mehr böse Absichten, als wirklich darin liegen. Tun unsere Mitmenschen etwas, das uns frustriert, ist es also manchmal nützlich, auch ihren Standpunkt in Betracht zu ziehen. Jacques, ein renommierter Professor, erzählt:

Als ich noch jünger war, empörte es mich schnell, wenn »wichtige Leute« auf meine Briefe oder Nachrichten auf dem Anrufbeantworter gar nicht oder mit großem Zeitverzug reagierten. Ich sah darin ein Zeichen von Geringschätzung und Selbstgefälligkeit. Mit den Jahren bin ich auf meinem Gebiet selbst ein »wichtiger Mann« geworden und habe gemerkt, was damit alles verbunden ist: Man wird von allen Seiten für die verschiedensten Dinge in Beschlag ge-

nommen, und das oft in einem Klima höchster Eile. Ich gebe mir Mühe, jedem rechtzeitig zu antworten, aber manchmal widerfährt es mir auch, daß ich etwas vergesse oder schleifen lasse. Jetzt wird mir bewußt, wie sehr ich mich damals über die Gründe fürs späte Antworten täuschte. Natürlich gibt es unter den »Leuten von Rang und Namen« wirklich welche, die vom hohen Roß auf die anderen herabschauen, aber das kommt seltener vor, als man glaubt, wenn man selbst keine »wichtige Person« ist. Hätte ich das eher begriffen, wäre mir eine Menge Zorn erspart geblieben.

◆ Schlafen Sie eine Nacht darüber!

Dieser Ratschlag betrifft vor allem Situationen, in denen wir uns über Leute erzürnen, die für uns wichtig sind: Ehepartner, Freunde oder Kollegen. Eine Denkpause wird Ihnen erlauben:

- die Lage neu zu beurteilen (Hat es der andere mit Absicht getan? War ihm bewußt, daß er Ihnen schadete?);
- Rat einzuholen (die Meinung einer Ihnen nahestehenden, aber nicht in die Angelegenheit verwickelten Person ist immer gut);
- die Gründe für Ihren Ärger präzise zu formulieren und sich zurechtzulegen, was genau Sie dem anderen sagen möchten.

Aber aufgepaßt, nicht immer verdient Zorn solche Vorsichtsmaßregeln! Wartet man zu lange, kann das auch Nachteile haben:

- Ihr Zorn flaut so sehr ab, daß Sie mit dem anderen gar nicht mehr darüber sprechen. Er wird von alledem also nichts erfahren und bei der nächsten ähnlichen Situation aufs neue Ihren Zorn erwecken.
- Sie reden erst hinterher über einen Zwischenfall, der besser an Ort und Stelle hätte besprochen werden sollen, und man wird Sie für jemanden halten, der in seiner stillen Ecke »vor sich hin brütet«.

◆ Lassen Sie dem anderen ein wenig Zeit, damit er seine Sicht ausdrücken kann!

Dieser Ratschlag wird Sie davor bewahren, lange Monologe zu halten, ohne dabei zu merken, daß der andere vielleicht seine Gründe hatte, Ihnen übel gesonnen zu sein.

Als ich ins Büro kam, teilte meine Assistentin mir mit, daß Dupond, mein Kollege und Konkurrent, es geschafft hatte, die Tagesordnung einer Sitzung mit dem Firmenchef abzuändern. Auf diese Weise konnte er sein Projekt vorstellen, während meine Präsentation auf später verschoben wurde. Ich war wirklich wütend auf ihn, vor allem, weil es nicht das erste Mal war, daß er mir Knüppel zwischen die Beine zu werfen versuchte. Auf ziemlich schäbige Art und Weise übrigens, und bisher hatte ich nie darauf reagiert. Jetzt aber stürzte ich voller Zorn in sein Büro und wollte ihn wegen seines Benehmens in den letzten Monaten zur Rede stellen. Er war überrascht, daß ich eintrat, ohne anzuklopfen. Ich ließ ihm keine Zeit zum Reagieren, sondern begann schnell und laut zu reden: »Da hast du mir ja hintenrum toll eins ausgewischt! Du hast dich wirklich wie ein Mistkerl benommen. Aber ich warne dich, jetzt habe ich dich auf dem Kieker, und wie!« Ich sah, wie er rot wurde und etwas stammelte. Und dann geriet er selber in Zorn und fing an, mir alles aufzuzählen, was er an mir auszusetzen hatte. Ich würde immer nur an mich denken, alle schönen Projekte wären immer meine, ich hielte mich für fähiger als den Rest der Welt und so weiter.

Mir wurde mit einem Mal klar, daß ich ihn ziemlich oft gekränkt haben mußte, ohne daß es mir bewußt gewesen war. Es stimmt schon, ich bin recht redegewandt, meine Vorgesetzten haben schon bald etwas auf mich gegeben, ich neige vielleicht ein bißchen dazu, auf Versammlungen das Wort an mich zu reißen, und im Grunde hatte ich auf meinen Kollegen nie besonders geachtet. Hinter der Veränderung der Tagesordnung verbargen sich richtiggehende Ressentiments gegen mich, und das hatte ich mir selbst zuzuschreiben, weil ich mit diesem Kollegen nicht vorsichtig genug umgegangen war. Ohnehin bin ich nicht daran interessiert, mir einen Feind zu machen, denn er hat trotz allem einen gewissen Einfluß. Ich habe ihm gesagt, daß wir über all das noch reden müßten, und bin aus dem Büro gegangen.

Robert gibt hier ein gutes Beispiel für emotionale Intelligenz: Er ist nicht nur imstande, seinen Zorn auszudrücken, sondern versteht auch die Emotion des anderen (nachdem er ihm Zeit gegeben hat, sich auszusprechen) und kann sein Verhalten rasch an die neue Lage anpassen.

Hingegen hat er wohl einen Fehler gemacht, als er auf die ersten kleinen Hinterhältigkeiten (oder Ungeschicklichkeiten?) von Dupond nicht reagierte. Hätte er den anderen frühzeitig an die Spielregeln erinnert, wäre ihm hinterher der große Zorn erspart geblieben.

- Konzentrieren Sie sich auf das Verhalten, das Ihren Zorn erregte, und attackieren Sie nicht die Person!

Wer hitzköpfig ist, neigt schnell dazu, Beschuldigungen oder gar Beleidigungen laut werden zu lassen. Auch das kann eine Beziehung dauerhaft beschädigen und Konsequenzen nach sich ziehen, die man bereuen wird. Richten Sie Ihre Kritik also auf das Verhalten (»Unterbrich mich nicht!«, »Du hast alles in Unordnung gebracht!«, »Warum hast du das alles gemacht, ohne mir ein Wort zu sagen?«, »Das regt mich wirklich auf, wenn du so was sagst!«) ... statt Beschuldigungen gegen die Person auszustoßen (»Du läßt die anderen ja nie zu Wort kommen!«, »Dir ist es doch schnurz, wenn wir dir immer alles hinterherräumen müssen!«, »Da hast du ja hintenrum schön was eingefädelt!«, »Du bist doch wirklich ein solcher Blödsack!«).

Eine Anschuldigung bringt den anderen in eine Verteidigungsposition; sie reizt ihn zu einer aggressiven Gegenattacke und läßt in ihm Groll gegen Sie zurück. Das trifft besonders aufs Eheleben zu. Was sagte doch eine unserer Großmütter zum Thema Ehestreit? »Selbst wenn man wütend ist, darf man sich niemals böse Worte sagen!«

Zahlreiche Wissenschaftler haben übrigens Ehestreitigkeiten mit großem Interesse unter die Lupe genommen. Dabei stellten sie fest, daß in einem Klima von Konflikt und Zorn die Anschuldigungen rasch an Schwere zunehmen. Auch im folgenden Beispiel ist das der Fall:

»Du kommst ja schon wieder zu spät!«

»Ich hatte auf Arbeit noch was zu erledigen.«

»Um Ausreden bist du nie verlegen!«
»Das ist keine Ausrede.«
»Eigentlich ist es dir doch schnuppe, wenn die anderen auf dich warten müssen!«
»Nein, aber manchmal kommt halt was dazwischen.«
»Im Grunde denkst du sowieso immer nur an dich!«
(Mit hämischem Unterton:) *»Gerade du mußt das sagen, das steht dir echt gut!«*
»Waaas? Bei allem, was ich für dich mache und für die Kinder und …«
»Du bist wie deine Mutter – immer nur rumjammern …«
»Also, das hält man doch nicht aus hier!«
(Sie verläßt das Zimmer und knallt die Tür hinter sich zu.)

Dieses Ehepaar hat in einer rasanten Eskalation die von Ehepsychologen beschriebenen drei ersten Ebenen der Kritik durchlaufen (siehe unten).[36]

Die Erfahrung zeigt, daß Sie zwar Ihren Zorn besser ausdrücken, wenn Sie Kritik auf einer der höheren Ebenen üben, daß Sie aber auch riskieren, den anderen dauerhaft zu verletzen und eine Versöhnung zu erschweren. Daher unser Rat, Zorn so auszudrücken, daß man auf ein bestimmtes Verhalten des anderen zielt, nicht auf seine Person – es sei denn, Sie wollen es wirklich zum Bruch kommen lassen …

DIE VIER EBENEN DER KRITIK: ESKALATIONEN IM EHELEBEN

Ebene 1: Die Kritik dreht sich um ein klar umrissenes Verhalten: »Du bist zu spät gekommen«, »Du hörst mir nicht zu«, »Kann ich meinen Satz zu Ende bringen?« etc.
Ebene 2: Die Kritik ist auf die Person gerichtet. Hierbei gibt es zwei Varianten:
– Es wird zwar ein Verhalten angesprochen, aber der Satz ist mit Wörtern wie »schon wieder«, »immerzu« oder »niemals« garniert: »Du bist *schon wieder* zu spät gekommen«, »*Andauernd* beklagst du dich«, »Du denkst doch *nie* an die anderen« …
– Man greift zu abwertenden Adjektiven: »Du bist *egoistisch*«, »Du bist *unordentlich und konfus*«, »Sei nicht so *wehleidig*« …

Ebene 3: Die Kritik beinhaltet die implizite Drohung, die Beziehung werde zerbrechen: »So kann das nicht weitergehen«, »Dir kann man wirklich nicht vertrauen«, »Hätte ich damals gewußt, daß die Dinge so stehen« ... Der dritten Ebene zugerechnet werden auch abschätzige Anschuldigungen, die sich auf Familie oder soziale Herkunft des Partners beziehen: »Du bist wie deine Mutter – immerzu beklagst du dich«, »Na ja, wundert mich gar nicht; bei dir zu Hause konntest du schließlich kein gutes Benehmen lernen«, »Jetzt verstehe ich, warum dein Vater von zu Hause abgehauen ist« ...
Ebene 4: Sie ist erreicht, wenn es zu körperlicher Gewalt kommt.
Man kann diese vier Ebenen auch in der Arbeitswelt beobachten. Hier sind vier verschiedene Varianten, wie Sie je nach Ihrem Zornpegel einen Kollegen empfangen können, der vergessen hat, Sie von einer wichtigen Sitzung zu benachrichtigen: »Du hast mir von der Versammlung nichts gesagt!« (Ebene 1), »Du machst immer alles allein, du hast überhaupt keinen Teamgeist!« (Ebene 2), »Auf dich kann man sich nicht verlassen; mit dir zu arbeiten ist wirklich unmöglich!« (Ebene 3), Schlägerei am Kaffeeautomaten (Ebene 4) ...

◆ Brechen Sie das Gespräch ab, wenn Sie spüren, daß Sie die Selbstkontrolle verlieren!

Damien, leitender Pfleger in einem großen Krankenhaus, erzählt:

Wir hatten eine Versammlung, auf der wir die Einteilung der Schichten und der freien Tage besprachen. Weil ich Stationspfleger bin, habe ich darauf zu achten, daß alle einigermaßen zufrieden sind. Niemand soll schlechter wegkommen als seine Kollegen, und ich muß den einen oder anderen Konflikt ausräumen. Das ist eine ziemlich anstrengende Aufgabe, denn man steht natürlich Leuten gegenüber, die nur ihre eigenen Interessen im Auge haben. Als mir nun eine Krankenschwester erklärte, sie könne über Weihnachten keinesfalls dasein, erklärte mein Kollege Robert mit halblauter Stimme: »Schaut euch das an! Bei Frauen zieht er immer den Schwanz ein!«

Ohne es selbst richtig mitzubekommen, stand ich auf und ging auf Robert los. Ich sah die Angst in seinem Gesicht und schaffte es zu sagen: »Ehe ich mir weiter solche Scheiße anhören muß, gehe ich lieber!« Und dann bin ich tatsächlich gegangen. Am nächsten Tag fand ich auf meinem Schreibtisch einen bis ins letzte ausgefeilten Schichtplan. Es war richtig, daß ich gegangen war, denn ich weiß nicht, was ich sonst mit Robert gemacht hätte, vor allem, weil er schon seit Monaten versucht, meine Autorität zu untergraben, sobald eine Krankenschwester dabei ist.

Sie sollten also besser weggehen, wenn Sie spüren, daß Sie rotsehen und die Selbstkontrolle Ihnen so sehr entgleitet, daß Sie womöglich etwas Nichtwiedergutzumachendes tun oder auch nur Äußerungen loslassen, die Sie hinterher bereuen. Dennoch sollten Sie ganz wie Damien die Gründe für Ihr Fortgehen klar aussprechen, damit es nicht wie eine Flucht wirkt.

◆ Legen Sie auch mal etwas zu den Akten!

Zorn gehört zu den negativen Emotionen, die Sie in verwandelter Gestalt weiter plagen können – in abgeschwächter Form etwa als Groll oder Feindseligkeit, aber auch als richtiger Haß. All das ist nicht gut für Ihre geistige und körperliche Gesundheit.

Unser Tip läßt zwei Deutungen zu:

- Betrachten Sie die Situation, die Ihren Zorn erregt hat, als erledigt. Sie werden das besser schaffen, wenn Sie Ihren Zorn ausgedrückt haben, denn so ist eine gewisse *Gegenseitigkeit* hergestellt: Der andere hat Ihnen geschadet, und Sie haben ihn mit Ihrem Zorn gestraft. Die Beziehung kann auf gesünderer Grundlage fortgesetzt werden.
- Betrachten Sie Ihre Beziehungen zu dieser oder jener Person als erledigt. Wenn Sie sich häufig über jemanden erzürnen und an der Situation nichts ändern können, sollten Sie einmal darüber nachdenken, ob es nicht besser wäre, diese Person definitiv aus Ihrem Bekanntenkreis zu streichen.

Was Sie tun sollten	*Was Sie lassen sollten*
Verringern Sie die Anlässe für Gereiztheit.	Lassen Sie nicht zu, daß sich in Ihnen lauter kleine Verärgerungen anstauen.
Denken Sie oft über Ihre Prioritäten nach.	Betrachten Sie nicht alles und jedes als wichtig.
Ziehen Sie auch den Standpunkt des anderen in Betracht.	Denken Sie nicht automatisch, der andere habe es aus böser Absicht getan.
Schlafen Sie eine Nacht darüber.	Reagieren Sie nicht auf der Stelle.
Konzentrieren Sie sich auf das Verhalten, das Ihren Zorn erregte.	Wärmen Sie nicht alles auf, was Ihnen in der Vergangenheit nicht paßte.
Lassen Sie dem anderen ein wenig Zeit, damit er seine Sicht ausdrücken kann.	Entziehen Sie der Person, die Ihren Zorn erregt hat, nicht grundsätzlich das Wort.
Brechen Sie das Gespräch ab, wenn Sie spüren, daß Sie die Selbstkontrolle verlieren.	Lassen Sie sich nicht zu verbaler oder körperlicher Gewalt hinreißen.
Legen Sie auch mal etwas zu den Akten.	Lassen Sie den Zorn nicht ewig in Ihnen köcheln und werden Sie nicht rückfällig.

Mit zuviel Zorn besser umgehen

Was tun bei zuwenig Zorn?

> Denn wer sich nicht zu erregen vermag, wo es am Platze wäre, darf als blöde angesehen werden, desgleichen wer es nicht in der richtigen Weise und nicht zur richtigen Zeit und nicht gegenüber den richtigen Personen vermag.
>
> *Aristoteles,* Nikomachische Ethik, IV, 11

Jean-Marc, junger Mitarbeiter eines großen Notariatsbüros, erzählt:

Ich glaube, ich bin in meinem Leben noch nie in Zorn geraten, außer vielleicht als Kind, wo ich mich über meinen Stabilbaukasten aufregte ... Damals sind aber sofort meine Eltern eingeschritten und haben mir gesagt, daß man »über Gegenstände« nicht in Zorn gerät. Ihrer Ansicht nach aber genausowenig über Leute, denn sobald ich in meiner Jugend auch nur eine Spur von schlechter Laune zeigte, flößten sie mir gleich Schuldgefühle ein: »Man belästigt die anderen nicht mit seinen Launen, man muß die Kontrolle bewahren über sich selbst ...« Meine Schwestern waren noch gefügiger als ich, außer Alice, die jüngste, die übrigens auch mit einem Typen verlobt ist, der eine ziemlich große Klappe hat. Meine Eltern lebten das, was sie immer predigten, auch wirklich vor: Sie bemühten sich, stets höflich zu sein, ein Lächeln auf den Lippen zu tragen und selbst bei Kummer und Ärgernissen nie ihre Stimmung umkippen zu lassen. Wenn ich heute aber richtig darüber nachdenke, erinnere ich mich trotzdem, bei meinem Vater große Zornesausbrüche erlebt zu haben, zum Beispiel wenn er am Lenkrad saß und jemand ihn ausbremste.

Meine Unfähigkeit, zornig zu werden, hat mir im Leben schon bald Probleme bereitet. Ich verstand nicht zu reagieren, wenn mich gleichaltrige Jugendliche provozierten. Das führte dazu, daß ich oft bei den Mädchen Zuflucht suchte, deren Vertrauensperson ich wurde. Ich war ein guter Schüler und habe auch schnell einen Job gefunden, denn ich habe das Profil, das einem Arbeitgeber gefällt – ruhig, höflich und fleißig. Aber in der Kanzlei habe ich zu leiden; ehrgeizigere und aggressivere Kollegen erlauben sich so manches mit mir, und ich meine, daß sie sich solche Freiheiten herausnehmen, weil sie von meiner Seite keine Reaktionen befürchten. Es kann vorkommen, daß ich den ganzen Abend meinen Groll gegen einen Kollegen wiederkäue, der mir eine interessante Akte weggeschnappt oder eine ironisch angehauchte Bemerkung gemacht hat. Sobald ich ihm aber gegenüberstehe, gewinnt meine Rolle des »wohlerzogenen Jungen« wieder die Oberhand; ich verhalte mich höflich, nur vielleicht ein bißchen distanzierter. Meine Frau macht mir deswegen oft Vorwürfe. Sie hat übrigens auch schon miterlebt, wie ich auf eine Beleidigung überhaupt nicht reagierte. So etwas regt sie sehr auf. Diese Unfähigkeit, in Zorn zu geraten, wird für mich eine immer größere Last, und so habe ich beschlossen, mit einem Psychotherapeuten darüber zu sprechen. Es ist nicht einmal so, daß ich vor der

Reaktion des anderen Angst hätte; wenn man mich attackiert, ziehe ich mich einfach nur in mich zurück, verziehe keine Miene und rege mich erst hinterher auf. Meine Eltern haben mich allzugut erzogen!

Jean-Marc beschreibt gut, welche Nachteile es hat, wenn man seinen Zorn nicht an Ort und Stelle ausdrückt:

- Ihre Mitmenschen nehmen sich Ihnen gegenüber zu viel heraus.
- Sie riskieren, oft über Ihrem Groll zu brüten.
- Bei einem Mann kann dieser Mangel an Zorn wie Unterwürfigkeit wirken, was vom schönen Geschlecht nicht gerade für »sexy« gehalten wird.

Aber auch Frauen können von diesem Problem betroffen sein. Hören wir den Bericht von Céline (25), die in der Presseabteilung eines Verlages arbeitet:

In meinem Metier ist es wichtig, immer höflich zu bleiben, denn man muß das Interesse von Journalisten wecken, die schon mit Informationen gesättigt sind, und gleichzeitig die Autoren beruhigen, die immer den Eindruck haben, man tue nicht genug für sie. Also weiß ich, daß man meine Höflichkeit schätzt; die Leute sehen gern jemanden, der immerzu gut gelaunt ist. Letztendlich fällt mir jedoch auf, daß ich von den Autoren viel mehr bestürmt werde als meine Kollegen und daß die Journalisten nicht immer Wort halten und den versprochenen Artikel manchmal nicht wirklich schreiben. Ich habe den Eindruck, daß ich härter arbeiten muß, um dieselben Ergebnisse wie meine Kollegen zu erzielen. Ich habe auch begriffen, daß es mir nicht nur schwerfällt, in Zorn zu geraten, sondern sogar, meine Unzufriedenheit auszudrücken. Letztes Jahr haben die Ärzte bei mir Bluthochdruck festgestellt, und ich frage mich, ob es nicht etwas damit zu tun hat. Eigentlich bin ich ein ziemlich emotionaler Typ, und meine Schwierigkeit, zornig zu werden, kommt vielleicht daher, daß ich Angst habe, die Selbstkontrolle zu verlieren, wenn ich mit jemandem in Konflikt gerate.

Die »gute Erziehung« hat uns gelehrt, daß Zorn ein Zeichen von Unkultiviertheit sei. Solche Verhaltensregeln scheinen aber für eine Welt gemacht zu sein, in der es vor allem darauf ankommt, gute Beziehungen zu den Mitmenschen aufrechtzuerhalten, selbst wenn man dabei riskiert, nicht zu bekommen, was man gern hätte. Ist es das Bestreben, nichts von dem zu zeigen, was an unsere tierische Abstammung erinnern könnte? Oder die Furcht, es sich mit den Leuten aus seinem Milieu zu verderben? Sind es Schuldgefühle angesichts einer Todsünde? Dabei ist die Unterdrückung des Zorns nicht bloß der katholischen Erziehung eigen, denn diese Emotion fehlt ja anscheinend auch bei den letzten auf traditionelle Weise lebenden Inuit, wie Jean Briggs sie in den siebziger Jahren erforscht hat.

Also schauen wir einmal, wie Sie mit Ihrem Zorn besser umgehen können, was in diesem Fall heißt, ihm Ausdruck zu verleihen!

◆ Stellen Sie klar, wo Ihre Prioritäten liegen!

Leute, die nicht in Zorn geraten, versuchen das manchmal vor sich selbst zu rechtfertigen, indem sie sich sagen: »Alles in allem ist die Sache nicht so wichtig; es lohnt sich nicht, deshalb ein Faß aufzumachen.« In dieser Ansicht können sie von den Prinzipien der großen Religionen bestärkt werden, die uns alle zur Einsicht bringen möchten, daß das Materielle wenig Interesse verdiene, die wahren Werte spirituell seien und Zorn zu den Sünden gehöre. Man darf aber nicht vergessen, daß diese Religionen einst zur Mission hatten, Auswüchse von Zorn und Raffgier zu kontrollieren. Diese Regulierung war notwendig, wenn man eine komplexe Gesellschaft aufbauen wollte.

Nicht nur die leicht aufbrausenden Leute haben ziemlich starre Denkschemata; auch Personen, die ihren Zorn zu sehr zügeln, können an verinnerlichten Regeln leiden, die der Wirklichkeit nicht angemessen sind.

◆ Akzeptieren Sie die Folgen!

Machen wir uns nichts vor: ein schöner Zornesausbruch kann uns manchmal einen Feind einbringen oder zumindest jemanden, der so sauer auf uns ist, daß er künftig Abstand zu uns hält oder auf Revanche sinnt. Bei Personen, die nie in Zorn geraten, ist diese Furcht aber bisweilen überzogen.

Marie (32) hat wegen ihrer Depressionen eine Psychotherapie begonnen, die schließlich auch ans Tageslicht brachte, weshalb es der Patientin so schwerfiel, zornig zu werden:

Ich habe (wie wohl ein jeder) meine Gründe, um in Zorn zu geraten: Eine Freundin hält nicht, was sie mir versprochen hat, ein Kollege fädelt hinter meinem Rücken etwas ein, jemand kritisiert mich auf eine Weise, die mich verletzt. Doch statt in Zorn zu geraten, stecke ich alles ein und begnüge mich damit, hinterher ein bißchen mehr auf Distanz zu gehen zu der Person, die mich gekränkt hat. Das hält aber nicht lange vor, und ich weiß nicht einmal, ob die anderen es mitbekommen. Ich habe auch schon überlegt, warum ich solche Mühe habe mit dem Zornigwerden; ich glaube, es ist die Furcht, womöglich den Bruch einer Beziehung auszulösen. Ich denke immer, die anderen würden mich von sich stoßen, sobald ich ärgerlich werde. Meine Psychologin hat mir gesagt, meine Selbstachtung reiche nicht aus.

Maries Befürchtungen werden von vielen geteilt: wenn man sich über seine Mitmenschen erzürnt, werden sie einen verstoßen, und am Ende wird man ganz allein dastehen ... Dabei sieht die Wirklichkeit meist ganz anders aus. Durch Ihren Zorn lenken Sie die Aufmerksamkeit der anderen auf sich und gewinnen in ihren Augen an Bedeutung. Natürlich kann es vorkommen, daß besonders empfindliche Leute oder solche, denen Sie nur als total gefügige Person in den Kram passen, ihre Beziehungen zu Ihnen abbrechen. Aber ist es wirklich die Mühe wert, sich mit diesen Menschen noch länger abzugeben?!

- Trainieren Sie Ihren Zorn!

Einen Amerikaner wird dieser Ratschlag nicht überraschen, denn dort glaubt man, einfach alles ließe sich erlernen oder perfektionieren – von den guten Manieren bis zum Gedichteschreiben. In Frankreich wird man unseren Tip vielleicht belächeln, denn die Franzosen legen mehr Wert auf die Inspiration und das »Natürliche«. Wenn Sie aber Mühe haben mit dem Zornigwerden, liegt das sehr wahrscheinlich auch daran, daß Sie sich nicht in der Lage fühlen, diese Emotion richtig auszudrücken. Immerhin ist auch Zorn ein kommunikativer Akt, eine Rolle, die man zeitweilig vor einem Publikum spielt, nämlich vor der Person, die einen beleidigt hat und die man jetzt beeindrucken will. Wenn Ihr »Spiel« schlecht ist, riskieren Sie das Gegenteil der erhofften Wirkung: man wird Sie für noch harmloser halten als vorher.

Beginnen Sie also mit der Arbeit im nonverbalen Bereich. In einer Kommunikation zwischen zwei Personen ist das Nonverbale all das, was nicht durch Worte übertragen wird: Gesichtsausdruck, Körperhaltung, Stimmhöhe, Lautstärke etc. In einer emotional geprägten Kommunikation ist das Nonverbale eine wirkungsvollere Botschaft als das Wort (erinnern Sie sich nur an die Reaktion des Werkstattbesitzers angesichts des stummen Zorns von Jean-Jacques). Hier ein einfacher Rat für jemanden, der seinen Zorn ausdrücken will: Runzeln Sie die Stirn und sprechen Sie lauter als üblich!

Diese bewußte Anstrengung, den Gesichtsausdruck zu verändern, wird noch einen anderen Vorteil haben: Dank des *facial feed-back* wird das Stirnrunzeln dazu führen, daß Sie Ihre Unzufriedenheit noch heftiger empfinden als vorher ...

Was nun den verbalen Teil der Kommunikation betrifft, so empfehlen wir Ihnen, sich die Ratschläge aus dem Abschnitt »Mit zuviel Zorn besser umgehen« anzuschauen oder sich ein Büchlein zum Selbstbehauptungstraining zu beschaffen.

◆ Akzeptieren Sie Versöhnungsangebote, aber nicht zu rasch!

In den meisten Fällen wird Ihr Zorn nicht darauf abzielen, daß Sie es sich mit jemandem ein für allemal verderben. Sie wollen ihn statt dessen dazu bringen, Ihnen mehr Respekt und Aufmerksamkeit zu erweisen. Es ist also ganz natürlich, daß am Ende eine Versöhnung steht.

Wenn Sie aber möchten, daß Ihr Zorn Wirkung zeigt, ist es wichtig, nicht gleich nahtlos in die Versöhnung hinüberzugleiten. Man hält Sie sonst womöglich für jemanden, der instabil oder allzu leicht beeinflußbar ist: »Ach, der kann zwar wütend werden, aber das verfliegt gleich wieder.« Wir raten Ihnen also in den meisten Fällen, das Gespräch abzubrechen und den anderen über Ihren Zorn nachdenken zu lassen, statt allzu rasch seine Entschuldigungen anzunehmen oder zu einer friedlicheren Kommunikation zurückzufinden.

Eine Ausnahme gibt es natürlich: Wenn der andere auf Ihren Zornesausbruch mit tiefer Niedergeschlagenheit, mit Verzweiflung und Schluchzern reagiert oder wenn aus seiner Entschuldigung unzweifelhaft ehrliche Betroffenheit spricht, sollten Sie ihn nicht im Regen stehenlassen.

DIE VERSÖHNUNG ALS WÜNSCHENSWERTE FOLGE DES ZORNS

Die Versöhnung kommt von weit her: Primatologen meinen, daß die Fähigkeit, sich zu versöhnen, unseren menschenähnlichen Vorfahren und nächsten Verwandten im Tierreich (Schimpansen, Bonobos) die Bildung beständiger und kooperativer Gruppen erlaubt hat. Das war ein entscheidender Evolutionstrumpf im Kampf ums Überleben, denn ohne diese Fähigkeit hätten Konflikte zum allmählichen Auseinanderbrechen der Gruppe geführt, und ein isolierter Primat ist sehr verletzlich. Die Verhaltensforscher haben festgestellt, daß die Versöhnungsstrategien bei Kindergartenkindern (man bietet dem anderen ein Objekt an, reicht ihm die Hand, schlägt eine gemeinsame Aktivität vor, interessiert sich gemeinsam für einen Dritten) im großen und ganzen denen von erwachsenen Schimpansen entsprechen.[37]

◆ Sie haben ein Recht auf Ihren Zorn!

Unser letzter Ratschlag führt wieder zum ersten zurück. Es geht um Ihre Sichtweise auf den Zorn und dessen Legitimität. Es kann nämlich geschehen, daß Sie es zwar endlich geschafft haben, Ihrem Zorn Ausdruck zu verleihen, hinterher aber reflexartig wieder Schuldgefühle bekommen oder befürchten, von den anderen negativ bewertet zu werden. Überlegen Sie in diesem Fall, welche Ihrer Grundüberzeugungen angekratzt worden ist. Die Furcht, sich durch Zorn zu erniedrigen? Von den anderen abgewiesen zu werden? Im Unrecht gewesen zu sein? Offenbaren Sie sich bei Bedarf einer Person Ihres Vertrauens; berichten Sie ihr von der Situation und Ihrem Zorn und fragen Sie sie nach ihrer Sicht auf die Dinge.

Was Sie tun sollten	*Was Sie lassen sollten*
Stellen Sie klar, wo Ihre Prioritäten liegen.	Denken Sie nicht, das sei doch alles nicht so wichtig.
Akzeptieren Sie die Risiken von Zorn.	Fürchten Sie sich nicht vor dem kleinsten Zwist.
Trainieren Sie Ihren Zorn.	Nehmen Sie nicht erst Anlauf auf einen schönen Zorn, um das Ganze dann verlegen abzubrechen.
Gehen Sie nicht zu rasch auf Versöhnungsangebote ein.	Beruhigen Sie sich nicht sofort.
Betrachten Sie Ihren Zorn als legitim.	Reden Sie sich keine Schuldgefühle ein, weil Sie in Zorn geraten sind.

Mit zuwenig Zorn besser umgehen

Kapitel 3

Neid

Im Stachel des Neides liegt bereits der ganze Neid.
Francesco Alberoni, Die Neider

Im 1. Buch Mose wird erzählt, daß Joseph der Lieblingssohn seines Vaters Jacob war, »darum daß er ihn im Alter gezeugt hatte«. Joseph ist »schön und hübsch von Angesicht«. (Die Frau seines künftigen Herrn Potiphar wird derselben Meinung sein, denn als sie den schönen Israeliten in ihrem Hause zu Gesicht bekommt, befiehlt sie ihm schlicht und einfach: »Schlafe bei mir!«) Außerdem ist Joseph begabt und weiß, wie man die Aufmerksamkeit der Mächtigen erringt. Schließlich ist er auch noch mit der Gabe der Weissagung ausgestattet, mit der er im übrigen ein bißchen viel herumprotzt; er verschweigt seinen Brüdern nicht, daß ihm die Träume stets eine viel großartigere Zukunft voraussagen als den Geschwistern. Das Ergebnis dieser ganzen, etwas zu sehr ausgebreiteten Überlegenheit: Die Brüder wurden »ihm feind und konnten ihm kein freundlich Wort zusprechen«.

Josephs Brüder verspüren eine universell verbreitete Emotion – den Neid, dieses gemischte Gefühl von Verärgerung und Haß auf jemanden, der uns in einer oder mehrerlei Beziehung etwas voraushat. Diese Emotion läßt sie schließlich den Plan schmieden, ihren Bruder zu töten. Einer von ihnen, Ruben, wird sie jedoch davon abbringen, während ein anderer namens Juda die rettende Idee hat: Sie verkaufen Joseph als Sklaven an eine durchreisende Karawane (wovon der gute Ruben erst hinterher erfährt).

Aber, so mag man fragen, gibt es überhaupt einen Unterschied zwischen Neid und Eifersucht? Waren Josephs Brüder nicht eifersüchtig auf die Zuneigung, die der Vater Joseph entgegenbrachte? Die Unterscheidung fällt doppelt schwer, weil das Wort »eifersüchtig« in der Umgangssprache oft im Sinne von »neidisch« gebraucht wird.

Ehe wir diese Frage klären, möchten wir aber einen noch klareren Fall von Neid untersuchen. Bertrand, Führungskraft in einem großen Unternehmen, erzählt von seiner langjährigen Bekanntschaft mit dieser Emotion:

Ich glaube, ich bin seit jeher von Neid zerfressen gewesen, aber erst in letzter Zeit schaffe ich es, mir das richtig bewußtzumachen. Ich erinnere mich, daß ich als Kind darunter litt, wenn Klassenkameraden aus einem bessergestellten Milieu stammten als ich. Dabei fehlte es mir, wie man so sagt, an nichts, und meine Eltern waren gute Eltern. Wenn ich aber zu Kaffee und Kuchen eingeladen war und entdeckte, daß andere in stattlicheren Häusern wohnten als wir, verdarb mir das den ganzen Nachmittag. Meine Eltern verstanden nicht, weshalb ich von solchen Treffen, die doch angenehm gewesen sein mußten, so mürrisch nach Hause kam. Ich glaube, ich war ein überdurchschnittlicher Neidhammel, denn Schulkameraden, die auch nicht viel besser dastanden als ich, hatten einfach unbeschwert mitgefeiert. Zu jener Zeit lernte ich auch Gitarre spielen. Obwohl ich recht begabt war, war ich allen gram, die es noch besser hinzukriegen schienen. Mein Neid hat mir immer Leiden bereitet, aber ich glaube, er war auch ein Antrieb für meinen Ehrgeiz. Ich habe hart gearbeitet und wollte stets genauso viel erreichen wie die anderen oder sogar mehr. Dies ist mir gelungen, aber heute merke ich, daß das auch keine Lösung war: Ich finde immer noch Leute, die ich beneide. Mal ist es jemand aus meinem Studienjahrgang, der eine steilere Karriere hingelegt hat als ich, mal ein Kollege, der mir die schöne Frau vorstellt, die er gerade geheiratet hat, oder es sind sogar Leute, die ich gar nicht kenne, von deren Erfolgen ich aber in der Zeitung lese. Jedes Mal, wenn ich entdecke, daß mir jemand irgend etwas voraushat, spüre ich, wie es in mir nagt und wie meine Miene gefriert. Ich muß mich zusammenreißen, damit die Anwesenden nichts davon mitbekommen. Denn das ist auch so ein Kummer mit dem Neid: Man darf ihn nicht zeigen, wenn man nicht in ein schlechtes Licht geraten will.

Anders als viele Neider, die nicht zugeben wollen, wie neidisch sie sind, schafft es Bertrand, in aller Ehrlichkeit darüber zu sprechen. Vielleicht liegt es daran, daß er eine Therapie begonnen hat, um sich von seinen lästigen Stimmungen zu befreien.

Neid ist eine verborgene Emotion, beinahe ein Tabu. Man darf eingestehen, im Zorn oder aus Angst gehandelt zu haben, aber wird jemand zugeben, daß er neidisch ist?

Wenn es manchmal heißt, der Neid »zerfresse« uns oder sein »Stachel« steche uns, ist das ein weiteres Indiz dafür, daß es sich sehr wohl um eine Emotion handelt: Neid ist eine plötzliche, unwillkürliche Reaktion, die von körperlichen Anzeichen begleitet wird. Er packt uns oft aus heiterem Himmel und kann schrecklich an uns nagen (manchmal sogar in Augenblicken, wo wir eigentlich Freude bekunden sollten oder jemanden, der gerade einen Erfolg verbuchte, beglückwünschen müßten). Ist die unwillkürliche Reaktion nach ein paar Sekunden erst einmal vorüber, können wir mit unserem Neidgefühl je nach den Umständen sehr unterschiedlich umgehen.

Bei Bertrand erfahren wir schließlich noch, daß er andere Menschen um dreierlei Vorzüge beneidet: um ihre Erfolge, ihren sozialen Status und ihre persönlichen Fähigkeiten.

Bertrands Beispiel kann uns selbst angehen (Wen hat nicht schon einmal der Neid geplagt?) oder auch schlechte Erinnerungen in uns wachrufen (Hat nicht jeder schon einmal entdeckt – und oftmals zu spät –, daß er Zielscheibe von anderer Leute Neid war?). Ehe wir das Problem weiter erörtern, sollten wir Neid und Eifersucht aber erst definieren. Um sie besser zu unterscheiden, werden wir einen großen Klassiker bemühen.

Neid und Eifersucht: Jago und Othello

In seiner Tragödie *Othello* macht Shakespeare zwei Figuren zu Verkörperungen von Neid und Eifersucht. Othello, der gefürchtete Anführer der Mohren, hat sich in die Dienste der Stadt Venedig begeben, um gegen die Türken Krieg zu führen. Weil er den Feinden eine Niederlage nach der anderen zufügt, verehren ihn alle Venezianer. Jago, ein venezianischer Edelmann, nimmt Othello sein Prestige sehr krumm und erträgt es noch weniger, daß sich der Heerführer den jungen Adligen Cassio zum Leutnant erwählt. Jago denkt nämlich, daß dieser Posten ihm selbst zustünde. Er ist *neidisch* auf Othello und auf Cassio.

Um die schöne Harmonie zu zerstören, ersinnt Jago eine teuflische Intrige: Er macht glauben, Othellos zärtliche Gattin Desdemona betrüge ihren Mann mit Cassio. Wie besessen von der Furcht, Desdemonas Liebe zu verlieren, wird Othello *eifersüchtig*.

Neidisch ist man also auf das Glück und die Güter der anderen; eifersüchtig ist man auf Güter, die man sich bewahren möchte. Ich verspüre vielleicht Eifersucht, wenn mein Nachbar aus allzu großer Nähe mit meiner Frau spricht, doch wenn ich hinterher merke, daß seine eigene Frau sehr verführerisch ist, kommt Neid in mir auf. (Oder ich ziehe mich in die Wüste zurück, um all diesen lästigen Emotionen nicht länger ausgesetzt zu sein.)

Eifersucht und Neid können sich natürlich überlagern, wenn Sie und der andere das Gut oder den Vorzug gemeinsam besitzen. In diesem Fall werden Sie zu Rivalen. Wenn zum Beispiel die sechsjährige Adeline *neidisch* auf die Geschenke ihrer drei Jahre jüngeren Schwester ist, dann ist sie gleichzeitig *eifersüchtig* auf den Teil elterlicher Aufmerksamkeit, den sie gerade verliert, denn früher hatte sie das Gut »elterliche Aufmerksamkeit« für sich allein besessen. Untersuchungen haben gezeigt, daß in 59 Prozent aller Situationen von Eifersucht auch Neid mit im Spiel ist. Wo Neid auftritt, spielt Eifersucht hingegen nur in 11 Prozent aller Fälle eine Rolle.[1] Josephs Geschwister sind neidisch auf die ganze Überlegenheit ihres Bruders, aber sie verspüren auch Eifersucht. (Joseph reißt etwas an sich, das bislang Gemeineigentum war – die Zuneigung des Vaters.)

Auf die Eifersucht, diese um die Gefahr eines Verlusts (vor allem in Liebesdingen) kreisende Emotion, werden wir in einem späteren Kapitel zurückkommen. Betrachten wir zunächst einmal den Neid aus der Nähe.

Kann man auf unterschiedliche Weise neidisch sein? Céline (28) berichtet von ihrem Besuch bei einer Freundin:

Ich hatte Marie seit dem Ende unseres Studiums nicht mehr gesehen. Dann lief ich ihr zufällig über den Weg, und sie lud mich auf bald zu einem Tee ein. Sie war jetzt voll aufgeblüht, machte einen glücklichen Eindruck und hatte einen wirklich reizenden kleinen Jungen. Sie erzählte mir, ihr Leben habe sich seit dem Tag verändert, an dem sie ihrem Mann begegnete. Mir könne sie nur wünschen, daß es mir auch einmal so gehe. Ihr berühmter Marc ist dann übrigens auch nach Hause gekommen und hat sich ein wenig mit uns unterhalten. Er machte tatsächlich einen sehr guten Eindruck, war amüsant, locker, äußerst höflich und zu alledem ein wirklich schöner Mann. Vor seiner Ankunft hatte Marie mir noch erzählt, daß er Erfolg im Beruf hatte; wenn ich die luxuriöse Wohnungseinrichtung ansah, konnte ich mir das ohnehin an den Fingern abzählen. Soviel Glück auf einem Haufen deprimierte mich total. Während ich heimging in meine Einzimmerwohnung, grübelte ich über meine Unfähigkeit zum Glücklichsein nach und darüber, daß meine Liebesgeschichten immer nur schlecht ausgingen. Trotzdem habe ich Marie sehr gern, und es würde mich bestimmt freuen, sie wiederzusehen, wenn vielleicht auch lieber woanders als in ihrem trauten Nest. Der Kontrast zu meinem eigenen Leben war wirklich zu grausam.

Céline verspürt sehr wohl Neid – das Glück der anderen verschaffte ihr Leiden –, aber sie hegt keinerlei Feindseligkeit gegen Marie. Was sie gesehen hat, führte bei ihr eher zu depressiven Gedanken, die sich gegen die eigene Person richteten und nicht gegen die Freundin.

Céline leidet unter *depressivem Neid*: Sie nimmt es ihrer Freundin nicht übel, daß diese ihr etwas voraushat; vielmehr rechnet sie es sich selbst als Manko an, Ähnliches nicht erreichen zu können.

Kommen wir noch einmal auf Bertrand, unseren Neider von vorhin, zurück. Hier eine Szene aus seiner Jugendzeit:

Als Student spielte ich mit einem Freund oft Tennis. Eines Tages kam ich in den Klub und sah, wie er sich mit einem sehr hübschen Mädchen unterhielt, das ich noch nie gesehen hatte und das offensichtlich einem »bürgerlicheren« Milieu entstammte als ich. Von einem Moment zum anderen fühlte ich mich ganz elend und voller Ressentiment. Ich ging zu den beiden hinüber und hängte mich in ihr Gespräch rein. Ohne daß es richtig meine Absicht gewesen wäre, machte ich ein paar ironische Bemerkungen über meinen Freund und kehrte der Frau gegenüber den Stärkeren raus. Ein wenig später verließ sie uns. Mein Freund machte mir keine Vorwürfe; er war ein sehr sanftmütiger Bursche, der nie in Wut geriet. Er spielte das Match dann aber, ohne einmal den Mund aufzumachen. (Übrigens hat er mich damals besiegt.) Hinterher hat er mir nie wieder vorgeschlagen, zusammen Tennis zu spielen, und rief ich ihn an, hatte er nie Zeit. Unsere Wege haben sich völlig getrennt. Das Traurigste an alledem ist, daß ich nicht einmal die Absicht hatte, das Mädchen anzubaggern. Es war einfach nur, wie mein Freund dort lächelnd herumstand und ganz ungezwungen mit ihr sprach, während ich mich damals ziemlich ungeschickt anstellte mit solcher Art von Mädchen. Diesen Anblick konnte ich einfach nicht ertragen, und ich mußte etwas tun, damit das aufhörte.

Bernard zeigt eine ganz andere Form von Neid als Céline. Er leidet angesichts von Patricks Glücklichsein, aber statt sich traurig einzugestehen, daß er nicht genauso locker ist wie sein Freund, verspürt er sofort Aggressivität gegen ihn und will die Gleichheit wiederherstellen, indem er den Vorteil des anderen zerstört. Es handelt sich hier um *feindseligen* Neid, bei dem wir, wenigstens ein paar Sekunden lang, denjenigen hassen, der uns auf einem bestimmten Gebiet übertrifft.

Schauen wir uns nach diesen beiden tristen Szenen ein positiveres Zeugnis an. Der Arzt Alain erzählt von seinem ersten Praktikum in einem Krankenhaus:

Die ersten Wochen fühlt man sich ziemlich verlegen vor den Patienten. Man hat den Eindruck, ihnen nicht die richtigen Fragen zu stellen, sie zu belästigen. Ohnehin wußten sie, daß wir bloß Studenten waren, noch keine richtigen Ärzte. Und dann erinnere ich mich an Philippe, den Chefarzt (der mir damals viel älter vorkam, als wir es waren, ob-

wohl ich inzwischen doppelt so alt bin wie er zu jener Zeit). Er wirkte immer so gesetzt, so ruhig. Er hörte den Kranken aufmerksam zu, untersuchte sie mit einer Art Respekt in seiner ganzen Haltung und traf dann sehr rasch Entscheidungen. Auf Fragen antwortete er immer; er verstand es, die Patienten zu beruhigen, und sie himmelten ihn an. Ich fühlte mich ihm so unterlegen, daß es mich ganz sprachlos machte; ich hatte den Eindruck, daß er zu einer Klasse von höheren Wesen gehörte, von denen ich immens weit entfernt war, aber gleichzeitig wünschte ich mir ganz verzweifelt, ihm eines Tages ähnlich zu sehen. Ich glaube, ich habe ihn mir mehr oder weniger bewußt zum Vorbild erwählt. Wenn man mich heute als einen ehrenwerten Arzt betrachtet, verdanke ich dies zum Teil meiner Begegnung mit Philippe.

In dieser Geschichte zeigt Alain *bewundernden* Neid, der zwar eine Beimischung von Leiden enthält (die bestürzte Feststellung, den Anforderungen nicht wirklich gewachsen zu sein), seinen Träger aber auch zu einem gesunden *Wetteifer* drängt, denn er möchte das gleiche Niveau ärztlicher Vollkommenheit erreichen wie sein Chefarzt.

Sie erfahren, daß einer Ihrer Kollegen gerade die Beförderung bekommen hat, die Sie sich selbst erhofft hatten. Wie könnten Ihre Reaktionen aussehen?

Gewiß sind unsere Neidreaktionen selten ganz idealtypisch; die drei Formen des Neides können sich vermischen oder gar nacheinander auftreten. Wenn Sie die Neuigkeit erfahren, verspüren Sie vielleicht feindseligen Neid, weil Ihr Kollege Sie »überholt« hat. Dann beruhigen Sie sich mit dem Gedanken daran, daß die Beförderung alles in allem verdient war, und sprechen dem Kollegen Ihre Glückwünsche aus. Hinterher, wenn auf die Beförderung angestoßen wird, werden Sie vielleicht von depressivem Neid überwältigt (vor allem, wenn Alkohol Sie traurig macht).

Schließlich können Sie auch dazu übergehen, diesen Kollegen fortan auf immer und ewig zu hassen; Sie wären dann dem bösartigen Neid zum Opfer gefallen.

Im übrigen braucht Neid nicht nur um einen speziellen Vorzug des anderen zu kreisen; er kann sich auf den ganzen Menschen richten, dem der Neider sein allzu sichtbares (oder angenommenes) Glück nachträgt.

Spielart des Neides	*Neidvolle Gedanken*	*Damit verknüpftes Verhalten*
Depressiver Neid	»Ach ja, befördert werden immer nur die anderen ...«	Man zieht sich zurück und versucht, nicht mehr daran zu denken.
Feindseliger Neid	»Ich finde es unerträglich, daß man diese Null vor mir befördert hat!«	Man macht den Kollegen vor anderen schlecht und legt ihm eine »Bananenschale« aus.
Bewundernder/ nacheifernder Neid	»Es ist normal, daß er befördert wurde – er hat ja auch hart gearbeitet.«	Man gratuliert ihm und verdoppelt seine Anstrengungen, um ebenfalls befördert zu werden.

Wie Neid funktioniert

Neid ist also eine komplexe Emotion: Ihm geht zunächst einmal ein *Vergleich* unserer eigenen Lage mit der des Beneideten voraus. Dieser Vergleich führt dazu, daß wir unsere Unterlegenheit auf mindestens einem Gebiet konstatieren müssen, eine Unterlegenheit, die wir nicht sofort wettmachen können. Francesco Alberoni spricht von der *Qual der Machtlosigkeit* beim Neider.[2] Haben wir erst einmal unseren persönlichen Nachteil konstatiert, können sich unterschiedliche Gedanken und Emotionen entwickeln: Traurigkeit, Zorn, Wetteifer.

Unsere Neidreaktion wird besonders heftig ausfallen, wenn die Unterlegenheit ein Gebiet betrifft, das wesentlich für unser Bild von uns selbst ist, ein Gebiet also, das eine Komponente unserer *Selbstachtung* darstellt. Wir werden den Stachel des Neides nur spüren, wenn sich die Überlegenheit des anderen in einem Bereich äußert, dem wir hohen Wert beimessen. Wenn ich als Gymnasiast mit meiner Begabung und Begeisterung für die Mathematik auffalle, werde ich kaum besonders neidisch sein auf einen Klassenkameraden, der in Sprachen glänzt. Wenn ich Schiffe nicht besonders mag und leicht seekrank werde, ist es unwahrscheinlich, daß ich vor Neid platze, weil mein Freund eine schöne Segelyacht besitzt.

Mein Bruder, meinesgleichen ...

Alltagserfahrungen und psychologische Studien bestätigen, daß wir dazu neigen, auf Personen aus unserer nächsten Umgebung neidisch zu sein (Geschwister, Freunde, Kollegen, Nachbarn), und das aus zweierlei Gründen:

- Zunächst einmal können wir dank dieser Nähe leichter und häufiger Vergleiche anstellen.
- Wenn wir zu einer solchen Gruppe gehören, teilen wir im allgemeinen auch ihre Sicht auf das, was wesentlich ist, um den Wert oder den Status eines Individuums zu definieren. So wachsen sich die konstatierten Unterschiede schnell zu Bedrohungen der Selbstachtung aus.[3]

Man beneidet also meistens »Leute aus derselben Kategorie«. Es kann Sie kalt lassen, wenn Sie an den Reichtum eines bekannten Milliardärs denken, aber wenn Sie erfahren, daß ein Freund eben ein richtig gutes Geschäft gemacht hat, quält Sie das. Eine Teenagerin wird mit größerer Wahrscheinlichkeit Groll gegen die »Klassenschönste« verspüren als gegen ein überall abgebildetes Topmodel. Kinder sind auf ihre Spielkameraden im Pausenhof neidisch, aber nicht auf die Milliardärssöhne aus dem Silicon Valley.

Ein Vater berichtet, wie seine Tochter Adeline (6) und ihre jüngere Schwester Chloë (4) reagierten, als sie unter dem Tannenbaum ihre Weihnachtsgeschenke entdeckten:

Chloë, die Kleine, war völlig bezaubert, als sie die Päckchen auswickelte und ihre Geschenke erblickte. Adeline war währenddessen auch am Auspacken, aber dabei schaute sie jedesmal aufmerksam zu ihrer Schwester hinüber, wenn bei der ein neues Geschenk zum Vorschein kam. Ich spürte, daß sie überhaupt nicht fröhlich war, sondern angespannt von der Anstrengung des permanenten Ver-

gleichens. Dabei versuchen wir schon immer, keine Eifersüchteleien zwischen den Mädchen zu entfachen. Mit Adeline ist das aber nicht gerade einfach.

Dies ist wohl einer der betrüblichsten Aspekte des Neides: Sein Gift kann sich innerhalb unserer vertrautesten Beziehungen ausbreiten, in unseren Kontakten zu Geschwistern und Freunden, ja selbst zwischen Ehepartnern.

VON NEIDGEFÜHLEN ZWISCHEN ELTERN UND KINDERN

Als Psychotherapeuten haben wir oft voller Erstaunen entdeckt, wie Neidgefühle die Beziehungen zwischen Eltern und Kindern eintrüben können. Man wird natürlich gut verstehen, daß Kinder auf ihre Eltern neidisch sein können, auf die Macht und die Freiheiten der Erwachsenen. Sofern es sich um bewundernden und nacheifernden Neid handelt, ist dies sogar eine wesentliche Komponente von Erziehung: Das Kind nimmt sich ein Elternteil zum Vorbild und strebt danach, ihm ähnlich zu werden (was manchmal so weit geht, daß es denselben Beruf ergreift).
Andere Formen von Neid sind jedoch giftiger. So berichtet Mathilde (33) folgendes über ihre Mutter:

Meine Mutter war (und ist noch immer) eine sehr schöne Frau. Als Kind habe ich sehr früh bemerkt, welche Aufmerksamkeit sie bei Männern hervorrief und wie sie das auszunutzen verstand. Mich stürzte das in Verzweiflung, denn ich meinte, nie zu solcher Schönheit gelangen zu können; ich hielt mich für ein häßliches kleines Mädchen, was mir übrigens ein Antrieb war, in der Schule sehr fleißig zu sein, denn ich war ganz überzeugt, nie im Leben einen Mann zu finden. (Zum Glück war mein Vater immer sehr lieb zu mir.) In meiner Jugendzeit wurde es noch schlimmer, denn ich sah, daß selbst die Jungs, die ich mit nach Hause brachte, auf die Schönheit meiner Mutter ansprangen. Ich nahm ihr das schrecklich übel, denn sie spielte es auch bewußt aus (ohne es natürlich zuzugeben). Mit den Jahren jedoch hat sich das verändert. Ich gefiel den Männern immer mehr, während meine Mutter sich vor dem Dahinschwinden ihrer Schönheit ängstigte. Inzwischen trägt sie mir mein Aussehen nach; sie reagiert mir gegenüber aggressiv, was sich (welch ein Zufall!) besonders dann äußert, wenn Männer dabei sind. Wenn ich einmal eine kleine Tochter habe, wird sich diese Hölle mit ihr hoffentlich nicht wiederholen.

Aber nicht nur Mädchen sind neidisch – hören wir nur, was Pascal über sein Verhältnis zum Vater erzählt ...

Ich habe erst ziemlich spät begriffen, daß mein Vater neidisch auf mich war. Wenn ich ihm als Kind von meinen Erfolgen in der Schule berichtete, ließ er niemals besondere Zufriedenheit durchblicken, und das bereitete mir einigen Kummer. Später spürte ich, daß er richtiggehend schlecht gelaunt war, wenn ich eine Freundin hatte; über diese Mädchen sagte er nur Schlechtes. Und als ich ihm eines Tages schließlich verkündete, daß ich meinen ersten Job gleich in einem prestigeträchtigen Großunternehmen gefunden hatte, sah ich ganz deutlich, wie sich seine Gesichtszüge verkrampften. Dann riß er sich trotzdem zusammen und gratulierte mir auf eine ziemlich kalte Weise. Heute verstehe ich, woher sein Neid kommt: Mein Vater stammt aus einem bescheidenen Milieu; er hatte nicht studieren können, mußte mit vierzehn zu arbeiten beginnen und hat sich unter großen Anstrengungen aus eigener Kraft nach oben gearbeitet. So erträgt er es nur schwer, daß ich von all den Vorteilen profitieren konnte, die ihm verwehrt waren – ich konnte studieren, hatte eine richtige Jugend und begann mein Berufsleben gleich auf einer herausgehobenen Position. Andererseits bewundere ich meinen Vater durchaus, weil er ohne Murren bereit war, mein langes Studium zu finanzieren (wozu ihn allerdings meine Mutter drängte, die sich seit jeher eine grandiose Zukunft für mich ausgemalt hatte).

Man erkennt aus diesen Berichten gut, wie zwiespältig die Haltung mancher Eltern sein kann: Einerseits wollen sie ihren Kindern all das geben, was sie selbst nicht hatten, andererseits können sie es schwer mit ansehen, wie diese Kinder davon profitieren.
Nun werden manche Psychoanalytiker einwenden, daß all dies eine Erscheinungsform des Ödipuskomplexes sei, den Freud schon im Jahre 1910 beschrieben hat. Auf diesen Ödipuskomplex werden wir im Kapitel über die Eifersucht zurückkommen.

Neidstrategien

Stellen Sie sich einmal vor, lieber Leser, Sie träfen einen Freund aus der Jugendzeit, und er würde Sie auf ein Glas zu sich einladen. Dort stoßen Sie auf eine herrliche Wohnung, die von einem Wohlstand zeugt, der nichts gemein hat mit

Ihren Lebensverhältnissen. Stellen Sie sich vor, liebe Leserin, Sie wären zu einem Abend unter befreundeten Ehepaaren eingeladen. Dort stellt Ihnen ein alter Freund seine neue Partnerin vor, die schön ist wie der Tag. Ihr Gatte und die übrigen anwesenden Männer schaffen es mit Mühe und Not, ihr Interesse nicht allzu aufdringlich zur Schau zu stellen ...

In beiden Fällen riskieren Sie, vom Neid gepackt zu werden. (Manchmal geschieht das ganz unfreiwillig: Man kann zum Beispiel so leben, daß man sich nicht um materielle Dinge schert, man kann einen Beruf nach seinen Neigungen gewählt haben und nicht nach den Einkommensaussichten, und dennoch wird man angesichts der Vorteile eines Reichen womöglich den Stachel des Neides spüren.)

Die Feststellung dieses Vorteils, dieser Überlegenheit des anderen, die manchmal ja nur ein bestimmtes Gebiet betrifft, ruft in uns ein Gefühl der Selbstabwertung hervor und schadet der Achtung, die wir für uns selbst empfinden. Dabei ist diese Selbstachtung ein unabdingbarer Bestandteil unserer Identität, die wir ständig zu bewahren oder zu schützen versuchen. Welche Strategien können wir anwenden, um unsere Selbstachtung wieder auf ihr gewohntes Niveau zu heben?

Hier ein paar Kniffe:

- *Den Vorteil des anderen abwerten.* An der exquisiten Wohnung Ihres Bekannten könnten Sie immerhin einiges auszusetzen finden, oder (und das ist wirkungsvoller) Sie betrachten all diesen Luxus als eitel und nichtig und sagen sich, es würde Sie auch nicht glücklicher machen, Eigentümer einer solchen Wohnung zu sein. (Was vielleicht sogar stimmt, wie wir noch sehen werden, wenn wir auf die Rolle der Persönlichkeit beim Glücklichsein zu sprechen kommen.)
- *Beim anderen Nachteile aufspüren, die den neidauslösenden Vorteil wieder wettmachen.* Sicher, eine schöne Wohnung hat er ja, aber seine Kinder machen ihm allerhand Sorgen, ganz im Gegensatz zu Ihren eigenen, die wahrhaft kleine Engel sind. Sicher, seine neue Freundin ist eine

schöne Frau, aber sie hat kein Glück mit Männern. Nun ja, er ist zwar befördert worden, aber das erlegt ihm auch drückende Verpflichtungen auf.

Diese beiden Denkweisen haben den Vorteil, keiner Feindseligkeit gegen den anderen Vorschub zu leisten. Sie retten einerseits Ihre Beziehung zu dem oder der Beneideten und bewahren andererseits auch Ihre gute Stimmung, ohne die Realität allzusehr zu verdrehen. Leider sind oft auch andere Strategien schnell bei der Hand:

- *Den anderen pauschal abwerten.* Er hat eine schöne Wohnung, aber er ist ein Spießer, der nur an seinen Geldbeutel denkt, wenn nicht gar ein Gauner oder Schurke. Sie ist hübsch, aber blöd, unsauber oder bösartig. Er hat zwar seine Beförderung bekommen, aber im Grunde ist er ein inkompetenter »Kungeler«.
- *Den anderen für seinen Vorteil bestrafen.* Nachdem Ihnen Ihr alter Schulfreund hinter vorgehaltener Hand von seinen Bombengeschäften berichtet hat, die ihm den Kauf der Wohnung ermöglichten, schicken Sie eine anonyme Anzeige ans Finanzamt. Sie tun alles, um die schöne Frau aus dem Bekanntenkreis auszuschließen, vielleicht sogar, um sie und ihren Freund auseinanderzubringen. Auf Arbeit sabotieren Sie raffiniert das Wirken des Beförderten. In bestimmten historischen Konstellationen gehen manche Leute so weit, daß sie unter einem politischen Vorwand den Trumpf des anderen zunichte machen oder ihm gar das Leben rauben, indem sie ihn je nach der Epoche als Widerstandskämpfer denunzieren oder als Kollaborateur, als Klassenfeind oder Freund der Roten.

Diese mehr oder weniger aggressiven Akte begeht man leichter mit erhobenem Haupt, wenn sich noch eine andere Denkweise hinzugesellt:

- *Das System abwerten, welches dem anderen seinen Vorteil erbracht hat.* »Wir leben in einer ganz verdorbenen Gesellschaft, in der sich üble Geschäftemacher toll bereichern können.« »Daß Schönheit ein so wichtiger Wert ist, liegt an der massiven Berieselung durch die Medien, mit der man Frauen über ihr Aussehen verunsichern will, damit sie sich mit dem Kauf von Kleidung und Kosmetik ruinieren.« Oder: »Firmenchefs nehmen sowieso lieber einen unterwürfigen Mitarbeiter als einen kompetenten.«

Nun ist es aber Zeit, wieder ein bißchen frische Luft zu atmen! Sie haben sicher schon erraten, daß all diese Strategien zur Neidbewältigung nicht dieselben Auswirkungen auf Ihre Stimmung, Ihre Beziehungen zu anderen Menschen und wahrscheinlich auch nicht auf Ihre Gesundheit haben.

Wie sollen wir es aber schaffen, keinen feindseligen Neid zu verspüren, wenn wir sehen, daß der Vorteil des anderen ungerecht erworben ist? Wäre Feindseligkeit in diesem Fall nicht vollauf gerechtfertigt?

Neid und Gerechtigkeitssinn

Gewiß reicht schon die Beförderung eines Kollegen, um Ihren Neid zu wecken, aber was würden Sie erst spüren, wenn Sie hinterher erfahren, daß er nicht wegen seiner beruflichen Leistungen befördert wurde, sondern weil er das Glück hat, die Tochter des wichtigsten Kunden Ihrer Firma zur Gemahlin zu haben? Und was würden Sie fühlen, wenn Sie entdecken, daß Ihre Nachbarn, deren viel schöneres Haus sowieso schon Ihren Neid geweckt hatte, ihren Reichtum damit erworben haben, daß sie in der Dritten Welt Kinder zu Hungerlöhnen arbeiten ließen?

In diesem Fall vermischt sich Ihr feindseliger Neid mit *Ressentiments*. Das sind Gefühle, die dem Zorn nahestehen und von einer Situation ausgelöst werden, die Ihr Gerechtigkeitsempfinden verletzt. Die Grenzlinie zwischen beiden ist jedoch schwierig zu ziehen, denn wir neigen dazu, unseren feindseligen Neid mit einer viel nobleren Haltung zu bemänteln – mit dem Wunsch nach Gerechtigkeit.

DER GERECHTIGKEITSSINN

Für Freud war der Gerechtigkeitssinn lediglich die Verwandlung von Neid und Eifersucht in ein soziales Gefühl. In der Urhorde wachten die Begünstigten eifersüchtig über ihre Güter und gewährten den Benachteiligten keinen Zugang zu ihnen, während letztere von Neid geplagt waren und sich diese Güter aneignen wollten. Weil das Leben in der Gruppe unerträglich wurde, einigte man sich schließlich auf eine gewisse Gleichheit und Gerechtigkeit.[4]

Freuds Deutung kommt den Erklärungen der Primatenforscher[5] und Evolutionspsychologen[6] erstaunlich nahe. Ihrer Meinung nach haben wir einen Moralsinn entwickelt (er tritt übrigens schon bei unseren äffischen Verwandten auf), weil die Gruppen, in denen er zuerst auftauchte, besser funktionierten und sich erfolgreicher fortpflanzten als Gruppen, denen er fehlte. Gegenseitige Hilfe und die Aufteilung der Güter selbst an die Schwächsten führten dazu, daß das soziale Leben weniger aggressiv und die Gruppe insgesamt erfolgreicher wurde. Die natürliche Auslese erstreckt sich nämlich nicht nur auf Individuen, sondern auch auf ganze Gruppen.

Der Philosoph John Rawls hat dem Neid in seinem Hauptwerk *Eine Theorie der Gerechtigkeit* ein Kapitel gewidmet.[7] Er unterscheidet darin zwischen feindseligem Neid und Ressentiment.

Die meisten Menschen streben mehr oder weniger bewußt danach, ihren sozialen Status zu erhöhen, also den Lebensstil der nächsthöheren Klasse zu erreichen. Liefert die Gesellschaft günstige Bedingungen für einen solchen Aufstieg, kann der Neid ein vorwiegend wetteifernder bleiben (»Ich will auch ein so schönes Haus wie die Lehmanns haben!«), was wohl während der Wachstumsperioden in einem demokratischen System die vorherrschende Spielart des Neids ist. Machen die Regeln der Gesellschaft einen solchen Aufstieg jedoch allzu schwierig oder gar unmöglich, kann der Neid feindselig werden. Er bildet dann einen guten Nährboden für die Geburt einer revolutionären Bewegung (»Laßt uns das Haus dieser Ausbeuterfamilie Lehmann niederbrennen!«). John Rawls tadelt indessen auch die Konservativen, welche die sozialen Bewegungen diskreditieren, indem sie in ihnen nur den Neid der Zukurzgekommenen am Werk sehen. Während er feindseligen Neid als negative Emotion definiert, betrachtet er das durch Ungerechtigkeiten ausgelöste *Ressentiment* als moralische Emotion. Übrigens unterstreicht er auch, daß Gerechtigkeit (so, wie er sie beschreibt) das wichtigste Mittel ist, um die *Selbstachtung* der Staatsbürger zu schützen.

Rawls glaubt dennoch, daß der Wunsch nach *absoluter* Gleichheit mit böswilligem Neid einhergeht und zu brutalen politischen Systemen führt, in denen es letztendlich überhaupt keine Gleichheit gibt.

Man kann sich tatsächlich darüber wundern, daß sich Gerechtigkeitsfanatiker bisweilen das Recht anmaßen, ausgerechnet im Namen der »absoluten Gleichheit unter den Menschen« eine absolute Herrschaft auszuüben und auch schnell jemanden zu liquidieren, der damit eventuell nicht einverstanden ist. George Orwell hat in *Farm der Tiere*, einer satirischen Allegorie auf die Oktoberrevolution, den Schweinen nach ihrer Machtergreifung folgende Worte in den Mund gelegt: »Alle Tiere sind gleich, aber manche sind gleicher.«[8]

Betrachten wir einmal den Neid, welchen Morgan Leafy, der vielgeplagte Held von William Boyds Roman *Unser Mann in Afrika*, an den Tag legt. Morgan, ein kleiner Konsulatssekretär des britischen Hochkommissariats in einer obskuren afrikanischen Stadt, blickt voller Neid auf den jungen und vornehmen Dalmire. Der hat ihm gerade seine Verlobung mit Priscilla verkündet, der Tochter des Hochkommissars, in die Morgan selbst verliebt ist. Morgan kann zwar seine Wut unterdrücken, muß aber daran denken, was ihn alles von Dalmire trennt:

Er [Dalmire] *war nicht einmal besonders klug. Als Morgan sich in seiner Personalakte seine Prüfungsnoten ansah, stellte er zu seinem Erstaunen fest, daß Dalmire viel schlechter abgeschnitten hatte als er. Aber* er *war nach Oxford gegangen, während Morgan eine der erst nach dem Krieg gegründeten Universitäten in den Midlands besucht hatte. Er besaß schon ein Haus – in Brighton, geerbt von einer entfernt verwandten Tante –, während Morgans Stützpunkt in England die beengte Doppelhaushälfte seiner Mutter war. Und doch war Dalmire gleich im Anschluß an seine Ausbildungszeit nach Übersee versetzt worden, während Morgan drei Jahre lang zu Hause in einem überheizten Büro in einer Seitenstraße der Kingsway geschwitzt hatte. Dalmires Eltern wohnten in Glouce-*

stershire, sein Vater war Oberstleutnant. Morgans Eltern wohnten in Feltham, und sein Vater war in Heathrow für die Lieferung von Speisen und Getränken zuständig gewesen ... Er hätte die Aufzählung fortsetzen können. Es ist einfach nicht fair, stöhnte er in sich hinein, und jetzt hat er auch noch Priscilla bekommen.[9]

In diesem Beispiel sind feindseliger Neid und Ressentiment schwer voneinander zu unterscheiden. Alle Vorteile, deren sich der naive Dalmire erfreut (Studium in Oxford, Karriere, materielle Sorglosigkeit und das elegante Benehmen, das Priscilla gefallen hat), rühren einfach nur aus seiner sozialen Herkunft – er hat sich lediglich die Mühe gemacht, geboren zu werden. Vom Standpunkt des Wertesystems unserer demokratischen Gesellschaften aus betrachtet ist das höchst ungerecht, denn die Vorteile sollten doch vor allem aus eigener Anstrengung und Arbeit erwachsen, während man jene, die man schon in die Wiege gelegt bekommt, als Resultat einer Ungerechtigkeit ansieht. Und um all dem noch die Krone aufzusetzen, ist Dalmire gutaussehend und elegant, während Morgan stämmig ist und kurze Beine hat!

Dennoch gelingt es Morgan, seine Emotion zu bewältigen: Er kann seinen Neid überwinden, indem er sich vor Augen führt, daß Dalmire ein ziemlich netter und naiver junger Mann ist, der sich zu Morgan immer wie ein Freund verhalten hat. Nun schlägt das Pendel bei Morgan eher in Richtung »depressiver Neid« aus, und er wird im folgenden versuchen, diese Emotion mit Hilfe einer Reihe von urkomischen politisch-sexuellen Abenteuern zu besänftigen, welche das Handlungsgerüst des außergewöhnlichen Romans bilden.

Unter anderen historischen Umständen und bei einem anderen persönlichen Temperament hätten wiederholte Ungerechtigkeiten solchen Schlages Morgan vielleicht dazu gedrängt, sich einer politischen Bewegung anzuschließen oder sich gar an ihre Spitze zu setzen – was vielleicht zum Nutzen des Gemeinwohls gewesen wäre ...

NEID IN LITERATUR UND FILM

In Milos Formans Film *Amadeus* ist Antonio Salieri ein berühmter Komponist, der am Wiener Hof in hoher Gunst steht. Als er den jungen Mozart zum ersten Mal spielen hört, ist er klarsichtig genug, um die erdrückende Überlegenheit, das Genie des Jünglings wahrzunehmen. ›Welch eine Ungerechtigkeit!‹ sagt er sich, von Neid geplagt. Während er, Salieri, sein ganzes Leben darauf ausgerichtet hat, mit seiner Musik den Ruhm Gottes zu feiern, schenkt Gott der Herr die geniale Begabung ausgerechnet einem verantwortungslosen Bengel, der seine Kompositionen nur so aus dem Ärmel schüttelt. (Der Name *Amadeus* bedeutet im übrigen »von Gott geliebt«.) Den ganzen Film über wird Salieri hin- und hergerissen zwischen feindseligem Neid, depressivem Neid, Bewunderung und schließlich Reue.

(Dem historischen Salieri schulden wir indessen Gerechtigkeit: Es gibt keinen Beweis, daß er jemals gegen Mozart intrigiert hat, und selbst wenn er kein Genie war, hatte er doch Liszt, Schubert und Beethoven unter seinen Schülern, was schließlich auch nicht ganz übel ist.)

In Prousts Roman *Die Entflohene* blättert der damals noch junge Erzähler beim Frühstück den *Figaro* durch und entdeckt darin freudig verblüfft seinen Namen unter einem Artikel, den er einige Wochen zuvor an die Redaktion geschickt und an dessen Veröffentlichung er längst nicht mehr geglaubt hat. Hinterher ist er überrascht, daß sein Freund Bloch, ebenfalls ein angehender Schriftsteller, dieses Ereignis mit keinem Wort würdigt. Einige Jahre darauf publiziert Bloch selbst einen Artikel im *Figaro*. Da er auf diese Weise »gleichgezogen« hat, kann er mit dem Erzähler endlich über die Angelegenheit reden: »Da [...] der Neid, der ihn vorzugeben bewogen hatte, er wisse von meinem Artikel nichts, dadurch von ihm wich, wie wenn ein Kolben sich hebt, sprach er zu mir davon, ganz anders freilich, als er sich mein Urteil über den seinen wünschte: ›Ich weiß wohl, daß auch du‹, sagte er mir, ›einen Artikel verfaßt hast. Ich glaubte aber dir gegenüber nichts davon erwähnen zu sollen, da ich fürchtete, es könnte dir unangenehm sein, denn man soll ja zu seinen Freunden nicht von Demütigungen sprechen, die ihnen widerfahren sind. Offenbar aber ist es doch eine, wenn man in einer säbelrasselnden Zeitung schreibt, die sonst nur noch Sinn für die Five o'clock teas der Gesellschaft hat, ganz zu schweigen von dem Weihrauchduft, mit dem sie sich umgibt.‹«

Bloch greift zu einer Strategie, die Neid oft begleitet: Wir machen den Vorteil des anderen schlecht oder mokieren uns über ihn. Auf diese Weise können wir unserer Feindseligkeit Ausdruck verleihen, unser Gesicht wahren und uns zugleich selber überreden, daß wir gar nicht so schlecht dastehen.
Huxleys *Schöne neue Welt* ist eine Gesellschaft, in der große Ungleichheit herrscht: Ein jeder definiert sich über seine Zugehörigkeit zu einer sozialen Klasse (Alpha, Beta, Gamma usw.), die seinem durch Genmanipulation vorherbestimmten Intelligenzniveau entspricht. Um allen Neid niederzuhalten, hat man eine radikale Methode entwickelt: Schon in der Kindheit werden den künftigen Bürgern im Schlaf tausende Male solche Sätze eingeblasen wie »Alphakinder tragen Grau. Sie arbeiten viel schwerer als wir, weil sie so furchtbar klug sind. Ich bin wirklich schrecklich froh, daß ich ein Beta bin, weil ich nicht so schwer arbeite. Und außerdem sind wir viel besser als die Gammas und Deltas. Gammas sind dumm.«

Vom Ursprung des Neides

Es wäre anmaßend, das Denkgebäude des Anthropologen René Girard in drei Sätzen resümieren zu wollen, aber wir dürfen trotzdem daran erinnern, daß er in *Das Heilige und die Gewalt*[10] den Neid als Emotion beschreibt, die aus Bewunderung und Nachahmung entstanden sei. Der Nachahmungswunsch bringe uns dazu, dieselben Dinge zu begehren wie die Menschen, die wir bewundern. Daher rühre auch die Gewalt, denn wir sind zu mehreren und wollen uns ein und dasselbe Gut aneignen; daraus entstehe die Notwendigkeit, Regeln zur Kontrolle dieser Gewalt festzulegen.

Francesco Alberoni führt in *Die Neider* allerdings zwei Beispiele für Neid an, bei denen der Nachahmungswunsch keine Rolle spielt[11]:

- Es gibt Formen von Bewunderung, bei denen kein Neid im Spiel ist, etwa wenn Fans einen Rockstar anhimmeln oder hinter einem Fußballklub stehen. Der Erfolg ihrer Idole freut sie und ruft keinen feindseligen Neid hervor.

- Umgekehrt gibt es Neidgefühle ohne Bewunderung. Wir können jemanden schrecklich beneiden und gleichzeitig verachten, zum Beispiel einen Rivalen, dem wir uns überlegen fühlen, der aber gerade mit unlauteren Mitteln den Sieg davongetragen hat.

Und schließlich, vom evolutionsgeschichtlichen Standpunkt aus betrachtet, lernen wir das Wünschen nicht einfach durch Imitation. Manche Wünsche sind uns angeboren und würden selbst dort weiterbestehen, wo es keinen Wettbewerb gibt. So würde sich ein Mann auch ohne Konkurrenten wünschen, mit einer attraktiven Frau auf einer einsamen Insel zu stranden.

Wozu dient Neid?

Neid wird nicht zu den Basisemotionen gezählt: Es gibt keinen charakteristischen Gesichtsausdruck für ihn, weil es im Laufe der Evolution wahrscheinlich nie ratsam war, diesen Zustand anderen mitzuteilen. Dennoch ist der Neid ebensowenig wegzudenken wie die übrigen Emotionen, die uns wahrscheinlich allesamt von unseren menschenähnlichen Vorfahren vererbt worden sind.

In einer kleinen Gruppe drängt Neid die Individuen nämlich dazu, den Status und die damit verknüpften Vorteile derer zu erlangen, die gegenwärtig am besten dastehen.[12] Dieses Bestreben erhöht aber ihre Chancen, sich erfolgreich zu reproduzieren: Für Männer bedeutet es mehr Nahrung und mehr Partnerinnen, für Frauen hochrangigere Partner, die einen besser zu beschützen vermögen. Auf diese Weise können Sie eine Menge kleiner Neidhammel in die Welt setzen ... Man wird verstehen, daß wetteifernder Neid (»Ich will den Frauen meines Stammes gefallen, indem ich ein ebenso guter Jäger werde wie Houkr!«) der Gruppe global betrachtet mehr nützt als aggressiver Neid (»Ich werde diesen eingebildeten Houkr aus dem Verkehr ziehen, indem ich ihm von hinten den Schädel zertrümmere!«). Im ersten Beispiel wird der Stamm über einen weiteren guten Jäger verfügen, welcher der Gemeinschaft mehr Nahrung herbeischaffen kann. Im anderen Fall verliert der Stamm einen Jäger und Krieger (oder sogar zwei, wenn sie sich im Kampf gegenseitig töten ...), was die Gemeinschaft entscheidend schwächen kann. Dennoch, selbst im ersten Fall wird es Houkr womöglich schlecht verkraften, den Titel »Bester Jäger« zu verlieren und mit ansehen zu müssen, wie die verstohlenen Blicke der Frauen immer wieder zu unserem jungen Helden hinüberschweifen. Er kann seinerseits eine gewaltsame Konfrontation anzetteln. Wir werden allerdings noch sehen, daß das Schamgefühl – die Furcht vor vermindertem Ansehen in den Augen der Gruppe – Houkr daran hindern könnte, diesen letzten Schritt zu wagen (immerhin würde er seinem Konkurrenten vielleicht eine tüchtige Tracht Prügel verpassen). Diese Männer- (um nicht zu sagen Macho-)Version von Neid findet bei Frauen ihre Entsprechung: »Ich will, daß sich die Männer für mich genauso interessieren wie für dieses Luder!«

Heutzutage kann man den Erscheinungsformen von Neid auch in der Arbeitswelt begegnen. Henri, Personalchef in einem großen Informatikunternehmen, erläutert uns das:

In einer Firma ist Neid ein Hauptantrieb für Leistung. Das beste Beispiel dafür sind die Vertriebsleute. Regelmäßig werden ihre Leistungen verglichen und öffentlich ausgehängt. Wer die besten Verkaufszahlen hat, wird vor aller Augen belobigt. So kommt es, daß jeder tüchtig strampelt, um die anderen zu überholen oder den Spitzenplatz zu behalten. Das ist für ein Unternehmen ein positiver Aspekt von Neid. Leider erlebe ich auch viele negative Auswirkungen: Haß zwischen Kollegen; Leute, die ein Projekt mit Absicht in den Sand setzen, damit kein anderer mit ihm Lorbeeren erntet. Hier haben wir auch eine wichtige Funktion der Unternehmensleitung: Sie muß die Ursachen für Neid und Ressentiments einschränken, indem sie für Entlohnung und Beförderung Regeln festsetzt, die so klar und so gerecht wie möglich sind. Ach ja, einen klassischen Fall von Neid habe ich noch vergessen: Wird eine Frau befördert, beschuldigt man sie oft, sie habe sich ihren neuen Posten »erschlafen«. Für die Nichtbeförderten ist das natürlich eine gute Methode, um ihren feindseligen Neid (den sie sich nicht eingestehen können) in ein gutes und gerechtes Ressentiment zu verwandeln. [Man merkt gleich, daß er John Rawls gelesen hat.]

Selbst in zwielichtigen Affären taucht Neid an unerwarteter Stelle auf. Georges, ein Strafverteidiger, erzählt uns davon:

In meinen ersten Berufsjahren konnte ich das Verhalten mancher Klienten schwer begreifen. Oft handelte es sich um erfahrene Geschäftsleute, die längst zu Reichtum gekommen waren und exzellente Fachleute um sich hatten. Wie konnte es sein, daß sie sich in zweifelhafte Transaktionen stürzten, bei denen sie durchaus riskieren mußten, erwischt zu werden, und deren finanzieller Ertrag letztendlich gar nicht so gewaltig war, wenn man ihn gegen ihr bereits angehäuftes Vermögen hielt? Nachdem ich mit ihnen manches Mal darüber gesprochen hatte, begriff ich endlich. Oft ist es Neid, der sie zu solchem Fehlverhalten treibt. Wenn sie eine Chance zum Geldmachen wittern, und sei es ein riskantes Unterfangen, greifen sie sofort zu, denn sie könnten es nicht ertragen, wenn jemand anders den Rahm abschöpft. Letzten Endes schaffen sie es selbst als Vorstandsvorsitzende nicht, sich von den Emotionen freizumachen, die sie einst auf dem Pausenhof übermannten.

Es ist derselbe Neid, diesmal freilich mit Respekt vor den Gesetzen, welcher andere Menschen angestachelt hat, in Geschäftswelt, Sport oder Wissenschaft den ersten Platz zu erringen und ihre Teams zu schönen Erfolgen mitzureißen. In solchen Teams wird die innere Solidarität mit größerer Wahrscheinlichkeit gewahrt bleiben, wenn man Beförderungen und Belohnungen so verteilt, daß die Prinzipien der Gerechtigkeit bestmöglich respektiert werden. Auf diese Weise wird dem Aufkommen von Neid innerhalb der Gruppe vorgebeugt.

Neid ist also nicht notwendigerweise etwas Übles, zumindest nicht in seinen nachahmenden und bewundernden Formen. Im Gegenteil, er kann Sie dazu bringen, über sich selbst hinauszuwachsen. Und vielleicht wird ein solcher Ansporn nicht nur für Sie selbst ein Segen sein (sofern Anstrengung und ständige Aktivität Ihnen liegen), sondern für die ganze Gesellschaft – vorausgesetzt, Sie respektieren die Spielregeln …

Überdies schadet kein anderes Laster der Glückseligkeit der Menschen derart wie der Neid.
René Descartes

Nun haben Sie zwar die Vorzüge des wetteifernden Neides kennengelernt – depressiver Neid kann Sie jedoch lähmen und ungeheuer leiden lassen. Und ein feindseliger Neid droht viele Qualen zu bereiten, sofern Sie ihn nicht unter Kontrolle bekommen. Außerdem würden Sie riskieren, Ihre Beziehungen in der Familie, zu Freunden und auf Arbeit dauerhaft zu vergiften.

Hier also ein paar Ratschläge, wie Sie diese unvermeidliche Emotion zähmen können.

◆ Gestehen Sie sich ein, daß Sie neidisch sind!

Dieser Ratschlag ist für alle Emotionen gültig, paßt auf den Neid aber besonders gut, denn er ist ein Gefühl, das wir gern vor uns verstecken. Hören wir, was Philippe darüber erzählt:

Einmal wurden wir von einem Freund eingeladen, der sich gerade ein Schiff gekauft hatte. Ich bin in meiner Jugendzeit selbst viel gesegelt, hätte aber nicht die Mittel, um mir mein Traumschiff zu kaufen. Und genau das hatte er gerade gemacht! Wir haben uns vor Staunen die Augen gerieben, als wir mit anderen befreundeten Ehepaaren auf der Brücke einer wunderbaren Yacht von sechzig Metern Länge standen. Dann führte uns der Freund auf dem Schiff herum und rühmte dabei alle Vorzüge und perfektionierten Details. Bis dahin spielte ich das Spiel der freundschaftlichen Bewunderung und beglückwünschte ihn zu seiner tollen Wahl. Dann begaben wir uns alle zu Tisch, und das Gespräch kam auf den Bosnienkrieg, der damals gerade begonnen hatte und zu dem unsere Meinungen geteilt waren. Ich war für ein massives europäisches Eingreifen, er für eine abwartende Haltung. Bis dahin nichts Besonderes, aber dann ereiferte ich mich; ich bezichtigte ihn der Feigheit, nannte ihn einen Nachfahren der Politiker, die das Münchner Abkommen unterschrieben hatten, und warf ihm noch einiges an den Kopf, was an der Grenze zur Beleidigung stand. Als ich den Blick meiner Frau bemerkte, habe ich mir (zu spät) auf die Zunge gebissen. Und dann wurde mir klar, daß ich, seit ich das Schiff erblickt hatte, von Neid gepeinigt war, und daß sich dieser Neid in Gestalt eines politischen Wutausbruchs nach außen gekehrt hatte.

Philippe hat sich vom Neid in die Falle locken lassen, obwohl es ihm bis zu dem fatalen Augenblick am Mittagstisch gelungen war, seine Emotion zu unterdrücken.

Ein Psychoanalytiker würde sagen, daß er während der Besichtigung des Schiffes zwei Abwehrmechanismen verwendet hat: die *Verdrängung*, indem er den Neid aus seinem Bewußtsein verbannte, und die *Reaktionsbildung*, indem er auf Bewunderung und Enthusiasmus machte, also auf Haltungen, die das Gegenteil seiner unbewußten Feindseligkeit waren.

Warum werden solche Abwehrmechanismen überhaupt in Gang gesetzt, wo es doch wirksamer wäre, sich den eigenen Neid bewußtzumachen? Weil Neid uns daran erinnert, daß wir in der Position des Unterlegenen sind – ein Angriff auf unsere Selbstachtung, den wir schlecht verkraften. Außerdem ist Neid eine schmähliche Emotion, die man gemeinhin »Sauertöpfen« oder »schlechten Verlierern« zuschreibt. Wenn wir Neidgefühle in uns wahrnehmen, kratzt das also auch an unserer Eigenliebe.

Sie sollten deshalb ganz im Gegenteil davon ausgehen, daß Neid wie jede Emotion etwas ganz Natürliches ist und daß es einfach zu den unangenehmen Überraschungen unserer Existenz gehört, von Neid gepackt zu werden. Sie sollten dabei weder Schuldgefühle noch Scham verspüren. Vergessen Sie nicht, daß die noble Form des Neides, der wetteifernde Neid, Ihnen sicher geholfen hat, sich voll zu entfalten. Akzeptieren Sie deshalb auch seine weniger noblen Ausprägungen, den feindseligen und den depressiven Neid.

Neid überfällt Sie ganz unwillkürlich, und Sie brauchen sich gegen diese erste Reaktion nicht zu verteidigen oder selbst anzuklagen. Eine gewisse Verantwortung haben Sie hingegen für die Art und Weise, wie Sie hinterher mit Ihrem Neid umgehen.

Hätte Philippe besser auf seine Emotionen geachtet, als er das wunderbare Schiff erblickte, so hätte er sich vielleicht gesagt: »Was für ein Schiff! Ich platze vor Neid, und ich nehme es ihm übel, daß er so etwas Herrliches besitzt. Aber aufgepaßt, wir sollten uns von dieser Emotion nicht fortreißen lassen!« Um zu verhindern, daß sein Neid überbordet, hätte er eine der nachstehenden Methoden anwenden können.

◆ Drücken Sie Ihren Neid positiv aus, oder behalten Sie ihn für sich!

Dieser Ratschlag mag paradox scheinen – eine so negative Emotion wie den Neid soll man ausdrücken?! Soll man sich als verbitterten Nörgler oder schlechten Verlierer outen?

Darum geht es natürlich nicht. Sie sollten Ihren Neid in positiver Gestalt ausdrücken, das heißt mit Humor (sofern Sie dazu imstande sind). Hier ein paar beispielhafte Sätze, die wir schon aus dem Munde von Menschen hörten, die mit ihren Neidgefühlen umzugehen wußten:

»Bravo! Dieses Schiff (diese Wohnung/diese Beförderung) wird aber viele Leute neidisch machen. Mich zum Beispiel!«

»Ich freue mich, daß es bei dir geklappt hat, aber noch mehr gefreut hätte ich mich, wenn es mir selber gelungen wäre!«

»So was solltest du wirklich nicht alle Tage machen, sonst wird es schwer, dein Freund (deine Freundin) zu bleiben!«

»Zum Glück bin ich nicht neidisch, sonst würde mir das sehr weh tun … Au, au, au!«

Wenn Humor nicht Ihre starke Seite ist, was Ihnen niemand vorwerfen kann, sollten Sie sich damit begnügen, Ihren Neid gar nicht auszudrücken. Vor sich selbst sollten Sie ihn allerdings nicht verstecken. Es gibt ja noch andere Wege, mit ihm fertig zu werden.

◆ Nehmen Sie Ihre Minderwertigkeitsgefühle unter die Lupe!

Der Stachel des Neides trifft uns häufig, wenn wir uns unserer (zumindest zeitweiligen) Unterlegenheit bewußt werden. Die Emotion fällt um so heftiger aus, wenn sie ein ganzes Ensemble von Gedanken »aufweckt«, mit denen wir uns selber abwerten. Diese Gedanken liegen normalerweise in Schlummerposition, können aber jederzeit hochsteigen, sobald wir auf bestimmten Gebieten einen Mißerfolg einstekken.

Der Schmerz kann sich rasch in eine feindselige Reaktion verwandeln: wir tragen es den anderen nach, daß sie uns in diese unbehagliche Lage gebracht haben. Feindseligkeit dient auch dazu, unser Minderwertigkeitsgefühl in Zaum zu halten.

Marie (32) hat es verstanden, mit ihrem Neid richtig umzugehen:

Alle Welt hält mich für einen fröhlichen Menschen, der voller Schwung ist. Die meiste Zeit stimmt das übrigens auch. Letztens aber wollte ich mit ein paar Freundinnen etwas Neues ausprobieren – wir wollten ins Hamam gehen, denn wir hatten schon eine Menge Gutes darüber gehört. So trafen wir uns also ganz vergnügt am Eingang dieses exotischen Ortes. Als wir aber wenig später nackt dastanden, ist meine Stimmung in den Keller gerutscht. Meine drei Freundinnen hatten eine sehr gute Figur; sie waren schlank und hatten Körper, bei denen Männer ins Träumen kommen. Ich dagegen bin seit eh und je, was man ein Pummelchen nennt. Ich mußte tüchtig kämpfen, um meine Pein nicht zu zeigen, um die anderen nicht merken zu lassen, daß ich ihnen verübelte, wie sie da wie Königinnen herumstanden und in ihrer Nacktheit ganz ungezwungen waren. Ich war von der Heftigkeit meiner Emotion überrascht, schließlich sind wir doch keine Konkurrentinnen: Wir sind allesamt verheiratet und unseren Männern treu. Außerdem sagt mir mein Mann immer, daß er ein wenig rundlichere Frauen mag (das stimmt auch, ich kenne meine Vorgängerinnen). Aber ich habe verstanden, daß dieser Anblick in mir alle Leiden meiner Jugendjahre wieder an die Oberfläche gespült hatte, jener Zeit, als ich niemandem gefiel und sogar hämischen Spott einstecken mußte. Damals, umgeben von schlanken Mädchen, die den Jungs gefielen, hielt ich meine Rundungen für ein Zeichen von Minderwertigkeit.

Ich machte mir jetzt also bewußt, daß alles aus jener Zeit herrührte, aber auf meine gegenwärtige Lage nicht mehr zutraf. Das hat mich beruhigt, aber in ein Hamam werde ich trotzdem keinen Fuß mehr setzen.

Maries Gedanken im Hamam waren tatsächlich jene aus ihrer Jugendzeit. Weil sie jedoch imstande war, diese Gedanken unter die Lupe zu nehmen und ihnen den gebührenden Platz in der Vergangenheit zuzuweisen, konnte sie ihren depressiven und feindseligen Neid beruhigen. Sie war nicht mehr sauer auf ihre Freundinnen und rief sich ins Bewußtsein zurück, daß sie sich heute nicht mehr in einer solchen Position der Unterlegenheit befindet.

Ihre Schlußbemerkung erinnert uns allerdings daran, daß der Stachel des Neides immer rasch ausgefahren wird und es manchmal besser ist, die Situationen zu meiden, die uns an die Kränkungen aus Kindheit und Jugend gemahnen, egal wie unsere aktuelle Lebenslage beschaffen sein mag.

Suchen und untersuchen Sie in jeder Neidsituation solche oftmals mit schlechten Erinnerungen verbundenen Minderwertigkeitsgedanken, statt sie vor sich selbst durch eine aggressive Reaktion zu maskieren.

◆ Relativieren Sie die Vorteile der anderen!

Dieser Tip steht in enger Beziehung zu den oben beschriebenen »Strategien des Neides«, die man als schäbigen Versuch, sich die Realität schönzureden, deuten könnte. Dennoch steht hinter der objektiven Überlegenheit des anderen in diesem oder jenem Bereich die große Frage nach seinem Glücklichsein. Ist er/sie dank des Vorteils, der Ihnen aufgefallen ist, auch glücklicher als Sie?

Um das Beispiel vom Schiff noch einmal aufzugreifen – ein unter Freizeitseglern wohlbekanntes Sprichwort behauptet: »Die beiden schönsten Tage im Leben eines Schiffseigners sind der Tag, an dem er das Schiff kauft, und der Tag, an dem er es wieder verkauft!« Dieser Satz bezeugt, daß Glück in seiner Ausprägung »Freude« vor allem bei einer Zustandsänderung auftritt (»Toll, jetzt gehört es mir!«).

Durch die Gewöhnung und die mit dem Besitz verbundenen Pflichten wird es jedoch tendenziell gedämpft (»Ach Mann, du mußt dich um die Reparaturen kümmern, und dann hast du niemals Zeit zum Ausfahren, und wenn du schon mal in See stichst, ist das Wetter mies ...«). Das Sprichwort von den beiden schönsten Tagen könnte man ein wenig zynisch auch auf die Ehe anwenden, aber es gibt ja auch glückliche Ehen.

Ihr(e) Freund(in) ist also vielleicht gar nicht so hocherfreut über das, was er/sie Ihnen voraushat. Schon La Rochefoucauld schrieb, daß man »von einem Verlust grausam berührt wäre, aber für das Vergnügen, es zu besitzen, kein Gespür hat«. Falls Sie daran zweifeln, sollten Sie an einen Vorzug denken, um den bestimmte Leute Sie beneiden könnten. Läßt Sie dieser Vorzug deshalb jeden Morgen beim Aufstehen in Jubelgesänge ausbrechen?

Gewöhnung hat eine außerordentlich abschwächende Wirkung (im Kapitel über Freude und Glück werden wir noch darauf zu sprechen kommen). Wir hatten Gelegenheit, Patienten aus allen sozialen Milieus zu behandeln, und waren immer überrascht, wie sich ein jeder Visionen von Glück oder Unglück nach seinem eigenen Maßstab zurechtbaute: Die Leute waren erfreut oder betrübt über Dinge, die sie sich mit einiger Wahrscheinlichkeit leisten konnten (eine Yacht oder ein Surfbrett) oder zu verlieren riskierten (ein Industrieimperium oder ein Gartenhäuschen). Wir werden dennoch sehen, daß es ab einem gewissen Armutsniveau quasi unmöglich ist, glücklich zu sein, vor allem in einer Wohlstandsgesellschaft.

Die Boulevardpresse spielt mit diesen beiden Mechanismen: Sie stachelt unseren Neid an, indem sie uns einerseits das traumhafte Leben der Stars und Prinzessinnen vorführt, andererseits aber daran erinnert, daß diese Leute ja auch nicht so glücklich seien: Auch sie müssen Mißerfolge einstecken, zerbrechende Beziehungen, Trauerfälle oder Krankheiten.

Wenn Sie das Kapitel über Freude und Glück lesen, werden Sie verstehen, daß der einzig wirklich beneidenswerte Vorzug der ist, eine Persönlichkeit zu haben, die fürs Glücklichsein begabt ist! Doch ausgerechnet das ist einer der seltensten Gründe für Neid …

- Prüfen Sie, ob Sie sich den anderen womöglich überlegen fühlen!

Alberoni merkt an, daß Neid manchmal »Buße für den Stolz« ist. Das trifft vor allem auf feindseligen Neid und Ressentiments zu. Wir werden dem anderen seinen Vorteil um so stärker neiden, wenn wir glauben, wir selbst hätten ihn viel eher verdient.

Hören wir, was Bertrand, unser Neidhammel vom Beginn des Kapitels, über seine Psychotherapie berichtet:

Und dann habe ich begriffen, daß mein Neid in einem bestimmten Zusammenhang steht mit meiner ziemlich hohen Meinung von mir selbst. Schon früh im Leben war mir klargeworden, daß ich in Schule und Sport eine Menge Fähigkeiten hatte, und zu alledem war ich beliebt. Ich hatte also sehr bald große Ambitionen, man könnte sogar sagen, Großmachtphantasien. Wenn ich heute sehe, wie einige ihre Träume verwirklicht haben, aber ich nicht, zeige ich oft eine etwas primitive Reaktion – ich frage mich: »Was soll mir denn dieser Typ schon voraushaben?« Noch schlimmer ist es, wenn ich jemanden kenne und weiß, wie mittelmäßig er ist. Na ja, wahrscheinlich doch nicht ganz so mittelmäßig, wie ich glaube, denn immerhin hat er *seine Chance zu nutzen verstanden oder mehr Initiative an den Tag gelegt als ich. Ich entdecke, was ich tun muß, um nicht mehr so neidisch zu sein: Ich muß akzeptieren, daß ich vielleicht nicht ganz so toll bin, wie ich lange dachte.*

Bertrand lernt gerade, wie er verhüten kann, ein »Griesgram« zu werden. In einer solchen Person steckt nämlich oft ein Neider, der sich vom Leben ungerecht behandelt fühlt.

Es wäre natürlich absurd zu behaupten, das Leben sei gerecht und der Erfolg komme immer zu denen, die ihn verdienen. Um Ungerechtigkeiten ohne Neid zu ertragen, sollten Sie mal in den Schriften der Stoiker stöbern, auf die wir beim Thema Glück und Freude genauer zu sprechen kommen.

◆ Tragen Sie dazu bei, die Welt gerechter zu machen!

Feindseliger Neid in Gestalt von Ressentiments ist das Ergebnis einer Ungerechtigkeit. Diese Emotion ist schmerzhaft für den, der sie verspürt, und gefährlich für den, der sie ausgelöst hat. Ein Übermaß an Ressentiment kann die Stabilität einer Freundschaft, einer Familie, eines Unternehmens oder einer ganzen Gesellschaft bedrohen.

Nach Francesco Alberoni sind der Sport und die wissenschaftliche Forschung zwei Bereiche, in denen Ressentiment seltener auftritt als anderswo, obgleich sie von hartem Konkurrenzkampf geprägt sind. Die Spielregeln und Bedingungen für einen Sieg werden hier nämlich von allen Beteiligten als klar und gerecht angesehen.

Jeder kann mit seinen Mitteln dazu beitragen, die Welt für sich selbst oder die anderen ein bißchen gerechter zu machen. Passen Sie auf, daß Sie ein Kind gegenüber seinen Geschwistern nicht benachteiligen; helfen Sie Kindern, einen Konflikt auf gerechte Weise zu lösen; treten Sie gegen eine ungerechte Bestrafung ein, egal ob in der Schule oder auf Arbeit; geben Sie mit angemessenen Entscheidungen ein gutes Beispiel. All das sind einfache Gesten, mit denen wir die Ressentiments in unserer Umgebung verringern können.

◆ Vermeiden Sie es, den Neid der anderen anzustacheln!

Es ist kein angenehmes Gefühl, von Neid gepackt zu werden. Achten Sie also darauf, diese Empfindung bei anderen nicht unnötig herbeizuführen. Es geht nicht darum, daß Sie dauernd mit Ihren Vorzügen hinterm Berg halten sollen (das würde an Heuchelei grenzen), sondern Sie sollten sie einfach nicht so sehr zur Schau stellen, wie es Joseph einst vor seinen Brüdern tat, und keine überschwengliche Freude bekunden, wenn die anderen keinen Grund haben, sich auch zu freuen.

In einem Experiment hat man Studenten vor Computerbildschirme gesetzt, wo sie eine Reihe von Rechenaufgaben lösen sollten. Vermeldete der Computer einem Studenten, daß er gerade die anderen übertroffen hatte, so bekundete dieser seine Freude viel weniger deutlich, wenn seine Kommilitonen im gleichen Raum waren, als wenn er allein vor dem Bildschirm saß.[13] Vergessen Sie diese früh erworbene Weisheit nicht!

Was Sie tun sollten	*Was Sie lassen sollten*
Gestehen Sie sich ein, daß Sie neidisch sind.	Maskieren Sie Ihren Neid nicht.
Drücken Sie Ihren Neid positiv aus, oder behalten Sie ihn für sich.	Drücken Sie Ihren Neid nicht auf feindselige Weise aus.
Nehmen Sie Ihre Minderwertigkeitsgefühle unter die Lupe.	Verfallen Sie nicht in Trübsal. Attackieren Sie den anderen nicht.
Relativieren Sie die Vorteile des anderen.	Malen Sie sich sein Glück nicht in den grellsten Farben aus.
Prüfen Sie, ob Sie sich den anderen womöglich überlegen fühlen.	Brüten Sie nicht ständig über Ihren Ressentiments.
Tragen Sie dazu bei, die Welt gerechter zu machen.	Lassen Sie in Ihrer Umgebung keine Ressentiments aufkommen.
Vermeiden Sie es, den Neid der anderen anzustacheln.	Stellen Sie Ihre Überlegenheit oder Ihre Freude nicht penetrant zur Schau.

Mit Neid besser umgehen

Kapitel 4

Freude, gute Laune, Glück

Happiness is a warm gun

The Beatles

Freude ist eine sehr wichtige Emotion. Dennoch ist sie bisher eher vernachlässigt worden. Eine aktuelle Studie zeigt, daß die psychologische Forschung siebzehnmal mehr Publikationen über Traurigkeit, Angst, Zorn, Eifersucht und andere negative Emotionen hervorgebracht hat als über die Freude und alle übrigen positiven Emotionen![1]

Wir wollen versuchen, dieser Tendenz ein wenig entgegenzuwirken, indem wir gleich zu Beginn ein paar Berichte und Untersuchungen über Freude anführen. Mit ihrer Hilfe können wir die unterschiedlichen Erscheinungsformen dieser Emotion besser verstehen.

Christian (43) erzählt:

Ich erinnere mich noch gut an einen der größten Freudenausbrüche in meiner Jugendzeit. Es war Frühling, und wir standen mit dem Rugbyclub unseres Gymnasiums im Finale der Schulbezirksmeisterschaften. All unsere Familien und Kumpel waren gekommen, die Zuschauertribünen waren voll wie nie, und vor allem feuerten uns auch alle Schüler des Gymnasiums an, einschließlich unserer Freundinnen und der Mädchen, mit denen wir gern gegangen wären … Uns saß die Angst im Nacken, und wir hatten den Eindruck, unsere Gegner, denen schon ein respekteinflößender Ruf vorauseilte, wären doppelt so groß und so breit wie wir. Ich erinnere mich, daß ich beim Anstoß wie Espenlaub zitterte und meinen Herzschlag bis in die Schläfen spürte. Das nervte mich, denn schließlich war ich Mannschaftskapitän. Ich fürchtete, meine Mitspieler könnten es bemerken. Beim ersten Gedränge sind unsere Stürmer zehn Meter zurückgeschoben worden, es gab eine allge-

meine Rauferei, und der Schiedsrichter forderte mich auf, meine Truppe zu beruhigen. Es begann so schlecht, wie man es sich nur vorstellen konnte! Nach und nach gelang es uns aber, die Oberhand zu gewinnen. Mit dem Schlußpfiff wurde mir erst richtig bewußt, daß wir ja gesiegt hatten, und nun verstand ich, warum man sagt, daß sich jemand »wie verrückt« freut! Ich stieß ein wildes Geheul aus und glotzte meinen besten Freund mit weit aufgerissenen Augen an; dann fielen wir einander in die Arme und sprangen umher. Auf dem Spielfeld waren alle außer Rand und Band: Die einen wälzten sich auf dem Boden, andere saßen auf den Knien, und schließlich umarmten wir uns alle. Dann strömte das Publikum aufs Spielfeld. Wir waren ganz weg vor Freude. So etwas habe ich seitdem niemals wieder erlebt. Sogar am nächsten Tag beim Aufwachen war ich noch glücklich, aber nicht auf dieselbe Weise: Nun steckte es in meinem Kopf, nicht mehr im ganzen Körper.

Hier erkennt man mühelos die Freude über einen Sieg, eine Emotion, die so alt ist wie die Menschheit und häufig in der Gruppe genossen wird. Wollte man die Geschichte dieser Form von Freude schreiben, müßte man bei den Jägern und Sammlern beginnen, die gerade ihre erste Antilope erlegt haben (das Gros der Nahrungsration soll bei den meisten Jägern und Sammlern allerdings durchs Sammeln zustande gekommen sein, eine Tätigkeit, die gewöhnlich von Frauen ausgeübt wurde[2]). Ein aktuelleres Beispiel wäre die Freude der Fans nach dem Sieg ihrer Mannschaft. Zu Christians Bericht ist noch anzumerken, daß er sich am nächsten Tag zwar noch glücklich fühlte, aber keine eigentliche Freude mehr verspürte, denn es fehlten die körperlichen Begleiterscheinungen, die zu einer Emotion unbedingt dazugehören.

Pierre (34) berichtet:

Meine größte Freude? Die Geburt von Olivier, meinem ersten Sohn. Ich hatte gerade die Entbindung mit angesehen und war dabei in einem seltsamen Zustand gewesen, fast ein wenig außer mir: Einerseits war ich fasziniert und bewegt, andererseits aber auch etwas beunruhigt. Als mir die Hebamme das Neugeborene in die Arme legte, fühlte ich mich mit einem Schlag sehr ruhig, gerührt und heiter. Ich sagte mir: »Das ist also mein Sohn ...« Das eigentliche Gefühl von Freude kam zehn Minuten später über mich: Ich spazierte durch die menschenleeren Gänge des großen Pariser Kinderkrankenhauses (es war drei Uhr morgens) und fühlte, wie mich das Glück in großen Wellen überströmte, wie eine riesige Flut von Freude über mich kam. Ich sagte mir wieder und wieder: »Du bist jetzt Vater, du hast einen Sohn, du hast jemandem das Leben geschenkt ...« Am Ende hatte ich nichts anderes mehr im Kopf als nur diese Gedanken. Gleichzeitig begann ich grundlos zu rennen und Luftsprünge zu machen, und ich hatte Lust, ein Freudengebrüll anzustimmen. Wenn mir jemand über den Weg gelaufen wäre, hätte ich ihn auf der Stelle umarmt. Ich mußte mit meiner Freude einfach in die Welt hinaus.

Diese beiden Zeugnisse haben Sie vielleicht bewegt oder Ihnen persönliche Erinnerungen ins Gedächtnis gerufen. Sie erinnern aber auch an den Standpunkt der Evolutionspsychologen, die der Ansicht sind, daß die stärksten Emotionen in Situationen ausgelöst werden, in denen es ums Überleben geht oder um die Fortpflanzung – also wenn man zum Beispiel gerade über einen Gegner triumphiert hat oder merkt, daß man seine Gene erfolgreich weitertragen konnte!

Michel erzählt eine Geschichte, in der es nicht um Siege oder Niederlagen geht:

Einer meiner freudigsten Augenblicke? Das ist ziemlich schwer zu erklären ... Es war während eines humanitären Einsatzes im ehemaligen Jugoslawien. Unser Konvoi mußte anhalten, weil die Dunkelheit hereinbrach, und wir verbrachten die Nacht in der Nähe eines Stützpunkts von Blauhelmsoldaten. Ich stand vor dem Morgengrauen auf und wollte mit den Militärs, die auf einem Hügel einen Beobachtungsposten eingerichtet hatten, Kaffee trinken. Als ich zu ihnen hinaufstieg, machte ich unterwegs halt, denn die Straße war steil; ich drehte mich um und sah, wie die Sonne über den Bergkämmen und Baumwipfeln aufging. Langsam verzog sich der Morgendunst, und eine herrliche Landschaft trat zutage. Ich hatte den Eindruck, etwas von erhebender Schönheit mitzuerleben; ich fühlte mich ganz als Bewohner dieser unserer Welt und mußte mich zurückhalten, um meine Freude nicht laut heraus-

zuschreien. So etwas habe ich auf meinen übrigen Reisen nie erlebt, selbst wenn ich spektakuläreren Landschaften gegenüberstand, etwa im Hochgebirge. Als ich Freunden davon erzählte, meinten sie, meine Freude sei vielleicht deshalb so intensiv gewesen, weil die Landschaft einen starken Kontrast bildete zu all dem Schrecklichen, das wir am Vortag um uns gehabt hatten.

Michels Freunde haben eine interessante Deutung anzubieten. Forscher haben nämlich nachgewiesen, daß unsere Emotionen besonders heftig ausfallen, wenn unser Körper physisch bereits hochgradig »angestachelt« ist. (»Wir verspüren Emotionen, weil unser Körper in Wallung ist.«) Michel befindet sich aufgrund seiner Erlebnisse vom Vortag und durch den steilen Anstieg in einem gewissen Spannungszustand. In diesem bereits aktivierten Körper ist die Freude besonders stark spürbar. Aber weshalb verspürt man beim Anblick einer Landschaft überhaupt Freude? Die Evolutionspsychologen (schon wieder sie!) würden uns antworten, daß die Freude beim Betrachten der Natur wahrscheinlich in unseren Genen vorprogrammiert ist, denn die mit einem Begeisterungspotential ausgestatteten Individuen hatten einen starken emotionalen Rückhalt, um in einer oftmals strapaziösen Umgebung zu überleben. Dennoch kann man auch kulturelle Einflüsse nicht leugnen: Michel kommt aus einer Familie, in der man die Kinder schon früh auf die Schönheiten der Natur aufmerksam machte.

Lise (42), Journalistin, erzählt:

Eines der heftigsten Freudengefühle, an die ich mich erinnere? Ich weiß nicht einmal, ob es wirklich Freude war, aber ich denke gleich an meine ersten Monate als Journalistin bei einer Regionalzeitung. Weil das kein großes Blatt war, hatten sich die Mitarbeiter nicht wirklich auf ein bestimmtes Ressort spezialisiert, und schon als Anfängerin durfte ich mich um sehr unterschiedliche Themen kümmern, vom Kulturfestival bis zum Viehmarkt. Ich durchstreifte die ganze Region, interviewte an einem Tag die Bauern auf ihren Traktoren, am nächsten Museumskonservatoren, nicht zu vergessen meine Einsätze beim »Fest des Schafes« oder der Versammlung der ehemaligen Frontkämpfer. Ich stand jeden Morgen unglaublich stimuliert auf, richtig »gedopt« von der Aussicht auf das, was ich an diesem Tag entdecken würde, entzückt über das Neuartige und Abwechslungsreiche an meinem Job. Seitdem bin ich auf der Karriereleiter nach oben geklettert und arbeite jetzt für die Kulturseiten einer überregionalen Tageszeitung, aber die unbändige Freude meiner Anfänge hat sich nie wieder eingestellt.

Die von Lise beschriebene Freude ist eine besondere Emotion, welche von den Forschern »Stimulation/Interesse« genannt wird. Diese Emotion drängt uns dazu, eine neue Umgebung zu erkunden. Bei Kindern und Jugendlichen ist sie besonders stark ausgeprägt. Mit ihrer Hilfe können sie ihre Angst gegenüber Neuem und Unbekanntem bezwingen. Wenn Sie mit kleinen Kindern zum ersten Mal zu Euro-Disney gehen oder in einen ähnlichen Vergnügungspark, können Sie zu Zeugen dieser Emotion werden und auch das mit ihr einhergehende Erkundungsverhalten beobachten ... Als Erwachsene können wir noch immer »Stimulation/Interesse« verspüren, wenn wir das Glück haben, einem anregenden Beruf oder Hobby nachzugehen. Wir werden allerdings noch sehen, daß bestimmte Persönlichkeitstypen diese Emotion mehr schätzen als andere.

Die Personen aus unseren Beispielgeschichten haben zwar verschiedene Formen von Freude verspürt, aber jede dieser Formen besaß die Merkmale einer Emotion: eine intensive, zugleich mentale wie körperliche Erfahrung, die sich als Reaktion auf ein Ereignis einstellt und von kurzer Dauer ist, obgleich sie sich wiederholen kann.

Die Forscher sind sich einig, daß Freude zu den Basisemotionen zählt. Allerdings springt auch ins Auge, daß sie der großen Familie solcher Gefühle wie »gute Laune« oder »Glück« nahesteht, auf die wir im folgenden ebenfalls eingehen werden.

Können Sie ein von Herzen kommendes Lächeln von einem unterscheiden, das nur aufgesetzt ist? Dank dieser nützlichen Gabe könnten Sie zum Beispiel herausfinden, ob jemand sich wirklich freut, wenn er Ihnen begegnet. Bei einem echten Lächeln spielt auch die Augenpartie mit, besonders der Bereich der »Krähenfüßchen«. Wovon hängt dieser feine Unterschied zwischen Aufrichtigkeit und Simulation ab? Von einem nicht weit unter der Haut liegenden Muskel, dem Augenringmuskel, der Ihren Augapfel umgibt und bei aufrichtiger Freude in Aktion tritt.

Dieser Unterschied ist zum ersten Mal einem französischen Mediziner des 19. Jahrhunderts aufgefallen, Duchenne de Boulogne (1806–1875), der auch als erster die Myopathie, einen fortschreitenden Muskelschwund, diagnostizierte. Duchenne war nicht nur ein guter praktizierender Arzt, sondern bediente sich auch zweier Erfindungen seines Jahrhunderts, der Fotografie und der Elektrizität. Indem er freiwilligen Versuchspersonen Elektroden über die verschiedenen Gesichtszonen legte, konnte er richtiggehend Karten erstellen, aus denen hervorging, welche Muskeln bei welchem menschlichen Gesichtsausdruck eine Rolle spielen.[3] Darwin veröffentlichte diese Fotos und zitierte Duchenne in seinem Buch über die Emotionen ausgiebig. Paul Ekman, der führende Kopf der gegenwärtigen Emotionsforschung, hat vorgeschlagen, das aufrichtige Lächeln als Hommage an den französischen Arzt *»Duchenne smile«* zu nennen.

Aber aufgepaßt, der Augenringmuskel zieht sich bei einem echten Lächeln nicht vollständig zusammen – nur der äußere Teil kontrahiert und zieht damit gleichzeitig die Augenbrauen hinunter. Wer beim Lächeln also einfach die Augen zusammenkneift, bringt noch kein *»Duchenne smile«* hervor. Wir können auf diese Weise drei Typen von Schauspielern oder Politikern nach der Qualität ihres Lächelns unterscheiden.

Schlechter Schauspieler oder Politiker, der nicht in Demokratie geschult ist »Leeres Lächeln«	*Guter Schauspieler oder geschickter Politiker »Falsches Lächeln«*	*Exzellenter Schauspieler oder wirklich lustiger Kerl »Duchenne-Lächeln«*
Lächelt nur mit dem Jochbeinmuskel; die Augenpartie bleibt davon unberührt.	Kontrahiert seinen Jochbeinmuskel und den gesamten Augenringmuskel; kneift die Augen zusammen.	Zieht seinen Jochbeinmuskel und den äußeren Teil des Augenringmuskels zusammen. Seine Augen »lächeln«.
Slobodan Milošević	**Richard Nixon**	**Bill Clinton**

Die subtilen Unterschiede zwischen den drei Arten von Lächeln lassen sich auch bei Kindern beobachten. Sie lächeln »à la Duchenne«, wenn sie ihre Eltern zu Gesicht bekommen, aber einem Fremden gegenüber zeigen sie ein »leeres« oder »falsches« Lächeln.[4] Ebenso soll das Auftreten von aufrichtigem oder falschem Lächeln bei zwei Ehepartnern, die sich irgendwo begegnen, ein guter Indikator für ihr Eheglück sein.[5] Aber für einen aufmerksamen Partner kann es auch als Alarmsignal wirken. Marie-Pierre erklärt das:

Mein Mann hat sich immer sehr unter Kontrolle und zeigt selten seine Emotionen, oder vielmehr, er verbirgt sie hinter einer beinahe permanenten Ruhe und Liebenswürdigkeit. Das kann man wunderbar finden, und viele meiner Freundinnen beneiden mich, aber es ist auch frustrierend, denn ich habe häufig den Eindruck, daß es ein Hindernis zwischen uns ist und daß er sich mir nie wirklich offenbart. Mit der Zeit lerne ich, seine Emotionen besser zu erraten, vor allem, wenn er lächelt. Ich weiß nicht, wie ich es in Worte fassen soll, aber ich sehe den Unterschied zwischen seinem Lächeln, wenn er wirklich zufrieden ist, und seinem Lächeln, wenn er irgendwelche Sorgen vor mir zu verbergen sucht.

Freude drückt sich nicht nur im Lächeln aus. Ganz kleine Kinder nehmen, wenn sie guter Laune sind, eine hüpfende

Gangart an, die ein typisches Kennzeichen für ihr Wohlbefinden ist. Ein Vater aus unserem Freundeskreis erzählte uns kürzlich, daß seine jüngste Tochter, die dreijährige Céleste, krank geworden war und, wie es bei Kindern ihres Alters häufig vorkommt, tagelang »herumgequengelt« hatte. Eines der ersten spürbaren Anzeichen für die Besserung ihres Zustandes war, daß sie wieder ihren hüpfenden Gang annahm. Bei Erwachsenen gibt es natürlich das selige Lächeln, das Herumsummen unter der Dusche oder auf der Straße. Und, in extremen Fällen, die Freudentränen …

Vor Freude weinen

Am 8. November 2000 feiert Bill Clinton gemeinsam mit seiner Frau in der großen Halle des New Yorker Hotels Hyatt den Sieg Hillarys bei den Senatswahlen. Eine Menge begeisterter Anhänger sind zugegen. Der Augenblick ist so schön, wie man es sich nur ausmalen kann, aber was sieht man in aller Welt auf den Bildschirmen? Der mächtigste Mann der Welt wischt sich eine Träne aus dem Gesicht. Dieses Bild erinnert uns sofort an ähnliche Situationen, nämlich an die Tränen von Sportlern, die gerade einen Sieg errungen haben und feuchte Augen bekommen, wenn die Nationalhymne erklingt.

Solche Freudentränen gibt es nicht erst seit Erfindung des Fernsehens. Schon Darwin, der an seinem Kamin saß und den Berichten seiner herumgereisten Freunde lauschte, hörte mit großem Interesse, daß in Augenblicken großer Freude bei Indern, Chinesen, Malaien, Dajak, australischen Aborigines, Kaffern, Hottentotten und kanadischen Indianern die Tränen fließen. So ergab sich eine Karte der Freuden und Tränen des britischen Empire in jener Epoche, als die Sonne in ihm nie unterging.[6]

Heute darf man annehmen, daß alle Völker es gelernt haben, vor Freude zu weinen, spätestens als sie *Unsere kleine Farm* oder *Der Pferdeflüsterer* sahen. Andererseits könnte man den weltweiten Erfolg dieser amerikanischen Filme auch damit erklären, daß es ihnen gelang, die universellen, da angeborenen, Emotionen des Menschengeschlechts anzusprechen.

Und wie ist es Ihnen ergangen, lieber Leser, als *Ein Schweinchen namens Babe* (1995) schließlich nach vielen Hindernissen und Mühen mit seinem Herrchen den Abrichtewettbewerb für Hütehunde gewann? Als die beiden unter dem Beifall der begeisterten Menge auf dem riesigen Rasen standen, wie gelähmt vor lauter Glück – haben Sie sich da keine Träne aus dem Augenwinkel gewischt?

Na gut, vielleicht auch nicht, denn wir neigen in sehr unterschiedlichem Maße zu Tränen: Manche Leute weinen praktisch nie, während andere bloß die Fernsehwerbung für Lebensversicherungen anzuschauen brauchen, um feuchte Augen zu bekommen.

WEINEN SIE, WENN IM FERNSEHEN WERBUNG KOMMT?

Die Werbespezialisten geben sich große Mühe, mit unseren Basisemotionen zu spielen, und manchmal haben sie dabei Erfolg. So zeigte der Werbespot einer großen Bank im Zeitraffer einen kompletten Lebenslauf, vom kleinen Jungen in kurzen Hosen über Jugendliebe und Vaterschaft bis hin zur Kunst, Großvater zu sein – ein berührender Schnelldurchlauf unserer Existenz und des Stafettenwechsels von einer Generation zur nächsten. Eine andere Werbekampagne derselben Firma vermischte zwei Arten emotional aufgeladener Augenblicke. Sie zeigte die verschiedenen Etappen einer Schwangerschaft und schließlich die Entbindung vor dem Hintergrund großer Siege und Errungenschaften der Menschheitsgeschichte (Sollten die Werbeleute Darwin gelesen haben?). Am Ende des Werbespots kam das Baby in einer Raumfähre zur Welt. Manch einer könnte sich lustig machen über unsere Neigung, von Werbebildern berührt zu sein, aber wir könnten ihm entgegnen, daß so etwas selbst den härtesten Männern passiert, zum Beispiel Robert De Niro in *Mafia Blues* (1999). Während er sich gerade für einen Mafiatreff zurechtmacht, wird seine Aufmerksamkeit vom Fernseher abgelenkt: Ein Werbespot der Bank Merryl Lynch zeigt einen Vater, der mit seinem Sohn auf dem Lande spazierengeht. Diese stimmungsvollen Bilder lassen ihn, der immerhin einer der Bosse der New Yorker Mafia ist, sogleich in Tränen ausbrechen!

Was soll man über die Tränen sagen, die man mit einem geliebten Menschen vergießt, den man nach langer Trennung wiedersieht? Die Geschichte bringt manchmal Situationen hervor, die wie schreckliche psychologische Experimente aussehen. So war es, als am 15. August 2000 Familien aus beiden Teilen Koreas nach vierzig Jahren Trennung erstmals wieder zusammentreffen durften. Das Fernsehen hat uns gezeigt, wie Brüder, Schwestern und Eltern einander schluchzend in die Arme sanken.

Und sind Sie selbst am Ende von Roberto Benignis Film *Das Leben ist schön* (1998) ganz ungerührt geblieben, als der kleine Junge, der durch die Selbstaufopferung seines Vaters gerettet wird, schließlich seine Mutter wiedersieht?

Männertränen fließen auch in einer schönen Szene aus Stanley Kubricks Film *Barry Lindon* (1976). Barry ist ein abenteuerlustiger junger Ire, der nach einem Duell sein Dorf verlassen muß. Er irrt im Mitteleuropa des 18. Jahrhunderts herum und wird schließlich gegen seinen Willen für die preußische Armee zwangsrekrutiert. Dort zeichnet er sich durch seine Kühnheit aus und gewinnt die Freundschaft seines Hauptmanns, der ihn seinem Bruder, dem Polizeiminister, weiterempfiehlt. Dieser betraut ihn mit einer Spionagemission: Barry soll unter falschem Namen in die Dienste eines Adligen treten, der Günstling der Königin ist. Obgleich dieser Mann fließend Italienisch, Französisch und Deutsch spricht, wird er verdächtigt, eigentlich Ire zu sein. Weil Barry als illegaler Ausländer auf die Gunst seiner Gastgeber angewiesen ist, kann er den Auftrag nicht ablehnen, und so begibt er sich zu jenem Adligen. Während sein künftiger Herr noch das Empfehlungsschreiben liest, beginnt Barry von Emotionen überwältigt zu werden: »Ich fühlte mich nicht imstande, ihm weiter etwas vorzumachen. Sie haben niemals weit entfernt von Ihrem Heimatland leben müssen; Sie wissen nicht, was es bedeutet, in Gefangenschaft die Stimme eines Freundes zu hören. Wenige werden verstehen, woran es lag, daß die Emotionen derart überschwappten.« Als sein Landsmann, ein älterer Herr, vom Brief aufschaut und ihre Blicke einander begegnen, zerfließt Barry in Tränen, und die beiden Männer sinken sich in die Arme.

Weshalb kommen uns Freudentränen?

Diese Beispiele geben uns schon einige Auskünfte über die Freudentränen: Diese fließen oft, wenn Freude mit Traurigkeit vermischt ist – Freude über den gegenwärtigen Moment, aber Traurigkeit bei der Erinnerung an die ausgestandenen Leiden. Manchmal kommen die Tränen auch, wenn in gewissen beglückenden Situationen schon der Keim für künftige Trennungen zu erkennen ist.

Suzanne (50), Landwirtin, erzählt:

Einer der Momente, in denen ich die stärkste Freude verspürte, war der Tag, an dem meine Tochter ihre Dissertation in Medizin verteidigte. Mein Mann und ich, wir haben beide nicht studiert. Sie werden verstehen, daß es für uns ein besonders wichtiger Augenblick war. Ich war zwar sehr glücklich, aber als ich meine Tochter so dastehen sah, wie sie, ganz schmal und ernsthaft in ihrer schwarzen Robe, vor all diesen beeindruckenden Professoren den Eid des Hippokrates schwor, konnte ich mir doch nicht die Tränen verkneifen. Ich war glücklich, aber gleichzeitig hatte ich das Gefühl, daß diese Szene eine Art Abschied von uns war. Nun würde meine Tochter in eine andere Welt eintreten …

Und noch eine letzte Hypothese, um bestimmte Siegertränen zu erklären: Tränen haben die Funktion, andere Menschen zu Hilfe zu rufen, und können tatsächlich dazu führen, daß Ihre Nächsten Sie trösten.[7] Im Falle eines Sieges haben unsere Tränen vielleicht die Funktion, bei den Zuschauern Neid oder feindselige Haltungen zu beschwichtigen, indem man bei ihnen nach dem Prinzip der Empathie eine entgegengesetzte positive Emotion hervorruft. Es ist schwerer, auf einen zu Tränen gerührten Sieger sauer zu sein als auf einen strahlenden Triumphator.

Tränen nach einem Sieg	Der Sieg ruft Ihnen auch alle Mühen ins Gedächtnis, die Sie auf sich nehmen mußten, um so weit zu kommen. In Kriegszeiten würden Sie in diesem Moment an die Kameraden denken, die sich nicht mehr mit Ihnen gemeinsam über den Sieg freuen können. Ein Sieg deutet auch auf die zukünftige Trennung jener Menschen voraus, die ihn heute gemeinsam feiern. Schließlich haben die Tränen des Siegers vielleicht auch den Nutzen, daß sie bei den Umstehenden Gefühle von Neid und Feindseligkeit besänftigen.
Tränen bei einem Wiedersehen	Ein Wiedersehen beschwört bei Ihnen gleichzeitig die Erinnerung an die Leiden herauf, die Sie während des Getrenntseins von dem geliebten Menschen erdulden mußten.

Weshalb man weint, wo man doch fröhlich sein müßte

Die mystische Ekstase:
»Freude, Freude, Freude, Tränen der Freude«

Am 23. November 1654, zwischen halb elf abends und mitternachts, erlebte Blaise Pascal eine mystische Ekstase, die sein ganzes Leben veränderte. Einige Andeutungen über dieses Ereignis hinterließ er auf einem als »Pascals Memorial« bezeichneten Pergament, das er bis zu seinem Tod in die Kleidung eingenäht mit sich herumtrug.

In den Freuden der Ekstase und den mit ihnen verbundenen Tränen liegt vielleicht sowohl Wiedersehens- als auch Siegerfreude. Für den Gläubigen ist das Gefühl des Einswerdens mit Gott einerseits ein Sieg über den alten Adam, der allzusehr im Irdischen befangen ist, andererseits aber auch ein Gefühl, das am meisten geliebte Wesen, Gott, wiederzufinden.

Freude ist sicherlich eine tiefgehende und wünschenswerte Erfahrung, wir können jedoch nicht erwarten, daß wir diese Emotion pausenlos verspüren – dann wäre es übrigens auch gar keine Freude mehr. Fragt man Menschen, ob sie gern an eine Maschine angeschlossen sein möchten, die ihnen permanente Freudengefühle verschafft, lehnen die meisten dankend ab.[8] Wahrscheinlich fühlen sie, daß Freude nur als Reaktion auf ein Ereignis existieren kann und daß man sie nur wahrnimmt, wenn sie über unsere gewöhnliche Stimmungslage hinausgeht.

Aber wir dürfen uns Hoffnungen machen, daß in uns ein anderer Zustand dauerhaft anhält, ein Zustand, der weniger intensiv ist, aber genauso kostbar: die gute Laune, ein mit Freude nahe verwandtes Gefühl. Die gute Laune hat Forscher sehr interessiert, denn sie ist im Experiment leichter hervorzurufen als Freude und hält auch länger vor. So kann man ihre Auswirkungen leichter beobachten.

Gute Laune

> Man kann vielleicht jemanden finden, der die Arbeit genauso gut macht wie ich, aber ich glaube nicht, daß man jemanden finden wird, der sich dabei so gut amüsiert.
>
> *Bill Clinton*[9]

Gute Laune ist wie eine Musik, die im Hintergrund läuft: Sie nehmen sie nicht unbedingt wahr, denn anders als ein Freudenausbruch unterbricht sie nicht den gewöhnlichen Lauf Ihres Denkens. Dennoch hat die Forschung nachgewiesen, daß diese kleine Hintergrundmusik alles andere als eine überflüssige Begleitung ist – es zeigte sich, daß sie unser Denken und Handeln nachhaltig bestimmt.

Wie kann man »gute Laune« erforschen?

Die Wissenschaftler könnten einfach Leute befragen, ob sie guter Laune sind, und dann das Verhalten der Personen beobachten, die mit »Ja« geantwortet haben. Dieser Methode mangelt es jedoch in zweierlei Hinsicht an Zuverlässigkeit. Zum einen müssen die befragten Personen sich erst einmal selbst beobachten, um sagen zu können, ob sie gut gelaunt sind. Durch diese Prozedur kann sich ihre Stimmung aber verändern. Zum anderen werden die Antworten nicht unbedingt glaubwürdig ausfallen, denn die Versuchspersonen könnten sich als besser gelaunt hinstellen, als sie wirklich sind, oder sie könnten unter dem Begriff »Gute Laune« nicht genau dasselbe verstehen wie der Forscher.

Die meisten Untersuchungen schaffen also äußere Bedingungen, mit denen bei den Versuchspersonen gute Laune ausgelöst wird, und beobachten dann, wie sich diese Menschen in verschiedenen Situationen verhalten. Es gibt recht unterschiedliche Mittel, um solche »Gutgelauntheit« zu provozieren:

- man zeigt den Versuchspersonen eine besonders lustige Sequenz aus einer Filmkomödie;
- man läßt sie an einem amüsanten Spiel teilnehmen;
- man verkündet ihnen, sie hätten gerade einen Preis oder einen kleinen Geldbetrag gewonnen (es darf kein großer Batzen sein, denn man will ja keinen Freudentaumel hervorrufen, sondern »bloß« gute Laune).

In den darauffolgenden Minuten beobachten die Forscher dann ihre Versuchspersonen. Mit so einfachen Mitteln erzielte man erstaunliche Resultate, die von zahlreichen späteren Studien untermauert wurden.[10]

Gute Laune bringt uns dazu, daß wir anderen helfen

Der Bettler, der sich bei einer kirchlichen Trauung vors Portal hockt, hat das Phänomen instinktiv richtig erfaßt. Man müßte schon ein finsterer Pessimist sein, um anzunehmen, daß sich unter den Hochzeitsgästen kein Gutgelaunter findet, und wer gute Laune hat, neigt eher dazu, seinen Mitmenschen spontan zu helfen.

Die Psychologen haben Methoden entwickelt, mit denen diese Hypothese auf den Prüfstand gestellt werden kann. Ein Komparse des Forschers läuft zum Beispiel der Versuchsperson über den Weg, wenn sie gerade das Psychologielabor verläßt. Er stolpert und läßt den Stapel Bücher, mit dem er beladen war, zu Boden fallen.[11] Die in gute

Laune versetzten Versuchsteilnehmer neigen eher dazu, ihm beim Aufsammeln der Bücher spontan zu helfen. Dennoch scheint dieser Effekt nur kurzzeitig und bei kleinen Handreichungen einzutreten (was immerhin schon nicht übel ist). Er brachte die Versuchsteilnehmer nicht unbedingt dazu, ihre Mitmenschen von schweren Bürden zu befreien.

Hören wir, was unser Freund Maxime berichtet, dessen fast permanente Gutgelauntheit außergewöhnlich ist:

Im Grunde fühle ich mich die meiste Zeit so zufrieden, daß es mir ein Bedürfnis ist, auch andere Leute zufrieden zu sehen. Global betrachtet, bin ich sicher wie alle anderen, nämlich eher ein Egoist; ich arbeite für meine eigenen Interessen und die meiner Angehörigen. Aber wenn ich mich besonders gut gelaunt fühle und die nötige Zeit habe, lade ich einen Obdachlosen zum Mittagessen ins Restaurant ein. Manche nehmen mir das Angebot übel, sie sind allzu überrascht, aber andere willigen gern ein. Und ich glaube wirklich, daß sie dort ein paar angenehme Augenblicke zubringen, allein schon, weil sie sich von jemandem anerkannt fühlen und einen Zuhörer haben. Wenn möglich, gebe ich ihnen auch Ratschläge oder nützliche Adressen. Aber natürlich bin ich kein Heiliger; ich kümmere mich nicht längerfristig um sie. Was das angeht, so erleichtere ich mein Gewissen, indem ich für Hilfsorganisationen spende.

Gute Laune macht kreativer

In Situationen von der Art eines *brain-storming* muß man Lösungen für komplexe Probleme ersinnen. Gutgelaunte Personen bringen hierbei mehr Ideen in die Debatte ein, berücksichtigen eher die Vorschläge der anderen, kooperieren leichter und erarbeiten mehr und qualitativ bessere Lösungen.[12] Dieses Phänomen ist in zahlreichen Studien nachgewiesen worden, und wir möchten noch einmal daran erinnern, daß man den Versuchsteilnehmern nur ein kleines Geschenk zu machen oder ein paar Minuten von einer Filmkomödie vorzuführen brauchte, um ein so bemerkenswertes Resultat zu erzielen!

Die Idee, konzeptionelle Seminare an angenehmen Orten zu veranstalten, ist also mehr als nur ein Mittel, um dem grauen Büroalltag zu entfliehen. Wenn man sie in gute Stimmung versetzt, haben die Seminarteilnehmer mehr Ideen.

Gute Laune erlaubt uns, bessere Entscheidungen zu treffen

In gute Laune versetzte Medizinstudenten schaffen es schneller, die Krankenakten ihrer Patienten zu analysieren und angemessene Entscheidungen zu treffen.[13] Vor allem sind sie eher bereit, ihre ersten Hypothesen fallenzulassen, wenn neue Informationen gegen diese sprechen. So vermeiden sie es, voreilige Schlüsse zu ziehen, und ihre Urteilskraft ist besser als die »neutraler« Versuchspersonen. Andere Experimente haben die positiven Auswirkungen von guter Laune auf die Entscheidungsfindung bestätigt: Gutgelaunte Leute untersuchen ein Problem nicht nur schneller, sondern überraschenderweise auch systematischer als neutrale Testpersonen.

Gute Laune macht uns kühner

Gutgelaunte Menschen sind eher bereit, in Situationen, in denen ein Mißerfolg keine schlimmen Konsequenzen hat, maßvolle Risiken einzugehen. Sie neigen stärker dazu, statt der eingeübten Vorgehensweisen auch mal eine neue Lösung auszuprobieren, neuartige Waren zu testen oder an einem neuen Spiel teilzunehmen. Marketingspezialisten kennen das Phänomen: Ein Kunde, den man in gute Stimmung versetzt hat, ist eher geneigt, ein neues Produkt zu kaufen.[14]

Zoé, Pharmavertreterin, beschreibt uns, welche Auswirkungen gute Laune auf ihr Verhalten hat:

Ich bekam einen Anruf von meiner Tochter, die mir mitteilte, daß sie schwanger sei; sie hatte seit langem darauf gewartet. Den restlichen Tag über erledigte ich viele kleine Dinge, zu denen ich mich sonst nur schwer überwinden kann: Ich ging bei einem Arzt ohne Termin in die Sprechstunde, weil ich gerade an seiner Praxis vorbeikam; im Krankenhaus redete ich mit einem der Chefs, der mir im Flur über den Weg lief, und schließlich suchte ich die neuen Wandfarben für meine Wohnung aus, was ich wegen der Qual der Wahl immerzu hinausgeschoben hatte.

Verleitet uns gute Laune zu übergroßen Risiken?

Wenn gutgelaunte Versuchspersonen an Geldwetten teilnehmen, verhalten sie sich vorsichtiger als die Individuen der Kontrollgruppe. Gewiß, ihre gute Stimmung macht sie optimistischer, was die Gewinnchancen angeht, aber gleichzeitig belastet sie auch der mögliche Verlust stärker, und diese zweite Erwägung trägt den Sieg davon. Gute Laune will bewahrt bleiben, und so verleitet sie uns nicht dazu, sie durch unnütze Risiken aufs Spiel zu setzen.[15] Sind Sie also gutgelaunt, werden Sie eher eine Gehaltserhöhung fordern, als Ihr Monatsgehalt beim Pferderennen zu verwetten!

Macht uns gute Laune allzu gefügig?

Man könnte annehmen, daß gutgelaunte Versuchspersonen mit einem Lächeln auf den Lippen die widerwärtigsten Arbeiten übernehmen. Das ist aber nicht der Fall. In gute Stimmung versetzte Testpersonen sind zwar motivierter und kreativer als die aus der Kontrollgruppe, wenn man ihnen eine interessante Arbeit anbietet, aber sie sind es *weniger* als die anderen, wenn es sich um eine langweilige Aufgabe handelt.[16] Achtung, manche Vorgesetzte haben vielleicht ein Gespür für dieses Phänomen! Wenn Sie Ihre Chancen steigern wollen, eine interessante Arbeit übertragen zu bekommen, sollten Sie sich von der fröhlichen Seite zeigen.

RATSCHLAG FÜR FIRMENCHEFS

Sieht man die positiven Auswirkungen der guten Laune auf die Kooperations-, Reflexions- und Entscheidungsfähigkeit, möchte man Ihnen raten, sich von Zeit zu Zeit zu fragen: »Was tun, damit meine Mitarbeiter häufig gutgelaunt sind?«

Gute Laune bei der Arbeit ist natürlich das Ergebnis vieler Faktoren. Manche können vom Chef kontrolliert werden (Umgebung des Arbeitsplatzes, Zusammenstellung eines guten Teams, Qualität des Managements), andere entziehen sich seinem Einfluß (die Konjunktur etwa). Allein schon dadurch, daß man selbst ein Beispiel für Gutgelauntheit gibt oder Situationen herbeiführt, die gute Laune auslösen, kann man das Wohlbefinden und zugleich die Arbeitsfähigkeit seines Teams verbessern.

Gute Laune ist etwas Schönes, aber reicht sie aus, um uns glücklich zu machen? Sobald man die »positiven« Emotionen untersucht, stellt sich natürlich auch die Frage nach dem Glück. Sollte Glück einfach die Summe aller Augenblicke von Freude und guter Laune sein? Antike Philosophen und moderne Psychologen haben auch auf diese Frage Antworten gesucht.

Die vier Spielarten des Glücks

Ist es nicht unser aller Wunsch, glücklich zu sein? Das Thema beschäftigt die Philosophen seit mehr als zweitausend Jahren, und man könnte behaupten, daß es fast so viele Vorstellungen von Glück gibt, wie es philosophische Strömungen gegeben hat. Wenn man die Sichtweisen all dieser erleuchteten Geister zusammenstellt und vergleicht, ist es dennoch möglich, so etwas wie »vier Gesichter des Glücks«[17] zu unterscheiden. Sie entsprechen unterschiedlichen Konzeptionen des Glücklichseins. Wir wollen sie anhand einiger Zeugnisse aus dem täglichen Leben entdecken.

Jean-Pierre (30), kaufmännischer Angestellter:

Glück, das sind für mich vor allem die schönen Augenblicke: Wenn man mit Freunden bei einer guten Mahlzeit sitzt; wenn man lacht, trinkt, Späße macht; wenn man mit einer Truppe von Kumpels auf Reisen in unbekannte Länder geht und sich gemeinsam amüsiert; wenn man Hochzeiten, Taufen, Wohnungseinweihungen feiert, aber auch, wenn man ein improvisiertes kleines Fest ausrichtet, Leute wiedersieht, die man gern hat, oder neue Freunde findet. Aber ich habe auch Momente von großer Freude erlebt, wenn ich auf dem Surfbrett stand oder mit anderen Sportgeräten übers Wasser oder über den Schnee geglitten bin. Und dann gibt es natürlich auch Augenblicke von großem Glück, wenn eine neue Liebesbeziehung beginnt! Da fühle ich mich am allerglücklichsten – ich bin fröhlich, ein bißchen aufgekratzt und vergesse all meine Sorgen!

Für Jean-Pierre setzt sich Glück scheinbar vor allem aus *Momenten von Freude* zusammen, also aus Episoden, in denen intensive Schübe von Emotionen auftreten. Es handelt sich eher um ein Glück »aus Gipfelpunkten« als um ein Glück, das wie ein langer, ruhiger Fluß dahinströmt. Jean-Pierre liebt intensive Augenblicke nämlich mehr als Kontinuität. Auch die sinnlichen Vergnügungen sind in seiner Glücksvorstellung nicht unter den Tisch gefallen.

Amélie (38), Hausfrau, erzählt:

Für mich ist Glück, wenn ich spüre, daß es den Menschen, die ich liebe, gut geht. Wenn ich sehe, daß meine Kinder froh sind und mein Mann zufrieden ist. Wenn all unsere Pläne – die sich in vernünftigen Grenzen halten – Wirklichkeit werden. Meine Ambitionen haben nichts Außergewöhnliches an sich: Ich möchte, daß alle gesund bleiben, daß meine Kinder in der Schule gut zurechtkommen, ohne daß sie sich quälen sollen, daß mein Mann mit seiner Arbeit zufrieden ist – ich stachle ihn keineswegs an, »Karriere zu machen«, ich will bloß, daß er sich gut fühlt bei seiner Arbeit –, daß wir keine Geldsorgen haben und daß ich mich auch künftig mit meinen Freundinnen gut verstehe. Und wenn all das in manchen Perioden zusammenkommt – für mich bedeutet das dann eben Glück.

Für Amélie ist Glück eher eine länger andauernde *Zufriedenheit*, ein Zustand, in dem man befriedigt feststellt, daß man hat, was man sich wünscht. In ihrem Fall sind es Wünsche, die in vernünftigem Rahmen bleiben und von vielen geteilt werden: ein Leben in Harmonie mit den Leuten, die man liebt, und ungetrübte Aussichten.

Nacima (45), Bankangestellte:

Glück ist für mich, wenn ich auf vollen Touren laufe. Wenn ich mich zum Beispiel um den Garten kümmere und zwischendurch merke, daß ich alles schaffen werde, was ich mir für den Tag vorgenommen habe. Oder wenn ich mich auf Arbeit um bestimmte Unterlagen kümmern muß, für jedes Problem eine Lösung finde und sehe, wie der Aktenstapel kleiner wird. Ich habe dann den Eindruck, die Dinge voranzubringen und meine Fähigkeiten richtig einzusetzen; das verschafft mir ein tiefes Gefühl von Zufriedenheit. Selbst in der Freizeit bin ich immer mit irgendwas beschäftigt: Ich löse Kreuzworträtsel, engagiere mich in einem Elternverein oder verändere die Einrichtung eines Zimmers. Mein Mann wirft mir vor, ich wüßte mich nicht zu entspannen, aber Entspannung ist für mich das Gefühl, meine Pflichten erfüllt zu haben.

Für Nacima ist Glück vor allem die *zielgerichtete Aktivität.* Der Reiz einer interessanten Aufgabe, das Vorankommen bei der Arbeit, die Befriedigung, sein Ziel erreicht oder sich nützlich gemacht zu haben. Nacima hat dieselbe Sichtweise wie Aristoteles: Glück entsteht aus dem Engagement für ausgewählte Aktivitäten, die der Gemeinschaft nutzen.

David (55) meint:

Glück bedeutet für mich, daß man seinen Seelenfrieden bewahrt, egal ob man Erfolge erntet oder Mißerfolge einstecken muß. Ich habe in meinem Leben ein paar Personen kennengelernt, denen das gelungen ist, und ihr Beispiel hat mich geprägt. Zunächst einmal war da mein Großvater, der in einem Konzentrationslager umgekommen ist, dessen Kameraden mir aber übereinstimmend sagten, welch großer Rückhalt er durch seine beispielhafte innere Heiterkeit für sie gewesen war. Dann auch, unter weniger tragischen Umständen, einer meiner Chefs, der allen Mißerfolgen die Stirn bot, ohne seine Ruhe zu verlieren. Ich glaube, unser Glück hängt nur davon ab, ob wir die Konsequenzen unseres Menschseins in dieser Welt mit all seinen unangenehmen Überraschungen akzeptieren können. Das hindert mich nicht daran, mir ein eher angenehmes Leben zu machen und mich dort anzustrengen, wo es nötig ist. Im Grunde glaube ich aber, daß mein Glück und auch mein Vermögen, anderen zu helfen, von meiner Fähigkeit abhängt, trotz aller kleinen oder großen Schicksalsschläge innerlich gelassen zu bleiben. Ich bin nicht gläubig, aber ich denke, daß man diese Vorstellung in allen großen Religionen wiederfinden kann.

Für David bedeutet Glück innere Gelassenheit oder sogar *Gleichmut* (eine ausgeglichene seelische Verfassung in allen Wechselfällen des Lebens). Damit steht David wissentlich oder, ohne es zu wissen, den Ansichten antiker Stoiker wie Epiktet oder Seneca nahe. Diese Philosophen meinten, daß wir wenig Einfluß auf die glücklichen oder unglücklichen Ereignisse hätten, die unser Leben berühren. Ihr Verlauf hängt meist nicht von uns ab, doch wir können beschließen, ihnen gegenüber unsere Gemütsruhe zu bewahren, die ja sehr wohl von uns abhängt. Trotzdem hat David noch Wünsche, die er sich zu erfüllen versucht. Er setzt sich nicht jene *Ataraxie* zum Ziel, die den Stoikern so am Herzen gelegen hatte, also jenen Zustand, in dem man nichts mehr fürchtet und nichts mehr ersehnt.

Die von Jean Briggs beschriebenen Eskimos haben zwar nicht die griechischen Philosophen gelesen, messen dem Gleichmut aber ebenfalls hohen Wert bei. Ein Erwachsener zeichnet sich durch die Stärke seines *imhua* (Vernunft) aus, mit dessen Hilfe er seine Stimmungsschwankungen angesichts der harten Prüfungen des Lebens im hohen Norden in den Griff bekommt.

Die Unterschiede in den Glücksauffassungen von Aristoteles (selbstgewählte nützliche Aktivität) sowie Seneca und Epiktet (Gleichmut) erklären sich vielleicht aus den Lebensumständen dieser Philosophen. Aristoteles war ein freier Mann in einem freien Land; er war Schüler von Platon, selbst Gründer einer Philosophenschule und Lehrmeister Alexanders des Großen. Kein Wunder, daß er sein Glück in Aktivität und Freiheit fand. Seneca hingegen hatte nach einer brillanten Karriere die Diktatur eines Nero zu erdulden. Der römische Kaiser (dessen Lehrer Seneca einst gewesen war – was zeigt, daß Erziehung nicht alles vermag!) befahl ihm schließlich sogar, Selbstmord zu begehen. Was Epiktet angeht, so war er lange Zeit Sklave eines perversen Herrn, der sich einen Spaß daraus machte, ihn zu peinigen, und wurde erst spät freigelassen. Konfrontiert mit einer derart feindlichen und unberechenbaren Umgebung, kamen diese beiden Philosophen zweifellos zu der Auffassung, daß Gleichmut oder besser noch Ataraxie die Haltung sei, mit der man das menschliche Unglück am meisten verringern könne.

Die vier Glückszustände lassen sich anhand zweier Kategorien charakterisieren: Ist das Glück eher mit Stimulation oder mit Ruhe verbunden? Hängt es vorwiegend von den äußeren Umständen ab oder vom Individuum selbst? Diese Einteilung schafft natürlich keine starren Grenzen. Ob man zum Beispiel sein Vergnügen in Aktivitäten findet, die man für nützlich hält (ein »in den Dingen liegendes« Glück), hängt auch von den äußeren Umständen ab: Wenn Sie arbeitslos sind, im Gefängnis sitzen oder aus finanziellen Gründen eine Arbeit annehmen, die Ihnen nicht zusagt, wird es Ihnen schwerfallen, diese Art Glück zu verspüren.

	Glück hängt eher von den äußeren Umständen ab	*Glück hängt eher vom Individuum selbst ab*
Glück hat eher etwas mit einem Stimulationszustand zu tun	Freude Bsp.: Sinnliches Vergnügen, Spaß am Feiern. Motto: »Da kommt Freude auf!«	Engagement in einer zielgerichteten Aktivität, die man für nützlich hält. Die *Eudämonie* des Aristoteles. Bsp.: Man kommt mit einer Arbeit voran, die man gern erledigt. Motto: »Bei der Arbeit vor sich hin pfeifen …«
Glück hat eher etwas mit Ruhe zu tun	Zufriedenheit Bsp.: Man erfreut sich an dem, was man hat. Motto: »Das genügt mir!«	Gleichmut, innere Heiterkeit Bsp.: Man gerät weder bei Erfolgen noch bei Mißerfolgen aus der Ruhe. Motto: »C'est la vie!«

Die vier Gesichter des Glücks

Aristoteles favorisierte die Form von Glück, die in einer Aktivität begründet liegt, für welche man sich freiwillig entschieden hat. Danach könnte ein Sklave schwerlich glücklich sein, denn er hat seine Aktivitäten und Ziele nicht selbst gewählt; sie wurden ihm von außen aufgezwungen. Aristoteles konnte nicht ahnen, daß zwei Jahrhunderte später gerade ein Sklave eine Glückskonzeption erarbeiten sollte, die unabhängig von der gesellschaftlichen Stellung des Individuums ist …

Man begegnet Aristoteles' Vorstellung in den neueren Untersuchungen zum Thema »Streß am Arbeitsplatz« wieder[18]: Wenn Ihre Arbeit Sie glücklich machen soll, muß sie für Sie einen Sinn haben, der mit Ihren Werten und persönlichen Zielen übereinstimmt, und sie muß Ihnen auch eine gewisse Entscheidungsfreiheit über das jeweilige Vorgehen lassen. Dies ist leider nicht in allen Berufen der Fall. Dennoch verspüren wir ein so starkes Bedürfnis nach Aktivitäten, die auf ein schlüssiges Ziel gerichtet sind, daß bestimmte Personen auch in den scheinbar undankbarsten Tätigkeiten noch einen Sinn entdecken und bei den stupidesten Aufgaben einen persönlich geprägten Arbeitsstil ausbilden.

Sprechen Sie auf alle vier Aspekte des Glücks gleichermaßen an? Finden Sie sich in dem einen oder anderen Bericht nicht stärker wieder? Das wäre zumindest wahrscheinlich, denn die Art und Weise, in welcher wir Glück erleben, hängt auch von unserer Persönlichkeit ab.

MACHT ARBEIT GLÜCKLICH?

Das darf man jedenfalls erhoffen, denn unter Idealbedingungen könnten Sie bei Ihrer Arbeit alle vier Formen von Glück verspüren:

- *Freude* bei festlichen Anlässen, bei Erfolgen und mit Freunden, die Sie an Ihrer Arbeitsstelle finden können;
- *Engagement* bei einer Tätigkeit, die Sinn für Sie hat (dieser Sinn variiert je nach Persönlichkeit: Dem einen ist die gut gemachte Arbeit wichtig, dem anderen sein Streben nach Macht);
- *Zufriedenheit*, wenn Sie den Eindruck haben, daß Ihnen die Arbeit gibt, was Sie von ihr erwartet hatten;
- schließlich können Sie Ihren *Gleichmut* trainieren, wenn Sie mit den Wechselfällen des Berufslebens konfrontiert werden.

In Milan Kunderas Roman *Die unerträgliche Leichtigkeit des Seins* begeht der Forscher und Chirurg Tomas während des Prager Frühlings 1968 den Fehler, einen Brief abzufassen, in dem er die Kommunisten kritisiert. Als die Russen wieder die Zügel der Macht ergreifen, wird er seines Postens enthoben, und da es schwierig ist, einen Job zu finden, entschließt er sich, Fensterputzer zu werden. Nach einer depressiven Anfangsphase gewinnt er schließlich Gefallen an dieser Tätigkeit, die mit wenig Verantwortung verbunden ist. Außerdem kann er auf diese Weise eine Menge Frauen kennenlernen und zahlreiche Liebschaften anknüpfen!

Glück und Persönlichkeit: jeder nach seiner Fasson …

In *Der ganz normale Wahnsinn* haben wir einen Einblick in die verschiedenen Möglichkeiten gegeben, menschliche Persönlichkeiten zu klassifizieren. Die Forscher haben sich mit diesem Thema weiter befaßt, und eine neue Evaluationsmethode für Persönlichkeiten setzt sich international immer mehr durch: die *big five*.

Wissenschaftler mehrerer Länder haben alle Wörter gesammelt, die in verschiedenen Sprachen der Welt zur Beschreibung eines Charakters dienen. Dann ordneten sie die Bezeichnungen je nach der Häufigkeit, mit der sie gemeinsam gebraucht werden, um ein und dieselbe Person zu beschreiben. Das Ergebnis war, daß man die Persönlichkeit von Menschen aller Breitengrade charakterisieren könne, indem man sie auf fünf Gesichtspunkte hin untersucht, welche mit Recht die *big five* genannt werden.[19]

Jeder von uns kann sich also mit Hilfe verschiedener Tests selbst einschätzen und anhand der in den fünf Teilbereichen erzielten Punktzahlen das eigene Persönlichkeitsprofil erhalten.

Die big five

Jedes Individuum steht irgendwo zwischen dem oberen und unteren Extrempol einer Dimension, je nachdem, ob er viele oder wenige Merkmale besitzt, die für diesen Bereich kennzeichnend sind.

Um ein objektiveres und genaueres Resultat zu erhalten, sollten Sie natürlich besser einen Test absolvieren, der eigens für die Messung der *big five* erarbeitet worden ist.[20]

Offenheit ↗: Man ist voller Einbildungskraft, bevorzugt Abwechslung und Neuerungen, ist offen für die Werte der anderen …	*Offenheit ↘:* Man ist auf die Gegenwart ausgerichtet, bevorzugt das Gewohnte, hat eine begrenzte Zahl von Interessengebieten, ist konservativ …
Kontrolle ↗: Man ist kompetent, gewissenhaft, will unbedingt Resultate erreichen, ist konzentriert und überlegt …	*Kontrolle ↘:* Man ist oft schlecht vorbereitet, schert sich wenig ums Resultat, ist leicht ablenkbar, spontan …
Extraversion ↗: Man ist freundlich, gesellig, kann sich behaupten, liebt Anregungen von außen und ist begeisterungsfähig …	*Extraversion ↘:* Man ist formell, liebt das Alleinsein, nimmt sich zurück, ist langsam, verspürt kein Bedürfnis nach äußeren Stimuli …
Altruismus ↗: Man vertraut seinen Mitmenschen, ist offen, hilfsbereit, konziliant, bescheiden und zeigt schnell Emotionen …	*Altruismus ↘:* Man ist mißtrauisch, reserviert, kühl, geizt mit seiner Hilfe, fühlt sich den anderen überlegen …
Emotionale Stabilität ↗: Man ist entspannt, nicht so leicht aus der Ruhe zu bringen oder zu entmutigen, man ist selten verlegen und geht mit Streßsituationen richtig um …	*Emotionale Stabilität ↘:* Man macht sich viele Sorgen, ist schnell wütend oder entmutigt, man wird schnell verlegen und ist oft gestreßt …

Die »big five«: Wo ordnen Sie sich ein?

Je nach Ihrem Persönlichkeitsprofil werden Sie mehr oder weniger empfänglich für die verschiedenen Glückszustände sein. Das bestätigt tendenziell auch die Forschung, besonders, was die Beziehung zwischen Freude und Extraversion und die zwischen Zufriedenheit und Kontrolle angeht.[21]

Dominierende Bestandteile Ihrer Persönlichkeit	*Glückstyp, auf den Sie besonders ansprechen*	*Repräsentative Figur aus dem Comic »Tim und Struppi«*
Extraversion ↗	Freude	Seraphin Lampion Signora Castafiore
Offenheit ↗	Entdeckungsfreude	Tim
Altruismus ↗	Zufriedenheit Glück in erfüllten Partnerbeziehungen	Señor Oliveira
Kontrolle ↗	Engagement in einer Tätigkeit Befriedigung angesichts des erreichten Ziels	Nestor
Emotionale ↗ Stabilität	Gleichmut	Professor Bienlein / Im Gegensatz dazu emotional instabil: Kapitän Haddock

Beziehungen zwischen Persönlichkeitskomponenten und Glücksverständnis

Die *big five* sind gerade deshalb interessant, weil in der Persönlichkeit ein und desselben Individuums *mehrere* Komponenten in unterschiedlichen Anteilen vertreten sind:

Professor Bienlein heimst eine Menge Punkte im Bereich »Emotionale Stabilität« ein, aber er hat auch einen hohen Wert im Bereich »Offenheit«, wovon sein Interesse an neuen Erfindungen auf allen möglichen Gebieten zeugt. Auch unter »Kontrolle« dürfte er viele Punkte haben, denn diese Dimension ist notwendig, wenn er lang andauernde Forschungen durchstehen will.

Tim, der in unserer Tabelle die »Offenheit« repräsentiert, punktet auch kräftig in Sachen »Altruismus«: Das Leiden der anderen geht ihm nahe, und er schätzt es, wenn sich die Leute gut verstehen.

Was den Kapitän Haddock angeht, so verschafft ihm sein Hang zu Zornesausbrüchen, zu Reizbarkeit und rascher Mutlosigkeit wahrscheinlich eine hohe Punktzahl in *neuro-*

ticism, dem Gegenteil von »Emotionaler Stabilität«. Nicht zufällig ist er auch Trinker, denn Alkohol ist ein großes Betäubungsmittel für negative Emotionen. Aber im Bereich »Altruismus« bekommt Haddock ebenfalls viele Punkte, denn Ungerechtigkeiten schockieren ihn, und er ist immer zu Hilfe bereit.

Man könnte auch eine Parallele ziehen zwischen den Lebensstufen eines Menschen und dem jeweils vorherrschenden Glückstyp.

Zarte Jugend	*Erwachsenenalter*	*Reife Jahre*	*Alter*
Freude Überall ist nur Spielen und Lachen	**Eudämonie** Freude im Tätigsein: man verfolgt seine Ziele	**Zufriedenheit** Wertschätzung dessen, was man hat	**Gleichmut** Der mutige Kapitän, der dem Schiffbruch trotzt

Die Lebensalter des Glücks

Was macht Glück aus?

> Es gibt Leute, die zum Glücklichsein geboren werden, und andere, die zum Unglücklichsein bestimmt sind. Ich habe einfach Pech gehabt.
>
> *Maria Callas*[22]

Vor einigen Jahren löste der Komiker Coluche Heiterkeit aus, als er erklärte: »Lieber reich und gesund als arm und krank!« Sind Geld und Gesundheit die bestimmenden Faktoren für unser Glück? Oder sollte es eher von unserem Charakter abhängen und unserer Fähigkeit, die verschiedensten Ereignisse hinzunehmen? Die moderne Wissenschaft hat auch diese Fragen untersucht.

Glück hat für uns Menschen eine große Bedeutung, aber es läßt sich nur schwer erforschen. Die Psychologen geben sich alle Mühe, den Begriff einzugrenzen, können sich jedoch nur schwer auf eine gemeinsame Definition einigen. Ist Glück ein »subjektives Wohlbefinden«, eine »Summe freudiger Augenblicke« oder ein »positiver Gemütszustand«? Warum nicht auch einfach eine Ausschüttung von Endorphinen in irgendeinem feuchten Winkel unseres Gehirns?

Die meisten Forscher betrachten Glück (das sie aber lieber »subjektives Wohlbefinden« nennen) als Produkt zweier Faktoren[23]:

- des *Zufriedenheitsgrades*, den man in unterschiedlichen Lebensbereichen bestimmt (»Sind Sie mit Ihrem Leben auf beruflicher, familiärer, gesundheitlicher etc. Ebene zufrieden?«). Es handelt sich dabei um ein Urteil, das die Versuchsperson über ihre gegenwärtige Situation abgibt, vor allem über die *Diskrepanz* zwischen den eigenen Erwartungen und der Realität;
- des *emotional Erlebten*, was in unserem Fall mit der Frage untersucht würde, wie häufig man angenehme Emotionen verspürt (»Haben Sie im Laufe der letzten Wochen oft/selten/niemals … empfunden?«). Manche Forscher bezeichnen dies als *Hedonismusniveau*. Natürlich wird auch berücksichtigt, wie häufig unangenehme Emotionen auftreten (Traurigkeit, Zorn, Angst, Scham etc.).

Wie die Forschung zeigt, lassen sich diese beiden Komponenten deutlich voneinander unterscheiden; dennoch gibt es einen Zusammenhang zwischen ihnen. Intuitiv könnte man annehmen, daß jemand, der bestimmte Bereiche seines Lebens als zufriedenstellend einschätzt, dadurch auch prädestiniert ist, häufiger angenehme Emotionen zu verspüren. Wir werden aber noch sehen, daß die Dinge nicht so einfach liegen.

DIE *GAP*-THEORIE

> Es gibt im Leben zwei Tragödien. Eine ist, wenn man nicht bekommt, was man sich wünscht. Die andere ist, wenn man es bekommt.
>
> *Oscar Wilde*

Haben Sie schon einmal über die folgenden drei Diskrepanzen nachgedacht (im Englischen spricht man von *gaps*, Abständen oder Lücken)?

- Den Abstand zwischen dem, was Sie wollen, und dem, was Sie haben.
- Den Abstand zwischen Ihren gegenwärtigen Lebensbedingungen und besseren Lebensumständen in Ihrer Vergangenheit.
- Den Abstand zwischen dem, was Sie haben, und dem, was die anderen besitzen.

Untersuchungen zufolge haben diese drei Typen von *gaps* bestimmenden Einfluß (für alle Freunde der Statistik: 38 Prozent der Varianz) darauf, für wie glücklich man sich hält.[24]

Die Rolle positiver Emotionen für das Glücksempfinden ist von mehreren Studien bestätigt worden. Fast jeden Augenblick unseres Tageslaufs nehmen wir emotional als positiv oder negativ wahr. Und (gute Nachricht!) es sieht ganz so aus, als würden die meisten Leute vorwiegend positive Emotionen verspüren.

Das Glück soll eher von der *Häufigkeit* positiver Emotionen abhängen als von ihrer *Stärke*: lieber viele kleine Glücke als ein paar große Augenblicke voller Ekstase. Personen, die sich ganz enorm freuen können, bringen offenbar gleichzeitig die Veranlagung zu ebenso starken negativen Emotionen mit, welche sich dann ebenfalls auf das allgemeine Wohlbefinden auswirken. Hierbei müssen wir an die Schlußfolgerungen einer fast hundertjährigen Patientin denken. Als wir sie fragten, wie sie ihre Lebensbahn einschätze, meinte sie, sie hätte ein eher »gutes Leben« gehabt. Dabei kam sie aus Osteuropa und hatte Kriege, Trennungen, Trauerfälle und die Emigration mitgemacht. »Natürlich hat es nicht viele große Glücke gegeben, und oft kam auch Unglück über uns, aber wie viele gute Augenblicke haben wir doch gehabt!«

Trotz der Schwierigkeit, in diesem Bereich Messungen durchzuführen, haben verschiedene Studien es offenbar doch geschafft, einige Faktoren herauszustellen, die unser Glück beeinflussen oder auch nicht. Wir wollen sie im folgenden einmal unter die Lupe nehmen.

Glück: Wahrheiten oder Klischees?

Was nicht so wichtig ist …

◆ Das Alter

Untersuchungen haben ergeben, daß man mit fortschreitendem Alter immer weniger glücklich ist. Über die Vorgehensweise der Forscher kann man sich allerdings streiten: Man evaluierte das Glück, indem man die Augenblicke von Freude zählte, also einen »ausgelassenen« Glückszustand, der bei jüngeren Menschen wahrscheinlich häufiger auftritt. Mißt man hingegen das »stille« Glück, indem man nach der Zufriedenheit mit dem Leben fragt, so nimmt diese mit dem Alter nicht ab.[25] Dennoch wird eine Gesellschaft, die dem Jungsein und damit auch den Glücksvorstellungen der Jungen hohen Wert beimißt, die Älterwerdenden vielleicht dazu bringen, daß sie mit den Freuden des reifen Alters unzufrieden sind. Die *midlife crisis* ist oft vom Wunsch gekennzeichnet, zu den Vergnügungen der Jugendzeit zurückzukehren: Man möchte sich jung anziehen, einen Sportwagen kaufen und wieder ein leidenschaftliches Liebesleben haben.

◆ Das Geld

> Anders als die Armen glauben, macht Geld die Reichen nicht glücklich, aber anders als die Reichen glauben, würde es die Armen glücklich machen!
>
> *Jean d'Ormesson*

Mehrere Untersuchungen haben gezeigt, daß das subjektive Wohlbefinden mit dem Einkommen ansteigt.[26] Es sieht aber ganz danach aus, als wäre der Einfluß des Geldes aufs

Glücklichsein bei den Leuten am größten, die nahe an der Armutsgrenze leben; hier macht Geld den großen Unterschied aus zwischen einem Leben im Elend und einem Leben, in dem man seine elementaren Bedürfnisse befriedigen kann – ein Dach überm Kopf, Nahrung, Gesundheitsfürsorge und soziale Integration. Je mehr man sich über diese Minimalschwelle erhebt, desto geringer sind die Auswirkungen des Geldes aufs Glücklichsein. Steigen in einem Land die Einkommen bei allen Bewohnern an, scheint das nicht die entsprechenden Auswirkungen auf den Anstieg des Glücks zu haben. Dies liegt wohl daran, daß der Vergleich zwischen den verschiedenen Einkommensstufen genauso viel zählt wie das Einkommen selbst. Ein Arbeiter von heute kann einen viel höheren Lebensstandard haben als ein Arbeiter aus den fünfziger Jahren – er wird sich heute wie damals als jemanden wahrnehmen, der im unteren Teil der Einkommensskala steht. Unser Status im Vergleich zu den anderen ist uns mindestens so wichtig wie unser in absoluten Zahlen ausgedrücktes Vermögen.[27] Dennoch hat eine breit angelegte Untersuchung ergeben, daß die Länder mit dem höchsten Wirtschaftsniveau, den am weitesten entwickelten Bürgerrechten und einer auf Individualität beruhenden Kultur auch die höchsten Durchschnittswerte in subjektivem Wohlbefinden aufweisen.[28]

Wichtig ist die Gesundheit

Der Gesundheitszustand beeinflußt das Glück, vor allem der vom Individuum subjektiv wahrgenommene. Die Beziehung zwischen Gesundheit und Glück ist hingegen weniger eng, wenn man den vom Arzt objektiv festgestellten Gesundheitszustand zugrundelegt. Das überrascht nicht: Ihre traurige oder fröhliche Stimmung wirkt sich auf die Art und Weise aus, in der Sie sowohl Ihre Gesundheit als auch Ihr Glück einschätzen.[29] So können sich gewisse »eingebildete Kranke« für krank und unglücklich zugleich halten. Übrigens sind die Auswirkungen von Krankheitsfällen aufs Wohlbefinden anscheinend nur in den ersten Monaten nach einer körperlichen Erkrankung oder Verletzung besonders stark. Bei Unfallopfern, die eine Behinderung davontragen, scheint das Glück zunächst richtiggehend einzubrechen, aber dann steigt es allmählich wieder an bis in die Nähe des Niveaus, das es vor dem Unfall hatte (wenngleich es diesen Stand oft nicht mehr erreicht). Trotzdem haben kranke oder behinderte Menschen *im Durchschnitt* einen niedrigeren Glückspegel als gesunde Leute. Bei zwei annähernd gleich gesunden oder kranken Personen wird jedoch ein anderer Faktor den Ausschlag geben.

Sehr wichtig ist die Persönlichkeit

Wir haben schon gesehen, daß die Persönlichkeit auf die Qualität des bereits verspürten oder angestrebten Glücks durchschlagen kann. Sie scheint aber auch einen Einfluß auf den allgemeinen Glückspegel eines Menschen zu haben. Mehrere Studien haben es bestätigt: Extraversion und emotionale Stabilität (sowie, in geringerem Maße, Offenheit) erhöhen Ihre Glückschancen.[30] Das funktioniert sicher auf unterschiedlichen Wegen. Wenn Sie etwa extravertiert sind, haben Sie vielleicht eine stärkere psychobiologische Empfänglichkeit für angenehme Ereignisse und können mehr Glück verspüren als jemand anders in der gleichen Situation. Aber Sie werden womöglich auch öfter Gelegenheit haben, solche Emotionen zu empfinden, denn Sie suchen und provozieren häufiger als andere Menschen Anlässe zur Freude. Was die emotionale Stabilität angeht, so verwundert es nicht, daß sich die Befähigung, negative Emotionen zu dämpfen, auf Ihren allgemeinen Glückspegel auswirkt. Natürlich wird Ihr Glücksniveau bei Erfolgen oder nach Unfällen stark in Bewegung geraten, egal, wie Ihre Persönlichkeit beschaffen ist. Durch den Gewöhnungseffekt wird es allerdings wieder in seinen »Ruhezustand« zurückkehren. Wie dieser Ruhezustand beschaffen ist, wird aber offenbar von unserer Persönlichkeit bestimmt.

◆ Der Ehestand

Es gibt gute Ehen, aber keine köstlichen.
La Rochefoucauld

La Rochefoucauld mag zwar recht haben, aber mehrere Untersuchungen haben gezeigt, daß verheiratete Leute im Durchschnitt offenbar glücklicher sind als ledige, selbst wenn man die unglücklichen Ehen mit einbezieht, die den Durchschnitt sicher nach unten drücken.[31]

Doch auch diese Beziehung ist komplex, denn die Tatsache, daß man in einem Alter noch ledig ist, in dem die meisten Mitglieder derselben kulturellen Gruppe schon verheiratet sind, kann auch mit anderen persönlichen Merkmalen zusammenhängen, die sich ebenfalls aufs Glücklichsein auswirken.

◆ Praktizierte Frömmigkeit

Alle Studien stimmen weitgehend überein in der Ansicht, daß Personen, die ihre Religion praktizieren, im Durchschnitt glücklicher sind und auch weniger geistige Störungen haben als die nichtpraktizierenden.[32] Der Einfluß der Religion auf die geistige Gesundheit ist ein sehr stark beackertes Forschungsfeld. Religion soll über verschiedene Mechanismen wirken: Glaubensinhalte (die zu einer gleichmütigen Haltung ermuntern); Gefühl der Zugehörigkeit zu einer Gruppe, die einen unterstützt; hohe Wertschätzung eines geregelten Lebensrhythmus (was die Zufriedenheit begünstigt).

Auch hier handelt es sich um Durchschnittswerte, die sich aus der Untersuchung großer Menschengruppen ergaben. Es gibt durchaus Atheisten, die ein erfülltes Leben haben, und religiöse Menschen, die innerlich sehr gepeinigt sind.

◆ Aktivität

Das ist keine Überraschung. Schon Aristoteles dachte ja, daß tätige Menschen glücklicher seien als inaktive, und dies um so mehr, wenn diese Aktivität ihren eigenen Zielen und Werten zu entsprechen scheint. Eine Tätigkeit in Vereinen und gemeinnützigen Organisationen kann also ebensoviel Glück erzeugen wie das Berufsleben. Die Arbeitslosigkeit als Beispiel für erzwungene Untätigkeit hat natürlich negative Wirkungen auf das subjektive Glücksempfinden; mit ihr ist sogar das Risiko psychischer Störungen verbunden.

◆ Freunde und Bekannte

Ohne sich speziell fürs Thema Glück zu interessieren, haben zahlreiche Studien Zusammenhänge zwischen dem, was die Psychologen »sozialen Rückhalt« nennen, und der Anpassung an streßerzeugende Situationen nachgewiesen.[33]

Der soziale Rückhalt kann durch vier Bestandteile definiert werden:

- emotionaler Beistand: ein Freund teilt Ihren Schmerz nach einem Trauerfall;
- Rückhalt bei der Selbstachtung: Sie fühlen sich von den anderen geschätzt und anerkannt;
- Unterstützung durch Informationen: ein Bekannter läßt Sie von seiner Erfahrung profitieren, wenn Sie sich einen Computer kaufen wollen, oder sagt Ihnen, wo eine Stelle ausgeschrieben ist;
- materieller Beistand: Ihre Schwiegereltern lassen Sie bei sich wohnen oder helfen Ihnen bei der Kinderbetreuung.

Diese Beispiele zeigen gut, daß je nach Art der Situation der eine oder andere Typ von Rückhalt wertvoller sein wird als die übrigen. Dabei ist der *subjektiv wahrgenommene* soziale Rückhalt für die Streßbewältigung offenbar wichtiger als der »objektive« Rückhalt, wie ihn ein Außenstehender messen würde. Qualität und Quantität des sozialen Rückhalts hängen selbst von zahlreichen Faktoren ab: Persönlichkeit, Umgebung, Art der Gruppe, der man angehört, etc.

All diese Glücksfaktoren beeinflussen sich natürlich gegenseitig: Ihre Gesundheit wird sich auf Ihre Aktivitäten auswirken, Ihre Persönlichkeit auf Ihre Fähigkeit, einen passenden Partner zu finden oder Erfolg im Beruf zu haben. Die Persönlichkeit wird aber auch eine Rolle dabei spielen, ob Sie sich über diesen Erfolg freuen können oder ihn geringschätzen.

Ihre Lebensumstände während der Kindheit haben einen Einfluß auf die Entwicklung Ihrer Persönlichkeit, selbst wenn diese teilweise schon in den Genen angelegt ist (bei gar nicht wenigen Persönlichkeitsdimensionen zu mindestens 50 Prozent).

Die moderne Forschung zum Thema Glück strebt danach zu bestimmen, welche Bedeutung einerseits die äußeren Umstände, andererseits die persönlichen Merkmale eines Individuums haben.[34] Wenn Sie glauben, daß eher die Außenwelt fürs Glücklichsein der Menschen bestimmend ist, sind Sie Anhänger der *bottom-up*-Methode; wenn Sie glauben, der Schlüssel zum Glück liege eher in der Persönlichkeit, vertreten Sie die *top-down*-Sichtweise. Die Verfechter des Prinzips »Die Umwelt macht das Glück« berufen sich auf Studien, in denen gezeigt wird, daß »Zufriedenheit und Glück das Ergebnis eines Lebens sind, das zahlreiche Glücksmomente oder Glücksvoraussetzungen in verschiedenen Bereichen enthält: Familie, Partnerschaft, Einkommen, Arbeit, Wohnort etc.«[35]. Die Anhänger des Prinzips »Die Persönlichkeit macht das Glück« werden hingegen Studien ins Feld führen, in denen gezeigt wird, daß die Meßwerte im Bereich »positive/negative Emotionen« (und stärker noch die Selbsteinschätzung, ob man mit seinem Leben zufrieden ist) bei einem Individuum über Monate oder Jahre hinweg nur wenig schwanken, und das ganz unabhängig von den äußeren Lebensumständen. Laut dieser Sichtweise »sind ›glückliche‹ Menschen glücklich, weil sie an den verschiedenen Geschehnissen in ihrem Leben Gefallen finden, und nicht, weil sich ihnen häufiger angenehme Ereignisse oder günstige Umstände bieten als anderen Menschen«[36].

Wir können Coluches Ausspruch vom Beginn des Kapitels nun also bereichern: Um glücklich zu werden, sollte man besser extravertiert sein, emotional stabil, verheiratet und aktiv, man sollte in die Kirche gehen, nicht in finanziellen Schwierigkeiten stecken (also nicht unbedingt »reich« sein), keine schweren gesundheitlichen Probleme haben und in einem demokratischen Staat leben. (Pessimisten werden einwenden, daß diese Kriterien 90 Prozent der Weltbevölkerung ausschließen; Optimisten werden anmerken, daß sich laut bestimmten Studien die meisten Leute trotzdem als glücklich bezeichnen;[37] Skeptiker werden schließlich sagen, Glück lasse sich sowieso nicht messen.)

Aber bleibt Ihnen jenseits dieser bestimmenden Faktoren überhaupt noch ein Spielraum, um Ihr Glück zu vergrößern? Wir glauben schon, andernfalls wären wir bestimmt weder Therapeuten noch Verfasser populärwissenschaftlicher Psychologiebücher!

Ein paar Denkanstöße für ein glücklicheres Leben

Don't worry, be happy.
Bobby McFerrin

Seit der erste Mensch zu Schreibwerkzeugen griff, sind Hunderte von Büchern entstanden, die ihren Lesern Glücksrezepte mitzugeben versuchten. Angefangen von der *Nikomachischen Ethik* über die Philosophien des Ostens bis hin zu den neuesten Bestsellern aus der Rubrik »Persönlichkeitsentwicklung« – an Ratschlägen mangelt es nicht. In diesem Gewimmel hat der eine oder andere von uns schon ein Buch gefunden, das ihn besonders berührt und das er in schwierigen Situationen wieder zur Hand nimmt.

Statt daß auch wir Ratschläge erteilen, möchten wir Ihnen lieber Fragen stellen; dieses Vorgehen ist uns als Therapeuten ohnehin geläufiger.

Die Fragen sollen Ihnen einige Denkanstöße geben, mit deren Hilfe Ihnen deutlicher wird, wo Ihr Standort in Sachen Glück ist. Wir empfehlen Ihnen, zu Zettel und Stift zu greifen, damit Sie zu einer echten Reflexion gezwungen sind. Sie können die Übung sogar mit mehreren Teilnehmern durchführen, denn die Konfrontation mit dem Standpunkt der anderen führt oftmals dazu, daß man den eigenen klarer definiert.

Nehmen Sie also ein Blatt Papier und beantworten Sie diese sechs großen Fragen:

Was könnte Sie heute glücklicher machen?

Haben Sie schon eine klare Vorstellung davon, wie das Glück aussehen soll, auf das Sie warten, oder nehmen Sie sich niemals Zeit für diese Frage? Machen Sie sich überhaupt ernste Gedanken über Ihr Glücklichsein? Wenn nicht, woher kommt Ihr Desinteresse an dieser Frage? Vielleicht halten Sie sich ja schon für glücklich und möchten nichts weiter, als daß dieser Zustand andauert? Wenn Sie sich um Ihr Glück sorgen würden, wäre das in Ihren Augen vielleicht nichtig, egoistisch oder einfach das sicherste Mittel, niemals glücklich zu werden?!

Ist das, was Sie glücklicher machen könnte, wahrscheinlich oder realisierbar?

Trennen Sie große Hindernisse von Ihrem erträumten Glück, oder dürfen Sie sich berechtigte Hoffnungen machen, es zu erreichen? Hängen Sie Glücksträumen nach, die typisch für Ihr Alter sind, oder zielen Sie mehr auf eine Art Glück ab, das Leute erstreben, die jünger oder älter sind als Sie?

Welcher Kategorie kommt Ihr Glücksideal am nächsten?

Ein fröhlicheres Leben mit vergnüglichen Ereignissen? Eine nützliche Aktivität oder eine, die Ihren Ehrgeiz stillt? Die Zufriedenheit einer angenehmen und sorgenfreien Existenz? Ein Zustand heiterer Gelassenheit, in dem man kaum Ängste und kaum Wünsche hat?

Was waren die glücklichsten Momente in Ihrem Leben?

In der Psychologie sagt das Vergangene häufig das Zukünftige voraus. Es ist wahrscheinlich, daß Situationen, die Sie schon einmal glücklich gemacht haben, Sie auch in Zukunft glücklich machen werden, wobei sich das genaue Aussehen dieser Situationen mit den Jahren wandelt. Vergessen Sie nicht, daß Ihre Persönlichkeit und Ihr Alter weitgehend bestimmen werden, welche Art von Glück Sie am meisten schätzen, selbst wenn Ihre Umgebung oder die Gesellschaft Ihnen andere Glücksinhalte empfehlen.

Welche glücklichen Augenblicke haben Sie sich selbst verdorben?

Ist es Ihnen schon einmal passiert, daß Sie von Ihrem Glück erst etwas merkten, als es schon wieder vergangen war? Haben Sie sich glückliche Momente schon selbst vermasselt?

Wenn ja, lag es dann daran, daß Ihnen beim Gedanken ans mögliche Glück Schuldgefühle kamen? Oder waren Sie weiterhin neidisch auf Leute, die wohlhabender sind als Sie? Waren Sie einfach unaufmerksam oder unzufrieden, weil Sie irgendwie mehr erhofft hatten? Auch hier ist die Vergangenheit oft ein sicherer Anzeiger für Zukünftiges. Passen Sie auf, daß Sie Ihr künftiges Glück nicht aus denselben Gründen verpatzen!

Hängt das, was Sie am glücklichsten machen könnte, von Ihnen selbst ab?

Wenn das, was Sie glücklicher machen könnte, in Ihrer Hand liegt, was tun Sie dann, um es zu verwirklichen? Welche Steine legen Sie sich selber in den Weg? Und wenn das, was Sie erhoffen, nicht von Ihnen abhängt, was können Sie tun, um während der Wartezeit so glücklich wie möglich zu sein?

Nach all diesen ziemlich inquisitorischen Fragen möchten wir auf den Ratschlag zurückkommen, daß Sie sich Ihre kleinen Glücksmomente nicht selbst verderben sollten. Ergeben sich solche Gelegenheiten, sollte man sie beim Schopfe packen, selbst wenn die allgemeine Lage nicht gerade erfreulich ist.

Ein wunderbares Beispiel für die Befähigung, sein Glück selbst unter den widrigsten Umständen zu finden, liefert uns die Titelfigur aus Alexander Solschenizyns Erzählung *Ein Tag im Leben des Iwan Denissowitsch* (1962). Schuchow, ein einfacher russischer Bauer irgendwo in einem sibirischen Straflager, bilanziert seinen Tag:

Schuchow schlief ein, glücklich und zufrieden. Viel Glück hatte er heute gehabt. Er war nicht im Bunker gelandet. Seine Brigade hatte nicht zur Baustelle »Sozgorod« gemußt. Mittags hatte er sich einen Extraschlag Brei organisiert. Der Brigadier hatte für sie anständige Prozente herausgeschunden. Das Mauern hatte prima geklappt. Beim Filzen hatten sie das Stückchen Säge nicht gefunden. Von Zesar hatte er am Abend etwas bekommen. Er hatte etwas Tabak aufgetrieben. Und die Krankheit – die war auch vorüber.

Nichts war an diesem Tag schiefgegangen. Fast ein Glückstag.

Dreitausendsechshundertdreiundfünfzig Tage wie dieser eine, das war seine Strafzeit, vom Frühappell bis zum Lichterlöschen.[38]

Kapitel 5

Traurigkeit

> Es steigt etwas in mir auf, das ich bei seinem Namen nenne, mit geschlossenen Augen.
>
> *Françoise Sagan*, Bonjour tristesse

Wenn sein Vater, der große Hirsch, Bambi erklärt, er werde seine Mutter niemals wiedersehen, da sie gerade von Jägern getötet worden sei, können die meisten Kinder (und auch viele Eltern) den Bildschirm nur noch durch einen Tränenschleier wahrnehmen. Manche Kinder weigern sich, den Film ein zweites Mal zu sehen oder auch nur zu erwähnen, denn sie wollen nicht noch einmal die unendliche Traurigkeit des kleinen Geschöpfes verspüren, das von seiner Mutter getrennt wird. Das Phänomen hat bei Verhaltensforschern und Psychologen viel Aufmerksamkeit erregt.

Wenn wir größer geworden sind, können wir andere Spielarten von Traurigkeit empfinden. Wir haben die drei folgenden Erlebnisberichte ausgewählt, weil sie mehrere wichtige Fragen zum Thema Traurigkeit aufwerfen, die wir später beantworten werden.

Véronique (32) erzählt:

Ich wage es kaum zuzugeben, aber die schlimmste Traurigkeit in meinem Leben empfand ich nicht nach Todesfällen oder beruflichen Fehlschlägen; es war einfach Liebeskummer. Um eine nicht gerade originelle Geschichte in drei Worten zu resümieren: Ich habe leidenschaftlich einen Mann geliebt, und er hat mich verlassen. Ich habe dann zwei Jahre lang eine lastende Traurigkeit verspürt, die alles einfärbte, was ich erlebte. Nichts machte mir mehr Spaß. Ich hatte das Gefühl, daß ich nicht mehr normal leben könne. Am schlimmsten war aber, daß mir meine Freundinnen, die mich zu Beginn bemitleidet hatten, schließlich Vorwürfe machten. Ich solle mich mal zusammenreißen; es sei absurd, derart zu leiden wegen einem Typ, der es nicht verdient habe. Sie fragten sich sogar, ob ich nicht ein bißchen dick auftrage. Also sprach ich nicht mehr darüber.

Véronique gibt uns hier ein Beispiel für eine beständige Traurigkeit. Aber handelt es sich in ihrem Fall wirklich um eine Emotion, also eine per Definition kurze Reaktion? Die Forscher räumen immerhin ein, daß die vorübergehende Reaktion »Traurigkeit«, also die Emotion im engeren Wortsinne, fortdauern und sich zu einer traurigen Grundstimmung auswachsen kann, die sich mit immer neuen Wellen trauriger Emotionen am Leben erhält, weil die betrübte Person wieder und wieder an den erlittenen Verlust denkt.

Die Erzählung wirft jedoch noch eine andere Frage auf: War Véronique lediglich traurig, oder hat sie an einer Depression gelitten? (Jeder Psychiater spitzt die Ohren, wenn er hört: »Nichts machte mir mehr Spaß.«) Wie soll man Traurigkeit und Depression voneinander unterscheiden?

Guy (43) berichtet:

Eine meiner frischesten Erinnerungen an Traurigkeit hängt mit einem Dokumentarfilm[1] *über Doktor Mengele, den Arzt und Folterknecht von Auschwitz, zusammen. Man konnte darin sehen, wie Mengele und die meisten seiner Freunde nach dem Krieg ein angenehmes Leben in Südamerika führten, wie sie florierende Geschäfte betrieben, mondänen Vergnügungen nachgingen, die Oper besuchten ... Diese Filmsequenzen wurden von den berührenden Lebenszeugnissen der Leute unterbrochen, die man als Kind nach Auschwitz geschafft hatte. Man spürte, daß sie vierzig Jahre später noch immer von ihren Erinnerungen verfolgt und gequält wurden. Dieses so unterschiedliche Schicksal der Opfer und der Henker hat mich den ganzen Abend betrübt. Ich verspürte eine tiefe Traurigkeit angesichts des Zustands der Welt und des Lebens überhaupt. Zwischendurch stieg auch Zorn in mir hoch. Ich mußte ein Schlafmittel nehmen, um zur Ruhe zu kommen.*

Guy gibt ein Beispiel für Traurigkeit, die aus *Mitgefühl* herrührt, aus unserer Fähigkeit, betrübt über das Leid anderer Menschen zu sein, selbst wenn sie uns ganz unbekannt sind. Seine Geschichte zeigt auch, daß sich Traurigkeit in vielen Fällen mit Zorn mischen kann, Zorn gegen andere oder gegen die eigene Person.

Schließlich gibt uns dieser Bericht zu verstehen, daß unsere von einem bestimmten Ereignis (hier dem Dokumentarfilm) ausgelöste traurige Stimmung unsere ganze Weltsicht so sehr einfärben kann, daß uns hinterher alles trist vorkommt (unser Leben und die Welt im allgemeinen).

Francine (43):

Eine traurige Erinnerung? Ja, als ich unser Ferienhaus verkaufen mußte, weil wir es nicht mehr halten konnten ... Mein Mann ist mehrmals hintereinander plötzlich arbeitslos geworden und hat schließlich eine Stelle angenommen, bei der er weniger verdiente als in früheren Jahren. Ich führte potentiellen Käufern das Haus vor, und sie waren begeistert. Aber dann kam ein Moment, wo ich sie kurz allein lassen mußte. Ich sagte, ich müsse mal auf die Toilette, aber in Wahrheit wollte ich meine Tränen vor ihnen verbergen. Als ich die ausgeräumten Zimmer gesehen hatte, war mir die Erinnerung an eine Zeit gekommen, in der wir glücklicher waren, in der die Kinder noch zu Hause wohnten, Freunde bei uns vorbeischauten und mein Mann heiter und voller Schwung war ...

Hier entsteht die Traurigkeit aus der Heraufbeschwörung verflossenen Glücks; es handelt sich um *Nostalgie* (aus dem griechischen *nostos*, Rückkehr, und *algos*, Schmerz). Das Wort bezeichnete zunächst die schmerzliche Sehnsucht nach dem Heimatland, wurde in seiner Bedeutung aber derart erweitert, daß wir damit auch die Sehnsucht nach Epochen benennen, in denen wir glücklich waren. Wie Francine andeutet, ist ihr Mann ebenfalls traurig geworden, wahrscheinlich infolge seiner fehlgeschlagenen Ambitionen. Diese häufige Ursache für Betrübnis teilt der Stadtbewohner der westlichen Länder mit dem Jäger und Sammler, der bemerkt hat, daß sein Status in der Gruppe geschrumpft ist. Schließlich mischt sich in Francines Traurigkeit noch eine andere Nostalgie, die uns fast alle bedroht: die Sehnsucht nach unserer Jugendzeit.

> Ach, ich habe sie verloren,
> All mein Glück ist nun dahin …
> *Gluck*, Orpheus und Eurydike

Falls die drei vorangegangenen Beispielgeschichten Sie nicht allzu traurig gemacht haben, ist Ihnen vielleicht nicht entgangen, daß die Traurigkeit jeweils durch einen *Verlust* ausgelöst wurde. Natürlich wird die Dauer Ihres Traurigseins davon abhängen, welchen Wert Sie der verlorenen Sache oder Person beimessen: Ihrem verlorenen Lieblingsfederhalter trauern Sie vielleicht ein paar Stunden nach; der Verlust Ihrer Karrierehoffnungen oder Ihrer Illusionen als politisch engagierter Mensch kann Sie für mehrere Jahre traurig machen; das Verschwinden der von Ihnen am meisten geliebten Person kann bisweilen eine Traurigkeit auslösen, die bis an Ihr Lebensende anhält.

Unter gewissen Umständen können mehrere dieser Arten von Verlust miteinander verbunden sein, zum Beispiel bei einer Scheidung – zur Trennung von einem Menschen, den man manchmal immer noch liebt, kommt die Trennung von Objekten, in die man seine Gefühle investiert hat (Haus oder Wohnung etc.); eventuell ist auch ein Statusverlust damit verbunden (»man wirkt wie einer, der sitzengelassen wurde«). Gar nicht zu reden vom Risiko, von seinen Kindern getrennt zu werden, oder selbst von einem möglichen Angriff auf die Wertvorstellungen, falls man ein funktionierendes Familienleben als unverzichtbar für die menschliche Entfaltung angesehen hatte.

Art des Verlusts	*Beispiele*
geliebtes Wesen	– Trennung aufgrund einer langen Reise – Streit und Entfremdung unter Freunden – Bruch einer Liebesbeziehung – Tod eines Angehörigen

Art des Verlusts	*Beispiele*
Gegenstand, der einem viel wert ist	– Verlegtes oder beschädigtes Erinnerungsstück – Auszug aus einem Domizil, das man sehr mochte – Persönliche Arbeit, die erfolglos verlaufen ist – Bei einer Katastrophe zerstörtes Haus
Status	– Mißerfolg bei einer Prüfung – Zurückweisung innerhalb der Gruppe – Verweigerte Beförderung – Altern (vor allem in Gesellschaften, die einen Jugendkult pflegen) – Auftreten einer Behinderung – Verlust der persönlichen Freiheit
Werte/Ziele	– Politische Desillusionierung – Berufliche Desillusionierung – Scheitern der eigenen Wertvorstellungen (jeder Halunke hat es weiter gebracht als Sie …)

Verschiedene Formen von Verlust und Traurigkeit

Verlust, Traurigkeit, Fiktion

Man würde Mühe haben, einen berühmten literarischen Text zu finden, in dem es überhaupt keine traurigen Momente gibt, keine Trennung, keine Fehlschläge, keinen Trauerfall. Das liegt wohl daran, daß solche Ereignisse untrennbar verbunden sind mit unserer *condition humaine* und daß die großen Autoren, meist selbst nicht gerade lustige Brüder[2], gar nicht umhin konnten, sich von ihnen inspirieren zu lassen.

Es gibt aber Werke, in denen die traurigen Ereignisse offenbar mit Absicht angehäuft werden. Zu ihnen gehört Hector Malots berühmtes Buch *Heimatlos*, das vom Herumirren des kleinen Rémi auf den Straßen Europas im ausgehenden 19. Jahrhundert erzählt. Schon auf den ersten Seiten beginnen sich die Verluste und Trennungen zu häufen. Rémi erfährt, daß seine Mutter Berline gar nicht seine Mutter ist und daß er als Baby ausgesetzt worden war. Dann wird er von seiner Familie getrennt, als die ihn an den Gaukler Vitalis ausleiht. Von Vitalis wird er getrennt, als der Gaukler im Gefängnis landet. Dann folgt die Trennung von der freundlichen Familie Milligan, und Vitalis nimmt ihn wieder mit auf sein unstetes Wanderleben. In einem Schneesturm kommt es zu einer Reihe tragischer Todesfälle: Zuerst stirbt der Affe, dann werden die Hündinnen Dolce und Zerbino, als sie Rémi beschützen wollen, von den Wölfen getötet. Schließlich erfriert Vitalis. Es folgt die Trennung von der neuen Gastfamilie und der besonders schmerzliche Abschied von der kleinen Lise. Im zweiten Teil des Buches kann sich Rémi nach einer Reihe von diesmal gemeisterten Prüfungen glücklicherweise selbst wieder aufbauen; er findet schließlich seine wirkliche Mutter wieder und heiratet Lise.

Paradoxerweise war Hector Malots eigenes Leben ein langer, ruhiger Fluß, erfüllt von Erfolgen und familiärem Glück.[3] Sein Buch blieb über mehrere Generationen von Kindern ein Bestseller. Es bildete die Grundlage für einen Comic und wurde etliche Male verfilmt, so daß heute sogar die kleinen Japaner über Rémis Abenteuer weinen oder sich an ihnen erfreuen können. (In der japanischen Trickfilmversion ist Rémi seltsamerweise ein Mädchen …)

Daß ein solches Buch weltweit Erfolg hatte, kann den Verfechtern der kulturrelativistischen Emotionstheorien als Argument dienen: Dank der modernen Medien erlernen alle Völker der Welt und vor allem die Kinder dieselben emotionalen Reaktionen auf eine bestimmte Situation.

Wir würden jedoch eher den Evolutionspsychologen folgen, die in diesem Erfolg den Beweis dafür sehen, daß solche Werke die angeborenen und damit universellen Emotionen ansprechen. Ihrer Ansicht nach fühlen sich Kinder von *Heimatlos* so angezogen, weil ihnen das Buch die große, angeborene Angst kleiner Kinder vor dem Verlassenwerden vor Augen führt. Gleichzeitig beruhigt es sie aber auch, indem es ihnen ein Kind vorführt, das diese schreckliche Erfahrung überlebt.

WOZU SIND TRÄNEN GUT?

Tränen sind noch immer ein ziemlich geheimnisumwittertes Phänomen. Die Wissenschaftler sind sich zwar einig über ihre Ursachen: Eine Situation, in der man Kummer verspürt oder extreme Freude. Aber wie und warum kommen einem die Tränen?
Darwin dachte, daß sie ausgelöst werden, indem sich die Augenringmuskeln unwillkürlich zusammenziehen und dadurch auf die Tränendrüsen drücken. Jene Muskeln kontrahieren, um die Blutgefäße der Bindehaut (die »das Weiße im Auge« ist) vor einem zu heftigem Anstieg des Blutdrucks zu schützen. Solch ein Fall tritt zum Beispiel ein, wenn wir husten oder eine sehr starke Emotion wie Traurigkeit, Freude oder Wut verspüren. Darwins scheinbar weit hergeholte Erklärung ist von heutigen Augenärzten tatsächlich bestätigt worden![4] In bestimmten Situationen (Husten, Erbrechen) sollen Tränen der »Niederschlag« eines Reflexmechanismus sein, der unsere Augen vor Überdruck schützt.
Aber Tränen sind nicht bloß eine physiologische Reaktion. Wie die anderen Ausdrucksformen des Gesichts haben auch sie eine *kommunikative Funktion*, indem sie den anderen signalisieren, daß man tiefen Kummer hat und Hilfe braucht. Ebenso wie Lächeln oder Stirnrunzeln sollen sie ein angeborenes »Signal« sein, und ihre Funktion bestehe darin, Hilfe herbeizuholen und Mitleid zu erwecken.
Zum Thema Tränen haben auch die Chemiker eine Hypothese vorgebracht: Die Tränen sollen den Körper reinigen, indem sie Neurotransmitter oder Giftstoffe nach außen befördern. Aber diese Forschungsrichtung hat letzten Endes kein beweiskräftiges Resultat erbracht.[5]

Das Gesicht der Traurigkeit

Wie Zorn, Freude und Angst besitzt auch die Traurigkeit einen typischen Gesichtsausdruck, den man in allen Kulturen und auf allen Kontinenten wiedererkennt. Paul Ekmans Untersuchungen haben bestätigt, was Darwin bereits ahnte.

Traurigkeit zeigt sich zunächst daran, daß die Augenbrauen eine schiefe Position einnehmen – ein Phänomen, das man in Woody Allens Mienenspiel besonders gut beobachten kann. Diese Erscheinung ist dem Zusammenwirken zweier Muskeln geschuldet, dem kleineren Augenbrauenmuskel und dem größeren inneren Teil des Stirnmuskels.[6]

Versuchen Sie einmal, Ihre Augenbrauen in solch eine Stellung zu bringen. Sie werden sehen, daß es den meisten von uns unmöglich ist, diesen charakteristischen Ausdruck von Traurigkeit *willkürlich* herbeizuführen, was Woody Allens schauspielerisches Talent um so bemerkenswerter erscheinen läßt. Haben Sie es aber ohne Training geschafft, sollten Sie Ihre Eltern oder Ihre Kinder bitten, es auch einmal zu versuchen – es sieht nämlich ganz danach aus, als wäre diese Fähigkeit erblich!

Wenn der Ausdruck von Traurigkeit sehr markant ist, legen sich auch die Stirnfalten zusammen, und zwar in Form eines Hufeisens oder des griechischen Buchstabens Omega, und so haben denn auch Psychiater das »Melancholiker-Omega« beschrieben, das sie bei bestimmten schwer depressiven Patienten beobachteten.

Nicht nur die Augenbrauen geraten bei Betrübnis in Bewegung. Unser Mund kann Traurigkeit durch ein Herabziehen der Mundwinkel ausdrücken (mit Hilfe der Lippendreiecksmuskeln). Die Schöpfer des *smiley* haben das in jenem Gesicht, das auf manchen E-Mail-Botschaften Traurigkeit illustrieren soll, angedeutet.

Wozu dient Traurigkeit?

Die Evolutionspsychologen haben bekanntlich die Hypothese aufgestellt, daß Emotionen nützlich für unser Überleben oder unseren Erfolg seien. Beim ersten Hinschauen scheint die Traurigkeit ein Gegenbeispiel zu dieser Annahme zu bilden. Hier haben wir nämlich eine Emotion, die unseren Elan lähmt und uns nicht gerade in eine gute Position bringt, um im Leben zu bestehen.

Dennoch hat Traurigkeit mehrere grundlegende Funktionen.

Traurigkeit läßt uns Situationen verhüten, die Traurigkeit auslösen[7]

Ganz wie der Schmerz lehrt auch die Traurigkeit, daß bestimmte Situationen nachteilig für uns sind, und drängt uns dazu, solche Situationen künftig zu vermeiden, jedenfalls die vermeidbaren unter ihnen.

Allgemein gesprochen, wird Sie das Risiko, Traurigkeit zu verspüren, mehr oder weniger bewußt alle Verlustsituationen vermeiden lassen: Sie werden rücksichtsvoll gegenüber Ihrem Lebenspartner sein, werden darauf achten, Ihre Freundschaften aufrechtzuerhalten, und werden sich berufliche Ziele abstecken, die Ihren Fähigkeiten entsprechen.

In Liebesdingen kann uns die bei Trennungen empfundene Traurigkeit lehren, künftig Partner zu wählen, die besser zu uns passen, und sie dann rücksichtsvoller zu behandeln (oder manchmal auch weniger rücksichtsvoll, wenn allzuviel Freundlichkeit beim anderen Desinteresse ausgelöst hatte!).

Traurigkeit füllt also ähnlich dem Schmerz die Rolle eines Lehrmeisters aus: wenn man sich einmal weh getan hat, wird man versuchen, künftig das Verhalten zu vermeiden, das zu dieser unangenehmen Empfindung geführt hat. Hier finden wir die Lehrfunktion der *somatischen Marker* wieder, von denen Antonio Damasio gesprochen hat.

Traurigkeit bringt uns dazu, daß wir uns aus dem Getümmel zurückziehen und über unsere Irrtümer nachdenken

Freud führt folgendes Beispiel an:

»Wenn er sich in gesteigerter Selbstkritik als kleinlichen, egoistischen, unaufrichtigen, unselbständigen Menschen schildert, der immer nur bestrebt war, die Schwächen seines Wesens zu verbergen, so mag er sich unseres Wissens der Selbsterkenntnis ziemlich angenähert haben, und wir fragen uns nur, warum man erst krank werden muß, um solcher Wahrheit zugänglich zu sein.«[8]

Selbst wenn Freud hier von einem Kranken spricht, der an Depressionen leidet, schreibt er der Traurigkeit das Verdienst zu, uns zu einer gewissen Klarsicht zu führen. Sie kann uns den Weg zu einer besseren Selbsterkenntnis eröffnen und die Ursachen für unsere Fehlschläge erhellen. (Wie wir noch sehen werden, ist diese Hellsichtigkeit bei Depressionen und Melancholie aber leider nicht so ausgerichtet, daß sie zu neuem, angebrachterem Verhalten führt, sondern sie mündet in Verzicht und Hoffnungslosigkeit.)

Nachdem wir erfahren hatten, daß Pierre gerade von seiner Freundin sitzengelassen worden war, fragten wir ihn nach seinem Befinden. Durchaus betrübt, aber mit trockenem Humor antwortete er: »Oh, mir geht's gut, ich werde einfach bloß sechs Monate allein vor dem Fernseher hocken und Tiefkühlkost essen …«

So humorvoll die Antwort sein mag, bezeugt sie doch gut eine allgemein verbreitete Reaktion nach einem Verlust – man zieht sich zurück. Dieser Rückzug erlaubt es Ihnen, Ihre Kräfte wieder zu sammeln und die Situation noch einmal zu überdenken. Welche Fehler haben Sie in Ihrem Handeln oder bei der Auswahl Ihrer Partner gemacht?

Einen Politiker, der eine Wahlniederlage einstecken mußte, eine schlecht vorbereitete Mannschaft, die ein Spiel verloren hat, einen Studenten, der durch die Prüfung gefallen ist, oder einen Liebhaber, den die Partnerin sitzenließ: Sie alle kann Traurigkeit also dazu bewegen, sich »ins stille Kämmerlein« zurückzuziehen, in dem sie oftmals zum Nachdenken und zu neuen, besseren Entscheidungen kommen.

Traurigkeit kann die Aufmerksamkeit und Sympathie der anderen auf uns lenken

Hören wir dazu Jacques, der noch immer erstaunt ist, wie manche Freunde nach dem Tod seiner Frau reagierten:

Ich gehörte immer zu einer Truppe ziemlich »machohafter« Kumpels; Sie können sich vorstellen, wie das lief. Unsere Freundschaft hatte sich beim Sport, beim Anbaggern von Mädchen und anderen Aktivitäten gefestigt, und es herrschte immer ein Klima des Wetteiferns zwischen uns, egal ob auf dem Sportplatz, in Liebesangele-

genheiten oder später bei unseren beruflichen Anfängen oder den Autos, die wir uns leisteten (und die immer leicht über unsere finanziellen Möglichkeiten gingen). Auch in unserer Kommunikation herrschte »Wettbewerb«, denn wir stichelten uns gegenseitig, verpaßten einander spöttische Spitznamen und versuchten, immer das letzte Wort zu haben. Ich glaube, daß uns andere Leute vielleicht als aufgeblasene Machos betrachteten, obgleich wir keine Trottel waren! Selbst als wir geheiratet hatten und ein bißchen gesetzter waren, liefen die Beziehungen auf die gleiche Art weiter. Unseren Ehefrauen ging das ziemlich auf die Nerven, und sie meinten, wir würden uns wie pubertäre Deppen aufführen. Aber als dann meine Frau plötzlich an Leukämie starb und alle sahen, daß ich völlig niedergeschlagen war, haben manche meiner Freunde ein ganz neues Gesicht gezeigt. Sie haben es so eingerichtet, daß wir uns zu zweit trafen, was vorher fast nie geschehen war, und einige haben sogar mit mir geweint. Vor dieser Katastrophe hätte ich mir so etwas niemals vorstellen können. Für mich war es ein großes Glück, daß sie da waren; ihr Beistand hat mir sehr geholfen.

Im allgemeinen werden die anderen erkennen, daß Sie traurig sind, und Ihre Nächsten oder die feinfühligsten unter Ihren Bekannten werden dann Sympathie oder Empathie verspüren. Selbst wenn Sie es nicht darauf angelegt hatten, wird Ihre Traurigkeit es leichter machen, die Aufmerksamkeit der anderen auf Sie zu lenken und Beistand zu erhalten. So können Sie die Verlustsituation schneller überwinden. Wie unsere Alltagserfahrung und die Beobachtungen der Psychologen zeigen, ist diese Verbindung zwischen dem Ausdruck von Traurigkeit und der Unterstützung durch die Mitmenschen allerdings nicht in allen Fällen garantiert.

Das Bedürfnis nach Anteilnahme und Unterstützung konnte per Traurigkeit sicher recht wirkungsvoll angezeigt werden, als wir noch inmitten eines kleinen Stammes von Jägern und Sammlern lebten. In einer solchen Umgebung waren die Niedergeschlagenheit und Trauer eines Individuums für die restliche Gruppe gut sichtbar und zogen die Aufmerksamkeit von Tröstern an, die den Trauernden alle kannten. In den modernen großstädtischen Gesellschaften wird die Traurigkeit eines isolierten Individuums womöglich niemandem auffallen, und so baut sich eine Spirale aus Trauer und Vereinsamung auf, die bis zu Depressionen führen kann.

Den Evolutionspsychologen zufolge hatte Traurigkeit also die Funktion, die Aufmerksamkeit der Gruppe sicherzustellen – aber was passiert, wenn es keine Gruppe mehr gibt?[9]

WIRD IHR BEDÜRFNIS NACH TROST IMMER GESTILLT WERDEN?

Was wäre es für eine schöne Welt, in der wir bloß weinen müßten, um getröstet zu werden! Die Kinder liebevoller Eltern kennen diese Welt vielleicht, zumindest in ihren ersten Lebensjahren, aber dann lehrt uns das Leben, daß unser Bedürfnis nach Trost niemals befriedigt wird.[10]

Daß es den anderen unmöglich ist, uns ständig zu trösten, haben zum Beispiel die Arbeiten von Coynes[11] über die Beziehungen zwischen dem »Betrübten« und dem Trost und Beistand spendenden »Helfer« herausgestellt. Die dabei aufeinanderfolgenden Phasen können ebensogut bei zwei Ehepartnern beobachtet werden, von denen der eine in Schwierigkeiten ist, oder in der Beziehung zwischen einem Therapeuten und seinem Patienten, überhaupt bei jeder Beziehung zwischen einem Helfer und einem Hilfsbedürftigen in Beruf und Familie.

Während einer ersten Periode führt das offenkundige Leid der betrübten Person den Helfer dazu, ihr Zuspruch und Unterstützung entgegenzubringen. Das schafft eine Empfindung großer Nähe zwischen beiden Protagonisten, so etwas wie die »Flitterwochen« der Hilfsbeziehung. Jeder Psychiater kennt dieses Gefühl von Nähe, das sich einstellt, wenn sich ein neuer Patient endlich verstanden glaubt und mit der ersten Konsultation offenbar zufrieden ist, während sich der Psychiater aufgewertet fühlt, weil er so viel Vertrauen zu erwecken vermochte.

Wenn es der bekümmerten Person nach einiger Zeit nicht besser geht, beginnen sich Geduld und Selbstsicherheit des Helfers allmählich zu erschöpfen, und er verspürt mehr und mehr einen inneren Konflikt zwischen seiner Rolle als Tröster und seinem Wunsch, nicht mehr so stark in Beschlag genommen zu werden. In diesem Stadium der Beziehung betrachtet er solch einen Wunsch aber noch als egoistisch. Er bringt also weiterhin seine Anteilnahme zum Ausdruck, aber da er gleichzeitig seinen Überdruß und seine Ressentiments versteckt, beginnt die bekümmerte Person zu spüren, »daß es nicht mehr so ist wie früher«. Auch der bekümmerte Mensch gerät allmählich in einen inneren Konflikt: Zeigt er weiterhin seinen tiefen Kummer, riskiert er, den Helfer allzusehr zu beanspruchen und ihn vielleicht zu mehr Distanz zu veranlassen; verheimlicht er seine Traurigkeit jedoch, würde er sich anders geben, als er wirklich fühlt, und mit dieser Haltung dem Helfer ein falsches Bild vorgaukeln.

So schwellen auf beiden Seiten die negativen Emotionen an. Der Helfer wirft der leidenden Person vor, sie strenge sich nicht genug an; er wird immer autoritärer, indem er präzise Ratschläge gibt und Ergebnisse sehen will. Der betrübte Mensch wirft ihm Gefühllosigkeit vor und faßt seine Ratschläge und Forderungen als demütigend auf, was wiederum das Ressentiment des Helfers verstärkt.[12]

(Zu diesem Zeitpunkt kann es durch wechselseitige Desillusionierung und Enttäuschung zu einer fortschreitenden Distanzierung kommen, mit der die Beziehung zerbricht.)

Im weiteren droht die Beziehung in eine Art negativen Wettbewerb abzugleiten, wobei die Partner sich immer feindseliger zeigen. Das anfängliche Ziel der Beziehung ist vergessen; jeder versucht, durch immer feindseligere Verhaltensweisen das Verhalten seines Gegenübers zu kontrollieren: Der Helfer erläßt Verbote und stellt Ultimaten, die betrübte Person reagiert darauf, indem sie immer lästiger und/oder aggressiver wird.

Wie wir in den abschließenden Empfehlungen noch genauer ausführen werden, sollten Sie von der äußeren Bekundung Ihrer Traurigkeit also nicht zu reichlich Gebrauch machen. Selbst die mitleidvollsten Personen haben ihre Grenzen!

Traurigkeit kann Sie vorübergehend vor der Aggressivität der anderen schützen

Im Falle eines Konflikts wird sich der Sieger weniger über den Besiegten hermachen, wenn dieser deutlich zeigt, daß er seine Niederlage eingesehen hat. Traurigkeit ist nun aber ein Anzeichen für eine Niederlage. Hören wir, was Jean-Pierre (47), kaufmännischer Leiter in der Pharmaindustrie, darüber berichtet:

Mein jüngster Sohn Jérôme ist dreizehn; er ist im Grunde ein guter Kerl, gesellig und angenehm, aber er tendiert auch ein bißchen dazu, sich nicht gerade ein Bein auszureißen, und hat eine etwas rebellische Art. Gerade hat er ein Schuljahr wiederholen müssen, weil er nicht fleißig genug gelernt hatte. Den Sommer über bezahlten wir ihm Nachholekurse, und er versprach, künftig ernsthaft zu arbeiten. Der Schuljahresbeginn verlief ohne große Geschichten. Als wir aber das erste Zwischenzeugnis in die Hände bekamen, sah ich wirklich rot: nicht bloß, daß die Noten mies waren – die Lehrer unterstrichen auch seine (um es vorsichtig auszudrücken) extrem lässige Haltung gegenüber der schulischen Arbeit. Am Abend hatten wir auf seinem Zimmer eine heftige Diskussion. Ich war sehr zornig und fluchte, was bei mir selten vorkommt. Nachdem Jérôme versucht hatte, dagegenzuhalten, wurde er plötzlich still und drehte sich zum Fenster. Ich schimpfte noch einen Moment weiter, bis ich merkte, daß er still vor sich hin weinte und sehr niedergeschlagen aussah. Das machte mich perplex, denn so kannte ich ihn wirklich nicht; normalerweise hat er einen ziemlich großen Rand, wenn er dabei auch niemals unverschämt wird. Ich habe mich auf sein Bett gesetzt und einen anderen Tonfall angeschlagen; statt ihm eine Strafpredigt zu halten, stellte ich ihm Fragen. Er gestand mir, daß er selber enttäuscht gewesen sei über seine Zensuren; es sei ihm bewußt, daß er uns Kummer bereite. Er sprach aber auch von seinen Zweifeln und Komplexen – er war sich nicht sicher, ob er überhaupt das Zeug hatte, in der Schule zu bestehen. Wir haben ziemlich lange miteinander geredet, und es hat uns beiden gutgetan. Hätte mir Jérôme bis zum Ende die Stirn geboten, statt die Nerven zu verlieren und mir seine Traurigkeit zu zeigen, wäre dieser Dialog gewiß nicht zustandegekommen, und wir wären im Streit auseinandergegangen.

Man kann natürlich einwenden, daß sich der Vater so rasch besänftigt hat, weil er seinem eigenen Sohn gegenüberstand. Aber Traurigkeit kann sogar außerhalb der Familie ein Schutzschild sein, wie das folgende Beispiel zeigt. Marielle, eine Werbespezialistin, erzählt:

In unserem Team gibt es einen Kollegen namens Hector, den wohl so ziemlich alle unsympathisch finden. Er ist recht eingebildet, neigt dazu, den Rat der anderen in den Wind zu schlagen, und mokiert sich manchmal auf ziemlich spöttische Art über die Arbeit seiner Kollegen. Er hat auch seine Launen; an manchen Tagen ist er mürrisch und reizbar, an anderen gibt er sich jovial und sucht Kontakt zu den anderen. Böse Zungen meinen, daß er »auf Künstler macht«. Gleichzeitig spürt man, daß er einen starken Wunsch nach Anerkennung hat, selbst wenn er bisweilen alles tut, um die anderen aufzuregen – ein bißchen so, wie es bei Teenagern häufig der Fall ist. Eines Tages während der Beratung kritisierte er auf ziemlich ironische Weise die Vorschläge einer Praktikantin. Die Arme war sichtlich gekränkt; ich konnte das einfach nicht mit ansehen. Also nahm ich mir Hector vor und begann, ein Hühnchen mit ihm zu rupfen – ich warf ihm vor, er würde auf Diva machen, eine Überlegenheit zur Schau stellen, für die er bisher wenig Beweise erbracht habe, sich wie ein verzogenes Kind benehmen etc. Ich spürte, daß mein Verhalten von allen gebilligt wurde. Ich sah aber auch, wie Hector zusammenfuhr, als würde ich ihm körperliche Schläge versetzen; er löste sich unter meinen Augen richtiggehend auf, und ich fühlte, daß er mit Mühe seine Tränen zurückhalten konnte. (Da wurde mir bewußt, daß seine übliche Haltung auch einen Mangel an Selbstvertrauen verdeckte.) Diese Beobachtungen ließen mich innehalten. Die folgenden Tage lief er wie ein geprügelter Hund umher. Aber das Ganze ist ihm eigentlich gut bekommen: Hinterher haben ihn die anderen besser akzeptiert.

Das Ausdrücken von Traurigkeit könnte (wie das Ausdrükken von Zorn) als Bestandteil dessen angesehen werden, was die Verhaltensforscher als *RAB* bezeichnen (*ritual agonistic behavior*, »ritualisiertes Konfliktverhalten«). Darunter verstehen sie die Gesamtheit der Verhaltensweisen, mit denen Konflikte zwischen Individuen derselben Art geregelt werden. Kämpfe zwischen Artgenossen drehen sich bekanntlich um die Aufrechterhaltung oder Erhöhung des eigenen Status; sie zielen nicht auf die Vernichtung des anderen. (Meistens handelt es sich bei den Streithähnen natürlich um Männchen, aber in den Unternehmen von heute kann man auch schöne Kämpfe Männchen gegen Weibchen oder sogar Weibchen gegen Weibchen beobachten, in denen es um Statuseroberung oder -verteidigung geht.)

Tiere derselben Art kämpfen auf recht ritualisierte Weise miteinander, so daß schwere Verletzungen verhütet werden können. So greifen sich die meisten hörnertragenden Tiere frontal an und stoßen ihre Hörner aneinander, ohne daß sie dabei ernsthaft zu Schaden kommen. Sie setzen ihre Hörner niemals dazu ein, den Artgenossen an der Flanke anzugreifen und ihm den Bauch aufzuschlitzen, was ihnen theoretisch durchaus möglich wäre.

Wenn einer der Kämpfenden zu unterliegen droht, sendet er ritualisierte Zeichen für »Unterordnung« aus *(yielding subroutine).*[13] Man kann dafür auch die Entsprechungen in der Menschenwelt suchen: demütige, gebeugte Haltung (der Besiegte »beugt den Nacken«, »macht sich ganz klein«), Vermeidung des Blickkontakts (wie in Hectors Fall) oder sogar Verzweiflungsschreie und Tränen wie bei Jérôme.

Währenddessen sendet der Gewinner ebenso ritualisierte Siegessignale aus *(winning subroutine)*: stolze Körperhaltung, hochgerecktes Kinn, verachtungsvoller Blick. (Einigen Forschern zufolge soll auch »Verachtung« eine Basisemotion mit charakteristischem Gesichtsausdruck sein.) Wir wollen die Hypothese wagen, daß eine beim Menschen weltweit verbreitete Form dieses Siegrituals darin besteht, daß man die geballte Faust hochreckt und schüttelt, wobei Ober- und Unterarm im rechten Winkel zueinander stehen. Diese Geste kann man bei so ziemlich allen Sportlern beobachten, die gerade einen entscheidenden Sieg errungen haben.

Die RAB haben zum Ziel, das Ende des Konflikts anzuzeigen, indem sie für die Protagonisten und die Zuschauer klar herausstellen, wer Sieger ist (und damit seinen Status gewahrt oder erhöht hat) und wer Besiegter (und seinen Status nicht erhöhen konnte oder sogar Einbußen erlitt).

Wenn Traurigkeit und Unterordnung nicht verhindern, daß es Schläge hagelt

Dennoch können Sie das Pech haben, auf Personen zu stoßen, die von den Zeichen Ihrer Traurigkeit und Unterordnung sogar noch angestachelt werden, Ihnen weiter zuzusetzen. Man darf annehmen, daß dies besonders dann geschehen wird, wenn Ihr Widersacher selbst sehr unsicher über seinen Siegerstatus ist und eine instabile Selbstachtung hat: All Ihre Unterordnungssignale werden nicht ausreichen, um ihn völlig zu beruhigen.

Zwei Situationen sprechen für diese Hypothese des »unkontrolliert vorgehenden Verfolgers, der mit sich selbst nicht im reinen ist«.

Erstens verzeichnet man gerade in Cliquen von Jugendlichen (in einem Alter, für das eine instabile Selbstachtung typisch ist) so häufig das traurige Phänomen des »Prügelknaben«: Ein Mitglied der Gruppe wird verspottet, gedemütigt und geschlagen, und dies passiert wiederholt und über einen längeren Zeitraum, obwohl beim Opfer deutliche Zeichen von Unterordnung und Niedergeschlagenheit zu erkennen sind (die manchmal bis zum Selbstmord reichen). Dieses Phänomen scheint unter männlichen Kindern und Jugendlichen leider weltweit verbreitet zu sein und soll zur typischen Art und Weise gehören, in welcher Menschen Hierarchien aufbauen und einen Gruppensinn ausbilden.[14]

In *Die Guten und die Schlechten im Sport*[15] gibt William Boyd dafür ein Beispiel. Die »dominanten« Jugendlichen einer *private school* lassen über Cox, einen ihrer Mitschüler, eine ganze Lawine immer grausamerer Demütigungen niedergehen. Dabei zeigt Cox unaufhörlich seine Unterwerfung und Niedergeschlagenheit. Zu einem unglücklichen und vereinsamten Erwachsenen geworden, denkt er an Rache …

In seiner Einführung spricht Boyd persönliche Jugenderinnerungen an und beschreibt einen Jungen, der fünf Schuljahre lang von seinen Kameraden bedrängt wurde (wenngleich auf weniger grausame Weise):

Ein schwächlicher Typ namens Gibbon, der einen gelblichen Teint hatte und von dem jeder wußte (auch ich), daß ihn alle verabscheuten – ich weiß absolut nicht, aus welchem Grund […] Manchmal fiel eine Bande über ihn her, demolierte seinen Schreibtisch und schubste ihn umher, aber die meiste Zeit wurde er mit Worten schikaniert […] Er hatte keine Freunde und stand immer allein herum. Er wurde so verachtet, daß sich ihm selbst die anderen unbeliebten Typen in unserem Haus nicht anschließen mochten, weil sie seine

Makel womöglich für ansteckend hielten. [...] Welche Folgen haben diese fünf Jahre für sein späteres Erwachsenenleben gehabt? [...] Ich bezweifle sehr, daß der erwachsene Gibbon der frohsinnigste und unbekümmertste aller Menschen geworden ist.

Dieser fiktive Text ist leider sehr von der Wirklichkeit inspiriert und erinnert uns daran, wie grausam junge Männer manchmal sein können, wenn ihre Aktivitäten nicht von Erwachsenen geregelt werden. In Dominanzhierarchien zwischen Individuen mit unsicherem Ego geht es oft mitleidlos zu. Ein noch betrüblicheres Zeugnis dafür findet man in Michel Houellebecqs *Elementarteilchen*, wo männliche Jugendliche in einer Pension einen ihrer Mitschüler, der dick und ungeschickt ist, quälen und sexuell erniedrigen.

Man redet zu Recht über Mobbing am Arbeitsplatz, aber das Mobbing in der Schule verdient wegen seiner zerstörerischen Wirkungen auf die sich gerade ausformende Persönlichkeit mindestens ebensoviel Aufmerksamkeit. Wissenschaftliche Untersuchungen haben aufgezeigt, wie verbreitet dieses Phänomen ist und wie Eltern und Lehrkräfte es unterschätzen: Die gemobbten Kinder beschweren sich nämlich meistens nicht. In den Niederlanden ist landesweit eine Kampagne in Angriff genommen worden, um die Leute aus dem schulischen Milieu für dieses Problem zu sensibilisieren. Lehrer, Eltern und Schüler erhalten dabei Ratschläge, wie sie dieser psychischen Geißel vorbeugen können.[16]

Das Ausdrücken Ihrer Traurigkeit wird Sie ebenfalls kaum vor Verfolgung schützen, wenn Sie sich in bestimmten partnerschaftlichen oder beruflichen Situationen befinden, die günstig für die Entstehung von Mobbing sind.[17] In diesen Fällen wird sich Ihr Verfolger nämlich nicht damit begnügen, daß Sie Traurigkeit oder Unterordnung bekunden, sondern erst zufrieden sein, wenn Sie endgültig gehen.

Schließlich kann es sein, daß die Unterordnungsrituale, die den Sieger dazu bringen, auf den Unterlegenen nicht weiter einzuschlagen, von einem der Protagonisten niemals »erlernt« worden sind. So verhält es sich bei Kampfhunden, die man in Isolation aufgezogen hat und die ihren Gegner weiter angreifen, auch wenn er Unterordnungssignale aussendet.[18] Bestimmte Gewalttäter, die bis zum Äußersten gehen, sind von diesem Profil, das durch sehr schädliche Erziehungsumstände geformt wird, vielleicht nicht weit entfernt.

Konrad Lorenz[19] weist darauf hin, daß die Kämpfe besonders bei Tierarten stark ritualisiert sind, die mörderische natürliche Waffen besitzen (Fangzähne, Krallen, Hörner), denn die nichtritualisierte Anwendung dieser Waffen würde zur Selbstausrottung der Art führen. Der Mensch mit seinen kleinen Fäusten und seinen mickrigen Eckzähnen verfügt nicht über solche natürlichen Waffen, und wahrscheinlich ist dies der Grund, weshalb unsere Art kein universelles *ritual agonistic behavior (RAB)* entwickelt hat. So kann eine Schlägerei auf offener Straße sich so lange fortsetzen, bis der Sieger auf seinem längst bezwungenen Gegner wie ein Wilder herumtrampelt. Im Gegensatz dazu begegnen wir dem RAB in allen Kampfsportarten wieder (Boxen, Ringen, Judo, Karate): Hier sind die erlaubten Mittel sowie die Kampfzeit begrenzt. Dies sind *kulturelle* Phänomene, die auf paradoxe Weise das *natürliche* Verhalten der Tiere untereinander reproduzieren.

Dank Ihrer Traurigkeit können Sie Mitgefühl für die Traurigkeit der anderen entwickeln

Ein Mittel (natürlich nicht das einzige), um das Leid der anderen verstehen zu können, ist, selbst gelitten zu haben. Traurigkeit kann Sie in gewisser Weise zu einem besseren Tröster machen, wenn Sie einem traurigen Angehörigen beistehen müssen. (Psychiater und Psychologen sind übrigens auch nicht gerade dafür bekannt, daß sie vor Frohsinn überschäumen.) Untersuchungen haben bestätigt, daß es eine Beziehung zwischen der Stärke der eigenen emotionalen Reaktionen und dem Mitgefühl für die Emotionen der Mitmenschen gibt.[20]

Wenn Sie sich das nächste Mal traurig fühlen, sollten Sie sich also keine Vorwürfe machen, sondern einfach daran denken, daß Sie gerade eine notwendige Etappe des Kräftesammelns nach Verlusten oder Fehlschlägen durchlaufen –

eine Etappe, auf der Sie gleichzeitig manches über die Welt und über sich selbst lernen können.

Kulturelle Varianten

Haben Sie sich schon einmal *hujuujaq* gefühlt? Die Utku-Eskimos bezeichnen mit diesem Wort sowohl eine traurige Emotion als auch die Einsamkeit. Die beste Methode, um sich vom *hujuujaq* zu kurieren, ist übrigens, die Gesellschaft der anderen zu suchen: Sie werden einen trösten und *naklik* bekunden, eine Emotion, die stark an unser Mitleid erinnert. Dennoch kann *naklik* Sie in Verlegenheit bringen, falls Sie ein erwachsener Mann sind. Wenn Sie zuviel davon erhalten, gelten Sie nämlich als schwach – *naklik* ist gut für Frauen und Kinder. (Selbst bei den Eskimos muß sich ein Mann wie ein Mann aufführen!)

Auf jeden Fall wird Ihr *hujuujaq*, das gewöhnlich von einem objektiven Unglück ausgelöst wird, besser akzeptiert werden als *quiquq*, ein vager Zustand von Traurigkeit, Ermüdung und Rückzugsverhalten, von dem man am liebsten überhaupt nicht spricht. Wenn Sie sich *quiquq* fühlen, wird das Ihre Gefährten beunruhigen, oder sie werden Ihnen sogar die kalte Schulter zeigen.[21]

Die Anthropologen haben festgestellt, daß viele ursprüngliche Kulturen in unterschiedlichen Weltgegenden kaum Worte besitzen, um Traurigkeit im allgemeinen zu bezeichnen. Sie verfügen nur über verschiedene Vokabeln zur Benennung von Emotionen, die an bestimmte Unglücksfälle gekoppelt sind: das Leid, welches vom Tod eines Angehörigen hervorgerufen wird, von einer Krankheit, einer unglücklichen Liebe, von Einsamkeit.[22] Für eine Traurigkeit ohne präzis feststellbare Ursache fehlen die Worte, und eine solche Emotion wird wahrscheinlich auch nicht erkannt. Die mikronesischen Ifaluk[23] sind bereit, *fago* (Mitgefühl) zu zeigen, wenn jemand traurig ist, weil ihn einer der oben erwähnten Schicksalsschläge getroffen hat; weniger ansprechbar sind sie, wenn jemand an einem »Spleen« unbekannter Ursache leidet.

Bei den Beduinen von Awlad' Ali[24] kann sich Traurigkeit in Liedern und Gedichten ausdrücken, aber im Alltag ist es würdiger und männlicher, wenn man auf einen Verlust mit Zorn reagiert. Traurigkeit wird mit Verletzlichkeit in Verbindung gebracht und auch von diesem Stamm nur bei Frauen und Kindern toleriert.

GESCHLECHTSUNTERSCHIEDE

Wenn Frauen häufiger weinen und ihre Traurigkeit schneller zum Ausdruck bringen, hat das nicht nur kulturelle Ursachen (man räumt ihnen eher als Männern das Recht ein, Schwäche und Abhängigkeit zu zeigen), sondern auch biologische Gründe. Wenn sie traurig sind, verhält sich ihr Gehirn nämlich anders als das der Männer.

In mehreren aktuellen Studien untersuchte man die Gehirnfunktionen von Männern und Frauen, bei denen man Traurigkeit ausgelöst hatte (eine der am häufigsten verwendeten Methoden ist, daß man die Versuchsperson bittet, an ein trauriges Ereignis in ihrem Leben zu denken).

Man erhält dabei Gehirnbilder, die zeigen, daß traurige Männer einen Teil ihrer Amygdala (Hirnmandel) mäßig sowie ihre rechte Frontalhirnrinde leicht aktivieren, während bei Frauen eine ausgedehntere Gehirnaktivierung verzeichnet wird, die sich auch breiter über beide Großhirnhälften erstreckt.[25] Das kann übrigens auch die Erklärung dafür sein, daß es Frauen leichter fällt, über ihre Emotionen zu reden – die beobachteten Reaktionen haben ihren Ort nämlich unweit der für die Sprache zuständigen Zonen, die bei Rechtshändern in der linken Großhirnhälfte angesiedelt sind.[26]

Traurigkeit und Hilfsverhalten

Anthropologen weisen darauf hin, daß die Art und Weise, Traurigkeit zu benennen, erhellende Aufschlüsse über das jeweilige Verhältnis zwischen Gruppe und Individuen vermittelt. Keine Gruppe kann ohne gegenseitige Hilfe unter ihren Mitgliedern leben; umgekehrt kann eine Gruppe aber in Gefahr geraten, wenn einzelne Mitglieder zu inaktiv und abhängig werden – Verhaltensweisen also, die mit Traurigkeit verknüpft sind. In Gruppen wie denen der Eskimos oder der Ifaluk, die materiellem Mangel ausgesetzt sind und um ihr Überleben kämpfen müssen, ist also die Traurigkeit jener Individuen akzeptabel, die man in der Hoffnung auf Besserung trösten oder denen man im Unglück beistehen kann. Traurigkeit ohne ersichtlichen Grund wird hingegen nicht unterstützt, und Männern ist sie sogar verboten.

Obgleich wir wirtschaftlich stärkeren Gesellschaften angehören, die durch die Passivität eines ihrer Mitglieder nicht gleich in ernste Gefahr geraten, bleibt Traurigkeit auch bei uns eine Emotion, zu der die Gesellschaft einen nicht gerade ermuntert. Je stärker eine Kultur nämlich persönliche Autonomie und die Fähigkeit, das eigene Schicksal zu meistern, zum Wertmaßstab macht (wie es in den westlichen Ländern der Fall ist), desto mehr bringt sie die Leute davon ab, ihre Traurigkeit öffentlich auszudrücken. Das gilt ganz besonders für Männer, denn sie sollen noch autonomer und weniger abhängig wirken als Frauen. In bestimmten »schicksalsergebeneren« Kulturen und dort, wo der gegenseitigen Abhängigkeit innerhalb der Familie mehr Wert beigemessen wird, ist es eher statthaft, seine Traurigkeit vor den Augen der anderen durch Tränen auszudrücken. Hier sind die Leute auch weniger verlegen, wenn sie andere trösten sollen. Davon zeugen zum Beispiel Begräbnisse in Mittelmeerländern.

ECHTE MÄNNER DÜRFEN NICHT WEINEN

In *Der Tod des Wolfs*, einem berühmten Gedicht von Alfred de Vigny (1797 bis 1863), wird das lyrische Ich zum Zeugen des stoischen Sterbens eines Wolfs, der sich aufgeopfert hat, um der Wölfin und den Jungen die Flucht vor der Hundemeute zu ermöglichen. Aus dem letzten Blick des Raubtiers glaubt der Dichter eine Botschaft zu entnehmen, die sich an ihn selbst richtet:

Jammern, Beten und Weinen sind gleichermaßen feige.
Erfülle kraftvoll deine lange und schwere Pflicht,
Verfolge den Weg, auf den dich das Schicksal gerufen hat,
Und dann leide und stirb, wie ich, ohne ein Wort.

Einen anderen Gipfelpunkt jenes Ideals emotionaler Kontrolle bildet das Gedicht *If (Wenn)* von Rudyard Kipling (1865 bis 1936), ein Text, von dem sich die kleinen Engländer in den *private schools* zu Zeiten des Empires inspirieren lassen sollten. Die ersten Verse lauten:

Wenn du dein Lebenswerk zerstört vor dir siehst
Und ohne ein Wort der Klage von vorn beginnen kannst,
Oder mit einem Schlag den Gewinn aus hundert Partien verlierst,
Ohne mit der Wimper zu zucken und ohne einen Seufzer ...

Und damit Sie sich auch nicht allzusehr über Ihre Erfolge freuen, sollten Sie die folgenden Verse ebenfalls nicht vergessen:

Wenn du dem Triumph nach der Niederlage begegnen kannst
Und diesen beiden Lügnern gleichermaßen die Stirn bietest.

Es ist bezeichnend, daß beide Gedichte im 19. Jahrhundert geschrieben wurden. Die Historiker haben nämlich herausgefunden, daß seit Beginn jenes Jahrhunderts Tränen beim Mann in Verruf kamen. Die *Geschichte der Tränen* lehrt uns, daß Männer anscheinend bis ins 17. Jahrhundert ihren Tränen öffentlich freien Lauf lassen konnten, ohne um ihr Ansehen fürchten zu müssen.[27] Später gestatteten die bürgerlichen Ideale von Selbstkontrolle und dem Willen, sich vom gemeinen Volk abzuheben, das Weinen nur noch Frauen und Kindern.

Traurigkeit nach Todesfällen

In *Mountolive*, dem dritten Band des berühmten *Alexandria-Quartetts*, beschreibt Lawrence Durrell die Totenwache nach dem Ableben von Narouz, dem Sohn einer reichen Familie ägyptischer Kopten. Gerade hat man den Verstorbenen in die große Villa der Familie gebracht, als sich die Frauen aus der Verwandtschaft und der ganzen Umgebung zu einem Schauspiel versammeln, das in unseren Breiten recht ungewöhnlich wirken würde:

Die Frauen tanzten jetzt um den Leichnam, schlugen sich auf die Brüste und heulten, doch sie tanzten in den langsamen, gemessenen Figuren eines Tanzes, der von lang vergessenen Friesen auf den Grabmälern der Welt des Altertums auf sie überkommen war. Sie schwankten und wiegten sich, bebten vom Hals bis zu den Fußgelenken, wanden und drehten sich und beschworen den Toten, sich zu erheben: »Steh auf, meine Verzweiflung! Steh auf, mein Tod! Steh auf, mein Goldener, mein Tod, mein Kamel, mein Beschützer! O geliebter Körper voll von Samen, steh auf!« Und dann das gespenstische Geheul, das sich aus ihren Kehlen rang, die bitteren Tränen, die aus ihrem zerrissenen Geist strömten. [...] So wurde das Klagen immer größer und pflanzte sich fort. Von überallher strömten die Frauen jetzt in Scharen herbei. [...] Sie hatten ihre Gesichter mit Indigo eingerieben und über ihre gelösten Flechten Asche aus den Herden gestreut. Ihre Schreie tönten wie eine Antwort auf das Kreischen ihrer Schwestern oben im Haus. Sie entblößten ihre glitzernden Zähne, stiegen die Treppen hinauf, ergossen sich in die oberen Räume mit der Erbarmungslosigkeit von Dämonen.[28]

Werden Witwen, die klagen und weinen dürfen, ihre Trauer besser überwinden als jene aus Ländern, wo man seine Tränen in der Öffentlichkeit lieber zurückhalten soll und sich hinterher gleich in seiner vereinsamten Wohnung wiederfindet, weil jeder zu seinen üblichen Beschäftigungen zurückkehren mußte?

Auf jeden Fall wird Ihre Fähigkeit, einen Trauerfall zu verwinden, sehr davon abhängen, wieviel familiärer Beistand Ihnen danach gewährt wird. Aber nicht immer werden die Anstrengungen Ihrer Angehörigen genügen. So ist es auch im folgenden Beispiel gewesen.

Marines Bruder ist mit 22 Jahren bei einem Verkehrsunfall ums Leben gekommen. Sie spricht darüber, wie ihre Eltern den Todesfall verkrafteten:

Mein Vater ist von Oliviers Tod sehr betroffen gewesen, aber ich würde sagen, daß das Leben für ihn weitergegangen ist; er ging auf Arbeit, traf sich mit ein paar alten Freunden und beschäftigte sich mit den gleichen Dingen wie vorher. Allerdings hat er nie wieder den Fuß auf einen Tennisplatz gesetzt. Früher hatte er nämlich oft mit meinem Bruder Tennis gespielt. Natürlich spüre ich, daß er zeitweise traurig ist, und er hat auch an Schwung verloren, aber jemand, der ihn erst nach Oliviers Tod kennengelernt hätte, würde ihn völlig normal finden und gern mit ihm zusammen sein. Mutter aber hat sich von dem Schlag nicht wieder erholt. Zunächst einmal sehe ich ihr an, daß sie permanent niedergeschlagen ist. Sie kann das nur für ein paar Augenblicke verdecken, wenn sie Besucher begrüßt oder zu Freunden eingeladen ist. Wenn ich mit ihr allein bin, reißt sie sich niemals lange zusammen. Meine Schwestern und ich, wir haben versucht, sie ein bißchen »auf andere Ideen zu bringen«; wir wollen sie zu Aktivitäten überreden, bei denen man sich ablenken kann, aber meistens sagt sie ab. Begleitet sie uns zum Beispiel, wenn wir unsere Kinder zum Pony-Club bringen, spürt man, daß es für sie eher eine Last ist. Die meiste Zeit hockt sie nämlich vor dem Fernseher, und manchmal habe ich sie auch schon dabei überrascht, wie sie still dasaß und ins Leere blickte. Früher war sie zwar auch kein Energiebündel, aber sie hatte immer etwas gefunden, womit sie sich beschäftigte. Zuerst fanden wir ihre Reaktion normal, vor allem, weil wir selbst sehr betroffen waren. Aber jetzt ist sie schon mehr als ein Jahr in diesem Zustand, und wir raten ihr ernsthaft, einen Psychiater zu konsultieren. Natürlich meint sie dann, sie sei doch nicht verrückt …

Nach dem Verlust eines geliebten Wesens gelingt es den meisten Leuten nach einigen Monaten der Niedergeschlagenheit, wieder aufzuleben (wobei sie natürlich immer noch mit Traurigkeit an den Verstorbenen denken). Eine solche Haltung zeigt Marines Vater. Andere Menschen aber schaffen das nicht und bleiben in einem Zustand gefangen, den die Psychiater *pathologische Trauer* nennen und für den Marines Mutter ein Beispiel abgibt. Marine und ihre Schwestern haben recht – ihr Gesundheitszustand macht ein therapeutisches Eingreifen notwendig.

Nach dem Verlust weiterleben

Ihre Fähigkeit oder Unfähigkeit, den Verlust eines geliebten Wesens (sei es durch Todesfall oder bei einer Trennung) zu verwinden, und Ihr Depressionsrisiko sind das Ergebnis zahlreicher Faktoren[29]:

- *Persönliche Empfindlichkeit für Verluste.* Sie ist eine Komponente Ihrer Persönlichkeit und kann besonders stark ausgeprägt sein, wenn Sie in der Kindheit Verluste erlitten haben. Nach Ansicht der Experten auf dem Gebiet der Bindungstheorie *(attachment)* tragen die frühkindlichen Erfahrungen mit der Mutter dazu bei, welchen Stil gefühlsmäßiger Bindung man entwickelt. Diesen Stil wird man später im Erwachsenenleben bei allen neuen Bindungen zeigen. Wir werden darauf im Kapitel über die Liebe noch zu sprechen kommen.[30]

- *Die Umstände, unter denen sich der Verlust ereignete.* Es sieht so aus, als hätten Sie bessere Chancen, einen Trauerfall zu verwinden, wenn Sie ein geliebtes Wesen allmählich verlieren. Sie haben dann Zeit, sich auf den Verlust vorzubereiten, so etwa, wenn ein Angehöriger nach einer langen, schweren Krankheit stirbt. Abrupte Verluste sollen sich hingegen verheerender auswirken[31]: Sie kommen nichtsahnend von einer Reise zurück und entdecken, daß Ihr Partner all seine Sachen aus Ihrer Wohnung mitgenommen und bloß ein kurzes Abschiedswort hinterlassen hat ... Oder, wie bei Marines Eltern, Sie bekommen einen Anruf von der Polizei, die Ihnen das plötzliche Ableben eines Angehörigen mitteilt, mit dem Sie sich noch wenige Stunden zuvor vergnügt unterhalten haben.
- *Die Tiefe und Dauer der Beziehung.* Bei Erwachsenen beobachtet man pathologische Trauer vor allem nach dem Verlust eines Ehepartners oder Kindes. Dennoch hat man schon Patienten erlebt, die nach dem Tod ihres Hundes eine pathologische Trauer mit Selbstmordneigung entwickelten. Das beweist, daß wir nicht nur mit unseresgleichen tiefe Bindungen eingehen. (Es stimmt schon, daß die meisten Herrchen an ihrem Hund vor allem das sehen, was ihn dem Menschen ähnlich macht, vor allem dieselben Basisemotionen. Auf das Trennende achten sie weniger. Ein zu Herzen gehendes Beispiel dafür findet man in *Die unerträgliche Leichtigkeit des Seins*, wenn Milan Kundera die Hündin Karenin beschreibt.)
- *Die Komplexität der Emotionen*, welche Sie gegenüber dem Menschen verspürten, den Sie verloren haben. Dabei soll Traurigkeit, die mit anderen Emotionen vermischt ist, schwerer zu überwinden sein als »einfache« Traurigkeit.
- Schließlich *der Beistand*, den Ihnen die anderen gewäh-

ren. Untersuchungen haben gezeigt, daß der in einer Familie vorherrschende Kommunikationsstil einen wichtigen Einfluß auf die Entwicklung der Trauer bei Witwen hat.[32] Allgemein ist es so, daß ein sozial isoliertes Individuum auf Verluste empfindlicher reagiert.

EIN BERÜHMTER FALL VON KRANKHAFTER TRAUER: MADAME DE TOURVEL

In Laclos' Roman *Gefährliche Liebschaften* beschließt der Vicomte de Valmont, ein Libertin, die junge und schöne Madame de Tourvel zu verführen. Ein gewagtes Spiel, denn sie ist tugendhaft und hängt sehr an ihrem Ehemann. Unterstützt von den brieflichen Ratschlägen seiner Komplizin, der Marquise de Merteuil, gelangt er schließlich ans Ziel seiner Wünsche. Nach einer ausgeklügelten Annäherungsphase besucht er die tugendsame Gattin eines Abends auf ihrem Zimmer und wenig später in ihrem Bett, wo sie die süßesten Leidenschaften auskosten. Aber kaum hat die Beziehung begonnen, als Valmont, den die Merteuil aufgefordert hat, sich wie ein richtiger Libertin aufzuführen, sich ein Vergnügen daraus macht, seine Liaison wieder platzen zu lassen. Er macht sich davon und läßt der Geliebten einen schrecklichen Brief zurück (»Meine Liebe hat so lange gewährt wie Ihre Tugend«). Madame de Tourvel wird bettlägerig; sie nimmt keine Nahrung mehr zu sich und stirbt nach wenigen Wochen. Später merkt Valmont, der den Gefühllosen gespielt hatte, daß er ebenfalls schrecklichen Liebeskummer verspürt. Er wird diese Emotion stillen, indem er absichtlich sein Leben aufs Spiel setzt.

Der Roman ist ein großartiger Beleg für die Grenzen der Libertinage: Valmont und die Merteuil glauben sich imstande, ihre Emotionen perfekt unter Kontrolle zu halten und gleichzeitig mit den Emotionen der anderen zu spielen. Es soll ihnen jedoch nicht gelingen. Selbst die Merteuil wird eifersüchtig, als ihr bewußt wird, daß Valmont unwissentlich in Madame de Tourvel verliebt ist. Dies ist auch der wahre Grund, weshalb sie ihm befiehlt, mit seiner Geliebten Schluß zu machen.

Die modernen Verfechter der Libertinage und der hedonistischen Liebe täten gut daran, sich einmal zu vergegenwärtigen, daß selbst ihre illustren Meister, die Libertins des 18. Jahrhunderts, es nicht immer schafften, ihre angeborene Neigung zu gefühlsmäßigen Bindungen in den Griff zu bekommen. Schließlich sind wir keine Reptilien, oder jedenfalls nicht nur …

Wenngleich Traurigkeit einer der Bestandteile von Depressionen ist, möchten wir doch an die grundlegenden Unterschiede zwischen beiden Begriffen erinnern.

Traurigkeit ist eine normale Emotion, die zum Repertoire jedes gesunden Menschen gehört. Die Depression ist hingegen eine Krankheit, und zwar eine sehr häufige, denn 20 Prozent aller Frauen und 10 Prozent aller Männer machen im Laufe ihres Lebens eine ernste depressive Phase durch.

Leider werden viele Depressionen nicht diagnostiziert, vor allem bei alten Menschen und solchen, die an einer körperlichen Krankheit oder Behinderung leiden. Man denkt nämlich (und manchmal glauben sie es selbst), bei ihrem Alter oder in ihrem Zustand wäre es normal, sich ständig traurig zu fühlen.

Traurigkeit	*Depression*
Normale Emotion	Krankhafte Störung
Variabler und vorübergehender Zustand	Andauernder Zustand
Gemäßigte und flüchtige körperliche Auswirkungen (einige Stunden oder Tage)	Anhaltende Schlaf- und Appetitstörungen (mehrere Wochen oder Monate)
Zustand bessert sich infolge angenehmer Ereignisse	Geringe Empfänglichkeit für angenehme Ereignisse
Sicht aufs eigene Ich kaum oder nur vorübergehend verändert	Dauerhaft negative Sicht aufs eigene Ich

Unterschiede zwischen Traurigkeit und Depression

Die *Dysthymie* ist eine erst kürzlich von den Psychiatern identifizierte Form der Depression. Diese Stimmungsstörung, die etwa drei Prozent der Bevölkerung betrifft, ist eine Art von chronischer Depression, die auf leisen Sohlen daherkommt. Der Betroffene fühlt sich über mindestens zwei

Jahre hinweg wenigstens jeden zweiten Tag traurig und pessimistisch; er weist auch eine schwache Selbstachtung auf, kann sich schwer konzentrieren und hat Mühe, Entscheidungen zu treffen. Die Dysthymie wirft im übrigen die Frage nach der Grenze zwischen psychischen Erkrankungen und Persönlichkeitszügen auf. Sie nimmt meistens schon in der Jugend ihren Anfang, verläuft chronisch und liegt häufig in der Familie.

Die Depression ist also eine Traurigkeit der besonderen Art: dauerhaft, hartnäckig, intensiv, von einer Abwertung des eigenen Ich begleitet und oftmals mit anderen Emotionen verbunden.

Die Gedanken der depressiven Person sind meist von einer dreifach negativen Sicht gekennzeichnet:

- *negative Sicht aufs eigene Ich:* Gefühl der Minderwertigkeit;
- *negative Sicht auf die Zukunft:* Pessimismus;
- *negative Sicht auf die Welt:* die Welt wird als hart und ungerecht betrachtet.

Diese *depressive Triade* und andere für Depressionen typische Denkweisen lassen erahnen, daß der Depressive unaufhörlich Fehler bei der Informationsverarbeitung macht und daß diese Fehler seine traurigen Emotionen erzeugen oder aufrechterhalten. Hier berühren wir ein weites Forschungsfeld, das von einem neuartigen Therapietyp inspiriert wird, den *kognitiven Therapien*. Diese haben eine Wirksamkeit unter Beweis gestellt, die der von Antidepressiva nahekommt.[33] In den skandinavischen Ländern, in Großbritannien und den USA haben sie heute schon eine vorherrschende Stellung inne.

Depression, Traurigkeit und Zorn

Die Beziehung zwischen Traurigkeit und Zorn bildet einen der Grundpfeiler der psychoanalytischen Depressionstheorien.[34] Freud meinte, bei manchen schweren Depressionen habe der Patient einen Verlust erlitten (zum Beispiel den Tod des Ehepartners), verdränge aber seinen Zorn gegen das verlorene Objekt (einen »infantilen« Zorn über das Leid, das die Person mit ihrem Verschwinden auslöst), denn dieser Zorn vertrage sich nicht mit seinem guten Gewissen als Trauernder. Wie dürfte man böse sein auf den teuren Dahingeschiedenen? Der Patient wende seinen unbewußten Zorn also gegen die eigene Person. Daraus erklärt diese Theorie auch die Neigung melancholischer Patienten, sich aller nur denkbaren Schändlichkeiten anzuklagen und auf brutale Weise aus dem Leben scheiden zu wollen. Neuere Untersuchungen haben gezeigt, daß bei etwa einem Drittel aller depressiven Personen auch Zornphasen auftreten.[35] Man hat sogar die Diagnose »feindselige Depression« aufgestellt, wenn der Patient Aggressivität gegen andere verspürt, aber diese Spielart ist bei weitem nicht repräsentativ für die Gesamtheit der Depressiven.

Depression, Traurigkeit, Ekel

Hören wir den Bericht von Sophie, die sich gerade von einer schweren Depression erholt:

Heute geht es mir schon besser. Mein Psychiater hat mir gesagt, daß ihm ein Detail aufgefallen sei: Ich habe wieder begonnen, Make-up aufzulegen, was bei Frauen anscheinend ein verbreitetes Anzeichen für Besserung ist. Seine Bemerkung hat mich zum Nachdenken gebracht. Sicher, dank der Behandlung habe ich heute mehr Energie; während es mir schlecht ging, schienen mir die kleinsten Anforderungen des Alltags eine unerträgliche Last, das Schminken eingeschlossen. Aber ich glaube, das war nicht der einzige Grund, weshalb ich mir damals keine Mühe mit meinem Aussehen gab. Wenn ich mich nämlich im Spiegel betrachtete, ekelte ich mich vor mir selber. Ich hatte den Eindruck, daß es sowieso vergeblich wäre, das Aussehen dieses widerwärtigen Dinges verschönern zu wollen …

NOCH EINE BASISEMOTION: DER EKEL

Ekel gehört ebenfalls zu den Basisemotionen, und er ist aus mehreren Gründen bemerkenswert[36]:

- Es gibt durchaus einen charakteristischen Gesichtsausdruck für Ekel, den man beobachten kann, wenn man Versuchspersonen mit ekelhaften Bildern konfrontiert.
- Ekel wird durch Gegenstände oder Stoffe hervorgerufen, die uns Krankheiten oder Vergiftungen bescheren können: Kadaver, verdorbene Lebensmittel, Insekten, Mollusken. Ekel läßt uns also einen Bogen um diese Gefahren machen.
- Es gibt jedoch auch einen erlernten Ekel, was sich besonders auf kulinarischem Gebiet zeigt. Angefangen von Schnecken über das Gehirn frisch getöteter Affen oder noch lauwarme Seehundleber bis hin zu gerösteten Heuschrecken – es gibt unzählige Speisen, auf welche die einen ganz versessen sind, während sie auf die anderen ekelerregend wirken. Ziemlich universell soll sich Ekel hingegen auf Gegenstände richten, die uns allzusehr an unsere animalische Natur erinnern (mangelnde Körperpflege, Exkremente, Menstruation).
- Ekel wird zunächst von materiellen Gegenständen ausgelöst, kann sich später jedoch auch auf Verhaltensweisen erstrecken oder auf Personen, die uns »anekeln«. Die Abgrenzung zwischen Ekel und Verachtung interessiert bestimmte Forscher, welche die Verachtung ebenfalls für eine Basisemotion halten, die vielleicht auch einen typischen Gesichtsausdruck mit sich bringt.[37] Laut aktuellen Forschungen soll das, was gewisse depressive Menschen subjektiv erleben, näher an der emotionalen Verbindung von Traurigkeit und (Selbst-)Ekel liegen als an der Verbindung von Traurigkeit und Zorn.

Traurigkeit und Begleitemotionen

Nicole leidet noch immer darunter, daß ihr Freund, mit dem sie drei Jahre zusammengelebt hat, sie verlassen hat. (Wenn die Zeugnisse zum Thema Traurigkeit größtenteils von Frauen stammen, ist das kein machohafter Winkelzug der Autoren. Frauen sprechen im allgemeinen einfach leichter über solche Emotionen als Männer.)

Ich fühle mich die meiste Zeit traurig und habe sehr stark den Eindruck, isoliert zu sein, selbst wenn ich inmitten anderer Leute bin. Das ist eine sehr belastende Traurigkeit, wie ein Klotz am Bein, der mich bei meinen alltäglichen Beschäftigungen behindert. In anderen Augenblicken überkommt mich auch große Zukunftsangst; ich frage mich, wie ich es schaffen soll, ganz allein weiterzumachen und das Leben zu ertragen; ich habe sogar Angst, ich könnte beruflich nicht mehr klarkommen, wenn ich noch lange so durcheinander bin wie jetzt. Und wenn ich dann an ihn denke, steigt in mir manchmal die Wut hoch, besonders wenn ich an die Art und Weise denke, wie er mich verlassen hat, an das, was er mir versprochen hatte, an unsere Zukunftspläne ... Solche Gedanken versuche ich schnell aus meinem Kopf zu verdrängen, denn sonst steigen gleich wieder bestimmte Erinnerungen in mir auf, natürlich Erinnerungen an Augenblicke vollkommenen Glücks, die ich mit ihm erlebt habe. Und das zerreißt mir dann wirklich das Herz. Schließlich fühle ich mich auch als eine solche Niete, weil ich in diesem Zustand stecke, so schwach, so hin- und hergerissen von Emotionen. Das erinnert mich an alles, was ich an mir nicht leiden kann, und ich sage mir, daß er mich bestimmt gerade deshalb verlassen hat.

Nicoles Traurigkeit ist zwar durchaus mit dem Verlust des geliebten Menschen verbunden, tritt aber nicht in »reiner« Gestalt auf, sondern vermischt mit anderen Emotionen. Es wird sie sicher wenig trösten, aber die Forschung hat bestätigt, daß man Traurigkeit in den meisten Fällen zugleich mit einer anderen Basisemotion erlebt.[38] Wenn wir über die Liebe sprechen, werden wir noch sehen, daß Babys sehr früh die Erfahrung solcher emotionaler Mischungen machen.

Mit der Traurigkeit verbundene Emotion nach dem Ende einer Liebesbeziehung	*Damit einhergehende Gedanken*
Traurigkeit und Angst	Was soll aus mir werden?
Traurigkeit und Zorn	So ein niederträchtiges Geschöpf!
Traurigkeit und Glück (Nostalgie)	Oh, wie schön war die Zeit, als ...

Mit der Traurigkeit verbundene Emotion nach dem Ende einer Liebesbeziehung	*Damit einhergehende Gedanken*
Traurigkeit und Ekel	Ich bin eine jämmerliche Gestalt.
Traurigkeit und Scham (tritt bei Männern vielleicht häufiger auf)	Die anderen finden mich bestimmt lächerlich!

Traurigkeit und Begleitemotionen

Nach Ansicht bestimmter Wissenschaftler könnte es leider so sein, daß diese emotionale Mischung es Ihnen schwerer macht, sich von Ihrer Traurigkeit zu befreien. In einer Art Rückstrahlungseffekt könnten sich die Emotionen gegenseitig reaktivieren. Wenn Sie nach einem Todesfall oder dem Bruch einer Beziehung eine Psychotherapie in Angriff nehmen, ist es daher wichtig, mit Ihrem Therapeuten sämtliche Gefühle zu untersuchen, die Sie bei der Erinnerung an das geliebte Wesen noch verspüren, selbst wenn es sich um die widerstreitendsten Empfindungen handeln sollte.

Traurigkeit und Zorn

Zorn und Traurigkeit werden beide durch unerwünschte Ereignisse hervorgerufen. Unser Zorn drängt uns jedoch dazu, gegen den wirklichen oder angenommenen Urheber aktiv zu werden, wohingegen uns Traurigkeit eher dazu führt, daß wir uns auf uns selbst konzentrieren und auf die Schäden, die das Ereignis verursacht hat.

Gedanken bei Traurigkeit	*Gedanken bei Zorn*	*Gedanken bei Angst*
... kreisen um den Verlust, *der mit einem* realen *unerfreulichen Ereignis verbunden ist:*	*... kreisen um den vorgeblichen* Verantwortlichen *für das reale unerfreuliche Ereignis:*	*... kreisen um das* Risiko *eines* noch nicht *eingetretenen unerfreulichen Ereignisses:*

Gedanken bei Traurigkeit	*Gedanken bei Zorn*	*Gedanken bei Angst*
»Welch ein Unglück!«	*»Das wird er mir büßen!«*	*»Welch ein Unglück, wenn das passieren würde!«*

Typische Gedanken bei drei negativen Emotionen

MIT ZORN GEMISCHTE TRAURIGKEIT IM KINO

In Atom Egoyans Film *Das süße Jenseits* (1997), der nach einem Roman von Russell Banks entstand, versinkt eine verschneite Kleinstadt im kanadischen Westen in lähmender Traurigkeit: Fast alle Kinder des Ortes sind bei einem schrecklichen Unfall mit dem Schulbus ums Leben gekommen. Ein Rechtsanwalt, von der Aussicht auf eine schöne Entschädigung angelockt, besucht die Eltern, um ihnen vorzuschlagen, die eventuell Verantwortlichen vor Gericht zu bringen: den Stadtrat, die Omnibuskonstrukteure, die Fahrerin ... Die betrübten Eltern haben für seine Vorschläge taube Ohren, denn der Unfall ist für sie dem blinden Schicksal geschuldet. Der Anwalt schafft es jedoch, ihre Traurigkeit (und ihren wachsenden Zorn über seine penetrante Hartnäckigkeit) in Zorn gegen die vermeintlich Verantwortlichen umzuwandeln: »Ich bin nicht hierhergekommen, um Ihren Kummer zu vertreten, sondern Ihren Zorn.« Es gelingt ihm, manche Eltern in ein gerichtliches Nachspiel hineinzuziehen.

In Martin Scorceses Film *Good Fellas* (1990) gibt die von Robert De Niro gespielte Figur ein wunderbares Beispiel für die Verquickung beider Emotionen ab. Als er von einer Telefonzelle aus anruft, erfährt er, daß ein alter Freund ermordet worden ist. Er bricht sogleich in Tränen aus, aber dann beginnt er, die Telefonzelle in unkontrollierter Wut mit Fußtritten zu traktieren; von neuem kommen ihm die Tränen, von neuem wütet er gegen die Telefonzelle etc.

Soll man seine Traurigkeit mit Zorn kurieren?

Die beiden obigen Beispiele aus der Welt des Films lassen uns erahnen, daß Zorn auch ein Mittel sein kann, um *mit*

Traurigkeit zurechtzukommen. Ohne es zu wissen, ist Robert De Niro mit seinen Emotionen ebenso umgegangen wie die Ilongot, ein philippinischer Stamm von Kopfjägern, der noch lebt wie einst die Jäger und Sammler.

Wenn die Ilongot nämlich *uget* verspüren, eine Emotion, die mit Fehlschlägen und erlittenen Verlusten verbunden ist, gehen sie sogleich auf die Suche nach einem neuen Opfer, denn am besten befreit man sich vom schmerzlichen *uget*, indem man jemandem vom Nachbarstamm den Kopf abschneidet (obwohl dieses Verfahren anscheinend sehr wirkungsvoll ist, wollen wir es Ihnen nicht weiterempfehlen).[39]

Alle Kriegergesellschaften sollen dazu neigen, ihre Traurigkeit in Zorn umzuwandeln, was auf die Mafia und die Ilongot zuträfe, aber auch auf den mittelalterlichen Adel. Weil wir allesamt Nachfahren kriegerischer Jäger und Sammler sind, überrascht es nicht, daß die »Suche nach einem Verantwortlichen« und dessen Bestrafung leider eine weltweit verbreitete Methode der Traurigkeitsbewältigung ist. In der Geschichte der Menschheit hat sie blutige Spuren hinterlassen.

Wenn uns andere leid tun: Mitgefühl und Empathie

Sie können sich auch traurig fühlen, wenn Sie gar keinen persönlichen Verlust erlitten haben; es genügt schon, wenn Sie Zeuge eines Verlusts werden, der einen anderen trifft. In diesem Fall werden Sie *Mitleid* empfinden. Ursprünglich bezeichnete auch unser Wort *Sympathie* das Mitgefühl mit den anderen, denn etymologisch setzt es sich aus der griechischen Vorsilbe *syn-* (mit) und *pathos* (Erleiden, Gemütsbewegung) zusammen. Heute hat es seine semantische Nachbarschaft zum Leiden jedoch verloren.

Die Psychiater und Psychologen von heute verwenden auch den Begriff *Empathie*[40], der dem obigen etymologisch nahesteht. Er bedeutet, daß man die Emotion des anderen und ihre Ursachen *versteht*, was manchmal sogar bewirkt, daß man diese Emotion selber spürt. Empathie gehört zu den Bestandteilen der *emotionalen Intelligenz*.

Ihr Mitgefühl wird sich um so leichter einstellen, wenn die vom Verlust betroffene Person Ihnen viel bedeutet oder viele Gemeinsamkeiten mit Ihnen aufweist. Aber wenn Sie sich sehr stark als Teil der menschlichen Gemeinschaft fühlen, die insgesamt der *condition humaine* unterworfen ist, kann es auch geschehen, daß Sie für völlig Unbekannte Empathie oder Mitgefühl verspüren: für Katastrophenopfer, über die im Fernsehen berichtet wird, für unglückliche Bevölkerungen, die unter Krieg und Hunger leiden. Die Moralisten des 17. Jahrhunderts könnten genau wie manche Psychologen einwenden, daß dieses Mitgefühl nur eine Identifikation mit den Opfern sei und daß wir, indem wir sie beweinen, eigentlich über uns selbst weinen ... Vielleicht haben sie recht, aber ist das weiter schlimm, wenn uns doch diese Emotion dazu bringt, ihnen zu Hilfe zu kommen?

Ein gutes Beispiel für Mitgefühl und Identifikation bietet Roberto Rossellinis wunderbarer Film *Viaggio in Italia (Liebe ist stärker).* Catherine (Ingrid Bergman) und Alex (George Sanders) sind ein reiches englisches Ehepaar, das im Nachkriegsitalien auf Reisen ist. Angeblich wollen sie eine Erbschaftsgeschichte regeln, aber in Wirklichkeit versuchen sie mit dieser Reise, ihrer immer brüchigeren Beziehung neues Leben einzuhauchen. Italienische Freunde nehmen sie zu einer Ausgrabung nach Pompeji mit, wo sie erleben, wie ein Archäologenteam Opfer des Vesuvausbruchs vor zweitausend Jahren ans Tageslicht holt. Dabei werden die Formen eines Paares sichtbar, eines Mannes und einer Frau, die Seite an Seite liegen und gemeinsam vom Tod überrascht worden waren, wobei der Mann mit einer letzten Geste versucht hatte, seine Gefährtin zu schützen. Catherine bricht bei diesem Anblick in Tränen aus. Wie es sich für einen guten Mann aus den englischen Oberschichten geziemt, fordert Alex sie auf, sich zusammenzureißen (man darf die italienischen Freunde schließlich nicht in Verlegenheit bringen ...). Später, unter vier Augen, gesteht er ihr, daß er sich selbst *pretty moved* gefühlt habe.

In diesem Fall hat sich ihr Mitgefühl nicht nur auf Unbekannte gerichtet, sondern sogar auf längst verstorbene Menschen. Ähnlich kann es aussehen, wenn uns das Fernsehen Erinnerungen an die Opfer vergangener Katastrophen oder Völkermorde zeigt.

Wie Sie mit Ihrer Traurigkeit besser umgehen

Traurigkeit ist eine normale Emotion, die einen Bestandteil Ihrer Erfahrungswelt und Ihres psychischen Reifeprozesses bildet. Es geht also nicht darum, sie auszuräumen oder zu verdrängen, denn das wäre kaum machbar und psychologisch nachteilig.

Wie bei jeder Emotion ist es aber auch bei Traurigkeit gut, wenn wir sie in gewissen Grenzen halten, jenseits derer sie uns schädlich werden würde. Den schon aufgezählten Vorteilen des Traurigseins sollen im folgenden die möglichen Nachteile gegenübergestellt werden.

Vorteile von Traurigkeit	*Nachteile übermäßiger Traurigkeit*
Durch Traurigkeit lernen Sie, künftig Situationen zu meiden, die Sie traurig machen.	Traurigkeit kann Ihr Handeln hemmen.
Traurigkeit führt dazu, daß Sie die Situation und Ihre möglichen Irrtümer neu einschätzen.	Traurigkeit kann dazu führen, daß Sie ständig über Ihre Mißerfolge nachgrübeln.
Traurigkeit kann die Aufmerksamkeit und das Mitgefühl Ihrer Mitmenschen auf Sie lenken.	Traurigkeit wird am Ende den guten Willen der anderen überstrapazieren.
Traurigkeit schützt Sie (vorübergehend) vor der Aggressivität der anderen.	Traurigkeit macht Sie in den Augen der anderen zu einem Schwächling, den man ohne Risiko ausnutzen kann.
Traurigkeit erlaubt Ihnen, Mitgefühl und Empathie für die Traurigkeit Ihrer Mitmenschen zu empfinden.	Traurigkeit macht Sie zu empfänglich für jedes traurige Ereignis.

Damit Sie die Vorteilsseite nicht verlassen, möchten wir Ihnen einige Ratschläge erteilen. Aber aufgepaßt, sie sind nur gültig für gewöhnliche Traurigkeit! Falls Sie deprimiert sind, werden diese Tips nicht ausreichen, und eine medizinische und psychologische Betreuung wäre vonnöten.

◆ Akzeptieren Sie Ihre Traurigkeit!

Anders als heute, wo man Traurigkeit oft als Schwäche auffaßt, hat sie im Laufe der Jahrhunderte höhere Wertschätzung gefunden, und zwar:

- bei Mönchen und Nonnen, wo man sie als Zeichen von Demut betrachtete, als Einsicht in die eigene Unvollkommenheit;
- bei Künstlern, vor allem in der Romantik, wo man sie für ein Zeichen von Sensibilität hielt, für eine nur zu verständliche Emotion angesichts einer Welt, aus welcher sich das Ideal verflüchtigt;
- bei Medizinern und Philosophen, die der Ansicht waren, Melancholie sei oft ein typisches Merkmal großer Männer.[41]

Selbst wenn unsere Gesellschaft diese Emotion weniger schätzt, sollten Sie Ihre Traurigkeit akzeptieren; sie wird Ihnen helfen zu überlegen, sich zu erinnern, die Sie umgebende Welt besser zu verstehen und bestimmte Fehler nicht wieder zu begehen. Außerdem ist sie eine unvermeidliche Emotion, und wenn man ohne Traurigsein leben wollte, wäre das ein ebenso vergeblicher Wunsch wie der nach ewiger Jugend.

◆ Geben Sie Ihrer Traurigkeit in Maßen Ausdruck!

Wenn Sie Ihrer Traurigkeit Ausdruck verleihen, können Sie damit Aufmerksamkeit und Mitgefühl auf sich lenken und die Bindungen zu jenen Menschen stärken, die Ihnen zuhören oder Sie trösten.

Manchmal braucht es erst einen Unglücksfall, damit man die Großherzigkeit bestimmter Menschen entdeckt, und wenn man mit seiner Traurigkeit hinterm Berg halten würde, brächte man sich um diese tiefen Augenblicke, in denen zwei Menschen eine Emotion teilen.

Aber zwei Risiken sind dennoch vorhanden: Es kann passieren, daß wir den guten Willen der anderen zu sehr beanspruchen oder daß sie uns für einen Schwächling halten. Vor allem sollten Sie es vermeiden, Ihre Traurigkeit in einem Milieu zu zeigen, wo starker Konkurrenzdruck herrscht. Das gilt besonders für Männer.

◆ Bleiben Sie trotzdem aktiv!

Zurückgezogenheit, Passivität und Abkapselung sind oftmals die Begleiter von Traurigkeit.

Wenn Sie sich dieser Haltung zu lange hingeben, riskieren Sie aber leider, daß Ihre Traurigkeit immer länger anhält. Gehen Sie keinen Aktivitäten nach, wird sich Ihre Aufmerksamkeit nämlich dauernd auf den erlittenen Verlust richten, vor allem dann, wenn Sie die ganze Zeit zurückgezogen in einer ereignisarmen Umgebung bleiben.

Selbst wenn eine Rückzugsphase unvermeidlich ist, sollten Sie im Auge behalten, daß es notwendig ist, weiter aktiv zu sein, sei es auch vorerst in bescheidenerem Umfang. Die *Eudämonie* des Aristoteles, also die auf ein Ziel gerichtete Aktivität, kann ein gutes Heilmittel gegen Traurigkeit sein.

Erinnern Sie sich auch an den Wirkungsmechanismus des *facial feed-back*: Schon wenn Sie willkürlich lächeln, hat das günstige Folgen für Ihre Stimmung, und weniger triste Gedanken werden aufsteigen. Natürlich wäre es unnütz, von einer Lachtherapie die Heilung einer tiefen Traurigkeit zu erhoffen. Umgekehrt können Sie jedoch ganz sicher sein, daß Ihre Stimmung noch sinken wird, wenn Sie pausenlos mit einer kummervollen Miene herumlaufen. Achten Sie deshalb auf Ihren Gesichtsausdruck – er hat eine gewisse Macht über Ihre seelische Verfassung!

TRAUER UND DENKEN

Während gute Laune das Handeln, die Zusammenarbeit mit anderen und die Kreativität fördert, scheint Traurigkeit die umgekehrten Auswirkungen zu haben[42]:

- Traurigkeit begünstigt das Aufsteigen trauriger Gedanken auf Kosten aller übrigen Ideen.
- Traurigkeit lenkt unsere Aufmerksamkeit auf die ungünstigen Elemente einer Situation.
- Traurigkeit stört die Konzentrationsfähigkeit.

In der Phase der Abkapselung und der Bilanzierung von Mißerfolgen sind diese Phänomene normal und vielleicht sogar notwendig. Durch Inaktivität können sie jedoch sehr verschärft werden.

Traurigkeit beeinflußt auch unsere Wahrnehmung von Fehlschlägen oder Erfolgen. Wenn man traurig ist, neigt man eher dazu, sich die Verantwortung für seine Mißerfolge selbst zuzuschreiben und sie zu einem stabilen Merkmal der eigenen Persönlichkeit zu machen. Psychologen nennen dies »interne und stabile Attributionen« (»Ich bin durchgefallen, weil ich nicht begabt bin«). Bei eventuellen Erfolgen meint man hingegen eher, sie wären den günstigen Umständen zu verdanken, nimmt also externe und instabile Attributionen vor (»Ich habe es geschafft, weil es diesmal so einfach war«). Diese Mechanismen sind bei einer Depression unablässig am Wirken und erhalten eine beinahe pausenlose Traurigkeit aufrecht. Zahlreiche Untersuchungen haben bewiesen, daß dieser für bestimmte Personen so typische Denkstil zu den Risikofaktoren für das Auftreten depressiver Zustände gehört.[43]

◆ Suchen Sie sich Ereignisse oder Aktivitäten aus, die Ihnen normalerweise Spaß machen!

Wenn Sie nicht gerade schwer deprimiert sind, wird Ihre Traurigkeit im allgemeinen von angenehmen Ereignissen günstig beeinflußt. Rechnen Sie aber nicht mit Freudenausbrüchen, sondern nur damit, daß sich Ihre Traurigkeit durch kleine Augenblicke der Zufriedenheit abmildern wird.

Achtung, wir haben ja bereits gesehen, daß wir nicht alle gleichermaßen empfänglich sind für alle Arten von Freude.

Lassen Sie sich keine »lustigen« Situationen aufdrängen, für die Sie auch vor Beginn Ihrer Traurigkeit wenig übrig hatten. Die einen können ihre Traurigkeit auf einem ausgelassenen Fest besänftigen, die anderen auf einem Spaziergang zu zweit. Denken Sie darüber auch nach, bevor Sie versuchen, die Stimmung Ihrer traurigen Freunde anzuheben.

Man wird diesen Rat um so leichter befolgen können, wenn man ohnehin eine Lebensführung hat, die angenehmen Ereignissen oder Betätigungen zugewandt ist. Florence und Martin, deren Tochter bei einem Verkehrsunfall ums Leben kam, geben dafür ein Beispiel ab:

In den ersten Wochen schafften wir es mit Mühe und Not, unseren beruflichen Aktivitäten nachzukommen; kaum waren wir zu Hause, kam der große Zusammenbruch. Von den Ratschlägen eines Freundes unterstützt, beschlossen wir zu handeln. Wir richteten es so ein, daß wir die Wochenenden so selten wie möglich zu Hause verbrachten: Wir nahmen Einladungen zu Freunden an oder verreisten. Das wirkte nicht gerade Wunder; ich erinnere mich, daß meinem Mann die Tränen kamen, als wir einen Ort wiedersahen, den wir mit unserer Tochter besucht hatten. Wir haben allerdings auch endlich wieder schöne Momente zu zweit verbracht, während wir vorher wochenlang nur unsere Traurigkeit miteinander geteilt hatten. Insgesamt hat sich die Situation verbessert, wenn ich auch spüre, daß noch ein langer Weg zurückzulegen ist, ehe wir wirklich wieder Geschmack am Leben finden.

Dieses Beispiel zeigt, wie wichtig der »soziale Rückhalt« ist, die Rolle der Freunde und Bekannten, die uns mit ihrem Mitleid, mit Ratschlägen und Einladungen helfen oder uns sogar materiell unterstützen können.

◆ Überlegen Sie, ob Sie nicht einen Arzt aufsuchen sollten!

Wenn sich Ihre Traurigkeit in die Länge zieht und eines der folgenden Merkmale aufweist, sollten Sie Ihren Arzt aufsuchen[44]:

- Durch Ihre Traurigkeit können Sie nur schwer Ihren üblichen Beschäftigungen nachgehen.
- Ihr Zustand verändert sich selbst bei Erlebnissen nicht, die Ihnen früher angenehm waren.
- Die Traurigkeit wird von einem ungewohnten Ermüdungsgefühl, von Schlaf- oder Appetitstörungen begleitet.
- Sie ist mit Todes- oder Selbstmordgedanken verbunden.

Sprechen Sie mit Ihrem Arzt darüber! Er wird herauszufinden versuchen, ob Sie an einer Depression leiden. In diesem Fall werden all unsere Ratschläge nicht ausreichen – Sie brauchen medizinische und psychologische Behandlung.

Was Sie tun sollten	*Was Sie lassen sollten*
Akzeptieren Sie, daß Sie traurig sind.	Verdrängen Sie Ihre Traurigkeit nicht.
Verleihen Sie Ihrer Traurigkeit Ausdruck.	Versuchen Sie nicht um jeden Preis, eine gute Figur zu machen.
Bleiben Sie weiter aktiv.	Bleiben Sie nicht deprimiert in der Ecke sitzen.
Suchen Sie sich angenehme Beschäftigungen.	Basteln Sie sich keine traurig machende Umgebung zurecht.
Überlegen Sie, ob Sie nicht einen Arzt aufsuchen sollten.	Weisen Sie nicht jede Hilfe zurück.

Mit Traurigkeit besser umgehen

Kapitel 6
Scham

> Die Scham ist für mich zu einer Lebensweise geworden. Manchmal habe ich sie nicht einmal mehr wahrgenommen; sie war jetzt in meinem ganzen Körper.
>
> *Annie Ernaux*, Die Scham

Hören wir, was uns Anne (52) über eine Jugenderinnerung berichtet:

In meiner Jugendzeit war ich mit einem anderen Mädchen aus meiner Klasse befreundet, ohne groß darauf zu achten, daß sie einem besseren sozialen Milieu entstammte als ich. Meine Eltern waren Kleinbauern, die nur bis zum Volksschulabschluß gekommen waren, während ihr Vater ein Notar war, den man in der ganzen Region kannte. Sie selbst achtete aber auch nicht besonders auf diese Unterschiede und lud mich eines Tages zum Mittagessen ein. Ihre Eltern waren während der ganzen Mahlzeit sehr nett zu mir. (Man muß aber dazu sagen, daß ich eine sehr gute Schülerin war und mir in ihren Augen die Einladung wohl »verdient« hatte.) Ich spürte, daß meine Freundin sehr zufrieden war mit meinem Besuch. Aber mit uns saß auch ihr kleiner Bruder am Tisch, der ein ziemlicher Wirbelwind war und ungeduldig darauf wartete, aufstehen zu dürfen. Ich erinnere mich noch genau, daß es als Hauptgericht einen exzellenten Hasenpfeffer gab, den ich mit großem Appetit aß, wobei ich jedoch sehr aufpaßte, mich »ordentlich aufzuführen« und intelligente Antworten auf die wohlwollenden Fragen des Herrn Notars und seiner Gattin zu finden. Als ich fertig war, blieb noch Soße auf meinem Teller, und wie ich es von zu Hause gewohnt war, griff ich nach einem Stück Brot und wischte damit den Teller aus. Ich hätte überhaupt nichts gemerkt, hätte es mir der kleine Bruder, sei es aus Spieltrieb oder vielleicht aus Bosheit, nicht sogleich nachgemacht. Die taktvolle Madame N. hätte wahrscheinlich nichts gesagt, aber der Notar konnte nicht an sich halten; er fixierte seinen Sohn mit strengem Blick und schleuderte ein wütendes »Benoît!« in seine

Richtung, so daß der Junge sein Stück Brot gleich hinlegte. Ich sah und begriff und hatte den Eindruck, mein Herz würde stehenbleiben. Ich glaube, daß ich den Rest der Zeit gute Haltung bewahren konnte, aber dabei fühlte ich mich wie eingehüllt in einen brennenden Nebel aus Scham. Allein die Erinnerung an diesen Tag treibt mir noch heute die Röte auf die Wangen.

Anne hat wirklich Scham empfunden, das heißt »ein schmerzliches Gefühl der eigenen Minderwertigkeit, Unwürdigkeit oder Herabsetzung in der Meinung der anderen«[1].

In dieser Geschichte ist die Minderwertigkeit eine soziale: Anne gerät als Gast in eine Familie, die einer »höheren« Klasse angehört, und enthüllt dort aus Versehen, daß sie sich mit den Sitten und Gebräuchen dieser Klasse nicht auskennt. Weil sie es nicht verstanden hat, sich an einem gutbürgerlichen Mittagstisch korrekt zu verhalten, ist sie in ihren eigenen Augen der Einladung unwürdig. Schließlich fürchtet sie, daß ihre Gastgeber, die zunächst von Annes gutem Charakter und ihrer Intelligenz angetan waren, beim Anblick des heftig auf dem Teller herumwischenden Mädchens wieder auf dessen Herkunft aufmerksam werden würden. Kaufman beschreibt Schamgefühl als die »Emotion der Minderwertigkeit«.[2]

Aber, so mag man hier einwenden, wird denn der Wert einer Person davon bestimmt, ob sie ihren Teller auswischt oder nicht? Warum hat dieses Verhaltensdetail für Anne solch eine Bedeutung, wo ihre persönlichen Stärken der Freundin und ihren Eltern doch gefallen haben?

Sicher überschätzt Anne die Wichtigkeit dieses Details in der vorliegenden Situation. Die Familie, die sie eingeladen hat, weiß ja schließlich, daß sie aus bescheidenen Verhältnissen stammt. Es war doch nicht so, daß sie sich für eine Herzogin ausgeben wollte! Dennoch verrät dieser kleine Schnitzer ihre soziale Herkunft, die in den Augen der anderen immer eine wichtige Komponente unserer Identität ist. Deshalb ist der Herr Notar, der Anne gegenüber sicher keine Bemerkung gemacht hätte, auch so wütend, wenn sich sein Sohn »deklassiert«, indem er seinen Teller mit Brot auswischt.

Liebe Leserin, lieber Leser, haben Sie sich schon einmal geschämt? Gibt es immer noch Dinge, derer Sie sich schämen? Wahrscheinlich ja. Aber mit wem haben Sie in letzter Zeit darüber gesprochen?

Studien haben belegt, daß wir größere Vorsichtsmaßnahmen ergreifen, wenn wir jemandem unser Schamgefühl offenbaren, als wenn wir über andere emotionale Erinnerungen reden. Die befragten Personen gestanden ein, daß sie an dem Tag, wo das peinliche Ereignis geschieht, mit niemandem über ihr Schamgefühl sprechen, und sich auch nachträglich nur Familienmitgliedern anvertrauen oder Freunden, die den gleichen sozialen Status haben. Der Person, die das Schamgefühl ausgelöst hat, sagen sie hingegen fast nie etwas davon.[3]

Als man Tonbandmitschnitte von Therapien auswertete, bemerkte man, daß Patient und Therapeut zahlreiche Sitzungen absolvieren können, ehe zum ersten Mal über Schamgefühle gesprochen wird. Dabei stehen solche Probleme manchmal im Mittelpunkt der Schwierigkeiten des Patienten. Fragt der Therapeut hingegen direkt danach, öffnet ihm der Patient in den allermeisten Fällen sein Herz.[4]

Auch Annie Ernaux erklärt in *Die Scham*, daß sie erst mehrere Romane verfassen mußte, ehe sie über das Schamgefühl zu schreiben wagte, das sie in ihrer Kindheit empfunden hatte. Diese Enthüllung scheint ihr nicht gerade harmlos zu sein, denn sie spricht davon, »ein Buch zu schreiben, das hinterher den Blick der anderen unerträglich machen würde«. Wir werden jedoch sehen, daß man sich im Gegenteil von seinem Schamgefühl befreien kann, wenn man von ihm spricht.

Aus der Zögerlichkeit, mit der man anderen seine Scham offenbart, erklärt sich vielleicht auch, daß diese Emotion ganz wie der Neid und im Unterschied zu Basisemotionen wie Zorn oder Traurigkeit erst in letzter Zeit systematisch erforscht wurde. Wenn das Schamgefühl nun also so intensiv, so prägend für unsere Erinnerungen und gleichzeitig so schwierig zur Sprache zu bringen ist, müssen wir fragen, wozu es uns eigentlich dient. Um das besser zu begreifen, wollen wir zunächst untersuchen, wovon es ausgelöst wird.

Wofür schämen wir uns?

Sehen wir uns also ein paar schamerzeugende Situationen genauer an – und hoffen wir, daß Ihnen dabei die Röte nicht allzu sehr ins Gesicht steigt, denn Scham ist eine Emotion, die wir auch aus Mitgefühl verspüren können.

Hubert (34) erzählt:

Meine Eltern haben mich ziemlich spät bekommen; mein Vater ging sogar schon auf die Fünfzig zu. Eines Tages, ich war vielleicht zehn Jahre alt, kam er mich nach der Schule abholen. Als ich ihn am Tor stehen sah mit seinen weißen Haaren, seinem Schmerbauch und seinem altmodischen Anzug (die anderen Eltern schienen mir plötzlich alle jung, dynamisch und gut angezogen zu sein), begann ich mich zu schämen. Er erblickte mich und lächelte mir zu, aber ich ging nicht über die Straße zu ihm hin, sondern marschierte schnurstracks nach Hause. So wollte ich ihn zwingen, mich ein wenig weiter hinten auf dem Gehweg zu treffen und nicht inmitten meiner Schulkameraden. Ich sah, daß er verblüfft dreinschaute, aber er muß wohl verstanden haben und kam mir hinterher, ohne etwas zu sagen. Ich erinnere mich noch gut, wie ich mich damals geschämt habe, aber heute schäme ich mich über mein eigenes Verhalten: Ich hatte meinen Vater, der mich doch liebte, vor den Kopf gestoßen.

Hubert beschreibt hier ein Schamgefühl, das mit einem Mangel an Konformität verbunden ist. Sein Vater wirkte durch sein Alter ganz anders als die Väter der Klassenkameraden. Das Gefühl, nicht wie die anderen zu sein, ist auf vielen Gebieten eine Quelle von Scham: beim äußeren Aussehen, der ethnischen Zugehörigkeit, der sozialen Herkunft oder beim Vorhandensein eines körperlichen oder geistigen Handicaps.

Übrigens hat Hubert nur in der Szene aus seiner Kindheit wirklich Scham empfunden – die Emotion, die ihn heute bewegt, ist eher ein *Schuldgefühl.*

Sandrine (38) berichtet:

Als Jugendliche wohnte ich weit weg von zu Hause im Internat eines Gymnasiums. Die Küche entsprach nicht gerade dem pädagogischen Ansehen des Hauses. Das Essen war wenig appetitlich und von der Menge her nicht ausreichend für junge Leute, die noch voll im Wachstum waren. Zum Glück schickten die meisten Eltern Pakete, mit denen wir das tägliche Einerlei aufbesserten. In unserem Zimmer hatte sich von selbst eine gewisse Regel herausgebildet: Jeder gab von dem, was er geschickt bekommen hatte, den anderen ein bißchen ab, und zwar nach einer ziemlich komplexen Tauschstruktur, die einen Anthropologen interessiert hätte. Meine Mutter schickte regelmäßig eine Sorte Makronen, die es nur in unserer Stadt gab und die ich furchtbar gern aß. Ich weiß nicht warum, aber ich entwickelte eine richtige Fixierung auf diese Makronen: Ich wollte sie mit niemandem teilen, ich öffnete die Schachtel immer heimlich, versteckte die Makronen in meinem Schrank und aß sie ganz allein. In den Paketen waren aber mehr Makronen, als ich essen konnte, und so hatte ich am Ende einen richtigen Vorrat beisammen. Das wurde immer peinlicher, denn wenn ich den Stapel jetzt jemandem gezeigt hätte, wäre damit mein Hamstern ans Tageslicht gekommen. Eines Tages dann die Katastrophe: Die anderen Mädchen erwischten mich, wie ich vor offenem Schrank gerade eine Makrone mampfte ... Sie stießen verwunderte Ausrufe aus; ich spürte, wie ich ganz rot vor Scham wurde; am liebsten wäre ich im Erdboden versunken. Hinterher haben sich die anderen ständig über mich lustig gemacht und mich »Miss Makrone« genannt. Der Spitzname blieb das ganze Jahr an mir kleben und machte mir sehr zu schaffen.

Sandrine beschreibt hier ein Schamgefühl, welches davon ausgelöst wurde, daß man bei ihr ein Fehlverhalten im Bereich »wechselseitige Hilfe und Gegenseitigkeit« aufdeckte. Auf frischer Tat ertappt zu werden, ist eine Quelle von Scham. *Être pris la main dans le sac* – »dabei erwischt werden, wie man gerade die Hand in den Sack steckt«, ist die französische Bezeichnung für eine solche Situation, während die Amerikaner bemerkenswerterweise sagen, daß man »mit runtergezogener Hose« *(pants down)* ertappt wird ... In diesen Bildern kommt vielleicht der Unterschied zwischen einem katholisch inspirierten Schamgefühl (das ums Geld kreist) und einem protestantisch geprägten (das sich um geschlechtliche Dinge dreht) zum Ausdruck.

Jean-Pierre (40) erzählt:

Als ich Jurastudent im ersten Studienjahr war, interessierte ich mich sehr für ein Mädchen aus unserer Fakultät. Im Grunde wollten alle gern mit ihr gehen. Sie war sehr sexy, hatte aber zugleich eine ziemlich zurückhaltende Art. Niemand von uns wußte, ob sie schon einen Freund gehabt hatte. Und dann, eines Abends, war sie zu meiner großen Überraschung einverstanden, mit mir ins Kino zu gehen. Hinterher habe ich sie mit hochgenommen, um noch ein Glas zu trinken, und nach und nach zeigte sich, daß sie doch ein bißchen wagemutiger war. Mit träumerischem Blick erklärte sie mir, daß sie auf Männer stehe, die schon ein bißchen älter waren als wir Studienanfänger. Sie habe schon mehrere Beziehungen mit verheirateten Männern gehabt und sogar mit einem Professor von der Fakultät. Ich war ziemlich beeindruckt von diesen Enthüllungen, denn ich hatte sie immer für recht brav gehalten, und nun entdeckte ich, daß sie mehr Erfahrung hatte als ich! Als wir uns später im Bett wiederfanden, war ich, um es vorsichtig auszudrücken, nicht gerade brillant. Sie kommentierte das mit einem ironischen »Das ist wohl alles?«, was mir gar keine Chance ließ, noch eine bessere Vorstellung hinterherzuschicken. Ich habe mich sehr geschämt und glaubte, daß ich in ihren Augen, verglichen mit den bisherigen wundervollen Liebhabern, so etwas wie ein Sexualkrüppel sein mußte. Weil ich sehr wenig Erfahrung hatte, konnte ich dieses Fiasko auch nicht relativieren. Wir haben die Beziehung gleich abgebrochen, aber sobald ich ihr später an der Fakultät über den Weg lief, war es mir, als würde sie ein ironisches Lächeln aufsetzen, und ich wurde schamrot.

Jean-Pierre beschreibt hier ein Schamgefühl sexuellen Ursprungs. Dieser Bereich ist ganz besonders fruchtbar, wenn es um die Entstehung der verschiedensten Schamgefühle bei Männern wie Frauen geht: sexuelle Leistungsfähigkeit, Größe und Form der Geschlechtswerkzeuge und mehr oder weniger offen eingestandene Vorlieben spielen dabei eine große Rolle.

Matthieu (38), leitender Angestellter in einem Pharmazielabor:

Ich bin nicht gerade, was man einen glänzenden Unterhalter nennt, und habe immer ein bißchen Lampenfieber, wenn ich vor einem Publikum sprechen muß, besonders wenn es auf englisch ist. Das kommt manchmal vor, weil ich für einen multinationalen Konzern arbeite. Eines Tages mußte ich an einer Vormittagssitzung teilnehmen, auf welcher wir vor einer Gruppe von Führungskräften, die aus der amerikanischen Firmenzentrale gekommen war, unsere Forschungsergebnisse präsentieren sollten. Mehrere Kollegen mußten nacheinander aufs Podest steigen und neben einem Overheadprojektor ihre Resultate vorstellen. Das ist eine Situation, die ich wirklich hasse. Ich hatte den Eindruck, mich nicht allzu schlecht aus der Affäre zu ziehen, allerdings sprach ich recht zögerlich. Hinterher kam es mir so vor, als ob alle Kollegen, die nach mir an die Reihe kamen, besser waren, interessanter sprachen und ungezwungener auftraten. Ich sagte mir jedoch (ganz wie es mir mein Psychologe empfiehlt), daß ich zu schwarz sehe und gar nicht so schlecht gewesen sei. Während die Präsentation weiterlief, hatte ich mich wieder in die Publikumsreihen gesetzt, genau hinter zwei Kollegen, die wahrscheinlich nicht mitbekamen, daß ich so nahe bei ihnen saß. Der eine murmelte dem anderen zu: »Im Moment läuft es ja ganz gut – das bügelt Matthieus Vorstellung vielleicht wieder ein bißchen aus!« Der andere nickte zustimmend. Ich spürte, wie ich ganz rot vor Scham wurde.

Matthieu hat ein Schamgefühl empfunden, das mit dem Thema »Status/Wettbewerb« verknüpft ist, einem Gegenstand, der im Berufsleben überall präsent ist. Aber auch im übrigen Leben, sei es im Urlaub oder in der Familie, ist die Wahrung unseres Status von Belang. Hier können quälende Schamgefühle ihren Ausgangspunkt haben.

Nach Ansicht der Psychologen entstehen Schamgefühle, wenn wir in einem der vier erwähnten Bereiche die Gruppennormen nicht erfüllen: Konformität, gegenseitige Hilfe, Sexualität, Status/Wettbewerb.[5]

Hier einige andere schamerzeugende Situationen mit dem jeweils zugrunde liegenden Thema (wobei in einer Situation manchmal mehrere Themen präsent sein können):

Art der Gruppe	*Gruppennorm*	*Beispiel für einen Grund, sich zu schämen*	*Thema der Scham*
Kinder	kein Baby mehr sein	ins Bett pullern	Konformität und Status
Teenager (männlich)	ein richtiger, männlicher Mann sein	ein kleines Glied haben (oder jedenfalls der Meinung sein)	Status/Wettbewerb und Sexualität
Teenager (weiblich) 2000	schlank sein	rundliche Körperpartien haben	Konformität
Teenager (weiblich), um 1950/60	eine richtige Frau sein	keinen Busen haben oder einen zu kleinen	Status/Wettbewerb und Sexualität
Soldaten, Seeleute, junge Männer in »Gangs«, Mafiosi, Samurai	körperlichen Mut beweisen	seine Angst zeigen	Status/Wettbewerb und Gegenseitigkeit
Männer in traditionellen Gesellschaften	eine gehorsame Frau haben	von seiner Frau betrogen werden oder unter ihrem Pantoffel stehen	Konformität und Status
Bauern, die im frühen 20. Jahrhundert in eine Stadt kamen	nicht »bäurisch« wirken	unabsichtlich Ausdrücke aus dem dörflichen Dialekt verwenden	Status
Leute über vierzig	jung aussehen	Falten oder »Schwimmringe« haben	Konformität und Status
Führungskräfte	im Beruf erfolgreich sein	die Arbeit verlieren	Status/ Wettbewerb

Art der Gruppe	*Gruppen-norm*	*Beispiel für einen Grund, sich zu schämen*	*Thema der Scham*
Junge Frauen (fünfziger Jahre)	tugendhaft sein	nicht mehr Jungfrau sein	Konformität und Sexualität
Junge Frauen (siebziger Jahre)	sexuell befreit sein	noch immer Jungfrau sein	Konformität und Sexualität

In all diesen Beispielen zeichnen sich die schamauslösende Eigenart oder das schamauslösende Verhalten durch zwei Merkmale aus:

- Sie werden nicht nur von der Gruppe negativ bewertet, sondern auch von der sich schämenden Person selber, die lieber »anders wäre« oder sich auf jeden Fall anders verhalten hätte, selbst wenn ihr das »schändliche« Verhalten zu einem bestimmten Zeitpunkt höchst reizvoll erschienen war (so bei der tugendhaften jungen Dame, die »der Versuchung nachgibt« ...). Wenn Sie sich schämen, bedeutet das, daß Sie die Regeln und Ziele Ihrer Gruppe verinnerlicht haben *(SRG: standard rules and goals).*
- Sind Ihnen die Normen Ihrer Gruppe nämlich gleichgültig, würde es Sie vielleicht verlegen machen, wenn man Sie »mit der Hand im Sack« erwischt, es würde aber kein wirkliches Schamgefühl auslösen. Politiker, die sich die Norm der Ehrenhaftigkeit zu eigen gemacht haben, gehen manchmal bis zum Selbstmord, wenn bei ihnen ein Fehlverhalten aufgedeckt wird. Die anderen sind lediglich verlegen oder wütend, erwischt worden zu sein, und verteidigen sich hinterher mit einer spöttisch angehauchten Kaltschnäuzigkeit.
- Um Scham auszulösen, müssen die besagte Eigenart oder das betreffende Verhalten Ihre *Identität* in den Augen der Gruppe bestimmen. Selbst wenn es sich, von einem anderen Blickwinkel aus betrachtet, nur um Kleinigkeiten handelt (den Teller mit Brot auswischen, mangelnden Respekt mit Fäusten zu beantworten wissen), können diese

»Kleinigkeiten« in den Augen der Leute, die Sie frequentieren, das ganze Bild verderben. Der Soziologe Erving Goffman[6] spricht das Schamgefühl betreffend von einem *spoiled self* (einer verdorbenen Identität).

Wie wir aussehen, wenn wir uns schämen

»Mr. Swinhoe hat die Chinesen erröten sehen, glaubt aber, daß dies selten ist. Doch haben sie den Ausdruck ›vor Scham rot werden‹. [...] Die Polynesier erröten sehr viel. Mr. Stack hat Hunderte von Beispielen bei den Neuseeländern gesehen. [...] Mr. Washington Matthews hat häufig ein Erröten auf den Gesichtern der jungen Mädchen gesehen, die zu verschiedenen wilden Indianerstämmen Nord-Amerikas gehören [...]. Mehrere glaubwürdige Beobachter haben mir versichert, daß sie auf den Gesichtern der Neger eine Erscheinung bemerkt hätten, welche einem Erröten ähnlich ist, und zwar unter Umständen, welche ein solches bei uns erregt haben würden [...].«[7]

Obgleich ihn seine angegriffene Gesundheit in der Grafschaft Kent festhielt, baute Darwin die Grundlagen seiner Forschungen über die Universalität der Emotionen weiter aus, indem er Seeleute, Forschungsreisende und Kolonisatoren aus seiner Bekanntschaft ausfragte. Was das Schamgefühl anbelangte, schloß er aus diesen Auskünften, daß Erröten ein universell verbreitetes Symptom für diese Emotion sei – nicht kulturabhängig, sondern angeboren und der Menschheit in allen Breiten gemeinsam, selbst wenn es bei einer jungen südenglischen Bäuerin leichter zu beobachten (und wahrscheinlich auch auszulösen) war als bei einem Zulukrieger.

Diese Intuitionen sind von der modernen Wissenschaft bestätigt worden. Man kann nicht nur in allen Klimazonen das »Schamrotwerden« (also die Ausdehnung der Blutgefäße im Gesicht) konstatieren, sondern es gibt auch einen universellen mimischen und gestischen Ausdruck für Scham: Man senkt den Blick und neigt den Kopf nach vorn.[8] In den meisten Kulturen wird noch eine andere Geste als Zeichen für Scham erkannt: Man bedeckt seine Augen mit der Hand, maskiert also sein Gesicht, ein Reflex, den man bei kleinen Kindern gut beobachten kann, wenn man sie bei etwas ertappt hat.

Gaëtan schildert das Verhalten seiner vierjährigen Tochter Sidonie:

Sidonie hatte sich mit ihrer kleinen Schwester Héloïse gestritten; sie hatte das zweijährige Kind aus dem Zimmer geschubst und die Tür mit voller Kraft zugeknallt. Ärgerlich war bloß, daß dabei zwei Finger von Héloïse eingeklemmt und von der Wucht des Schlages ganz zerquetscht wurden. Wir mußten sie in aller Eile ins Krankenhaus fahren, wo man sie unter Vollnarkose operierte, denn an den oberen Fingergliedern gab es offene Brüche. Ich lernte bei der Gelegenheit, daß diese Art von Verletzung bei Kinderärzten wohlbekannt ist und unter einem eigenen Namen läuft. Für die Nacht, die Héloïse im Krankenhaus zubringen mußte, hatten wir Sidonie bei ihrem Onkel gelassen. Als ich sie am nächsten Tag abholen kam, war sie in meiner Gegenwart außerordentlich befangen; sie wagte nicht, mich anzuschauen oder mit mir zu sprechen. Am Tag zuvor hatten wir gar keine Gelegenheit gehabt, sie auszuschimpfen, weil wir so mit dem Notfall beschäftigt waren. Kaum war Sidonie über die Türschwelle getreten, hielt sie ihren Mantel vors Gesicht und entzog sich auf diese Art meinen Blicken, bis wir zu Hause ankamen. Ich glaube, daß sie die ganze Nacht von Schuldgefühlen geplagt worden war und daß mein strenger und vorwurfsvoller Blick bei ihr Scham ausgelöst hatte. Bis ihre Schwester aus dem Krankenhaus kam, wich sie uns den ganzen Tag über immer aus.

Sidonie schämt sich, aber sie verspürt auch damit verwandte Gefühle, die wir später beschreiben werden – sie hat Schuldgefühle.

BERÜHMTE SCHAMGEFÜHLE IN DER LITERATUR

In *Lord Jim* von Joseph Conrad (im Jahre 1965 von Richard Brooks mit Peter O'Toole in der Hauptrolle verfilmt) läßt sich der Erste Offizier eines Frachtschiffs eine schändliche Verfehlung zuschulden kommen: Von der Panik der Mannschaft angesteckt, gibt er das in Seenot befindliche Schiff auf und mit ihm dreihundert Pilger, die im Kielraum hocken. Die abtreibende *Patna* wird jedoch wenig später von einem anderen Schiff angesteuert, und die Affäre kommt ans Tageslicht. Nun wird Jim unablässig von seinen Schamgefühlen gepeinigt und verweilt überall nur so lange, wie er unerkannt bleibt: »[...] man sah ihn nacheinander in Kalkutta, Bombay, Rangun und Batavia.« In einem malaiischen Dorf mitten im Dschungel findet er schließlich eine letzte Zuflucht. Die Einheimischen nennen ihn Tuan Jim (»Lord Jim«), und der Leser erfährt, wie er sich diesen Titel wirklich verdient.

In Franz Kafkas *Die Verwandlung* entspricht der unglückliche Gregor Samsa ganz offensichtlich nicht mehr den Gruppennormen, seitdem er sich eines Morgens in einen gigantischen Käfer verwandelt fand. Seine Familie begegnet dieser Metamorphose mit Erschrecken und Feindseligkeit, und so wird Gregor künftig in sein Zimmer eingeschlossen. Nur die Schwester zeigt ein wenig Mitleid, das allerdings nicht von langer Dauer ist. Als ihm klar wird, welches Entsetzen er den anderen einflößt, bedeckt er sich eines Tages mit einem Laken, um die Mutter nicht zu erschrecken. Das Schamgefühl wird in der Erzählung nur an zwei Stellen angesprochen. Gregor schämt sich, als er zum ersten Mal unters Kanapee kriecht, um dort die Nacht zu verbringen, und später, als er durch die verschlossene Tür mithört, wie seine Familie über ihre finanziellen Schwierigkeiten spricht, und spürt, daß er nunmehr unfähig ist, Geld zu verdienen. Doch auch außerhalb dieser Passagen scheint die Emotion Scham sich während der gesamten Erzählung über die Handlungen und Gedanken des armen Gregor zu legen.[9]

La Honte (Die Scham) aus Annie Ernaux' Roman ist die einer normannischen Jugendlichen der fünfziger Jahre, der die sozialen Unterschiede allmählich zu Bewußtsein kommen. Sie beginnt, alle Gewohnheiten ihres Milieus als Zeichen von Minderwertigkeit wahrzunehmen (die Eltern, ehemalige Arbeiter, sind Besitzer eines kleinen Cafés, in dem gleichzeitig Kurzwaren verkauft werden). Die Scham wird um so stärker spürbar, weil die Erzählerin eine gute Schülerin ist und im Unterricht mit Mädchen aus begünstigteren Schichten zu tun hat. Das Buch glänzt in der Beschreibung dieses so häufigen wie versteckten Gefühls. »Es war normal, daß ich mich schämte, als wäre es eine zwingende Folge, die im Beruf meiner Eltern eingeschrieben stand, in ihren Geldnöten, ihrer Vergangenheit als Arbeiter, ihrem Auftreten [...]. Die Scham ist für mich zu einer Lebensweise geworden. Manchmal habe ich sie nicht einmal mehr wahrgenommen; sie war jetzt in meinem ganzen Körper.«[10]

Der Erzähler in Agejews *Roman mit Kokain* ist ein Moskauer Gymnasiast vor der Revolution, dem sein Prestige bei den Klassenkameraden eine Menge bedeutet. Eines Tages kommt aber leider seine recht bejahrte Mutter vorbei, um die Schulgebühren zu bezahlen, und taucht neben dem Pausenhof »in ihrem abgeschabten Pelz und der lächerlichen Haube, aus der graue, dünne Haare hingen«, auf. Das brennende Schamgefühl, das der Erzähler dabei verspürt, verwandelt sich in Wut gegen die Mutter, die er mit haßerfülltem Gemurmel empfängt. Als die Klassenkameraden ihn spöttisch fragen, »wer diese alberne Figur in Röcken sei, mit der ich gesprochen hätte«, erklärt er, es handle sich um eine alte Gouvernante, die ins Elend geraten sei.[11]

Der Held dieses Romans enthüllt im folgenden seine ziemlich schwarze Seele (obgleich er nicht frei von Schuldgefühlen ist). Aber selbst die tugendhaftesten Menschen können von der Scham über die eigenen Eltern, einem der fundamentalen Schamgefühle, gepackt werden. So erzählt der heilige Vinzenz von Paul (1576 bis 1660) höchstselbst[12]: »Als ich ein kleiner Junge war und mein Vater mit mir in der Stadt spazierenging, schämte ich mich, mit ihm umherzulaufen, und mochte nicht zugeben, daß er mein Vater war, denn er trug schlechte Kleider und hinkte [...] Ich erinnere mich, daß man mir auf der Schule einmal sagte, mein Vater, der ein armer Bauer war, wünsche mich zu sprechen. Ich weigerte mich aber, mit ihm zu reden, womit ich eine schwere Sünde beging.« Der gute Vinzenz erwähnt diese Episode erst gegen Ende seines Lebens, was belegt, daß Schamgefühl selbst für Heilige ein heikles Thema ist.

In Arthur Schnitzlers *Fräulein Else* will die junge und mittellose Titelfigur fünfzigtausend Gulden aufbringen, um ihre Familie vor dem Ruin zu bewahren. Ein wohlhabender älterer Herr bietet ihr an, die Schulden des Vaters zu bezahlen, verlangt als Ge-

genleistung jedoch, daß sie sich vor ihm nackt auszieht. Obwohl Else zunächst empört ist, willigt sie schließlich ein. Sie entkleidet sich aber vor Publikum, im Musikzimmer eines großen Hotels, in einem seltsamen Trancezustand. Von Scham überwältigt, fällt sie hinterher in eine Art Koma und verstirbt bald darauf. »Der Filou hat mich nackt gesehen. Oh, ich schäme mich so. Was habe ich getan? Nie wieder werde ich die Augen öffnen.«[13]

Wozu dient Scham?

Bei manchen Emotionen liegt die Nützlichkeit klar auf der Hand. Angst läßt uns Gefahren entfliehen, Zorn hilft, den Gegner zu beeindrucken – aber das Schamgefühl? Warum nur fühlen wir uns plötzlich minderwertig, warum erröten wir, senken den Blick und möchten am liebsten in einem Mauseloch verschwinden? Welchen Nutzeffekt kann eine Emotion haben, die uns solches Unbehagen bereitet?

Wenn wir uns schämen, sind die anderen nachsichtiger

Wenn Kinder zeigen, daß sie sich schämen, werden sie für das gleiche Vergehen weniger streng bestraft. In realen oder simulierten Prozessen erhalten Straffällige, die Schamgefühl zeigen, mildere Urteile als Delinquenten, bei denen davon nichts zu spüren ist oder die gar zornig werden.[14]

Diesem Phänomen kann man auch im Alltag begegnen. Jeanne, Chefin einer Reiseagentur, erzählt darüber:

Im Büro stellte ich fest, daß Marc, ein junger Zeitarbeiter, sehr viel im Internet surfte, mehr, als es mir für seine Arbeit nötig zu sein schien. Eines Tages profitierte ich von seiner Abwesenheit, um mir einmal anzuschauen, welche Internetseiten er angeklickt hatte. Dabei fand ich heraus, daß es sich um Porno-Websites handelte. Ich war wütend: er sollte bei mir arbeiten und sich nicht an schweinischen Bildern aufgeilen! Als er zurückkam, wollte ich ihn deswegen zur Rede stellen und gleich zur Zeitarbeitsagentur zurückschicken. Aber kaum hatte ich begonnen, ihm meine Entdeckungen mitzutei-

len, wurde er puterrot, schlug die Augen nieder und stammelte Entschuldigungen. Das machte es mir gleich selbst unangenehm, noch weiter in die Kerbe zu hauen. Ich sagte, ich würde ihm noch eine letzte Chance geben. Im Grunde war ich damit gut beraten, denn Marc hat danach alles getan, um die Scharte wieder auszuwetzen.

Wenn wir uns schämen, finden uns die anderen sympathisch

Weitere Experimente haben enthüllt, daß Versuchspersonen, die sich nach einem Mißgeschick schämten (nachdem sie im Supermarkt eine Pyramide von Konservendosen eingerissen hatten), eher Hilfe erhielten als Leute, die keine Scham zeigten. Personen, deren Gesichtsausdruck nach einem Schnitzer Scham verrät (gesenkter Kopf, niedergeschlagene Augen), werden von den anderen für sympathischer gehalten als Personen, die bloß Verlegenheit[15] zeigen (zur Seite gewandter Blick, »nervöses« Lächeln).

Wie die meisten Emotionen hat also auch Scham eine kommunikative Funktion. Sie scheint bei dummen Fehlern oder Konflikten eine besänftigende Rolle zu spielen.

Das Schamgefühl hilft dabei, daß wir uns »gut aufführen«

Stellen Sie sich vor, jedes Gefühl von Scham wäre Ihnen unbekannt. Sie würden sich frei fühlen, genau das zu tun, wozu Sie gerade Lust haben, und zwar sofort. Was die anderen davon halten, wäre Ihnen völlig schnuppe. Schwer auszudenken!

Dennoch passiert genau dies manchen Patienten, die an Verletzungen des unteren und inneren Bereichs des Stirnhirnlappens leiden. Sie werden emotional gleichgültig gegenüber dem Blick oder der Mißbilligung ihrer Mitmenschen. Was passiert in diesem Fall mit ihnen? Das hängt natürlich von der Stärke der neurologischen Schädigung ab, aber meistens beobachtet man ein Verhalten, das den sozialen Normen nicht angemessen ist. Genau davon berichtet Lucy, eine Patientin von Antonio Damasio, über die ein Dokumentarfilm gedreht wurde.[16] Früher eine schüchterne und unauffällige Ehefrau, ist sie plötzlich sehr tollkühn geworden, auch in ihrem Verhalten anderen Männern gegenüber, was von ihrer Umgebung nicht gerade beifällig aufgenommen wurde. Lucy erlebte diesen neuen Zustand als Befreiung (vor allem hatte sie jetzt keine Flugangst mehr), aber auch als sehr risikoreich. Ihre Gehirnschädigung ist allerdings so winzig, daß sie es noch schafft, sich zu »überwachen«.

Stärker geschädigte Patienten fluchen übermäßig oft oder geben sich mit ihren Vorgesetzten sehr kumpelhaft. Männer werden Frauen gegenüber zu Draufgängern, und zwar jenseits aller vernünftigen Grenzen. Die Gesellschaft kann solche Verhaltensweisen tolerieren, wenn der Betroffene als Kranker anerkannt ist, aber sonst rufen sie Abwertung, Bestrafungen oder Ausschluß hervor.

Scham ist eine Art Alarmsignal, das uns informiert, daß wir in verschiedenen Bereichen die Gruppennormen zu überschreiten drohen:

Was wir vermeiden, um uns nicht schämen zu müssen	*Wovor uns das bewahrt*	*Risikobereich*
Uns allzusehr anders als die anderen verhalten	Aus der Gruppe ausgeschlossen werden	Konformität
Unsere Angst oder unsere Schwachstellen zeigen	Unseren Status verlieren, ein »Untergebener« werden	Status/ Wettbewerb
Schummeln oder hamstern	Als Betrüger oder Egoist angesehen werden, nicht mehr vom Austausch in der Gruppe profitieren	Austausch- und Hilfsverhalten
Unterlegenheit oder abweichendes Verhalten zeigen	Nicht mehr als anziehender Partner wahrgenommen werden (als guter Erzeuger von Nachkommen und potentielles Elternteil), keinen Partner mehr finden	Sexualität

Das Schamgefühl ist also ein exzellenter Regulator unseres Sozialverhaltens. Es dient dazu, unsere Identität in der Gruppe zu schützen, ganz wie Schmerzen uns helfen, unsere körperliche Integrität zu schützen.

Doch ebensowenig, wie wir uns erst dauernd verletzen müssen, um Gefahren auszuweichen, brauchen wir uns ständig zu schämen, um zu begreifen, daß wir etwas Falsches getan haben. Ohne groß darüber nachzudenken, handeln Sie im Alltag so, daß Sie sich Schmerzen oder Schamgefühle ersparen. (Sie warten nicht so lange, bis Sie sich schämen müssen, weil Sie in der Versammlung gepopelt haben – das Risiko, Scham zu verspüren, verbietet Ihnen den Gedanken an Popeln in der Öffentlichkeit von vornherein! Und ein Teenager wird Bekleidung derselben Marke kaufen wie seine Mitschüler, um sich das Schamgefühl zu ersparen, mit Sachen herumzulaufen, die »total out« sind.)

Schamgefühl ist also kein Anzeichen für eine Neurose, nicht das Resultat einer jüdisch-christlichen Konditionierung und auch kein Symptom für kleinbürgerlichen Konformismus. Es ist eine universelle und sehr nützliche Emotion, die unseren Vorfahren half, nicht abgewertet oder aus ihrem Stamm ausgeschlossen zu werden. Sie haben uns die Gene vererbt, mit denen wir uns so »programmieren« können, daß wir uns schämen.

Welche Nachteile es hat, wenn man sich zuviel schämt

Wie jede Emotion ist auch die Scham ein zweischneidiges Schwert.

Personen, die sich häufig erkennbar schämen, werden zwar als ungefährlich wahrgenommen und reizen andere nicht zum Angriff, werden aber auch als weniger interessant, weniger verführerisch oder weniger vertrauenswürdig als andere Menschen angesehen.[17] Wenn Sie zu oft erkennen lassen, daß Sie sich schämen, riskieren Sie, daß die anderen Sie ebenso negativ sehen, wie Sie sich selbst einschätzen. Damit drohen Sie zu einer wenig anerkannten Person zu werden.

DIE GEBURT DES SCHAMGEFÜHLS: WENN UNSER BABY ROT WIRD

Scham und Verlegenheit besitzen ein wichtiges Merkmal aller Basisemotionen: Man kann sie schon bei kleinen Kindern klar ausmachen, und zwar ab einem Alter von fünfzehn bis vierundzwanzig Monaten. Damit stellt sich diese Emotion freilich deutlich später ein als die erste Freude (drei Monate), der erste Zorn (vier bis sechs Monate) oder die erste Angst (acht bis zehn Monate). Aber das späte Auftreten von Scham läßt sich leicht erklären. Scham ist nämlich eine Emotion, die an das »Selbst-Bewußtsein«, das Bewußtsein von der eigenen Person, gebunden ist. Die englischen und amerikanischen Wissenschaftler reihen sie deshalb gemeinsam mit Verlegenheit, Stolz und Hochmut unter die *self-conscious emotions* ein. Um Scham zu empfinden, muß man sich unter dem Blick der anderen als Person begreifen. Und eben dieses Selbst-Bewußtsein bildet sich erst ungefähr im zweiten Lebensjahr heraus.

Bestimmte Erziehungsweisen scheinen das Auftreten von Schamgefühlen bei Kindern und bei den Erwachsenen, die einmal aus diesen Kindern werden, zu begünstigen. Hier die tristen Zutaten für eine »schamerzeugende« Erziehung:

- Man bringt seinem Kind eine Zuneigung entgegen, die von Bedingungen abhängt (es muß sich den Wünschen der Eltern unterordnen).
- Man verlangt ihm Dinge ab, die über seinen Möglichkeiten liegen.
- Man äußert ironische Kritik oder geringschätzigen Spott, wenn ihm etwas mißlingt.[18]

Wenn man einem Kind Schamgefühle einflößt, erweist man ihm keinen guten Dienst. Kinder, die sich oft schämen, haben eine geringere Selbstachtung, halten sich eher abseits oder sind aggressiver als die anderen. Wer bei seinem Kind hingegen ein *Schuldgefühl* für manche seiner Handlungen aufkommen läßt, begünstigt ein Verhalten, das auf Wiedergutmachung und gegenseitige Hilfe abzielt, und steigert die Empathiefähigkeit des Kindes.[19]

Verlegenheit unterscheidet sich von Schamgefühlen zunächst durch die geringere emotionale Intensität (selbst wenn man dabei auch erröten kann) und das Fehlen von Entwertungs- oder Unterlegenheits-Gedanken. Sind wir betreten oder verlegen, verhalten wir uns auch anders: wir weichen dem Blick der anderen aus, indem wir zur Seite schauen, wir lächeln »nervös« und berühren mit der Hand unser Gesicht.[20] Diese drei Verhaltensweisen gehören übrigens auch zu den nonverbalen Anzeichen fürs Lügen, die von den Forschern schon mit großem Interesse untersucht worden sind.[21]

Was Verlegenheit bewirkt

Die Ursachen für Scham und für Verlegenheit kann man mit Hilfe eines Beispiels gut auseinanderhalten. Stellen wir uns vor, Sie würden Ihrem Chef den Entwurf eines Berichts auf den Schreibtisch legen. Nachdem er den Text gelesen hat, versichert er Ihnen, der Inhalt habe ihm gefallen, allerdings sei er auf einige Rechtschreibfehler gestoßen …

Je nach Ihrer persönlichen Biographie kann das bei Ihnen Verlegenheit oder Scham auslösen.

Variante 1: Sie hatten nie große Probleme mit Rechtschreibung. Sie haben den Bericht einfach ein bißchen schnell getippt und nicht noch einmal richtig durchgesehen. In diesem Fall werden Sie eine gewisse Verlegenheit verspüren, denn Sie haben sich falsch verhalten (Sie sind zu lax gewesen).

Variante 2: Sie haben eine Lese-Rechtschreib-Schwäche; während Ihrer ganzen Schulzeit sind Sie durch schreckliche Diktatnoten gedemütigt worden und vielleicht auch noch durch die öffentlichen Vorhaltungen unbarmherziger Lehrer oder den Spott Ihrer Mitschüler. Erst nach großen Anstrengungen haben Sie es geschafft, die Orthographie bis zu einem gewissen Grad zu beherrschen. In diesem Fall würden Ihre Rechtschreibfehler im Bericht enthüllen, daß Sie die Normen der Gruppe (einst die Klassenkameraden, heute die Kollegen) nicht erfüllen, und Sie werden wahrscheinlich Scham empfinden.

Die Psychologen würden auch sagen, daß Sie Ihre Rechtschreibfehler im ersten Fall den instabilen Bedingungen zuschreiben (meistens schreiben Sie ja korrekt, und hier waren Sie vielleicht gerade in Eile oder überlastet) und äußere Ursachen suchen (man hat Ihnen zu viel Arbeit aufgebürdet, und deshalb haben Sie Fehler gemacht). Bei Variante 2 sind Ihre Zuschreibungen stabil (Sie machen immer Fehler) und intern (es handelt sich um eine persönliche Schwäche).

Während das Schamgefühl vom Wunsch begleitet wird, der Situation zu entfliehen, verschafft einem Verlegenheit eher das Bedürfnis, den Schnitzer auszubügeln. Das kann manchmal so aussehen, daß man die Zeugen des Mißgeschicks in gute Stimmung zu versetzen versucht.

Winston Churchill wurde einmal, während er schon mehrere Minuten vor dem Unterhaus redete, diskret darauf aufmerksam gemacht, daß sein Hosenstall weit offenstehe. Der alte Löwe ließ sich davon kaum beirren, sondern antwortete mit lauter Stimme: »Keine Bange, der Vogel ist so alt, daß er nicht mehr aus dem Nest fliegt ...«

Während ein unerfahrener Liebhaber wie Jean-Pierre wegen seiner mageren Leistungen im Liebesspiel lähmendes Schamgefühl empfindet, hätte ein Mann, der mehr Vertrauen in seine üblichen Fähigkeiten setzen kann, eher Verlegenheit empfunden und wahrscheinlich vermocht, über die Angelegenheit zu scherzen (und vielleicht seine Partnerin zum Lachen zu bringen).

Verlegenheit kann auch schon eintreten, wenn man zum Gegenstand der Aufmerksamkeit wird, etwa wenn man bei einer Feierlichkeit reden muß oder ein Zimmer betritt, in dem schon mehrere Personen sitzen. Wird diese Verlegenheit so stark, daß man solche Situationen flieht, spricht man von *Sozialphobie*.

Scham	*Verlegenheit*
Sehr intensiv	Weniger intensiv
Gefühl dauerhafter Minderwertigkeit	Fehlverhalten
Negative Sicht auf die eigene Person	Negative Sicht auf ein bestimmtes Verhalten
Stabile und interne Schuldzuweisungen (»So bin ich, und ich könnte es ändern ...«)	Instabile und externe Schuldzuweisungen (»Das passiert mir nicht oft, und im Grunde ist es gar nicht meine Schuld ...«)
Gesenkter Blick	Zur Seite gerichteter Blick
Kein Lächeln	Manchmal Lächeln
Schwierigkeiten, in dieser Situation Worte zu finden	Starke Neigung, sich zu der Situation zu äußern
Wunsch, im Erdboden zu versinken oder zu fliehen	Wunsch, den Schnitzer wiedergutzumachen, das Ansehen bei den anderen wiederherzustellen

Scham und Demütigung

Michel erzählt von einer Erfahrung, die er in seiner Jugendzeit machte:

Als Teenager war ich ziemlich schüchtern, aber ich hatte Zugang zu einer Truppe von Jungs gefunden, die unbändiger waren als ich. Manche akzeptierten mich durchaus, aber andere machten sich über mich lustig, über meine schüchterne Art den Mädchen gegenüber, über meine etwas schwache Stimme. Am Anfang tat ich so, als würde ich das unter der Rubrik »harmlose Scherze« verbuchen, aber eines Tages fand es einer dieser Jungen witzig, mich grob umherzuschubsen. Meine Eigenliebe war schon so verletzt, daß ich nicht bloß zurückschubste, sondern mich auf ihn stürzte, um ihn zu schlagen. Weil er aber viel stärker war als ich, wehrte er meinen Angriff lässig ab, brachte mich zu Fall und hielt mich an den Boden gepreßt. Unter dem Gelächter und den spöttischen Sprüchen der anderen versuchte ich vergebens, mich aus seiner Umklammerung zu befreien. Als er (auf Anweisung des Chefs der Gruppe) endlich lokkerließ, schämte ich mich dermaßen, daß ich gleich weggegangen bin. Von da an schob ich jedoch in meinem Kopf wie besessen Rachegedanken hin und her. Schließlich bin ich in die Gruppe zurückgegangen und habe ihn meinerseits geschubst, um ihn zu provozieren. Er schubste zurück, und wir begannen eine Schlägerei. Man mußte uns mit Gewalt trennen; er hatte wieder die Oberhand gewonnen, aber diesmal hatte ich es wenigstens geschafft, ihn niederzuwerfen und ihm die Nase blutig zu hauen. Von diesem Moment an haben die anderen viel seltener über mich gespottet, und ich spürte, daß ich nun wirklich zu ihrer Truppe gehörte.

Im ersten Teil der Geschichte beschreibt Michel eine Demütigung, also einen Statusverlust, der von einem anderen absichtlich herbeigeführt wird. Indem er ihn herumschubst, will der andere Junge zunächst einmal zeigen, daß Michel eine Provokation nicht zu beantworten weiß. Als der dann doch zum »Gegenschlag« ansetzt, führt sein Gegner der Gruppe vor, daß Michel sich nicht zu schlagen versteht. Michel verspürt Scham, weil er die Normen der Gruppe nicht erfüllen kann (sich zu verteidigen wissen, ein gefürchteter Gegner sein). Er nährt aber auch Ressentiments gegen seinen Angreifer, und wenn er ihn seinerseits attackiert, schließt er wieder zu den Gruppennormen auf und erringt einen höheren Status.

Michel nutzt also eines der wichtigsten Mittel, um eine Demütigung wiedergutzumachen – Zorn und Aggression.

Glücklicherweise gehört Michel einer Gruppe an, in der Aggressionen bestimmten Regeln unterliegen: Die Streithähne setzen nur ihre »natürlichen Waffen« ein, und jedes Mal haben die anderen eingegriffen, um die Kämpfenden auseinanderzubringen. So endet der Kampf, ehe irreparable Schäden aufgetreten sind. David Lepoutre beschreibt treffend die Rolle der »Schlichter«[22]:

»Aufgrund der eigenen mehr oder weniger direkten Erfahrungen ist sich jeder durchaus bewußt, daß Gewalt, die man im übrigen als notwendig ansieht, [...] in bestimmten Grenzen gehalten werden muß, damit die Kämpfenden nicht zuviel riskieren [...] Man trennt die Gegner, wenn die Dominanz des Gewinners klar auf der Hand liegt oder, je nach den Emotionen der Zuschauer, wenn das erste Blut fließt: ›Wenn der Typ am Boden liegt, und der andere quetscht ihn platt, und ich, also wenn ich sehe, daß er auf dem letzten Loch pfeift, dann gehe ich dazwischen.‹«

Bestimmte Jugendliche können hingegen zu maßlos überzogenen Gegenschlägen ausholen und mit Messern oder Schußwaffen ausgerüstet zurückkommen. Man darf annehmen, daß die Antwort um so heftiger ausfallen wird, je stärker die Scham ist, denn das Individuum empfindet in diesem Fall ein Minderwertigkeitsgefühl. Am 20. April 1999 drangen zwei Jugendliche schwer bewaffnet in ihre Schule in Columbine (Ohio) ein und töteten dreizehn ihrer Mitschüler sowie einen Lehrer, ehe sie sich selbst umbrachten. Es wird niemals möglich sein, die genauen Ursachen für dieses Massaker zu erhellen, jedoch waren die beiden Täter weder leistungsstark noch beliebt noch gut im Sport und gaben häufig die Zielscheibe für boshafte Bemerkungen der »dominanten« Schüler ab.

Forscher, die sich intensiv mit dem Problem der männlichen Gewalttätigkeit beschäftigten, fanden dabei heraus, welches Mordschema am häufigsten auftritt: Zwei Männer geraten vor Zeugen aus ihrer Bekanntschaft wegen einer Statusfrage aneinander. So beschreiben Psychologen auch die fürchterliche *shame-rage spiral*, bei welcher das gedemütigte Individuum mit kampfeswütiger Rage reagiert.[23]

Wie sagte schon einer der jungen Vorstadtbewohner aus Mathieu Kassovitz' Film *Der Haß* (1995)? »Früher hatte ich mein Schamgefühl, jetzt habe ich meinen Haß.«

In den kleinen Stämmen unserer Urahnen war die Aufrechterhaltung des eigenen Status unabdingbar für das Überleben in der Gruppe. Heute sind wir noch immer zu Gewalt bereit, wenn es darum geht, unseren Status zu schützen, vor allem, wenn uns dafür kaum andere Mittel zur Verfügung stehen. Wenn ich ein gutes Netzwerk von Freunden habe, die mich schätzen, einen ordentlichen beruflichen Status und das Gefühl, in meinem Leben erfolgreich zu sein, werde ich wahrscheinlich besser mit einer Demütigung klarkommen und zum Beispiel nicht gleich aus meinem

Wagen steigen, wenn mich ein jähzorniger Autofahrer beschimpft.

Habe ich hingegen bloß meine »männliche Ehre« als Kapital, werde ich eher dazu neigen, alles zu ihrer Verteidigung zu tun, und wehe dem, der mich beleidigt – besonders wenn er es vor Zeugen tut!

EINE ANDERE SELBST-BEWUSSTE EMOTION: DER STOLZ

Stolz scheint eine der Scham fundamental entgegengesetzte Emotion zu sein, und auch der Gesichtsausdruck stolzer Menschen ist praktisch genau das Gegenteil dessen, was wir bei beschämten Personen beobachten. Der Blick ist »hochmütig«, der Kopf und der ganze Körper werden nach oben gereckt, und es gibt vielleicht sogar einen charakteristischen Zug um den Mund. Auch der Stolz taucht beim Kind im Laufe des zweiten Lebensjahres auf. Wer erinnert sich nicht, wie stolz seine Kleinen waren, als sie es schafften, ein gelungenes Bild zu zeichnen oder die Einzelteile eines Puzzles zusammenzufügen, und wie gespannt sie auf die Reaktion ihrer Eltern waren?

Psychologen unterscheiden den *Stolz*, der mit dem Gelingen einer Handlung verbunden ist, vom *Hochmut*, der mit einer umfassend positiven Einschätzung der eigenen Person zusammenhängt.

Für Katholiken ist Hochmut, »Hoffart«, eine Todsünde. Die alten Griechen bezeichneten mit dem Begriff *Hybris* den Wahn eines Menschen, der sich frei von allen Pflichten und Zwängen glaubt und damit den Göttern ebenbürtig.

Stolz und Schuldgefühl/Verlegenheit werden ausgelöst, wenn wir eine unserer Verhaltensweisen positiv oder negativ beurteilen, während wir bei Scham oder Hochmut eine Selbsteinschätzung der ganzen Persönlichkeit vornehmen.

Unter soziologischen Gesichtspunkten ist es interessant zu beobachten, daß Minderheiten, deren Mitglieder lange Zeit gedemütigt (oder gar umgebracht) wurden, nach einer Ritualisierung von Stolz streben. Der *Gay Pride* ist das farbenprächtigste Beispiel für diese Tendenz.

Sie rechnen das Ereignis …	*Mißerfolg*	*Erfolg*
… Ihrer Person an	Schamgefühl	Hochmut
… Ihrem Verhalten an	Verlegenheit/ Schuldgefühle	Stolz

Die vier mit dem »Selbst-Bewußtsein« verknüpften Emotionen

Das Schamgefühl der Opfer

Wie kommt es, daß sich Opfer einer Vergewaltigung oder eines anderen tätlichen Angriffs oftmals schämen?

Claire wurde von mehreren Unbekannten vergewaltigt. Die Männer waren auf sie aufmerksam geworden, als sie regelmäßig dieselbe Joggingstrecke benutzte, und hatten sie in einem Auto entführt:

Und zu allem übrigen, der Angst, das Haus zu verlassen, den schlaflosen Nächten, den Alpträumen, der Horrorvorstellung, daß sie mich vielleicht mit AIDS angesteckt hatten, kamen noch die Schamgefühle. Ich wagte nicht, mit meinen Freunden darüber zu reden, nur einer ganz engen Freundin habe ich mich anvertraut und natürlich dem Psychologen, den ich hinterher aufgesucht habe. Dennoch ist es absurd, daß ich mich schäme. Ich habe mir nichts vorzuwerfen; ich bin nicht einmal besonders unvorsichtig gewesen; in diesem Stadtviertel gab es keine besondere Kriminalität, und ich habe einfach schreckliches Pech gehabt. Aber trotzdem spüre ich, daß ich mich schäme; ich fühle mich unterlegen, besudelt. Nie werde ich wagen, mit einem Mann darüber zu sprechen.

Wenn Claire einem Kulturkreis angehören würde, in dem die weibliche »Tugend« solch einen hohen Stellenwert einnimmt, daß eine vergewaltigte Frau aus der Gemeinschaft ausgeschlossen werden muß, wäre ihr Schamgefühl eher erklärbar. Nach der Vergewaltigung würde sie den Normen der Gruppe nicht mehr entsprechen. In Wahrheit ist das aber nicht der Fall, denn sie lebt in einer Gesellschaft, in der das Opfer einer Vergewaltigung mit bedeutend mehr Verständnis und Hilfe rechnen kann als in früheren Zeiten.

Man könnte Claires Scham auch verstehen, wenn sie einem Mangel an Urteilsvermögen aufgesessen wäre, den sie sich hinterher vorgeworfen hätte: Solche Scham- (und Schuld-)gefühle plagen manchmal Frauen, die von einem Mann vergewaltigt wurden, den sie aus freien Stücken mit in ihre Wohnung genommen hatten, oder die allein per Anhalter unterwegs waren.

Forscher haben die Hypothese aufgestellt, daß wir alle eine Autonomie- und Selbstkontrollnorm verinnerlicht hätten, die ein Bestandteil unserer *Menschenwürde* ist.[24] Wenn man sich dann plötzlich in der Position eines ohnmächtigen, verängstigten und um Gnade flehenden Opfers wiederfindet, kann das Scham auslösen, selbst wenn man vorher überhaupt nichts falsch gemacht hat.

Schamgefühle sollen eine wichtige Rolle unter den psychischen Spätfolgen spielen, die man bei mißhandelten oder sexuell mißbrauchten Kindern oder Jugendlichen beobachtet. Im Erwachsenenalter verspüren sie oft Scham und neigen dazu, sich die Verantwortung für alle ihre späteren Fehlschläge selbst zuzuschreiben.[25]

Scham, Krankheit, Behinderung

Krankheiten und Behinderungen können eine Quelle von Schamgefühlen sein, denn sie stehen unseren Idealen von Autonomie und unseren Statuswünschen entgegen. Manche Patienten beschreiben ihre Krankheit im übrigen auch als *erniedrigend.*

Selbsthilfegruppen, zu denen sich Personen, die an einer bestimmten Krankheit leiden, und ihre Familien zusammenschließen, haben neben allen übrigen nützlichen Funktionen auch den Zweck, den Mitgliedern ihren Stolz wiederzugeben. Die Kranken gehören so zu einer Gruppe, die sie nicht ausstößt, und streben gleichzeitig danach, die Anerkennung der übrigen Gesellschaft zu erlangen, statt Stigmatisierung, Zurückweisung oder Angst auszulösen. Um das auf diesem Wege Erreichte richtig einschätzen zu können, braucht man sich nur daran zu erinnern, daß Betty Ford, die Frau des amerikanischen Präsidenten Gerald Ford, seinerzeit für sehr mutig angesehen wurde, weil sie öffentlich über ihren Brustkrebs sprach. Und Ronald Reagan hat sicher eine Menge für die Würde der an Alzheimer Erkrankten getan, als er offenlegte, daß er selbst von diesem Leiden betroffen war.

Wenn Kranke davon sprechen, in Würde sterben zu wollen, sprechen sie dieses Bedürfnis nach Autonomie und Kontrolle aus, dem eine schwere Krankheit oft im Wege steht. Daher ist es sehr wichtig, ihre Menschenwürde zu wahren, indem man ihre Schmerzen lindert, ihnen größtmögliche Autonomie läßt und ihnen demütigende Situationen wie langes Warten, Nacktheit oder dergleichen erspart.[26]

Scham und Schuldgefühl

»Schamgefühl« und »Schuldgefühle« werden manchmal als Synonyme verwendet, obwohl sich beide Begriffe in mancherlei Beziehung unterscheiden, wie folgende Übersicht veranschaulicht:

Scham	*Schuldgefühl*
Starke körperliche Komponente: Erröten etc.	Starke kognitive Komponente: quälende Gedanken, Herumgrübeln etc.
Kreist um die eigene Unterlegenheit, deren Zeugen die anderen wurden	Kreist um einen Schaden, den man anderen zugefügt hat
In Gegenwart eines Publikums	Publikum nicht notwendig
Negative Sicht auf die eigene Person	Negative Sicht auf eine bestimmte Verhaltensweise (kann sich aber auf die ganze Person ausweiten)
Wunsch, vom Schauplatz des Geschehens zu verschwinden oder, im Falle einer Demütigung, den Urheber anzugreifen	Wunsch, sich zu entschuldigen, seinen Fehler zu bekennen, den Schaden auszubügeln

Unterschiede zwischen Scham und Schuldgefühl

Während uns Scham dazu treibt, uns davonzumachen oder manchmal auch aggressiv zu werden, führt das Schuldgefühl zu Verhaltensweisen, die für uns und die anderen konstruktiver sind: Wir versuchen den Schaden zu beheben oder den anderen für das, was wir ihm angetan zu haben glauben, zu entschädigen.[27]

Wie die Scham kann aber auch ein Schuldgefühl über jedes vernünftige Maß hinausgehen, unnötiges Leiden verursachen und ein richtiggehender »Glücks-Killer« sein. Hélène, höhere Angestellte bei einer Bank, berichtet uns davon:

Ärgerlicherweise neige ich dazu, mich dauernd schuldig zu fühlen, obwohl mir niemand irgendwelche Vorwürfe macht. Worin besteht meine Schuld eigentlich? Im Grunde in allem, was ich den anderen voraushaben könnte. Das reicht schon weit zurück: Als Kind war ich eine bessere Schülerin als meine ältere Schwester. Später gefiel ich den Jungen mehr als sie, und schließlich habe ich einen wunderbaren Mann geheiratet und zwei reizende Kinder bekommen, während meine Schwester sich bald wieder scheiden ließ. Außerdem habe ich einen guten Job, und sie ist beruflich von einem Mißerfolg in den nächsten geschlittert. Dieses früh entstandene Schuldgefühl meiner Schwester gegenüber hat sich dann auf andere Bereiche meines Lebens ausgedehnt. Heute habe ich immer vage Schuldgefühle gegenüber meinen Mitarbeiterinnen, denn ich sage mir, daß sie kein so angenehmes Leben haben wie ich. Dann fühle ich mich auch schuldig, wenn ich Leute sehe, die Eheprobleme oder schwierige Kinder haben, gar nicht davon zu reden, was ich empfinde, wenn ich an einem Obdachlosen vorbeigehe. Ich spreche niemals darüber, aber mein Mann hat es schließlich erraten und mir gesagt, daß ich mir auf diese Weise mein Leben verderbe. Das ist übertrieben, ich habe ein glückliches Leben, aber es stimmt, daß die Schuldgefühle immer als Hintergrund da sind. Am Ende bin ich zu einem Psychiater gegangen, aber selbst dort fühlte ich mich schäbig, weil ich seine Hilfe beanspruchte, um meine komfortable Existenz noch angenehmer zu machen, wo er doch eigentlich Leute behandeln müßte, die an schrecklichen Krankheiten leiden … Er hat mich dazu gebracht, auch über dieses neueste Schuldgefühl zu sprechen, und wir haben sofort begonnen, an dem Problem zu arbeiten!

Hélènes Therapeut nutzt eine kognitive Herangehensweise. Ausgehend von einer aktuellen Situation, in welcher sie Schuldgefühle verspürt, möchte er ihr helfen, die ihnen zugrunde liegenden Gedanken und Überzeugungen (Kognitionen) zu finden. Bei Hélène brachte man nach einigen Wochen Therapie folgende Grundüberzeugung ans Tageslicht: »Wenn ich zeige, daß ich den anderen überlegen bin, werden sie mich von sich stoßen.« Auf den folgenden Sitzungen wurde daran gearbeitet, diese Grundüberzeugung anhand verschiedener Fragen zu überprüfen:

- Ist die Überzeugung begründet? Stimmt es, daß man immer abgewiesen wird, wenn man seine Überlegenheit zeigt? Kann sich Hélène an eigene Erlebnisse erinnern, die das untermauern?
- Wenn die anderen einen tatsächlich abweisen würden, wäre das so schlimm?

Die Arbeit an dieser Frage brachte eine weitere Grundüberzeugung zutage (»Ich muß von allen geliebt und akzeptiert werden«), die ihrerseits überprüft wurde. Gleichzeitig wurde sich Hélène bewußt, wie sich diese Überzeugungen einst herausgebildet hatten: Die Aufmerksamkeit, welche ihre Mutter der weniger begabten Schwester widmete, gab Hélène schon früh ein Gefühl des Verlassenseins. Es schien ihr damals, als sei diese unangenehme Lage von der eigenen Überlegenheit hervorgerufen worden. Nun begriff sie, daß sie sich in ihrer Karriere selbst gebremst hatte; obwohl ihre berufliche Situation glänzender aussah als die der Schwester, entsprach sie doch nicht richtig ihren Wünschen und Fähigkeiten. Die Therapie half ihr, sich von den Schuldgefühlen zu befreien und das Risiko, anderen zu mißfallen, besser zu akzeptieren.

FLÖSSEN SIE DEN ANDEREN SCHULDGEFÜHLE EIN, ABER DEMÜTIGEN SIE SIE NICHT!

Wenn jemand Ihnen geschadet oder Sie enttäuscht hat, sollten Sie bei ihm Schuldgefühle aufkommen lassen, aber keine Scham.
Ein Schuldgefühl wird ihn nämlich eher danach streben lassen, die Kränkung wiedergutzumachen, während ihn Scham dazu treibt, Ihnen auszuweichen oder Sie anzugreifen *(shame-rage spiral)*.
Diese Regel gilt auch für die Art und Weise, in der man auf Arbeit oder in der Partnerschaft Kritik anbringt. Kritisieren Sie das Verhalten (und erzeugen Sie damit Schuldgefühle), aber nicht die Person (lösen Sie keine Scham aus). Außerdem wissen Sie ja aus unserem Kapitel über den Zorn, daß sich gedemütigte Mitarbeiter rächen …

Schuldgefühle vermeiden

Unsere Schuldgefühle werden von einer negativen Sicht auf eine unserer Handlungen ausgelöst. Wir glauben dabei, diese Handlung habe anderen Menschen geschadet. Im Vergleich zur Scham haben Schuldgefühle Vorteile und Nachteile.

Vorteile von Schuldgefühlen:

- Sie entspringen der negativen Einschätzung einer unserer Handlungen. Dabei fühlen wir uns nicht so umfassend abgewertet wie in Situationen, wo wir Scham empfinden.
- Wenn wir das von unserem Handeln ausgelöste »Übel« wiedergutmachen, können wir die Schuldgefühle dämpfen oder ganz zum Verschwinden bringen. Eine Unterlegenheit, die bei uns Scham erzeugt, ist dagegen nicht so leicht zu ändern.

Wissenschaftler haben übrigens auch herausgefunden, daß die Neigung zu Schuldgefühlen mit altruistischen Verhaltensweisen gekoppelt ist.[28] Man tadelt oft Menschen, die anderen helfen, »um ihr Gewissen zu beruhigen«, aber ist das alles in allem nicht der Grundmechanismus aller gegenseitigen Hilfe? Und wie würde eine Gesellschaft funktionieren, die aus lauter Leuten besteht, welche niemals ein schlechtes Gewissen haben?

Nachteile von Schuldgefühlen:

- Schuldgefühle wirken zwar weniger heftig als solche Emotionen wie Scham, sind aber dafür oft chronisch. Es handelt sich um ein dauerhaftes Gefühl, das Monate, Jahre, ja sogar ein ganzes Leben lang auf uns lasten kann.
- Man kann Scham vermeiden, indem man Situationen oder Personen ausweicht, bei denen man mit seiner subjektiv wahrgenommenen Minderwertigkeit konfrontiert wird. Schäme ich mich meines körperlichen Aussehens, meiner sozialen Herkunft oder meiner sexuellen Vorlieben, richte ich es eben so ein, daß ich nur Leute frequentiere, die mich akzeptieren oder die gleichen Merkmale aufweisen. Wie soll ich hingegen Schuldgefühle zum Verschwinden bringen, wenn der verursachte Schaden nicht zu reparieren ist? In unserer Berufspraxis als Psychiater wurden wir häufig mit Personen konfrontiert, die ein sehr hartnäckiges Schuldgefühl peinigte, das mit dem Selbstmord eines Angehörigen zusammenhing. Jeder Selbstmord ist das Resultat einer Anhäufung ungünstiger Umstände: weit zurückreichende psychische Verletzlichkeit, bisweilen eine akute mentale Störung, kürzlich erlittene Fehlschläge oder Verluste, Mißbrauch von Alkohol oder anderen Giftstoffen, im Haushalt vorhandene Mittel zur Selbsttötung, ähnliche Vorfälle in der Familiengeschichte etc. Leider konzentrieren sich die Angehörigen häufig auf die kleinsten unangenehmen Vorfälle in ihrer Beziehung zur verstorbenen Person und machen sich hartnäckige Vorwürfe, ihr nicht genug Aufmerksamkeit oder Zuneigung erwiesen zu haben.
- Es kann sogar vorkommen, daß man Schuldgefühle verspürt, ohne auch nur im geringsten etwas für das Unglück der anderen zu können. Beim »Überlebendensyndrom« entwickeln bestimmte Personen, die eine Kata-

strophe, bei der andere Menschen umgekommen sind, überstanden haben, ein langanhaltendes Schuldgefühl. Dabei hätten sie überhaupt nichts tun können, um den Tod der Katastrophenopfer zu verhindern.

Dennoch können Schuldgefühle leichter zur Sprache gebracht werden als Schamgefühle, und der beste Weg, sich von ihnen zu befreien oder sie zu lindern, ist seit jeher, daß man sie einem wohlwollenden Gesprächspartner anvertraut, vom Beichtvater bis zum Therapeuten ...

Die meisten Schuldgefühle, die uns im Alltag überkommen, sind glücklicherweise nicht so tragisch wie die oben erwähnten, und wir können ihnen schon dadurch entgehen, daß wir die Verhaltensnormen unserer sozialen Gruppe respektieren und einen aufmerksamen Blick für die Bedürfnisse unserer Angehörigen haben.

VERLEGENHEIT, SCHAM, SCHULDGEFÜHLE: DREI STUFEN EINER GESCHICHTE

Um die Unterschiede zwischen Scham, Schuldgefühl und Verlegenheit noch einmal zusammenzufassen, möchten wir Ihnen eine kleine Story anbieten, die ziemlich champagnerselig ist ...

Meine Frau und ich, wir waren zur Hochzeit von Duponds Sohn eingeladen. Als wir ankamen, war ich verlegen, *denn ich sah, daß ich nicht förmlich genug angezogen war für dieses Ereignis; es war eine mondänere Hochzeitsfeier, als ich gedacht hatte. Um ein bißchen ungezwungener zu werden, trank ich mehrere Gläser Champagner und knüpfte dabei Bekanntschaft mit etlichen Leuten an, aber nach einer Weile flüsterte meine Frau mir zu: »Du machst dich lächerlich!« Da habe ich mich* geschämt, *denn ich weiß, daß ich dazu neige, zu laut zu reden, wenn ich etwas getrunken habe. Ich bin also ein Stück weitergegangen, um einen Moment allein zu sein, und da habe ich am Büffet durch puren Zufall eine alte Freundin getroffen, nach der ich früher einmal total verrückt war und die ich seit meiner Heirat nicht mehr gesehen hatte. Wir redeten und redeten, und dann, unter dem frischen Eindruck der Emotion und auch, weil wir ein bißchen Ruhe suchten, sind wir in den ersten Stock hochgestiegen, und plötzlich, während unten der Empfang weiterging, haben wir uns in den Armen gelegen und uns ge-*

liebt. Aber als ich hinterher meine Frau wiedersah, hatte ich schlimme Schuldgefühle, *besonders weil es ihr leid tat, mich verärgert zu haben, und weil sie deshalb sehr liebenswürdig zu mir war.*

In diesem Beispiel fühlt sich der Erzähler schuldig, obwohl seine Gattin gar nichts mitbekommen hat von der Untreue und deswegen also auch nicht leidet. Wir können jedoch auch dann Schuldgefühle verspüren, wenn wir eine *moralische Norm* überschreiten, selbst wenn niemand außer uns sich dessen bewußt ist. Diese Form von Schuldgefühlen ist übrigens oft mit der Vorstellung verknüpft, der andere werde leiden oder uns tadeln, wenn er unsere Missetaten entdeckt. Die Religionen begünstigen die Entstehung solcher Schuldgefühle nach heimlichen Verfehlungen, indem sie daran erinnern, daß Gott »alles sieht«.

Scham, Verlegenheit, Schuldgefühle und psychische Störungen

Scham, Verlegenheit und Schuldgefühle sind Emotionen, aber keine Krankheiten. Dennoch können sie in Verbindung mit psychischen oder Persönlichkeitsstörungen im Übermaß vorhanden oder im Gegenteil zu wenig ausgeprägt sein.

DIE SOZIALPHOBIE: EINE KRANKHEIT DER VERLEGENHEIT UND SCHAM

Sozialphobien sind gekennzeichnet von einer sehr starken Furcht, sich unter den Blicken der anderen lächerlich zu machen, indem man unangebrachte Emotionen oder ein unangemessenes Verhalten zeigt. Sie führen bei den Betroffenen zu ständiger Angst vor einer negativen Beurteilung durch ihre Gesprächspartner oder Beobachter, einer Angst, die viel intensiver ist als bei bloßer Schüchternheit. Die Sozialphobie ist eine Krankheit, in der zwei Basisemotionen vermischt auftreten: *Angst* (vor den und während der sozialen Situationen) und *Scham* (während der sozialen Situationen und danach). Diese beiden Emotionen, die durch ihre Intensität sehr schmerzlich sind, treiben die Patienten allmählich dazu, zahlreiche Situationen des Alltagslebens zu fliehen oder zu vermeiden.
Hier ist der Bericht von Latifa, die an einer Sonderform von sozialer Phobie leidet, an Erythrophobie (bei der man von Angst

und Scham besessen ist, in Gegenwart anderer Menschen zu erröten).

Immer wenn es mir passiert, daß ich vor jemandem erröte, schäme ich mich fast zu Tode. Es ist mir dann ganz unmöglich, mich noch normal zu verhalten; ich muß der Situation schnellstmöglich entfliehen und könnte es nicht ertragen, die Leute wiederzusehen, vor denen ich einmal rot geworden bin. Ich erinnere mich an eine Weiterbildung, die ich absolvierte, als ich arbeitslos war. Am ersten Morgen mußten wir uns reihum vorstellen, was für mich immer ein Alptraum ist. Ich stotterte mir einen ab und machte mich lächerlich. Den restlichen Vormittag saß ich mit gesenktem Kopf da und wagte nicht, den Blicken der Kursteilnehmer und des Ausbilders zu begegnen. In der Pause habe ich mich auf der Toilette eingeschlossen und bin erst wieder herausgekommen, als der Unterricht weiterging; ich wäre gern gleich nach Hause gegangen, aber meine Sachen waren im Unterrichtsraum eingeschlossen. Mittags erfand ich ein familiäres Problem, um nicht mit den anderen essen zu müssen; ich schnappte mir unauffällig meine Tasche und kam nicht wieder. Danach wagte ich drei Tage nicht, die Wohnung zu verlassen oder den Telefonhörer abzuheben. Ich hatte das Gefühl, die ganze Welt, meine Nachbarn, die Ladenbesitzer, einfach alle Leute wären auf dem laufenden darüber, was ich getan hatte.

Anders als die Schüchternheit bessert sich eine soziale Phobie nicht spontan; sie macht eine genau abgestimmte Behandlung erforderlich. Große Fortschritte sind seit etwa einem Jahrzehnt erzielt worden, indem man Psychotherapien häufig mit Medikamenten kombinierte.

Wenn Schuld und Scham die Oberhand gewinnen: Depressionen

Die Depression äußert sich auf der Emotionsebene durch eine besondere Traurigkeit, die wir schon beschrieben haben. Aber oft sind auch andere Emotionen präsent.

Bei bestimmten Formen, die von Psychiatern als *melancholische Depressionen* bezeichnet werden, sind Schuldgefühle von außerordentlicher Bedeutung. Die Patienten beschuldigen sich selbst, sie hätten falsch gehandelt; sie dramatisieren den kleinsten Fehler, der ihnen in der Vergangenheit unterlaufen ist, und bezichtigen sich (manchmal auf wahnhafte Weise) mehr oder weniger realistischer Sünden. Schlaf- und Appetit-

	Melancholische Depression
Vorherrschende Emotion	Schuldgefühle
Durch Erziehung erlernte Norm	Man muß seine Pflicht tun.
Bereich, in dem die Norm verletzt wurde	Verhaltensweisen, die den sozialen Austausch betreffen (»Ich bin eine Rabenmutter/eine schlechte Ehefrau/eine miese Arbeiterin« etc.).
Abwehrmechanismus	Perfektionsdrang; man will sich gegen jeden möglichen Vorwurf absichern; man versagt sich jedes Vergnügen.

losigkeit komplettieren das Bild. Das Selbstmordrisiko ist hoch, und bevor die Behandlung anschlägt, ist zur Verhütung eines Suizids oftmals ein Krankenhausaufenthalt nötig.

Bei depressiven Persönlichkeiten ist eine Form von chronischem Schuldgefühl oft mit Scham verbunden, wobei diese Scham wiederum mit einem Minderwertigkeitsgefühl zusammenhängt. Manchen Forschern zufolge sollen chronische Schuldgefühle und Scham ohnehin sehr oft zusammen auftreten.[29]

Wie Sie mit Ihren Schamgefühlen besser umgehen

Wie wir gesehen haben, ist Scham eine nützliche Emotion, die uns schon seit frühester Kindheit warnt, welche sozialen Normen wir nicht übertreten dürfen, und uns hilft, die Feindseligkeit jener Menschen zu besänftigen, die wir vielleicht schockiert haben.

Leider kann Scham aber auch lähmend werden – eine Quelle von Leid, das sich hartnäckig hält, weil man es nicht wagt, seine Emotion jemandem anzuvertrauen. Scham tendiert ärgerlicherweise dazu, sich selbst aufrechtzuerhalten: Man schämt sich, weil man von neuem an frühere Scham denken muß, und so weiter …

Im übrigen kann man nicht leugnen, daß manche unserer Mängel in bestimmten Kontexten tatsächlich ein Schamgefühl auslösen können. Deshalb scheinen uns die vier folgenden Ratschläge von großer Wichtigkeit.

◆ Sprechen Sie über Ihr Schamgefühl!

> Das Schlimmste an der Scham ist, daß man glaubt, niemand sonst würde sie verspüren.
>
> *Annie Ernaux*

In *Paris – ein Fest fürs Leben*[30] erzählt Hemingway über seine jungen Jahre im Paris der zwanziger Jahre, jener Zeit, »als wir sehr arm und sehr glücklich waren«. Scott Fitzgerald, damals auf dem Gipfel seines Ruhms, lädt den damals noch unbekannten Hemingway eines Tages zum Mittagessen in ein Restaurant in der Rue des Saints-Pères ein und erklärt, er habe ihm eine sehr ernste Frage zu stellen. Es gehe um das, »was ihm mehr als alles auf der Welt bedeutete, und daß ich absolut wahrheitsgemäß antworten müsse«. Nach der Mahlzeit schüttet ihm Scott schließlich sein Herz aus. Er erklärt dem Freund, daß er außer mit seiner Gattin Zelda nie mit einer anderen Frau geschlafen habe, obwohl ihm manche sehr wohlwollende Blicke zuwerfen. Dann gesteht er den Grund für seine Tugendhaftigkeit: Zelda habe ihm erklärt, mit einem Geschlechtswerkzeug wie dem seinen könne er niemals »eine Frau glücklich machen« ... »Sie sagte, es sei eine Frage der Maße. Seit sie das gesagt hat, bin ich nie wieder der alte gewesen, und ich muß es wahrheitsgemäß wissen.« Ein wenig verblüfft über diese vertraulichen Mitteilungen, schlägt Hemingway ihm vor, gemeinsam auf die Toilette zu gehen, damit er sich ein Urteil bilden könne. Und so begeben sich die beiden Heroen der Weltliteratur zu einer kleinen urologischen Konsultation in die Toiletten des Restaurants *Chez Michaux*. Nach Begutachtung der Tatsachen erklärt Ernest seinem Freund, er sei ganz normal ausgestattet und brauche wegen der Größe seines Apparates nicht zu erröten. Scott ist aber noch immer nicht beruhigt. So schlägt ihm Ernest einen Besuch des Louvre vor, wo er sich anschauen könne, wie die betreffende Partie bei den Statuen beschaffen ist.

Scott bezweifelt aber, daß man davon auf die Realität schließen dürfe – vielleicht hatten die Statuen nicht die richtigen Dimensionen ... Letztendlich findet der Inspektionsrundgang doch statt, und nach einigen erhellenden Erklärungen Ernests (»Du siehst dich von oben an, und deshalb siehst du dich verkürzt«) fühlt sich Scott schließlich besser.

Scott Fitzgerald wurde von Schamgefühlen gequält (Gefühl der Abwertung – »Seit sie das gesagt hat, bin ich nie wieder der alte gewesen« – verbunden mit der Überzeugung, die Normen seiner Gruppe nicht erfüllen zu können: Männer müssen imstande sein, »eine Frau glücklich zu machen«).

Man darf annehmen, daß es Scott Erleichterung verschaffte, mit Ernest über sein Schamgefühl zu sprechen. Er profitierte von einem verständnisvollen Zuhörer und einer Konfrontation mit den eigenen schamauslösenden Überzeugungen.

Eine Therapie war es leider trotzdem nicht: Fitzgerald litt weiterhin an schwerer Alkoholabhängigkeit und an seiner Verbindung mit einer zerstörerischen Ehefrau. Zelda selbst wurde, als sie die Dreißig überschritten hatte, von einer ernsten und komplizierten Persönlichkeitsstörung erfaßt, einer manisch-depressiven Erkrankung.[31] Später hatte Scott aber noch eine glücklichere Beziehung mit Sheilah Graham, einer jungen Frau, die sehr in ihn verliebt war. Ihretwegen hörte er völlig mit dem Trinken auf.

Dieses Beispiel erinnert auf jeden Fall daran, daß es mehrere günstige Wirkungen haben kann, wenn Sie Ihr Schamgefühl jemandem anvertrauen:

- Wenn Sie Worte für Ihre Scham finden, dann beginnen Sie sie schon zu beherrschen. Sie bilden Sätze, mit denen Sie eine Distanz zu Ihrer Emotion aufbauen.
- Wenn Sie Ihr Schamgefühl in Gegenwart eines wohlwollenden Zuhörers beschreiben, werden Sie an seiner Reaktion merken, daß Ihre Person gar nicht lächerlich oder verachtenswert ist.

Also aufgepaßt, machen Sie es wie Scott Fitzgerald! Schütten Sie Ihr Herz unter sicheren Umständen aus, also gegenüber einem Zuhörer, den Sie gut genug kennen, um sich seines Wohlwollens sicher zu sein. Oder vertrauen Sie sich jemandem an, der für solche Situationen da ist (Therapeut, Geistlicher, »Zuhörer« in einer Lebenshilfe-Vereinigung). Bevor Sie die Themen anschneiden, die Ihnen am meisten am Herzen liegen, sollten Sie jedoch erst einmal testen, wie gut er wirklich zuhören kann ...

Unser Ratschlag, über das Schamgefühl zu sprechen, bleibt auch bestehen, wenn Sie bereits eine Therapie in Angriff genommen haben: Die Patienten neigen dazu, im Gespräch mit dem Therapeuten den Dingen auszuweichen, vor denen sie sich schämen, wo doch gerade diese Themen der Gegenstand fruchtbringender Arbeit sein könnten.[32]

◆ Verwandeln Sie Scham in Verlegenheit!

Wenn Sie sich oft schämen, ist es wahrscheinlich, daß diese Emotion Sie in Situationen plagt, in denen *Verlegenheit* angemessener wäre. Es wäre also wichtig, daß Sie die Bedeutung bestimmter Ereignisse und der von ihnen ausgelösten Emotionen differenzierter einzuschätzen lernen. Am Beispiel von Sylviane (28), einer Journalistin, kann man das gut nachvollziehen:

In unsere Zeitschriftenredaktion ist vor kurzem ein neuer Kollege gekommen, der sehr sympathisch, natürlich und ungezwungen ist. Eines Tages in der Sitzung hat er dem Chefredakteur aus Unachtsamkeit seinen Kaffee übers Hemd geschüttet. Weil unser Chef nicht gerade viel Sinn für Humor hat und überhaupt ziemlich schwierig ist, haben alle für ein paar Sekunden den Atem angehalten und auf seine Reaktion gewartet. Wäre ich an der Stelle dieses Kollegen gewesen, ich wäre vor Scham (und Angst) gestorben! Er aber schaute, noch ehe der Chef etwas sagen konnte, sichtlich betrübt drein und rief aus: »O je, und ich war so froh, daß mir hier solche Dinge noch nicht passiert sind, wo das doch immer meine Spezialität ist!« Er lief in den Waschraum, um Wasser zu holen und dem Boß zu helfen, den Fleck ein bißchen auszureiben. Dann nahm er die Diskussion ohne große Umstände an der Stelle wieder auf, an der sie unterbrochen worden war. Am Ende der Sitzung hat er sich bei un-

serem Vorgesetzten noch einmal entschuldigt und gesagt, es tue ihm wirklich leid. So hat er dem Vorfall seinen richtigen Stellenwert gegeben – es war nur ein ungewolltes Mißgeschick. Seitdem habe ich oft über meine Neigung nachgedacht, mich über alle Maßen zu schämen. Und dann habe ich gelernt, »Es tut mir leid« zu sagen, statt schweigend auf meine Schuhspitzen zu starren und darauf zu warten, daß mir der Himmel auf den Kopf fällt.

Sylvianes Kollege zeigt die im Falle großer Verlegenheit typischen Verhaltensweisen; er versucht, den Schaden wiedergutzumachen und sein Ansehen wiederherzustellen, während sich bei Sylviane die äußeren Anzeichen von Scham manifestiert hätten (niedergeschlagener Blick, wie angewurzelt dastehen).

Denken Sie einmal über die Situationen nach, in denen Sie Scham empfinden. Überlegen Sie, ob es nicht möglich wäre, einfach nur mit einer gewissen Verlegenheit zu reagieren. Wenn Sie sich geistig auf »Verlegenheit« programmieren, werden Sie weniger Scham empfinden und auch von den anderen nicht mehr als verschämte Person wahrgenommen werden.

◆ Denken Sie über Ihre tiefsitzenden Überzeugungen nach!

Ihre Scham entsteht aus dem Kontrast zwischen zwei Beurteilungen:

- Ihrer Einschätzung der Normen der Gruppe, welcher Sie angehören oder gern angehören würden (Normen, die Regeln und Ziele betreffen: *standard rules and goals*, *SRG*),
- und Ihrer Einschätzung, daß Sie diese Normen verfehlt haben.

Ihre Schamreaktion im Falle eines Mißerfolgs wird desto stärker ausfallen, je wichtiger es für Sie ist, dieser Gruppe anzugehören.

Sie können die schamauslösenden Grundüberzeugungen mit Hilfe der folgenden Fragen genauer unter die Lupe nehmen:

- Sind die Normen der Gruppe wirklich so anspruchsvoll, wie ich es mir vorstelle?
- Erreiche ich sie tatsächlich nicht?
- Ist es so wichtig, dieser Gruppe anzugehören?

Wenden wir das einmal auf Sylvianes Fall an.

Gruppe, zu der man gehören möchte	*Erste Grundüberzeugung – gedachte Norm/ Anforderungen der Gruppe, wenn man akzeptiert werden will*	*Zweite Grundüberzeugung – subjektiv wahrgenommener Fehlschlag*	*Dritte Grundüberzeugung – Wichtigkeit, der Gruppe anzugehören*
Team von dynamischen Kollegen	»Man muß ungezwungen und selbstsicher sein.«	»Durch meinen Mangel an Selbstvertrauen und meine Ungeschicklichkeit falle ich auf.«	»Wenn ich in dieser Gruppe keine Akzeptanz finde, bin ich weniger wert als die anderen.«
	Frage: Stimmt es, daß alle Gruppenmitglieder so ungezwungen und selbstsicher sind? Und daß die Gruppe jeden ausstoßen würde, der auf diesen Gebieten Schwächen zeigt?	*Frage: Ist es wahr, daß Sie auf die anderen so wirken?*	*Frage: Warum eigentlich? (Von einer Gruppe zurückgewiesen zu werden, ist immer eine schmerzliche Erfahrung, aber ist es wirklich ein Zeichen von Minderwertigkeit?)*

Nehmen wir an, Sylviane würde in einem Team arbeiten, in dem ein arrogantes Konkurrenzgehabe herrscht und jede Schwäche herausgepickt und lächerlich gemacht wird. Wäre es wirklich eine Katastrophe, aus solch einer Gruppe ausgeschlossen zu werden? Sollte man nicht lieber neue Beziehungen in einem freundlicheren Umfeld anknüpfen?

Unsere drei Fragen sollen Ihnen Wege zum Nachdenken eröffnen; sie werden Sie nicht vor jeder Scham bewahren und Sie auch nicht von besonders tiefsitzenden oder weit in die Vergangenheit zurückreichenden Schamgefühlen befreien können. In diesen Fällen sollten Sie sich einem kompetenten Therapeuten anvertrauen, der Sie ausführlicher über Ihre schamerzeugenden Gedanken befragen wird.

◆ Kehren Sie an den »Tatort« zurück!

Denken Sie auch daran, daß Schamgefühle dazu verleiten, die Leute, vor denen man sich geschämt hat, künftig zu meiden (»Ich geniere mich, diese junge Frau wiederzutreffen, wo ich vor ihr doch so rot geworden bin und mir einen abgestottert habe!«). Man vermeidet Situationen, in denen man schon einmal den Eindruck hatte, nicht auf der Höhe zu sein (»Ich will nicht mehr vor Publikum sprechen; ich habe mich dabei schon so lächerlich gemacht!«). Durch dieses Vermeidungsverhalten wird Ihr Schamgefühl aber chronisch; dauerhaft abklingen kann es nur, wenn Sie an den »Tatort« Ihrer angeblichen »Verfehlung« zurückkehren.

Hören wir dazu den Bericht von Pierre, den wir schon im dritten Kapitel zitierten, weil er sich angesichts des schönen Segelschiffs seines Freundes eine Neidreaktion nicht verkneifen konnte und weil er sich hinterher, in einem Gespräch über den Bosnienkrieg, zu Heftigkeiten gegen den Freund hinreißen ließ …

Kaum hatte meine Frau mir zu verstehen gegeben, daß ich zu weit gegangen war, fühlte ich, wie ich mich schämte. Ich habe mich sofort beruhigt, und andere Freunde lenkten die Unterhaltung schnell in eine weniger heikle Richtung. Aber weil es spät war, schickten sich alle schon zum Fortgehen an, und so bekam ich den Eindruck, daß der Abend mit diesen mißgestimmten Tönen ausgeklungen war, ohne daß man Gelegenheit gehabt hätte, ein freundschaftliches Klima wiederherzustellen. Hinterher hat mich mein Schamgefühl noch lange geplagt: sobald ich an mein Verhalten dachte und mir wieder vor Augen führte, wie sich die Gesichtszüge meines Freun-

des nach den beleidigenden Bemerkungen verkrampft hatten, spürte ich mich erröten und malte mir aus, was die anderen von mir gedacht haben müssen. Ich glaube, die natürliche Reaktion wäre in diesem Moment gewesen, die Gäste jenes Abends nie wiedersehen zu wollen, aber andererseits merkte ich auch, daß dies eine sehr negative Haltung war. Zuerst rief ich meinen Freund an und bat ihn um Verzeihung; er nahm die Entschuldigung an, wenn auch ziemlich kühl. Schließlich überzeugte mich meine Frau, einen Abend auszurichten, zu dem wir die ganze Runde von damals einluden. An jenem Abend hatte ich ziemlichen Bammel, als ich auf das Klingeln an der Haustür wartete. Aber letztendlich ist alles sehr gut gelaufen; ich glaube, daß sie meine Verlegenheit und meinen guten Willen gespürt haben. Trotzdem denke ich, daß ich ohne meine Frau vielleicht alle Brücken abgebrochen hätte, um mir neue Schamgefühle zu ersparen.

Philippe ist es gelungen, sich nicht von seiner Scham beherrschen zu lassen. Diese hätte sonst dazu geführt, daß er den Zeugen seines Fehlverhaltens künftig für immer aus dem Weg geht. Statt dessen hat er eher Verhaltensweisen gezeigt, die für Verlegenheit typisch sind: Er wollte sich entschuldigen und den Schnitzer ausbügeln. Das wirkte sich sowohl auf sein Schamgefühl als auch auf die Beziehung zu den Freunden positiv aus.

- Meiden Sie Leute, die andere gewohnheitsmäßig demütigen!

Bei seinen Gesprächspartnern Schamgefühl auszulösen, ist eines der Mittel, um die Mitmenschen zu dominieren und von ihnen gefürchtet zu werden. (Allerdings riskiert man dabei, daß sich eines Tages Wutreaktionen gegen einen richten ...) Bestimmte Personen sind aus gewiß recht komplexen Gründen (Erziehungsmodelle, Revanche für erlittene Erniedrigungen) wahre Virtuosen des Demütigens, das sie manchmal unter der Maske von Scherzen verstecken.

In William Boyds *Die Guten und die Schlechten beim Sport*[33] wird einer der Collegeschüler, Niles, von seinen Klassenkameraden pausenlos »Kanake« genannt, bloß weil er in

Afrika geboren wurde. Er macht gute Miene zum bösen Spiel und tut so, als würde es sich um bloße Späße handeln. So muß er sich diesen Spitznamen unablässig anhören, bis einmal ein Mädchen davon erfährt und schockiert ist.

Machen Sie die »Serien-Demütiger« in Ihrer Umgebung ausfindig, auch die, die sich als Spaßmacher tarnen, und achten Sie darauf, sich von ihnen nicht verletzen zu lassen! Je nach Ihren Fähigkeiten und den Umständen können Sie entweder die gleichen Waffen gegen sie kehren, Sie können aber auch ganz einfach zum Ausdruck bringen, daß Sie solche Bemerkungen nicht mögen, oder aber künftig definitiv einen Bogen um diese Leute machen.

Was Sie tun sollten	*Was Sie lassen sollten*
Sprechen Sie über Ihr Schamgefühl.	Lassen Sie sich von Ihrer Scham nicht im stillen Kämmerlein quälen.
Verwandeln Sie Scham in Verlegenheit.	Verharren Sie nicht wie erstarrt in Ihrem Schamgefühl.
Denken Sie über Ihre tiefsitzenden Überzeugungen nach.	Glauben Sie nicht, daß Ihre Scham immer gerechtfertigt wäre.
Kehren Sie an den »Tatort« zurück.	Ziehen Sie sich nicht vom Schauplatz der Szene zurück.
Meiden Sie Leute, die andere gewohnheitsmäßig demütigen!	Lassen Sie sich nicht zur Zielscheibe des Spottes oder zum Prügelknaben machen.

Mit Scham besser umgehen

Kapitel 7

Eifersucht

In der Eifersucht steckt mehr Eigenliebe als Liebe.
La Rochefoucauld

Claudine (32) kommt in die Sprechstunde und schildert dem Psychiater, der immer beunruhigter zuhört, ihre ehelichen Schwierigkeiten:

Als ich Germain kennenlernte, merkte ich sehr bald, daß er eifersüchtig war, aber das beruhigte mich eher: Seine Eifersucht zeigte halt, daß er an mir hing, und auch, daß er dachte, ich könnte andere Männer interessieren. In gewisser Weise schmeichelte mir das. Weil ich ein ziemlich negatives Bild von mir selbst habe, tat es mir gut zu spüren, daß sich ein Mann für mich unbedeutende Person interessierte. Leider hat sich seine Eifersucht mit den Jahren verschlimmert. Inzwischen weiß ich weder ein noch aus. Zuerst brachte er mich dazu, meinen Beruf aufzugeben; da er sowieso genug Geld verdiene, sei es nicht nötig, daß ich arbeite. In Wirklichkeit konnte er es bloß nicht ertragen, daß ich auf Arbeit mit anderen Leuten zu tun hatte, darunter natürlich auch mit Männern, ohne daß er immer auf dem laufenden war. Seit ich zu Hause bin, ruft er mich jeden Tag mehrmals an, scheinbar um zu hören, wie es mir geht, aber in Wahrheit, um zu überwachen, ob ich ausgehe und wen ich treffe. Ich muß ihm immer meinen Tagesplan mitteilen, und wehe, wenn er merkt, daß sich etwas daran geändert hat! Es ist schon passiert, daß er wie ein Wirbelwind ins Haus gesaust kam, nur weil ich bei einem seiner Anrufe nicht den Hörer abgenommen hatte. Im übrigen soll ich weder ein Handy haben noch ein Auto; er behauptet, das sei nicht notwendig, da ich ja sowieso nicht arbeite. In Wirklichkeit will er damit nur meine Bewegungsfreiheit einschränken. Muß ich noch extra sagen, daß er mir, von wenigen Ausnahmen abgesehen, auch das Schminken verbietet und daß ich nur mit seiner Einwilligung etwas zum Anziehen kaufen darf? Einmal waren wir mit einem befreundeten Ehepaar abends essen, und er hat den ganzen Abend einen Flunsch gezogen und mir am Ende noch eine Szene gemacht, weil mein Rock angeblich zu aufreizend war. Schaut irgendwo in der Öffentlichkeit ein Mann zu mir hinüber, fixiert er ihn sofort auf aggressive Weise. Das entmutigt den anderen schnell, denn man muß zugeben, daß mein Mann ziemlich respekteinflößend ist. Auch meinen alten Freundinnen, gegen die er immer sehr kritisch eingestellt war, hat er mich entfremdet; vor allem ertrug er den Gedanken nicht, ich könnte ihnen irgendwelche vertraulichen Dinge erzählen. Heute haben wir überhaupt kein soziales Leben mehr; wir sehen nur noch unsere Eltern, oder ich begleite ihn zu Abendveranstaltungen seiner Firma (denn ich glaube, daß er andererseits stolz ist, mich zu zeigen). Dort muß ich allerdings immer an seiner Seite bleiben und darf nicht mit anderen Männern sprechen. Selbst das verhindert aber nicht, daß es manchmal zu Szenen kommt. Sind wir wieder zu Hause, wirft er mir vor, ich hätte andere Männer bezirzt und mich aufreizend verhalten; er beschimpft mich, und manchmal ist er nahe daran, mich zu schlagen. Hinterher hat er Schuldgefühle, und am nächsten Tag kriege ich ein Geschenk oder einen Blumenstrauß. Aber diese Freundlichkeit ist nicht von langer Dauer. Wenn ich versuche, mit ihm über seine Eifersucht zu sprechen, schneidet er mir sofort das Wort ab; er sagt, sie sei schließlich der Beweis, daß er mich liebe, und für einen Mann sei es ein ganz normales Verhalten. Manchmal macht er mir richtig angst. Und, Herr Doktor, ich weiß auch nicht, ob es eine gute Idee war, zu Ihnen in die Sprechstunde zu kommen; mein Mann erlaubt mir bloß, zu Ärztinnen zu gehen.

Es war wirklich keine besonders gute Idee, und wir haben Claudine an eine unserer Kolleginnen verwiesen. Sie werden vielleicht finden, daß wir nicht gerade mutig sind, aber das beste Mittel, um einer Frau zu helfen, mit ihrem eifersüchtigen Ehemann zurechtzukommen, ist gewiß nicht, daß man seine Eifersucht noch anstachelt – vor allem, wo doch ein Psychiater in einer vertraulichen Atmosphäre sehr private Dinge zu hören bekommt!

Nach den heute geltenden Kriterien kann Germains Eifersucht als krankhaft angesehen werden. Er nutzt alle drei Strategien sehr eifersüchtiger Menschen:

- *scharfe Überwachung:* er hält sich über den Tagesplan seiner Frau jederzeit auf dem laufenden;
- *Kontakteinschränkung:* er sorgt dafür, daß sie isoliert und von ihren Freundinnen getrennt wird; er kontrolliert alles, was ihr neue Begegnungen erleichtern (Handy, Auto) oder das Interesse anderer Männer hervorrufen könnte (Schminkverbot, Kontrolle des Kleidungsstils);
- *Abwertung des anderen:* er bringt Claudine dazu, daß sie sich unfähig und machtlos fühlt, und geht so weit, sie zu beschimpfen und zu bedrohen.

Wie ist diese Geschichte ausgegangen? Claudine gelang es, ihren Mann zu verlassen, aber dazu mußte sie klammheimlich in eine andere Stadt ziehen. Zwischendurch hatten Polizei und Justiz eingreifen müssen, nachdem Germain seine Frau zweimal mißhandelt hatte. Claudine war mit Recht vorsichtig, denn die meisten ermordeten Frauen sind ihren Männern oder Freunden zum Opfer gefallen,[1] und überall auf der Welt ist Eifersucht das Tatmotiv Nummer eins[2].

Germains Verhalten scheint das traurige Image der Eifersucht zu rechtfertigen. Besonders in den siebziger Jahren war diese Emotion weithin verschrien. In dieser Epoche sexueller Befreiung und politischer Gärung betrachtete man Eifersucht oft als Fabrikat der bürgerlichen Ordnung, eine Art Geistesstörung, die von der kapitalistischen Gesellschaft hervorgerufen wird, als Symptom einer Neurose und eines Mangels an Selbstvertrauen. Einem aufgeklärten Individuum geziemte es, sich in einer offenen und spontanen Sexualität zu verwirklichen, die man am besten in einer Kommune praktizierte, wo Ideen und Sexualpartner frei zirkulierten. Das Ideal bestand darin, die Unschuld der »guten Wilden« von den Samoa-Inseln, wie Margaret Mead sie beschrieben hatte, wiederzufinden. Diese Inselbewohner kannten keine Eifersucht und hatten sogar Mühe zu begreifen, worum es ging, als die Anthropologin ihnen diese Emotion erklären wollte.[3]

Hören wir, was Luc (48) uns über seine Jugend in den frühen siebziger Jahren berichtet:

Freunde hatten mich auf eine kleine griechische Insel mitgenommen, wo sich schon eine ganze Truppe junger Leute befand, Frauen und Männer, die Mehrzahl aus Deutschland und den skandinavischen Ländern. Manche von ihnen blieben fast das ganze Jahr über dort, aber die meisten fanden sich nur während der Ferien ein. Es war ein paradiesisches Stück Erde, und wir verbrachten unsere Tage damit, im Schatten zu philosophieren, zu baden, zu tauchen und eine Menge verbotenes Zeug zu schlucken oder zu rauchen. Was den Sex betraf, so galt die Regel, daß jeder jedem unverblümt sagen konnte, er wolle mit ihm schlafen (natürlich konnte der andere ablehnen). Am Anfang fand ich das ziemlich phantastisch, besonders wenn ich an die Französinnen dachte, die immer ewig brauchten, um sich zu entscheiden. Meine Begeisterung währte bis zu dem Tag, wo ich einer schönen Sabine ziemlich nahe kam und mir ihr Helmut eins auf die Nase gab. Alle waren empört, und er mußte sich vor einem richtigen »Volkstribunal« verantworten. Dort hat er sich allerdings gut aus der Affäre gezogen, denn er war ein ehemaliger Anführer der Linken und wußte mit der Dialektik umzugehen. Am schlimmsten war, daß er hinterher noch Geschichten mit anderen Frauen hatte, worüber sich wieder andere Männer aufregten, so daß er die Insel schließlich Hals über Kopf verlassen mußte, um nicht gelyncht zu werden. Die einzigen, die über unsere Geschichten lachen konnten, waren die griechischen Fischer von der Insel.

Luc hat in der Praxis erfahren, daß die großzügigen Ideen von einer allgemeinen Abschaffung der Eifersucht auf falschen Grundannahmen beruhten. Das bestätigen die verschiedensten Beobachtungen. So hat es Eifersuchtsverbrechen auch unter den Bewohnern von Moskau gegeben, obwohl sie über drei Generationen hinweg vor der bürgerlichen Ordnung bewahrt geblieben waren. Und was jene fabelhaften tropischen Paradiese betrifft, in denen es keine Eifersucht geben soll, so untermauern neuere Feldforschungen die Behauptung des Psychologen und Eifersuchtsspezialisten David Buss, daß »diese Paradiese nur in der Vorstellungswelt romantischer Anthropologen existieren«[4]. Alle Kulturen der Welt kennen sexuelle Eifersucht, wenngleich es natürlich auch kulturelle Varianten dabei gibt, wie man auf Untreue (besonders die Untreue der Frauen) reagiert – von sofortiger Steinigung bis hin zur Scheidung mit Alimentenanspruch ist hier vieles möglich.

WAREN DIE SAMOANER WIRKLICH »GUTE WILDE«? WENN DIE ANTHROPOLOGIE IHRE EIGENEN MYTHEN SCHAFFT

Im Jahre 1925 kehrt Margaret Mead, damals vierundzwanzig Jahre alt, von einem einjährigen Aufenthalt auf den Samoa-Inseln zurück. Drei Jahre darauf veröffentlicht sie ein Buch mit dem Titel *Coming in Age of Samoa*, das beim Publikum großen Erfolg hat und Anthropologen wie Pädagogen stark beeinflußt.[5]
In diesem Buch beschreibt sie sanftmütige Eingeborene, die weder Gewalt noch sexuelle Eifersucht kennen, und schließt daraus, daß der Grund für solche Übel unsere westliche Erziehung sei.
Etwa fünfzehn Jahre später absolviert Derek Freeman, ein australischer Anthropologe, einen längeren Aufenthalt auf Samoa. Er lernt dort die Landessprache und entdeckt ein völlig anderes Bild: Die Samoaner kennen sehr wohl sexuelle Eifersucht und haben sogar ein Wort zu ihrer Bezeichnung – *fua*. Auch auf Samoa sei Eifersucht die Ursache zahlreicher Gewalttätigkeiten. Was nun die abendländische Kultur betreffe, so habe der Einfluß der Missionare offenbar sogar zu einer *Abnahme* von Gewalt in der Ehe und einem Rückgang von Entjungferungszeremonien geführt. Schließlich berichtet er, einige Samoaner, die sich an Margaret Mead erinnerten, hätten ihm gestanden, die Gutgläubigkeit der jungen Anthropologin ein bißchen ausgenutzt und die Zahl ihrer Liebesabenteuer tüchtig übertrieben zu haben[6] (da wenigstens hätten wir einen für Männer weltweit typischen Zug!).
Die Kontroverse zwischen Mead und Freeman führte zu einer heftigen Spaltung innerhalb der Anthropologie, und selbst wenn Margaret Mead heute beim großen Publikum viel berühmter ist als ihr Gegenspieler, scheint es, als hätte jugendlicher Enthusiasmus ihre wissenschaftliche Objektivität eingetrübt.[7]
Dieses Gefühl stellt sich schon bei bloßer Lektüre ihres Buches ein. Mitten in einer Beschreibung des idyllischen Lebens der Samoaner vermerkt Margaret Mead, daß es eine öffentliche Entjungferungszeremonie für die jungen Frauen der oberen Ka-

sten gebe: »Stellte sich in früheren Zeiten dabei heraus, daß sie keine Jungfrau war, so fielen die weiblichen Verwandten über sie her, schlugen sie mit Steinen und brachten ihr dabei entstellende, manchmal sogar tödliche Verletzungen bei, weil sie Schande über das Haus gebracht hatte.«
Ein paar Seiten darauf behauptet sie jedoch: »Die romantische Liebe unserer Gesellschaft, untrennbar verbunden mit Vorstellungen von Monogamie, Ausschließlichkeit, Eifersucht und unerschütterlicher Treue, gibt es auf Samoa nicht.« Wenig später erfahren wir, daß eine untreu gewordene Häuptlingsfrau »meist verstoßen« wird und daß es in alten Zeiten passieren konnte, daß der Ehemann nicht nur seinen Rivalen mit Keulenschlägen tötete, sondern alle Männer aus dessen Familie, selbst wenn diese zu ihm gekommen waren, um Abbitte zu leisten. Trotzdem erklärt Margaret Mead am Ende des Werkes, sie habe gezeigt, daß »die sexuelle Betätigung der Samoaner die Bildung von Neurosen verhindert«. Na schön, jetzt wissen wir, was wir unseren Patienten künftig raten müssen!

Formen der Eifersucht

Die Forscher beschreiben eine erste automatische Reaktion, den »Blitz der Eifersucht«. Er entlädt sich, sobald man zu erkennen glaubt, daß die Beziehung bedroht ist. Die beiden häufigsten Emotionen bei diesem »Blitz« sind Zorn und Angst.

Hören wir, was Jean-Pierre berichtet, der eines Tages seine Frau vom Büro abholen wollte:

An jenem Tag kam ich gerade von einem Kundengespräch ganz in der Nähe. Als ich vor dem Häuserblock hielt, in dem ihre Firma ihren Sitz hat, sah ich meine Frau schon auf dem Gehweg stehen. Sie unterhielt sich mit einem Mann, offensichtlich einem Kollegen. Je näher ich mit dem Auto heranfuhr, um so deutlicher merkte ich, daß der Typ wie ein richtiger Frauenheld aussah; er war schön, ungezwungen, selbstsicher, fein angezogen, und vor allem sah es so aus, als würden sich meine Frau und er gut miteinander amüsieren. Sie lachten beim Reden und machten den Eindruck, schon ziemlich eng miteinander bekannt zu sein. Ich fühlte mich derart durcheinander, daß ich beim Anhalten den Motor abwürgte. Sobald meine Frau mich erblickte, ließ sie den Mann stehen und kam zu mir ins Auto. Ich versuchte eine gute Figur zu machen, aber an meiner Miene hat sie schnell gesehen, was los war. Ich verspürte einen schrecklichen Zorn gegen sie und gegen ihn, und gleichzeitig stiegen in mir Panikgefühle hoch. Irgendwie hatte ich vergessen gehabt, daß sich auch andere Männer für meine Frau interessieren könnten und meine Frau für andere Männer. Diese Szene hatte mich auf brutale Weise daran erinnert.

Nach dem »Eifersuchtsblitz«, der wahrscheinlich ziemlich viel von einer Basisemotion hat, schalten sich die Kognitionen (Gedanken) ein. Wir beurteilen noch einmal die verschiedenen Bestandteile der Situation und das wirkliche Ausmaß des Risikos; vor allem aber beschließen wir unser weiteres Vorgehen.

Sie kommen mit Ihrem Ehepartner oder Freund zu einer Abendeinladung, wo sich bereits zahlreiche Personen versammelt haben, von denen Sie manche zum ersten Mal treffen. Später gibt es einen Moment, wo Sie sehen, daß sich Ihr Partner mit einer Person des anderen Geschlechts unterhält. Jeder scheint den Worten des anderen interessiert zu lauschen; sie schauen sich intensiv in die Augen und lachen hin und wieder; Sie sehen, daß Ihr Partner jetzt quicklebendig und voller Elan ist, obwohl er zu Beginn des Abends nur müde herumgeschlurft war.

Wie fühlen Sie sich dabei? Hier ein paar Antworten von Personen, die wir gebeten hatten, sich die Situation auszumalen.

Marie-Claire: *Ich würde zornig und sogar wütend werden. Ich könnte mich bestimmt nur mit Mühe zurückhalten, zu ihnen hinzustürzen und eine Szene zu machen. Und dann, glaube ich, wäre da auch Angst, die Angst, daß Adrien mich verläßt, daß er diese Frau interessanter findet als mich. Am Ende würde ich mir einen doppelten Whisky einschenken und einen anderen Mann anzubaggern beginnen, um Adriens Aufmerksamkeit wieder auf mich zu lenken.*

Jocelyne: *Ein schreckliches Gefühl von Verlassenheit; der Gedanke, daß es mit meinem Leben auf der Stelle aus sein könnte. Ich glaube, ich würde mit einer Freundin darüber sprechen, um Trost zu finden und Ratschläge zu bekommen. Aber schon die bloße Vorstellung kann ich kaum ertragen. Ich glaube, im Grunde fürchte ich die ganze Zeit, es könnte einmal so kommen, und er könnte eine andere Frau interessanter und begehrenswerter finden als mich.*

Tom: *Ich denke, ich würde den Typ erst einmal abschätzen. Ist er alles in allem stärker als ich, oder ist er nur ein kleiner Schnösel, der auch mal sein Glück versucht? Aber selbst vor denen muß man sich in acht nehmen! Ich würde mich ins Gespräch einschalten und es so drehen, daß ich die Oberhand gewinne über diesen Kerl. Aber ich schildere Ihnen lieber nicht im Detail, was ich Ève auf dem Heimweg für eine Szene machen würde! Allerdings hat sie mir ja schon mal so ein Ding gedreht und konnte erleben, was danach passiert ist. Es sollte mich wundern, wenn sie es noch mal versucht!*

Arnaud: *Ich würde mich richtig elend fühlen. Gleichzeitig würde ich mir sagen: Entweder sie interessiert sich wirklich für diesen Burschen und liebt mich nicht mehr, und dann wäre es sowieso zu spät, noch etwas zu tun, oder aber es besteht keine Gefahr, und warum sollte ich in diesem Fall eingreifen und verraten, daß ich eifersüchtig bin? Man hat mir derart eingeschärft, daß Eifersucht eine schändliche Emotion ist, nämlich ein Mangel an Vertrauen in sich selbst und in den anderen, daß ich stets alles tun würde, um sie nicht zu zeigen.*

Diese vier Beispiele zeigen, daß Eifersucht eine komplexe Emotion ist, in der sich wenigstens drei andere Emotionen vermischen – Angst, Zorn und Traurigkeit, manchmal aber auch Scham – und ihre jeweils typischen Kognitionen.

Art der eifersüchtigen Emotion	*Wirkmechanismus*	*Damit verbundene Gedanken*
Zorn	Frustration Angriff auf den Status	»Er/sie wird noch sehen, was er/sie davon hat!« »Mir so etwas zu bieten!« »Für wen hält er/sie sich wohl?«

Art der eifersüchtigen Emotion	*Wirkmechanismus*	*Damit verbundene Gedanken*
Angst	Furcht vor Verlust	»Und wenn er/sie mich nun verläßt?« »Ich habe die Lage nicht mehr unter Kontrolle!«
Traurigkeit	Attacke auf die Selbstachtung Gefühl der Verlassenheit	»Er/sie zieht mir leider eine(n) andere(n) vor ...« »Ich weiß nicht, wie ich ihn/sie bei mir halten kann.«
Scham	Scham, weil man eifersüchtig ist Scham, weil man der Verlierer ist	»Das ist ein so schändliches Gefühl!« »Ich werde mich zum Gespött machen.«

In den oben angeführten Beispielen scheinen die Eifersuchtsreaktionen vor allem von der Persönlichkeit des Eifersüchtigen abzuhängen. Aber unser Verhalten bei Eifersucht wird natürlich auch von der Art des Rivalen beeinflußt.

Wer macht Sie am eifersüchtigsten?

Wiederholen wir das Experiment von vorhin. Bei einem Abend unter Freunden sehen Sie, wie Ihr Partner sich angeregt mit einer/einem Unbekannten unterhält; sie scheinen sich blendend zu verstehen.

Damit Sie sich die Szene besser vorstellen können, geben wir Ihnen eine Kurzbeschreibung von Aussehen und Persönlichkeit des potentiellen Nebenbuhlers.

Porträt A: sehr schön
Porträt B: durchschnittliches Aussehen
Persönlichkeit A: markant, selbstbewußt, kann die Aufmerksamkeit anderer Menschen fesseln, entscheidet rasch, erfaßt die Lage schnell

Persönlichkeit B: unauffällig, zweifelt an sich selbst, entscheidet sich langsam

Wählen Sie nun unter den vier möglichen Kombinationen den Rivalen aus, der Ihre Eifersucht am meisten anstacheln würde:

Aussehen A und Persönlichkeit A: Ihre Rivalin ist eine schöne junge Frau, die eine markante Persönlichkeit hat.	**Aussehen B und Persönlichkeit A:** Ihre Rivalin sieht durchschnittlich aus, hat aber eine markante Persönlichkeit.
Aussehen A und Persönlichkeit B: Ihre Rivalin ist eine schöne junge Frau, hat aber eine ziemlich blasse Persönlichkeit.	**Aussehen B und Persönlichkeit B:** Ihre Rivalin sieht durchschnittlich aus und hat eine ziemlich unauffällige Persönlichkeit.

Welche anderen Frauen stacheln Ihre Eifersucht am meisten an?

Aussehen A und Persönlichkeit A: Ihr Rivale ist ein gutaussehender Mann, der eine markante Persönlichkeit hat.	**Aussehen B und Persönlichkeit A:** Ihr Rivale sieht durchschnittlich aus, hat aber eine markante Persönlichkeit.
Aussehen A und Persönlichkeit B: Ihr Rivale ist ein gutaussehender Mann, hat aber eine ziemlich unscheinbare Persönlichkeit.	**Aussehen B und Persönlichkeit B:** Ihr Rivale sieht durchschnittlich aus und hat eine ziemlich unauffällige Persönlichkeit.

Welche anderen Männer stacheln Ihre Eifersucht am meisten an?

Die Ergebnisse dieses Experiments, das von holländischen Forschern[8] tatsächlich durchgeführt wurde, werden Sie vielleicht nicht überraschen:

- Bei Männern ist vor allem der markante beziehungsweise unauffällige Charakter des Rivalen von Einfluß auf die Ei-

fersucht (der selbstsicherste Typ heizt Eifersucht am stärksten an), während das Aussehen weniger Bedeutung hat.
- Bei Frauen stachelt vor allem das äußere Erscheinungsbild der Rivalin die Eifersucht an, und die Dimension »dominant/nicht dominant« hat sehr wenig Einfluß.

Dies beweist, daß die Eifersucht eines jeden Geschlechts den vorherrschenden Wünschen des jeweils anderen entspricht: seit den Anfängen der Menschheit fühlen sich Frauen von selbstsicheren Führungspersönlichkeiten angezogen und Männer von schönen Frauen. (Wir reden erst gar nicht von Menschen, die zugleich schön und Führungstypen sind – sie haben im Leben absolut skandalöse Vorteile!)

Nach Ansicht der Evolutionspsychologen kann der Unterschied in den Prioritäten beider Geschlechter erklären, weshalb die meisten Männer ihre Energie darauf verwenden, ihren Status aufzubessern oder äußere Symbole für diesen Status zu erwerben (ah, diese schnellen Autos mit ihren sinnlos vielen PS), während das weibliche Geschlecht alljährlich Milliarden für kosmetische Verschönerungen ausgibt.

Da die Geschlechterrollen in unserer Gesellschaft allmählich weniger streng voneinander geschieden sind, stimmt es freilich, daß sich auch Männer immer mehr für ihr äußeres Erscheinungsbild interessieren und Frauen die berufliche Karriere immer wichtiger wird. Nichtsdestoweniger entspricht das wahrscheinlich nicht den dominierenden Wünschen des anderen Geschlechts. Ein Mann, der sich schminkt oder sein schütteres Haar durch Implantate aufbessert, eine ehrgeizige Frau, deren Gedanken immerzu um die Karriere kreisen – sie werden (noch) nicht als verführerische Idealtypen angesehen. Hören Sie nur mal, was Frauen über Männer sagen, die sich schminken, und hören Sie, wie Männer über *career-women* reden!

Wie man einen Rivalen abwertet

Andere Forscher sind noch weiter gegangen. Sie haben untersucht, wie Männer und Frauen einen potentiellen Rivalen in den Augen des Partners abzuwerten versuchen.[9] Was würden Sie Ihrem Liebling sagen, um ihn von seinem Interesse an der anderen Person abzubringen? Die Ergebnisse sind aufschlußreich. Als Frau würden Sie dazu neigen, seine Aufmerksamkeit auf die körperlichen Makel der Rivalin zu lenken (»Hast du dir mal ihre Beine angeguckt?«), als Mann würden Sie darauf hinweisen, daß Ihr Nebenbuhler nicht gerade ein Erfolgstyp ist (»Anscheinend behält er seine Stellen immer nur kurze Zeit!«).

Ein Beispiel für diese Strategie gibt uns Victoire (27):

Mein neuer Freund hatte mich mit in den Urlaub genommen, auf eine paradiesische Insel, wo es viele Stammgäste gab, die einander schon kannten. Unter ihnen war ein Topmodel, das im Alltag genauso schön aussah wie auf den Titelseiten der Magazine. Ich spürte gleich, daß sie sich für meinen Freund interessierte. Sie versuchte es nicht einmal zu verbergen. Eines Tages sonnte ich mich mit ihm am Strand, als sie in einem extrem knappen Badeanzug anspaziert kam, der ihr schrecklich gut stand. Wir unterhielten uns ein bißchen, und plötzlich erklärte sie: »Oh, was du für einen schönen Körper hast, Victoire!« Und zu meinem Freund gewandt: »Sieht sie nicht herrlich aus?« Ich fühlte, wie ich bis an die Haarwurzeln errötete. Sie war sehr souverän: Durch eine Bemerkung, die wie ein Kompliment aussah, lenkte sie die Aufmerksamkeit meines Freundes auf ihre eigene Überlegenheit. Ich weiß, daß ich im Badeanzug keine schlechte Figur mache, aber verglichen mit ihr, nun ja … Übrigens waren wir kaum aus dem Urlaub zurück, als es ihr gelang, mir meinen Freund wegzuschnappen.

Nachträgliche Eifersucht

Eifersucht richtet sich nicht nur auf die Zukunft, sie kann auch Vergangenes betreffen. Der Begriff *retrospektive Eifersucht* beschreibt die Qualen, die wir manchmal ausstehen, wenn wir erahnen, welche Ekstasen unser Partner mit unseren Vorgängern oder Vorgängerinnen erlebt hat. Ein ungeschriebenes Gesetz erfolgreicher Liebesbeziehungen besteht denn auch darin, daß man diskret bleibt, wenn es um frühere Episoden geht. Weiß der Partner aber bereits Bescheid, soll man diese Beziehungen in maßvollen Worten beschreiben oder, besser noch, als Irrtümer hinstellen, die vor dem lang ersehnten Glückstreffer lagen.

Die Heftigkeit retrospektiver Eifersucht darf nämlich nie unterschätzt werden. Das belegt auch Swann, eine Figur aus Prousts *Auf der Suche nach der verlorenen Zeit*, der um jeden Preis etwas über die Vergangenheit Odette de Crécys, der Frau, die er liebt, erfahren will.[10]

Alarmiert von Gerüchten, denen er nicht wirklich glaubt, fragt Swann seine Odette, ob sie in der Vergangenheit nicht vielleicht Liebesbeziehungen mit anderen Frauen gehabt hätte. Odette bestreitet das empört. Aber Swann bohrt hartnäckig weiter: Falls es so gewesen sei, würde er nicht im geringsten böse sein (in diesem Moment glaubt er das wirklich). Hingegen würde ihm nichts größeren Kummer bereiten, als später zu entdecken, daß Odette ihn belogen hat. Das wäre nämlich ein Zeichen dafür, daß Odette das Ausmaß seiner Liebe und Verständnisbereitschaft nicht begriffen habe. Die bedrängte Odette ruft am Ende wütend aus: »Aber ich weiß es nicht mehr, vielleicht vor sehr langer Zeit einmal, ohne zu wissen, was ich tat, zwei- oder dreimal vielleicht.«

Und Proust sagt uns über Swann, daß »diese Worte ›Zwei- oder dreimal vielleicht‹ sich wie ein kreuzförmiger Schnitt in sein Herz eingruben«. Der Erzähler staunt übrigens, welchen Einfluß Worte auf unsere körperlichen Reaktionen haben können: »Es war seltsam zu erleben, wie diese Worte ›zwei- oder dreimal‹, nichts als Worte, die in einer gewissen Entfernung in die Luft gesprochen wurden, einem so das Herz zerreißen konnten, als ob sie es wirklich träfen, und einen krank machten wie ein Gift, das man tatsächlich schluckte.« Proust schließt sich hier an die Kognitivisten an: Wir verspüren Emotionen, weil wir denken. In anderen Passagen steht er William James näher: Es sind die sinnlichen Eindrücke, der Geschmack des Madeleinegebäcks, das holprige Straßenpflaster, die in uns Emotionen wecken, und später ist es die mit den Emotionen verknüpfte Erinnerung.

Die Moral von der Geschichte: Versuchen Sie nicht, von Ihrem Liebling Dinge zu erfahren, die er/sie Ihnen nicht unbedingt erzählen möchte.

Wenn Eifersucht eine Basisemotion ist, müßte die Befähigung zum Eifersüchtigsein im genetischen Material der Menschheit liegen. Da unsere Emotionen nach Meinung der Evolutionspsychologen Anpassungen an die Lebenswelt der Jäger und Sammler sind, muß man danach fragen, wozu Eifersucht damals gedient haben könnte.

Zwei Mißverständnisse und einige Vorsichtsmaßregeln

Stellt man die evolutionspsychologischen Theorien zum Thema Eifersucht vor, läuft man damit Gefahr, das Publikum zu schockieren und als »Macho« oder noch Schlimmeres tituliert zu werden. Unsere Erfahrung hat uns gelehrt, daß diese Reaktionen oftmals drei Mißverständnissen geschuldet sind.[11]

Erstes Mißverständnis: »Die Evolutionsspezialisten halten alle unsere Verhaltensweisen für genetisch vorprogrammiert.« Falsch. Selbst die entschiedensten Wortführer jenes Forschungsansatzes räumen bereitwillig ein, daß unsere Verhaltensweisen einer Veranlagung entspringen, die zwar genetisch vorherbestimmt und weltweit verbreitet ist, die sich aber je nach Erziehungsweise und Zugehörigkeit zu einer sozialen Gruppe auch entwickelt und in verschiedener Gestalt ausdrückt. Eifersucht, Zorn oder Trauer nehmen von einer Kultur zur anderen ein anderes Gesicht an, manchmal sogar von einer Familie zur nächsten. Das hängt von der jeweiligen Deutung, Wertschätzung oder Unterdrückung dieser Emotionen ab. Die Evolutionspsychologen haben mit ihren Theorien einfach auf bestimmte Exzesse der kulturrelativistischen Methode reagiert, wie sie von Margaret Mead verkörpert wird: Mead wollte bekanntlich ein Modell durchsetzen, nach dem die menschliche Psyche ganz und gar ein Kulturprodukt sei und Eifersucht oder Schamgefühle bloß eine Erfindung des Abendlandes darstellen.

Zweites Mißverständnis: »Die Evolutionspsychologen halten alles, was natürlich ist, auch für wünschenswert und moralisch.« Falsch. Die Evolutionspsychologen rufen Ihnen zunächst einmal ins Gedächtnis, daß die natürliche Auslese – das Überleben des Stärksten – ebensowenig moralisch ist wie ein Vulkan oder das Altern. Sowohl Darwin als auch Freud waren der Auffassung, daß wir von animalischen und unmoralischen Trieben erfüllt seien, haben ihren Zeitgenossen aber ein sehr moralisches Leben empfohlen und dafür auch selbst ein gutes Beispiel abgegeben. Ein Buch, in dem die evolutionspsychologischen Theorien dargelegt werden, Robert Wrights *Diesseits von Gut und Böse,* knüpft an diese Sichtweise an.[12] Die Zivilisation baute darauf auf, daß man natürliche und angeborene Tendenzen regulierte, zum Beispiel Polygamie oder Gewalt gegen Unbekannte. Das erlaubte uns, große Gemeinschaften zu bilden, in denen es gerechter und nicht mehr so gewalttätig zuging. Denn infolge der Polygamie hätten Männer von niederem Status mitunter gar keine Frauen, andere Männer hingegen gleich mehrere. Das schafft Spannungen, ist eine Quelle von Gewalt und schlecht vereinbar mit demokratischen Werten. Dies erklärt auch, weshalb in den ziemlich egalitären Gesellschaften der Jäger und Sammler (wo sich alle an der Nahrungssuche beteiligen mußten, um das Überleben der Gruppe zu sichern) die Polygamie zwar üblich war, aber auf einen Mann selten mehr als zwei Frauen kamen. Viele Jäger und Sammler lebten auch monogam. Große Harems entstanden erst mit dem Aufkommen von Landwirtschaft und Viehzucht, welche eine Anhäufung von Lebensmitteln und die Herausbildung von Adelskasten möglich machten.[13]

Drittes Mißverständnis: »Alles Natürliche ist vielleicht nicht immer moralisch, würde uns aber glücklicher machen.« Falsch. Robert Wright weist darauf hin, daß uns die Gene nur dazu vorherbestimmt haben, fruchtbar zu sein, nicht aber zu dauerhaftem Glück![14] Selbst Männern garantiert die Polygamie nur mehr Nachfahren, aber nicht das Glücklichsein: Um unter ihren Frauen Ruhe und Ordnung aufrechtzuerhalten und die frustrierten Rivalen abzuwehren, würden sie in ständiger Anspannung leben – wie jedes dominante Männchen, das seinen Status halten möchte.

Schauen wir uns jetzt also die evolutionspsychologische Sicht auf die Eifersucht an, wobei wir immer daran denken müssen,

- daß sie zwar von einem genetisch bedingten Grundsokkel ausgeht, auf dem aber durch Erziehung und persönliche Erfahrungen ziemlich verschiedene Erscheinungsformen von Eifersucht entstehen können;
- daß die ans Tageslicht gebrachten Mechanismen zwar natürlich sind, aber nicht gerade moralisch vorbildlich;
- daß diese Mechanismen in unserem *Unbewußten* wirken.

Welchen Nutzen Eifersucht nun wirklich hat

Eine erste Antwort, die klar auf der Hand liegt: Eifersucht dient dazu, daß wir unseren Partner mit niemandem teilen müssen. Aber warum? Weshalb haben sich Männer und Frauen nicht in Richtung eines völlig freien sexuellen Gemeinschaftslebens entwickelt, bei dem jeder gleichgültig zuschaut, wie sein Partner mit jedem kopuliert, der gerade vorbeikommt? (Stellen Sie sich vor, wie in diesem Fall ein Diaabend mit Urlaubsbildern aussähe ...)

Die Antwort ist schlicht und einfach: wegen der Babys.

Von den Urgründen der Menschheit bis in jüngste Zeit folgte jedem Sexualkontakt mit einiger Wahrscheinlichkeit ein paar Monate später die Geburt eines Kindes. Sie können unser Buch überhaupt nur lesen, weil Sie ein unglaublicher Glücksfall der Evolution sind! Tausende Generationen Ihrer Ahnen haben immer wieder den gleichen Zyklus erfolgreich durchlaufen: Zuerst weckten sie das Interesse eines Partners, dann hatten sie sexuelle Beziehungen mit ihm, dann brachten sie ein Baby zur Welt, sicherten sein Überleben und sorgten für seine Erziehung, bis es das Erwachsenenalter erreichte. Ein einziger Fauxpas in dieser tausende Male wiederholten Abfolge, und Sie mit Ihren von allen Ahnen ererbten Genen wären nicht da!

Stellen Sie sich nun vor, daß unsere Ahnen acht Millionen Jahre lang unter den harten Lebensbedingungen der Jäger und Sammler existiert haben. Dort waren die Ressourcen knapp und die Gefahren zahlreich. (Die Landwirtschaft ist erst vor zirka zehntausend Jahren aufgekommen und hat sich nur langsam ausgebreitet.)

Was muß ein Mann nun anstellen, wenn er ein Maximum an Nachfahren haben will? Weil sein Vorrat an Spermien praktisch unbegrenzt ist, wäre es am rentabelsten, diese so breitflächig wie möglich zu verteilen, also sexuelle Beziehungen mit so vielen Frauen wie möglich zu haben. Wir sind die Nachfahren dieser flatterhaften Männchen, woraus sich auch das Interesse vieler Männer erklärt, mit Frauen Sex zu haben, die sie kaum kennen. Auch die lange weltweite Vorherrschaft der Polygamie liegt darin begründet. (Von den 1180 historischen und gegenwärtigen menschlichen Gesellschaften, welche die Anthropologie zusammengetragen hat, waren oder sind 954 polygam, darunter sämtliche Jäger-und-Sammler-Gesellschaften.[15])

Für Frauen ist die Lage ganz anders beschaffen. Ihre mögliche Kinderzahl ist viel begrenzter. Will eine Frau, daß ihre Gene weitergetragen werden, muß sie nicht nur fruchtbar sein, sondern auch die Überlebenschancen ihres Babys maximieren, das über Jahre auf sie angewiesen ist. Daher ist es so wichtig, einen Partner zu wählen, der so aussieht, als würde er all jene Jahre über die Frau wachen wollen, und der auch ranghoch und kräftig genug ist, um den Nachkommen Nahrung und Schutz zu sichern. Daher sind Frauen auch überall auf der Welt vorsichtiger als Männer, ehe sie sich auf sexuelle Beziehungen einlassen. (Wir werden noch sehen, daß diese Zurückhaltung manchmal auch eine Atempause macht ...)

Vergessen Sie nicht, daß wir vom Jagen und Sammeln leben und daß diese Tätigkeiten wegen der vielen Raubtiere gefährlich sind, daß Nahrung ein kostbares Gut ist und das Leben kurz und brutal!

Was würde in diesem Fall passieren, wenn Sie, lieber Leser, zuließen, daß Ihre Frau über die Scherze der anderen Männer Ihres Stammes lacht? Sie würden riskieren, eine Menge Energie zu vergeuden und Ihr Leben aufs Spiel zu setzen, um Kinder zu ernähren, die gar nicht Ihre Kinder sind. Das würde Ihre Chancen auf eine zahlreiche Nachkommenschaft und damit auf erfolgreiche Weitergabe Ihrer Gene schmälern.

Und Sie, liebe Leserin, was würde geschehen, wenn Sie Ihren Mann Vertraulichkeiten mit angeblichen »guten Freundinnen« austauschen lassen? Sie würden riskieren, daß er eines Tages seine Jagdbeute mit anderen Müttern seiner Kinder teilt, was die Ration Ihres Kindes und damit seine Überlebenschancen beschneiden würde. Weil Sie aber leider weniger muskulös sind und nicht so begabt für Gewalttätigkeiten, werden Sie dieses Risiko ein paar Jahrtausende lang mehr oder weniger still ertragen. (Sehr polygame Gesellschaften haben einen einzigen Vorteil: Der Status Ihres Mannes ist zwangsläufig ziemlich hoch, denn die anderen Männer haben erst gar keine Frauen.)

Die Evolutionspsychologen lehren also, daß Eifersucht uns den maximalen Fortpflanzungserfolg sichern soll, egal welches unser Geschlecht ist. Gerade weil Ihre Vorfahren eifersüchtig waren, konnten sie ihre Gene bis zu Ihnen, die Sie dieses Buch lesen, übertragen.

In vollem Unbewußtsein …

Die Evolutionspsychologen sind natürlich nicht der Ansicht, daß diese Eifersuchtsstrategien bewußt gewählt worden wären. Sie sind bereits in einer Epoche aufgetreten, in der wir noch nicht einmal wußten, welchen Zusammenhang es zwischen sexueller Beziehung und Schwangerschaft gibt (übrigens sind auch die meisten unserer äffischen Verwandten eifersüchtig). Unsere Ahnen haben sich nicht gesagt: »Ich werde gut auf meinen Partner aufpassen, denn sonst riskiere ich, mein Fortpflanzungskapital zu schmälern und die Chancen, meine herrlichen Chromosomen weiterzugeben …« Wer nicht eifersüchtig genug war, hat einfach weniger Nachkommen gehabt, und so konnten sich die Eifersüchtigen fortpflanzen. Obwohl wir heute durch Verhütungsmittel vermeiden können, schwanger zu werden, obwohl es reichhaltigere Ressourcen aufzuteilen gibt und die Gesellschaft auch alleinstehenden Frauen gestattet, ein Kind aufzuziehen, werden wir weiterhin von Eifersucht gequält – ein Erbteil unserer jagenden und sammelnden Ahnen und ihrer menschenähnlichen Vorfahren.

EIFERSUCHT BEI MÄNNERN UND FRAUEN: DAS *WORST-CASE*-SZENARIO

Um die evolutionspsychologischen Theorien auf die Probe zu stellen, könnte man untersuchen, ob sich das Eifersuchtsverhalten von Frauen und Männern danach unterscheidet, was die maximale Bedrohung für die »Zeugungsaussichten« jedes Partners darstellt.

Stellen Sie sich vor, daß Ihr gegenwärtiger Partner gerade jemandem wiederbegegnet ist, mit dem er früher zusammen war. Aber aufgepaßt, Sie sollen sich dabei zwei verschiedene Szenarios ausmalen:

- eine *Sexszene:* beide lassen eine leidenschaftliche sexuelle Beziehung wiederaufleben, ohne sich jedoch anderweitig zu binden;
- eine *Zärtlichkeitsszene:* beide lassen eine intensive gefühlsmäßige Bindung wiederaufleben, ohne daß es zu sexuellen Kontakten kommt.

Bittet man Männer und Frauen, sich diese beiden Szenarios mit ihren typischen Bestandteilen auszumalen, so finden beide Geschlechter sie sehr beunruhigend. Aber welche Überraschung – die Mehrzahl der Männer haßt das Sexszenario am meisten, während die meisten Frauen das Zärtlichkeitsszenario am stärksten verabscheuen. Hierbei gehen nicht nur die Meinungen auseinander (die genaue Frage hatte gelautet: *Welche der beiden Situationen könnten Sie am schwersten verzeihen?*), sondern auch die körperlichen Reaktionen. Je nach der gedanklich heraufbeschworenen Szene reagieren Puls und Muskeltonus bei Männern und Frauen verschieden. Das stimmt mit den evolutionistischen Theorien überein: Das Schlimmste für Männer ist eine Befruchtung der Partnerin durch Dritte, während Frauen besonders die Zerstreuung der Ressourcen fürchten, wie sie bei gefühlsmäßiger Bindung des Partners an eine andere Frau wahrscheinlich wäre. (Die Männer unter unseren Lesern sollten dennoch nicht hoffen, daß sie ihre Ehefrauen besänftigen, wenn sie ihnen sagen: »Mach dir keine Sorgen, Liebling, das mit ihr, das ist rein sexuell!« Frauen wissen nämlich, daß Sex Männer auch zu einer gefühlsmäßigen Bindung führen kann.) Experimente wie das oben erwähnte hat man in Ländern mit sehr unterschiedlichen Kulturen wiederholt (Vereinigte Staaten, Holland, Schweden, China, Korea und Japan); sie haben alle bestätigt, daß es beim *worst-case*-Szenario für Eifersucht diesen universell verbreiteten Geschlechtsunterschied gibt.[16]

Weshalb haben Frauen eine Vorliebe für selbstbewußte Männer und *leader*? Weil solche Partner besser garantieren können, daß für einen selbst und das potentielle Baby die Ressourcen nicht knapp werden.

Und weshalb haben Männer eine solche Vorliebe für junge Frauen? Weil diese am fruchtbarsten sind (was von noch elementarerer Bedeutung ist!).

Die Evolutionsgeschichte ist nicht unsere einzige Geschichte

Diese angeborenen Tendenzen wirken zwar in uns, bestimmen unser Tun und Denken aber natürlich nicht hundertprozentig. Auch unsere Erziehung, das Vorbild der Eltern, unsere ersten Liebeserfahrungen und unsere Werte spielen bei der Partnerwahl eine Rolle. Schließlich wird die gefühlsmäßige Bindung, die wir mit dem Partner eingehen, ihn in unseren Augen einzigartig machen. So kann eine Frau ihrem sanftmütigen Mann treu bleiben, obwohl sich ein selbstsicherer Rivale von höherem Status an sie heranmachen will. Ein Mann muß nicht unbedingt vom Pfad der Tugend abkommen, wenn ihm Frauen, die jünger oder schöner als seine Gattin sind, einladende Signale aussenden. (Am weisesten ist es wahrscheinlich, sich gar nicht erst der Versuchung auszusetzen, und schon Darwin dachte, daß man, um treu zu bleiben, am besten auf dem Lande leben sollte!)

Warum macht man den Partner eifersüchtig?

Eifersucht kann viele Unannehmlichkeiten im Gepäck haben, aber in einem Punkt ist sie von Interesse: Sie lenkt die Aufmerksamkeit Ihres Partners auf Sie, und Sie können überprüfen, was Ihre Beziehung ihm wert ist (jedenfalls glauben Sie das). Eifersucht erinnert ihn daran, daß auch andere Sie begehrenswert finden. Und so kommt die Strategie, den anderen absichtlich eifersüchtig zu machen, bei fast jedem dritten Paar zur Anwendung – wobei sie häufiger von Frauen als von Männern genutzt wird.[17]

Ein schönes Beispiel für diese Strategie finden wir in *Die unerträgliche Leichtigkeit des Seins*.

Tomas lebt mit Tereza zusammen und liebt sie auch, aber er macht sie unglücklich durch seine permanente Untreue, die er immerhin vor ihr zu verbergen versucht. Es passiert jedoch zweimal, daß sie einen Abend unter Arbeitskollegen verbringen und Tomas unwillkürlich eine Woge von Eifersucht überkommt, als er Tereza mit einem anderen Mann tanzen sieht. Dabei weiß er, daß sie ihm treu ist. Als Tereza sieht, was er für ein finsteres Gesicht macht, will sie unbedingt den Grund wissen. Am Ende gesteht er ihr, er habe Eifersucht verspürt, als er sie tanzen sah. *»Du warst tatsächlich eifersüchtig?« fragte sie ihn mindestens zehnmal, als hätte er ihr mitgeteilt, daß sie den Nobelpreis erhalten habe und als wollte sie es nicht glauben. Sie faßte ihn um die Taille und begann, mit ihm durchs Zimmer zu tanzen.*[18]

Anstachelung zur Eifersucht

Liebe ist stärker

In Roberto Rossellinis wunderbarem Film *Liebe ist stärker* (1953) gibt es Passagen, in denen sich die Hauptfiguren gegenseitig zunehmend eifersüchtig machen. Bei einem Abendessen mit Freunden in einem Restaurant in Neapel verspürt Catherine (Ingrid Bergman) einen ersten »Eifersuchtsblitz«, als sie sieht, daß ihr Mann Alex (George Sanders) ein wenig zu lange die Hand der schönen Blonden hält, die neben ihm sitzt. Plötzlich wird ihr bewußt, daß diese Frau eine der früheren Geliebten von Alex ist. Wieder zu Hause angelangt, versucht sie ihrerseits, die Eifersucht ihres Mannes anzustacheln, indem sie von Charles, einem jungen und romantischen englischen Dichter erzählt, der vor ihrer Heirat offenbar sehr in sie verliebt war. Alex tut so, als würde er dem wenig Bedeutung beimessen, und gibt eine ironische Antwort. (Ihr Gespräch wird durch laute Stimmen von draußen unterbrochen: Zwei junge Verlobte aus dem Ort haben einen heftigen Streit. Und warum wohl – wegen einer Eifersuchtsgeschichte ...) Später setzt Catherine noch einen drauf: Während eines Cocktails beim Grafen Lipoli in Neapel läßt sie sich von Italienern sichtlich vergnügt den Hof machen. Trotz all seiner britischen *self-control* kann Alex nicht umhin, eine saure Miene aufzusetzen. Am nächsten Morgen schreitet er flugs zu Vergeltungsmaßnahmen, indem er das Haus verläßt, als Catherine noch schläft, und ihr nur einen Zettel hinterläßt, auf dem steht, daß er sich »eine schöne Zeit in Neapel machen« werde. Wir verraten Ihnen an dieser Stelle nicht mehr, denn wir möchten Sie dazu verleiten, sich dieses Meisterwerk selbst anzuschauen.

Eyes Wide Shut

Ein neueres Beispiel für Eifersucht gibt uns Nicole Kidman in *Eyes Wide Shut* (1999), dem letzten Film von Stanley Kubrick.

Die von Nicole Kidman und Tom Cruise verkörperten Figuren haben sich in Unterwäsche aufs Ehebett gefläzt und kommentieren die ultraschicke New-Yorker Abendgesellschaft, zu der sie am Vorabend eingeladen waren. Als Tom fragt, um wen es sich bei dem eleganten Mann gehandelt habe, mit dem er sie tanzen sah, antwortet Nicole lachend, er sei ein Freund ihrer Gastgeber, und er habe sie mit in den ersten Stock nehmen wollen, »um sie zu bespringen«. Tom trägt das mit Humor und sagt, bei Nicoles Schönheit sei so etwas durchaus verständlich. Nicole nimmt ihm seine Gelassenheit ziemlich übel und zettelt eine stürmische Diskussion über Eifersucht und Untreue an. Könne ihr Mann sich nicht vorstellen, daß manche seiner Patientinnen (Tom ist Arzt) vielleicht gern mit ihm schlafen würden? Tom versucht die Debatte zu beruhigen, weil er spürt, daß sich die Atmosphäre zusehends vergiftet. Er antwortet, Frauen wären nicht so; anders als Männer brauchten sie eine persönlichere Beziehung, ehe sie an Sex denken. Nicole attackiert diesen evolutionspsychologischen Standpunkt zum Thema Geschlechterunterschiede. Sie findet Tom reichlich naiv. Ein bißchen verärgert, fragt dieser, ob sie ihn eifersüchtig machen wolle. »Ach ja, aber du, du bist gar nicht von der eifersüchtigen Sorte, was?« entgegnet sie in nicht sehr liebenswürdigem Ton. Darauf meint Tom, er sei tatsächlich nicht von der eifersüchtigen

Sorte, denn er setze Vertrauen in sie. Als sie das hört, biegt sie sich vor Lachen, und als sie wieder zu Puste gekommen ist, erzählt sie ihm folgendes: Während ihres gemeinsamen Urlaubs in einem Hotel in Cape Cod hatte ein Marineoffizier am Nachbartisch gegessen. Als Nicoles Blick dem seinen begegnet war, habe sie sich sofort wie gelähmt gefühlt und sei bereit gewesen, Tom und ihre glückliche Zukunft auf der Stelle herzugeben, um diesem Mann in die Arme zu sinken. Und den Rest des Tages, als sie und Tom sich geliebt und über ihre kleine Tochter gesprochen hatten, habe sie pausenlos an diesen schönen Marineoffizier gedacht.

Diese Anfangsszene zeigt bereits, wie sich Männer und Frauen beim Thema Eifersucht häufig mißverstehen.

Als Nicole Kidman Toms Eifersucht zum ersten Mal provoziert und dieser ruhig bleibt, regt sie das auf, und sie steigert ihre Aggressivität. Und als er ihr später erklärt, daß er wirklich kein eifersüchtiger Typ sei, führt sie einen praktisch verheerenden Gegenschlag: sie teilt ihm mit, sie habe einen Unbekannten heftig begehrt. Offensichtlich gibt es zwischen ihnen ein Mißverständnis (mindestens eins!): Indem er seine Eifersucht nicht zeigt, will Tom seine Liebe und das Vertrauen in den Partner unter Beweis stellen. Nicole scheint es ihm hingegen übelzunehmen; sie hält es für mangelnde Leidenschaft oder fehlende Männlichkeit.

Der gute Tom wird im folgenden von einer imaginären Szene verfolgt, die für männliche Eifersucht typisch ist: Er stellt sich vor, wie Nicole fieberhaft ihr Höschen hinunterzerrt, während der berühmte Marineoffizier ihren ganzen Körper mit Küssen bedeckt. Von dieser Vision gepeinigt, streift Tom ziellos durch die Straßen von New York. Dabei läßt er sich auf die Avancen einer Prostituierten ein, die so schön ist, wie wir noch nie eine gesehen haben …

Verkörpert Nicole Kidman in diesem Film eine ganz untypische Frau, wenn sie unbekannte Männer begehrt, obwohl sie doch mit dem liebenswürdigen Tom glücklich verheiratet ist? Oder hat sie recht, wenn sie die Evolutionstheorie angreift, welche vorhersagt, daß Frauen treuer als Männer seien? Sagen wir einfach, sie hat eine etwas zu simple Sicht auf die evolutionistischen Theorien über die Treue.

Warum Frauen untreu sind

> Es gibt wenig ehrbare Frauen, die ihres Verhaltens nicht überdrüssig wären.
>
> *La Rochefoucauld*

Jedes erlaubte oder heimliche Liebesabenteuer wird von äußeren Umständen begünstigt, die man schwer auf ein einziges Erklärungsmuster reduzieren kann. Den Liebenden selbst kommt es auf jeden Fall unvergleichlich vor.

Aber wenn man die Geschichte vom evolutionspsychologischen Standpunkt aus betrachtet, sollte eine Frau doch daran interessiert sein, sich die Zuneigung des Vaters ihrer Kinder zu sichern, damit er sie in einer feindlichen Umwelt schützt und ernährt. Weshalb setzt sie diese Sicherheit für ein Abenteuer aufs Spiel, das keine Zukunft kennt?

Die Evolutionspsychologen geben darauf unbarmherzig die immergleiche Antwort: Untreue optimiert die Fortpflanzungsaussichten der Frau.

In jeder Frau kämpfen nämlich zwei Wünsche miteinander: Einerseits fühlt sie sich von einem potentiellen Papa angezogen, der sich in der Beziehung langfristig engagiert, andererseits aber auch von einem schönen »Männchen«, das ihrer Nachkommenschaft gute Gene sichert. Diese beiden Merkmalstypen sind leider nicht immer im selben Individuum vereint – oder jedenfalls in der subjektiven Wahrnehmung der Frau nicht. In *Eyes Wide Shut* durchlebt die von Nicole Kidman gespielte Figur ein Dilemma, das vielen Frauen gemein ist: Sie leben mit einem netten und beruhigenden Mann zusammen, der ihnen Sicherheit verschafft, aber von Zeit zu Zeit schmelzen sie für einen aggressiveren Typ dahin, der ihnen »gute« Gene spenden könnte. In *Eyes Wide Shut* ist das der junge Marineoffizier, dessen betreßte Uniform sowohl kriegerische Dominanz als auch Abenteuerlust ausdrückt.

In einer festen Partnerbeziehung könnte sich dieser Offizier natürlich als ein noch lascherer Stubenhocker als Tom erweisen, aber jedes Abenteuer beruht auf einem gewissen Maß an Illusion. Wer für die eine Frau schon völlig berechenbar geworden ist, kann in den Augen einer anderen immer noch ein die Gefühle verwirrender Abenteurer sein. Wie schon Solal erklärt, der Held aus Cohens *Die Schöne des Herrn*: »Der arme Ehemann hingegen kann gar nicht poetisch sein. Unmöglich, jemandem vierundzwanzig Stunden pro Tag etwas vorzuspielen. Wenn sie ihn die ganze Zeit sieht, muß er sich geben, wie er ist, also jämmerlich. Alle Männer sind jämmerlich, wenn sie allein sind und nicht auf der Bühne stehen vor einer entzückten Idiotin! Alles jämmerliche Figuren, und ich zuerst!«

In der New-Yorker Abendgesellschaft aus dem Film *Eyes Wide Shut* wird Tom dann übrigens auch von zwei schönen weiblichen Geschöpfen als sehr verführerischer Unbekannter wahrgenommen.

Die Evolutionspsychologen haben noch einen letzten Beweis für den »angeborenen« Charakter der weiblichen Neigung zur Untreue. Wären seit Jahrtausenden viele Generationen von Frauen immer nur treu gewesen, wäre die männliche Eifersucht unnütz und damit im Laufe der Evolution auch nicht selektiert worden. Wenn Männer eifersüchtig sind, liegt das daran, daß Frauen untreu sein können, selbst wenn sie das in geringerem Maße sind als Männer ...

Fragt man die untreuen Frauen hingegen einfach, weshalb sie solche Abenteuer suchen, so führen sie zwei Hauptmotive an: Sie wollen ihre Selbstachtung erhöhen und angenehme sexuelle Erfahrungen machen. Diese beiden Argumente scheinen miteinander verknüpft zu sein, denn die Frauen erklären, es sei sehr wohltuend für ihr Selbstbild, wenn sie spüren, daß man sie begehrenswert findet.[19]

Eifersucht und Persönlichkeit

Gibt es Persönlichkeiten, die eifersüchtiger sind als andere? Allem Anschein nach ja. Hat diese Neigung etwas mit anderen Aspekten der Persönlichkeit zu tun? Vielleicht, aber das läßt sich nicht so einfach beantworten. Eifersüchtige Personen haben häufig Probleme mit der Selbstachtung, aber umgekehrt haben Studien auch ergeben, daß Persönlichkeiten mit hoher Selbstachtung eifersüchtiger waren als andere.[20]

Die Schwierigkeiten der Eifersuchtsforschung haben mehrere Ursachen:

- Eifersucht ist eine komplexe Emotion, die mit anderen Emotionen einhergeht.
- Sie hängt nicht nur von der Person ab, welche Eifersucht verspürt, sondern auch von den Merkmalen des Partners und dem Gleichgewicht in der Beziehung. Die Forscher untersuchen vor allem, welche Bedeutung die unterschiedliche Attraktivität beider Partner fürs andere Geschlecht hat.
- Ebenfalls wichtig ist die persönliche Biographie; oft ist sie schwer zu ergründen. Manche sehr eifersüchtige Männer sind in der Kindheit offenbar zu direkten Zeugen der Untreue ihrer Mutter geworden. Das hat bei ihnen sicher eine traumatische Prägung zurückgelassen und dazu geführt, daß sie das weibliche Geschlecht insgesamt für wenig vertrauenswürdig halten.

Unabhängig davon, ob es einen Rivalen gibt, soll Ihre Neigung zu Eifersucht in einer Partnerschaft von drei Faktoren abhängen[21]:

- Von Ihrem Engagement in der Beziehung, das in der gefühlsmäßigen Abhängigkeit vom Partner und den Zukunftshoffnungen zum Ausdruck kommt;
- Vom Grad Ihrer Verunsicherung, also der Art und Weise, wie Sie das Engagement des anderen wahrnehmen. (Fühlt er sich genauso stark gebunden wie Sie?)
- Von Ihrer Emotivität, also Ihrer Fähigkeit, starke Emotionen zu spüren.

Es gibt aber noch mancherlei andere Modelle,[22] denn Eifersucht ist für die Forscher nach wie vor ein interessanter Gegenstand …

EIFERSUCHT AUF DER KINOLEINWAND

In einem früheren Buch haben wir bereits *Er* (1952) von Luis Buñuel erwähnt. Dieser Film ist noch immer eines der schönsten Porträts krankhafter Eifersucht bei Männern – bewegend und verstörend zugleich. Führen wir uns noch einmal die Anfangsszene ins Gedächtnis: Der Frischvermählte kommt, in einen eleganten Bademantel gehüllt, ins Brautzimmer, wo seine Angetraute ihn in einem schamhaften Nachthemd erwartet. (Der Film spielt in einer Epoche und einem Land – Mexiko –, wo die Hochzeitsnacht noch ihren ganzen Sinn hatte.) Der Gatte beugt sich über seine Schöne, um sie zu küssen, worauf sie ergriffen die Augen schließt. Sogleich hält der Mann ein und fragt sie mit verkrampfter Miene: »An wen denkst du?«

Einen würdigen Nachfolger gefunden hat er in der von François Cluzet verkörperten Figur in Chabrols *Die Hölle* (1994). In seiner ständig zunehmenden Eifersucht unterwirft er seine unglückliche Gattin (Emmanuelle Béart) einer immer verrückteren Überwachung und bedroht sie immer heftiger. Der Titel des Films erinnert daran, daß Eifersucht wirklich eine Hölle ist, und zwar für den Eifersüchtigen wie für sein Opfer.

In Martin Scorceses *Wie ein wilder Stier* (1980) verkörpert Robert De Niro einen krankhaft eifersüchtigen Boxchampion. Als er sie zum hundertsten Mal fragt, ob sie mit seinem Bruder (Joe Pesci) geschlafen habe, ist sie von den Verdächtigungen so genervt, daß sie mit Ja antwortet, obwohl es gar nicht stimmt. Das bekommt ihr aber übel, denn er verbleut sie tüchtig, genau wie später seinen Bruder. Früher hatte sie schon einmal beiläufig bemerkt, daß einer der künftigen Gegner ihres Mannes ein »hübscher Junge« sei. Der Boxer fordert sie auf, das noch einmal zu sagen; sie bekommt es mit der Angst und weigert sich, und auch hier geht die Szene übel aus. Später im Boxring wird er nicht eher ruhen, als bis er dem »hübschen Jungen« das Gesicht zertrümmert hat.

In *American Beauty* von Sam Mendes (1999) zeigt sich uns wieder einmal, daß Eifersucht die Liebe selten überdauert. Kevin Spacey spielt die Rolle eines Mannes in den Vierzigern, der mitten in seiner *midlife crisis* steckt und völlig besessen von einer Freundin seiner Tochter ist. Währenddessen betrügt ihn seine Frau (Annette Bening) mit einem schönen Immobilienmakler (Peter Gallagher). Als er sie miteinander überrascht, gerät sie in Angst und Schrecken. Sie fürchtet dermaßen eine gewalttätige

Reaktion ihres Ehemannes, daß sie sich erst einen Revolver beschaffen zu müssen glaubt, ehe sie in ihr Domizil zurückzukehren wagt. Aber sie hat nichts verstanden: Er ist verrückt nach einer anderen, und seinetwegen könnte sie herumtändeln, mit wem sie will.
Dieser Film zeigt uns auch, wie wir dank unserer Moral den aus der Evolution ererbten Trieben ausweichen können: Gewiß ist der von Kevin Spacey gespielte Mann sexuell besessen von einer aufreizenden Teenagerin, aber als sie zur Tat schreiten, gesteht sie ihm, daß sie viel unerfahrener ist, als sie ihn glauben gemacht hatte, und er hält beim Ausziehen inne und findet zu seiner Würde als verantwortungsbewußter Erwachsener zurück.

Kulturelle Varianten

Der »Blitz« der Eifersucht ist sicherlich eine in allen Breiten bekannte Emotion, aber was diese Eifersucht auslöst und wozu sie sich auswächst, hängt von der jeweiligen Kultur ab.

In *La Vérité (Die Wahrheit)*[23] erzählt Mouna Ayoub von ihrer Hochzeit mit einem saudischen Unternehmer, der auf sie aufmerksam geworden war, als sie sich in einem libanesischen Restaurant in Paris als Kellnerin ihr Taschengeld verdiente. Zu Beginn glaubt sie, daß ihr Mann trotz seiner Herkunft für die westlichen Werte aufgeschlossen sei. (Hat er sie nicht zur Frau gewählt, obgleich sie Christin ist?) Bei einem der ersten Diners, welches das Ehepaar in Riad ausrichtet, beginnt sie zu begreifen, daß sie einer Fehleinschätzung aufgesessen ist. Als sie sich mit einem amerikanischen Senator lebhaft unterhält, breitet sich rund um sie betretenes Schweigen unter den Gästen aus, und sie wird durch ein dröhnendes *»Mouna, shut up!«* ihres Mannes rüde zur Ordnung gerufen. (Dabei liebt er sie durchaus, wie die folgenden Begebenheiten zeigen.) Sie versteht, daß man sich als respektable Saudi-Araberin mit anderen Männern nicht angeregt unterhalten darf. Alle Verbote, die der radikale Islam den Frauen auferlegt, sind gleichzeitig drastische Lösungen, um in einer Gesellschaft, in der die Männer alle Macht haben, männliche Eifersucht zu besänftigen. Im übrigen entsprechen sie den drei Mechanismen, die auch schrecklich eifersüchtige Männer der westlichen Welt anwenden:

- *Überwachung:* Die Frau darf ohne Begleitung durch Verwandte oder Diener nicht ausgehen.
- *Kontaktbeschränkung:* Sie darf nicht mit dem Auto fahren; draußen muß sie ständig den Schleier tragen.
- *Abwertung:* Die Frau wird gezwungen, sich auf ihre Rolle als Gattin und Mutter zu beschränken.

Über Ehebrecherinnen kann die Todesstrafe verhängt werden.

Aber Gewalt ist niemals fern, wo Eifersucht im Spiel ist, selbst in den demokratischsten und tolerantesten Gesellschaften nicht.

In Ingmar Bergmans bitterem Film *Szenen einer Ehe* (1973) zerbricht die Partnerschaft von Marianne (Liv Ullmann) und Johan (Erland Josephson), weil sich letzterer in eine junge Kollegin verliebt hat. Als sich die Ex-Gatten aber einige Monate später wiedersehen, um die Scheidungspapiere zu unterschreiben, teilt Marianne Johan mit, daß sie ihren Schmerz überwunden habe; es gebe jetzt einen neuen Mann in ihrem Leben, und gleich nach der Prozedur werde sie ihn wieder treffen. Johan verkraftet diese Neuigkeit sehr schlecht, und die Szene endet in einem Handgemenge. (Selbst bei einem protestantischen und sozialdemokratischen Schweden kommt der Wunsch eines jeden Mannes zum Vorschein: Er möchte neue Frauen kennenlernen, aber gleichzeitig sollen ihm die früheren verfügbar bleiben. Doch mühen sich die Frauen, egal ob in der Ehe oder als Liebhaberinnen, seit zweitausend Jahren, dieser angeborenen Neigung einen Riegel vorzuschieben.)

Wenn man liest, wie weibliche Untreue in der Geschichte der Menschheit bestraft wurde, glaubt man einen Folterkatalog vor sich zu haben: Steinigung (Traditionen des Mittleren Ostens), Verbrühen (Japan), Zerquetschen zwischen zwei Steinen (traditionelles China), Abschneiden der Nase oder der Ohren (bestimmte nordamerikanische Indianerstämme) und, wo die Sitten milder waren, Brennen mit glühendem Eisen. Und die Exzision, also die mehr oder weniger weitgehende Verstümmelung der weiblichen Genitalien, wie sie in Afrika und um die arabische Halbinsel herum noch ausgiebig praktiziert wird, betrachtet man dort unter anderem als Mittel, die Tugend der Frauen besser zu wahren. Wenn es darum geht, das Fortpflanzungskapital zu schützen, mangelt es Männern nicht an Erfindungsgabe.

Inmitten all dieser Macho-Raserei wird glücklicherweise das trostreiche Bild des traditionellen Eskimos (oder genauer: Inuit) sichtbar, der Ihnen seine Frau gern als Willkommensgeschenk anbietet. Aber selbst hier ist die Realität weniger lustig: Es handelt sich um ein streng geregeltes Ritual, das auf durchreisende Fremde beschränkt bleibt. Ein Besucher, der sich selbst bedient, ohne dieses Ritual abzuwarten, oder ein Eskimo, der mit seiner Nachbarsgattin herumbusselt, würde wie überall auf der Welt den Tod riskieren.[24]

Frauen wird das Recht auf Gewaltanwendung zwar seltener zugestanden, aber auch sie können zu solchen Mitteln greifen. David Buss führt als Beispiel die eingeborenen Samoanerinnen an, die ihre Nebenbuhlerinnen grausam in die Nase beißen, oder die Jamaikanerinnen, die einer Rivalin Säure ins Gesicht schütten (zwei Vergeltungsmaßnahmen, mit denen die Gegnerin für Männer weniger attraktiv gemacht werden soll). Auch in unseren westlichen Tageszeitungen sorgen Eifersuchtsdramen immer wieder für traurige Schlagzeilen, wobei Frauen viel häufiger die Opfer sind als Männer.

Ein Rätsel der Evolution

Don José
So hätt' ich meiner Seele Seligkeit
Verspielt, indessen du, Treulose,
In seine Arme eilst
Und meiner lachst? Bei Gott, das wird nicht sein!
Denn du bist mein, Carmen, hörst du?
Auf ewig, ewig mein!

Carmen
Nein, niemals! Nie!

Don José
Ich bin es leid, dich zu bedrohn.

Carmen
Nun gut, so töte mich. Wenn nicht, so laß mich gehn.

Woher kommt diese ärgerliche Neigung der Männer, untreue Frauen mit dem Tod zu bestrafen? Noch heute kommt diese Veranlagung in einem der häufigsten von Männern begangenen Verbrechen zum Durchbruch – man tötet seine Frau, wenn sie einen betrügt oder sich von einem trennen will. Selbst vom evolutionsgeschichtlichen Standpunkt aus scheint es doch ein aberwitziges Kalkül zu sein, die Mutter oder potentielle Mutter der eigenen Kinder zu ermorden. Wir sind jedoch derart an Monogamie gewöhnt, daß wir vergessen, wie die Funktionsweise unserer Psyche in einer Gesellschaft selektiert wurde, in der Polygamie herrschte. In diesem Fall ist das Töten einer unserer Frauen ein sicher radikales, aber auch wirkungsvolles Mittel, um die anderen ruhig zu halten und unser Fortpflanzungskapital wieder zu optimieren. Außerdem hindern wir unseren Rivalen daran, von seinem Glück weiter zu profitieren, und erneuern damit in den Augen der Gruppe unseren Status als dominantes Männchen, das sich nichts gefallen läßt. So schrecken wir die anderen davon ab, sich für unsere verbliebenen Gattinnen zu interessieren. Schrecklich, aber vielleicht wahr (und moralisch verdammenswert).

EIN NEUER BLICK AUF DEN ÖDIPUSKOMPLEX[25]

Für einen Psychoanalytiker ist der Ödipuskomplex einerseits dadurch gekennzeichnet, daß der Sohn unbewußt seine Mutter begehrt, andererseits durch die Eifersucht, die er gegenüber dem als Rivalen wahrgenommenen Vater verspürt. Die Evolutionspsychologen sind der Ansicht, daß sich das sexuelle Begehren des Sohnes nicht auf die Mutter richtet, sondern daß sich die »ödipalen« Reaktionen aus drei anderen Mechanismen erklären lassen:

- Nichtsexuelle Rivalität: Vater und Sohn sind Konkurrenten, wenn es darum geht, die Aufmerksamkeit der Mutter zu erlangen.

- »Halbsexuelle« Eifersucht: Das Kleinkind begehrt seine Mutter nicht sexuell, verträgt es aber schlecht, daß sein Vater sie begehrt; es hat nämlich kein Interesse daran, daß die Mutter zu früh wieder schwanger wird und einen Rivalen in die Welt setzt, der auf Kosten der älteren Geschwister die Ressourcen und die mütterliche Aufmerksamkeit in Beschlag nimmt.
- Sexuelle Rivalität, wenn der Sohn in die Pubertät kommt. In der von Freud und Darwin beschriebenen »Urhorde« werden Vater und Sohn zu Rivalen bei der Eroberung von Frauen.

Wie Sie mit Ihrer Eifersucht besser umgehen

◆ Gestehen Sie sich ein, daß Sie eifersüchtig sind!

Wir haben Ihnen hoffentlich zeigen können, daß Eifersucht eine normale und natürliche Reaktion ist und daß sie trotz ihres schlechten Rufs zur psychischen Grundausstattung eines gesunden Menschenwesens gehört.

Sie sollten sich also nicht kasteien, weil Sie Eifersucht in sich spürten; Sie sollten sich auch nicht einreden, daß Sie an verborgenen Neurosen litten oder egoistisch wären – Sie sind einfach eifersüchtig wie all Ihre Zeitgenossen und all Ihre menschlichen und menschenähnlichen Ahnen. Man könnte sogar sagen, daß Sie nicht auf der Welt wären, wenn Ihre männlichen und weiblichen Vorfahren keine Eifersucht gekannt hätten. Andere Vererbungslinien hätten Sie ausgestochen.

Das will natürlich nicht heißen, daß Sie nicht lernen sollten, Ihre Eifersucht zu beherrschen, mit ihr umzugehen, damit sie nicht ins Krankhafte ausufert. Das wird aber praktisch unmöglich sein, wenn Sie die Augen vor Ihrer eigenen Eifersucht verschließen.

In unserem ersten »Zeugenbericht« täuscht sich Claudines Mann über seine Eifersucht hinweg, indem er meint, er zeige ganz einfach ein »normales« Verhalten. Im übrigen bringt er seine Angst vor dem Betrogenwerden Claudine gegenüber niemals direkt zum Ausdruck.

Bei Arnaud ist es genau umgekehrt. Wenn er sieht, wie

seine Freundin mit einem potentiellen Nebenbuhler spricht, und eine Woge von Eifersucht über ihn kommt, verbietet er sich diese Emotion sofort und tut, als wäre nichts geschehen. Das ist für seine Interessen aber auch nicht gut.

So gesteht bei allen Unterschieden keiner der beiden Männer seine Eifersucht ein. Das macht es ihnen unmöglich, mit dieser Emotion richtig umzugehen, und bringt ihre Partnerbeziehungen in Gefahr.

◆ Bringen Sie Ihre Eifersucht zum Ausdruck!

Silvio, der Held aus Alberto Moravias *Ehe-Liebe*, ist ein reicher Hausbesitzer, der eine Erziehung genossen hat, die ihn nicht gerade für den Lebenskampf fit gemacht hat. Ein Frisör kommt regelmäßig vorbei, um ihm den Bart zu stutzen. Dieser merkwürdige Mann ist kräftig gebaut und sehr häßlich, aber es geht eine gewisse Anziehung von ihm aus. Eines Tages berichtet Leda, Silvios schöne Gattin, ihrem Mann empört, daß dieser Frisör sie auf zweideutige Weise berührt habe, als er ihr das Haar zurechtgemacht hat. Silvio ist verwirrt, aber weil Eifersucht für ihn etwas Schmähliches ist und er es zugleich so bequem findet, daß dieser Frisör direkt ins Haus kommt, mag er ihn nicht fortschicken. Ein paar Wochen später entdeckt er, daß seine Frau die Geliebte des Frisörs geworden ist.

Ähnlich wie Tom Cruise in *Eyes Wide Shut* glaubt Silvio wahrscheinlich, daß es von einer schäbigen Seele und einem Mangel an Vertrauen zeuge, wenn man seinen Verdacht und seine Eifersucht sichtbar werden läßt. Irrtum! Der Partner könnte diese angebliche Gleichgültigkeit für mangelndes Interesse halten oder, falls Sie ein Mann sind, für mangelnde Männlichkeit.

Aber wie der folgende Bericht zeigt, sollten auch Frauen ihre Eifersucht zum Ausdruck bringen:

Ich finde meinen Mann immer noch sehr verführerisch. Das ist natürlich gut so, verschafft mir aber auch viele Leiden. Denn mein Mann gefällt anderen Frauen und ist auch immer sehr liebenswürdig zu ihnen. Bei Diners oder anderen Gelegenheiten sehe ich oft, wie sich eine Frau um seine Aufmerksamkeit bemüht. Er spielt dann immer mit, denn er ist von Natur aus liebenswürdig und unterhält sich gern mit anderen – vielleicht fühlt er sich auch geschmeichelt. Ich möchte betonen, daß er sie nicht zu verführen versucht; die Unterhaltung gleitet nicht in Zweideutigkeiten ab; er antwortet ihnen nur mit seinem gewöhnlichen Charme. Aber wenn ich sah, wie sie ganz gefesselt waren von ihm und wie sie versuchten, sein Interesse zu wecken, wurde mir das zunehmend unerträglich. Ich wagte es ihm nicht zu sagen, denn es wäre mir kleinlich vorgekommen, und außerdem denke ich, daß er mir treu ist (natürlich, genau weiß man das nie). Aber eines Abends, als ihn zwei völlig aufgedrehte Frauen in Beschlag genommen hatten, ging ich in die Luft. Ich sagte ihm, daß ich sehr darunter leiden würde, daß ich in solchen Momenten eine starke Eifersucht verspürte und den Eindruck hätte, ich zählte für ihn nicht mehr. Wie ich so mit verheulten Augen redete, kam ich mir gleichzeitig richtig kläglich vor. Er beharrte darauf, mir nicht untreu zu sein, aber ich sagte, das hätte ich ihm auch nicht vorgeworfen. Schließlich hat er begriffen, und seither paßt er auf. Beginnt eine Frau, ihn in eine Unterhaltung hineinzuziehen, bricht er ab und wendet sich mir zu.

Die Art und Weise, wie sich Ihr Partner verhält, nachdem Sie ihm Ihre Eifersucht gestanden haben, kann Ihnen nämlich eine Menge darüber verraten, welchen Wert er Ihrem Standpunkt beimißt.

Indem Sie Ihre Eifersucht zum Ausdruck bringen, können Sie:

- dem anderen zeigen, daß Sie an ihm hängen (was nicht unnütz ist, denn manchmal provoziert er Ihre Eifersucht, um genau das zu überprüfen);
- den anderen darauf hinweisen, was Ihnen Leid bereitet;
- Ihre eigene Eifersucht besser meistern, da Sie ja definieren müssen, wovon diese Emotion bei Ihnen ausgelöst wird.

Dieser Ratschlag gilt natürlich nur für Beziehungen, die beide Partner stabil halten möchten. Wenn Sie auf Leidenschaften und Machtergreifung abfahren, werden Sie eher dazu tendieren, den Provokationen des anderen mit Gleichgültigkeit zu begegnen oder Vergeltung zu üben, aber diese Strategien sind sehr riskant ...

◆ Denken Sie über Ihre Verdächtigungen nach!

Alle Welt ist eifersüchtig, aber warum sind Sie es vielleicht mehr, als es Ihre kulturelle Gruppe für normal ansieht?

Achtung, es ist allzu einfach, dem anderen die Verantwortlichkeit für Ihre Eifersucht in die Schuhe zu schieben: Sie sind eifersüchtig, weil der andere »von Natur aus untreu« ist, weil er »nicht nein sagen kann«, weil Ihre Partnerin »alle Männer scharfmacht«, weil Ihr Partner ein Don Juan ist etc.

Das kann natürlich stimmen, besonders wenn Sie feststellen, daß Eifersucht früher nicht Ihre vorherrschende Haltung war, sondern daß Sie erst sehr eifersüchtig geworden sind und besonders auf eine bestimmte Person. Wie Marcel Prousts Swann mit seiner Odette oder Scott Fitzgerald mit seiner Zelda leben vielleicht auch Sie mit jemandem zusammen, der sich bewußt Mühe gibt, Sie eifersüchtig zu machen.

Ist Ihre Eifersucht aber ein Persönlichkeitszug, der unabhängig davon, mit wem Sie eine Liebesbeziehung haben, jedesmal hervortritt, sollten Sie sich die folgenden Fragen stellen:

Sind Sie durch frühere Erfahrungen mit Untreue traumatisiert worden?

Das kann durchaus der Fall sein, aber selbst dann sollten Sie diese Last nicht auch Ihrem neuen Partner aufbürden. Stellen Sie sich lieber die Frage, welche Ihrer Verhaltensweisen die Untreue Ihres früheren Partners vielleicht begünstigt haben.

Hat Sie die Untreue Ihres Vaters oder Ihrer Mutter geschmerzt?

Wenn das der Fall ist, sollten Sie diese traumatischen Erinnerungen mit einem kompetenten Therapeuten aufarbeiten.

Haben Sie das Gefühl, nicht interessant genug zu sein, um dauerhaft einen Partner an sich zu binden?
Ihre Eifersucht kann durch Probleme mit der Selbstachtung begünstigt werden. Die meisten Leute stellen sich darauf ein, indem sie sich keinen Partner suchen, von dem sie meinen, er sei »zu gut für sie«. Aber es gibt Menschen, die eine so instabile Selbstachtung haben, daß jeder nur denkbare Partner ihnen dieses Minderwertigkeitsgefühl verschafft und ihre Angst nährt, sie könnten mit einem verführerischeren Rivalen betrogen werden.

Solche Probleme mit der Selbstachtung lassen auch das Risiko einer Trennung viel dramatischer erscheinen. Sehr eifersüchtige Menschen sind nicht nur argwöhnischer, sondern auch von ihrem Partner abhängiger. Wird man von jemandem verlassen, den man geliebt hat, ist das immer tragisch, aber die meisten Leute können ein ganz normales Alltagsleben führen, ohne ständig vom Gedanken an dieses Risiko besessen zu sein.

Haben Sie allgemein eine schlechte Meinung von der Treue des anderen Geschlechts? Woher kommt diese Ansicht?
Vielleicht teilen Sie den Standpunkt von Denis, der heute verheiratet und ziemlich eifersüchtig ist? »Ich weiß sehr gut, weshalb ich eifersüchtig bin. Ich war ein großer Weiberheld, auch was Affären mit verheirateten Frauen betrifft. Ich habe keine Strichliste gemacht, aber ich hatte Dutzende. Daher weiß ich, wie schwer manche Frauen widerstehen können, wenn ein Typ kommt, der sein Geschäft versteht (selbst wenn ich manchmal einen Korb bekam). Das Resultat ist, daß ich heute eifersüchtig bin.« Man könnte Denis darauf hinweisen, daß seine Frau ebensoviel Grund zur Eifersucht hätte wie er, denn sie kennt sein bewegtes Vorleben, und doch bleibt diese Emotion bei ihr aus.

Diese wenigen Fragen werden Sie vielleicht zum Nachdenken anregen, aber wenn Ihre Eifersucht für Sie oder den Partner bereits zu einer schweren Belastung geworden ist, raten wir Ihnen nur eins: Konsultieren Sie einen Psychologen!

- Lassen Sie dem anderen Raum zum Atmen!

Jedes Jahr verlieren tausende Menschen bei Verkehrsunfällen ihr Leben oder ihre Gesundheit. Haben Sie deshalb beschlossen, in Zukunft nur noch unter siebzig Stundenkilometer zu fahren und am besten mit dem LKW, damit Sie die Gefahr für Ihr Leben möglichst nahe an Null halten? Tausende Touristen kehren mit den verschiedensten Parasitosen oder Virusinfektionen aus dem Tropenurlaub zurück. Werden Sie deshalb pausenlos Handschuhe und Gesichtsmaske tragen, wenn Sie dort unten Urlaub machen, und werden Sie nur Nahrung zu sich nehmen, die Sie von zu Hause mitgebracht haben?

Solch ein Benehmen würde merkwürdig wirken, aber es ist nicht weit entfernt von der Haltung eines sehr eifersüchtigen Menschen: Er will mit allen Mitteln ein Risiko unter Kontrolle bringen, das sich unmöglich auf Null reduzieren läßt.

Anders als unser erster Bericht vermuten lassen könnte, gibt es exzessive oder krankhafte Eifersucht nicht nur bei Männern. Hören wir, was Francis über seine Ehehölle erzählt:

Mit den Jahren ist meine Frau immer eifersüchtiger geworden. Sie war es schon immer gewesen, aber in der Anfangszeit unserer Ehe hielt ich es für einen Beweis der Leidenschaft, die sie für mich verspürte. Seit sie aber die Vierzig überschritten hat, ist sie anormal eifersüchtig geworden.

Sie stellt sich pausenlos vor, ich hätte etwas mit den Frauen, denen ich im Büro begegne. Weil ich im Hauptsitz einer großen Firma arbeite, wo es Hunderte von Angestellten gibt, in der Mehrzahl Frauen, hat sie genug Stoff, um ihre Zwangsvorstellungen zu nähren. Sie ist übrigens auch überzeugt, ich hätte eine Liaison mit meiner ehemaligen Assistentin gehabt. Ich nahm mir deshalb eine andere, aber jetzt beargwöhnt sie eben diese Neue. Wenn wir zusammen durch die Stadt gehen, im Restaurant sitzen oder im Urlaub sind, späht sie alle attraktiven Frauen aus und beschuldigt mich sogleich, ich würde ihnen Blicke zuwerfen. Schaue ich aber gar nicht in ihre Richtung, wirft sie mir vor, ich triebe ein verdecktes

Spiel, oder schlimmer noch: Wenn wir in der Nähe meines Büros sind, hat sie den Verdacht, ich würde bestimmte Frauen kennen, aber im Beisein meiner Ehefrau so tun, als wären sie mir ganz fremd. (Und das stimmt sogar! Wenn ich eine gutaussehende Angestellte meiner Firma auf der Straße entdecke, möchte ich nicht, daß sich meine Frau einbildet, ich würde ihr alle Tage begegnen!) Am schrecklichsten ist, daß ich am Ende manchmal in die Luft gehe und meine Frau daraufhin ganz in Tränen zerfließt; sie muß dann zugeben, daß sie übertreibt, daß sie unrecht hat, daß ihr bewußt ist, ich könnte sie am Ende verabscheuen wegen ihrer Eifersucht. Sie sagt aber, es sei stärker als sie, und ich glaube ihr das sogar. Aber diese Augenblicke von Scham und Schuldgefühl sind nicht von langer Dauer. Am nächsten Morgen sitzt sie schon wieder auf der Lauer. Ich will sie überzeugen, einen Psychiater aufzusuchen, und sie scheint sich allmählich dazu durchzuringen, aber letztens hat sie mir gesagt: »Eigentlich frage ich mich, ob du mich nicht zum Psychiater schickst, damit er sich um mich kümmert, wenn du mich verläßt!« Es gelingt mir aber nicht, sie verabscheuenswert zu finden, denn ich spüre, daß sie schrecklich leidet, und überhaupt liebe ich sie und habe sie immer geliebt. Aber es stimmt schon, daß ich mich in solchen Augenblicken empfänglich fühle für Signale, die von anderen Frauen kommen; es ist einfach eine solche Hölle bei uns zu Hause. Am Ende wird meine Frau gerade das fördern, was sie am meisten fürchtet.

Francis' Frau hatte eindeutig Hilfe nötig, und die Harmonie in ihrer Ehe ließ sich nicht mit ein paar einfachen Ratschlägen wiederherstellen. Dank einer Psychotherapie, die um die Furcht vor dem Verlassenwerden kreiste (man muß dazu anmerken, daß diese Frau in früher Kindheit von ihren Eltern aufgegeben wurde und in einer Gastfamilie aufgewachsen war), und einem Antidepressivum reduzierte sich die Eifersucht dieser unglücklichen Ehefrau auf ein erträgliches Maß. Was Francis angeht, so ist er ihr aus Liebe und Überzeugung weiterhin treu.

Wenn Sie von überstarker Eifersucht besessen sind, können Sie sich von diesem Beispiel vielleicht anregen lassen. Malen Sie sich aus, was der andere durchlebt, wenn er von

Ihren Verdächtigungen, Ihrer Überwachung und Ihren Verboten erdrückt wird. Natürlich ist es vernünftig, wenn sich ein Paar nicht allzusehr den Versuchungen der Außenwelt aussetzt, aber dies muß eine freiwillige Haltung sein, die beide Partner teilen. Wenn Sie dem anderen die Luft zum Atmen nehmen, erhöhen Sie damit das Risiko, das Sie eigentlich verringern wollten.

Was Sie tun sollten	*Was Sie lassen sollten*
Gestehen Sie sich Ihre Eifersucht ein.	Leugnen Sie nicht, daß Sie eifersüchtig sind, und schämen Sie sich nicht für diese Emotion.
Bringen Sie Ihre Eifersucht zum Ausdruck.	Maskieren Sie sie nicht auf alle erdenkbare Weise.
Denken Sie über Ihre Verdächtigungen nach.	Geben Sie dem anderen nicht die Alleinschuld.
Lassen Sie dem anderen Raum zum Atmen.	Verfallen Sie nicht in systematischen Argwohn.

Mit Eifersucht besser umgehen

Kapitel 8

Angst

Da kam mich Furcht und Zittern an, und alle meine Gebeine erschraken. Und da der Geist an mir vorüberging, standen mir die Haare zu Berge an meinem Leibe.

Das Buch Hiob, 4, 14–15

Einmal saß ich spätabends in einem beinahe leeren Wagen der Pariser Stadtschnellbahn. An einer Station sind ein paar Jugendliche zugestiegen, die einen Hund bei sich hatten. Wie so oft in diesen Vorstädten war es ein Pitbull, und er trug keinen Maulkorb. Als die Bahn wieder angefahren war, begannen die jungen Leute, auf sehr lautstarke Art herumzualbern, und schubsten sich hin und her. Das gefiel dem Pitbull nicht; er stürzte sich mit furchterregendem Knurren auf einen von ihnen. Sein Besitzer riß heftig an der Leine und konnte ihn zurückziehen. Dann ging es weiter mit dem Lachen und Herumalbern, aber ich hatte deutlich gesehen, wie sehr den Angegriffenen die Angst überkommen war, obwohl er versucht hatte, sie zu überdecken. Dann merkten sie, daß ich zu ihnen hinüberschaute, und redeten mich an: »Und du, eh, paßt dir was nicht?« Jetzt wurde mir bewußt, daß ich Angst hatte, seit sie zugestiegen waren. Ich versuchte aber, Haltung zu bewahren, und sagte: »Einen schönen Hund haben Sie da.« Das war natürlich blödsinnig, und sie fühlten auch gleich, daß es nur eine primitive Methode war, um sie zu besänftigen. Der Hundebesitzer grinste verächtlich und sagte: »Ach ja, du magst wohl Hunde?« Und dann kam er zu mir herüber und zog den Pitbull hinter sich her. Eigentlich mag ich Hunde wirklich und habe keine Angst vor ihnen, aber bei Pitbulls überkommt mich ein anderes Gefühl … Hundebesitzer und Hund bauten sich direkt vor mir auf und starrten mich beide an. Der Pitbull wirkte sehr aufmerksam. Ich spürte, daß ich am liebsten aufstehen wollte, um wegzurennen oder zuzuschlagen oder beides. Ich behielt aber die Kontrolle über mich. In diesem Moment hielt der Zug auf einem Bahnhof, und die ganze Gruppe stieg aus. Jetzt merkte ich, daß ich zitterte, und ich brauchte eine ganze Weile, bis mein

Herz wieder normal schlug. Ich blickte zu den wenigen Mitreisenden hinüber, die noch im Wagen saßen, und spürte, daß auch sie große Angst gehabt hatten.

Dieser Bericht von Jean (35) beschreibt treffend die wichtigste soziale Funktion eines Pitbulls: Er soll Angst verbreiten, weil sich der Pitbull-Besitzer von seiner Umwelt nicht ausreichend respektiert fühlt. Vor allem ruft uns die Geschichte aber mehrere charakteristische Merkmale der Angst ins Gedächtnis.

- *Angst ist die Emotion in einer Gefahrensituation,* oder jedenfalls dort, wo man Gefahren wahrzunehmen glaubt. Jean fürchtet um seine körperliche Integrität, denn er nimmt den Pitbull als gefährlich wahr (vor allem, weil der Hund gerade seine Aggressivität bewiesen hatte) und den Hundehalter als verantwortungslos (er hat ihm keinen Maulkorb angelegt).
- *Angst ist eine Emotion mit heftigen physischen Auswirkungen.* Unser Herz schlägt schneller, und der Atemrhythmus beschleunigt sich. Die Muskeln ziehen sich zusammen, die Hände zittern. All diese äußerlichen Kennzeichen sind mit der Aktivierung unseres sympathischen Nervensystems verknüpft, welches gemeinsam mit dem parasympathischen das autonome, das heißt von unserem Willen unabhängige Nervensystem bildet. Auch das Adrenalin und das Noradrenalin, seine beiden Neurotransmitter, die bei Angst auf den gesamten Organismus wirken, werden aktiviert. So hätte Jean auch bemerken können, daß sich seine Hände abkühlten und das Gesicht bleicher wurde, während sich die Durchblutung der Beinmuskeln verbesserte. Angst verhilft uns auch zu einer Gänsehaut – eine diskrete Erinnerung an die Zeiten, als wir noch dicht behaart waren. Damals wirkten wir imposanter, wenn sich unser Fell sträubte, und das konnte unsere potentiellen Angreifer vielleicht abschrecken. Katzen, in etwas geringerem Maße auch Hunde und überhaupt alle Tiere mit einem Fell haben sich diesen Mechanismus bewahrt. Bei den Männchen der meisten

Säugetierarten werden unter dem Einfluß der Angst auch die Hoden nach oben gezogen. Wenn diese kostbaren Organe in Sicherheit gebracht werden, unterstreicht das neben den schon beschriebenen Symptomen noch einmal die wichtigste Funktion von Angstreaktionen: *Sie sollen uns helfen, die Flucht zu ergreifen oder die Schäden in Grenzen zu halten.*

– *Angst bereitet auf eine körperliche Aktion vor*, vor allem auf eine Flucht. Jean hat allerdings auch gespürt, daß er hätte zuschlagen können. Zum Glück schaffte er es jedoch, ruhig zu bleiben und der Aggressivität von Mensch und Hund eine so geringe Angriffsfläche wie möglich zu bieten. Doch sind die Verhaltensweisen, zu denen uns Angst inspiriert, nicht immer durch unseren Willen zu kontrollieren. Schon Montaigne bemerkte: »Mal verleiht sie uns geflügelte Sohlen, mal nagelt sie die Füße an den Boden und legt sie in Fesseln.« Heute weiß man, daß Angst auf eine Flucht vorbereitet, aber auch den raschen Übergang zu anderen Strategien erlaubt. In den englischsprachigen Ländern spricht man von den »drei F«: *fight*, *flight* und *freezing* (Kampf, Flucht und Erstarren). Man könnte sagen, daß Jean angesichts der Gefahr eine Form des *freezing* eingesetzt hat. Der berühmte Bestsellerautor Michael Crichton *(Jurassic Park*, *Enthüllung)*, der früher als Arzt arbeitete, gibt uns ein noch einleuchtenderes Beispiel für den Nutzen des *freezing*, wenn er von seinen Gorillabeobachtungen im Bergland von Zaire erzählt.[1] Eines Tages war der tollkühne Michael derart auf ein schönes Foto aus, daß er einem großen Gorillamännchen ein wenig zu nahe kam …

Was dann geschah, ging ungeheuer rasch vor sich. Ein betäubendes Dröhnen ertönte, so laut, als fahre ein U-Bahn-Zug in den Bahnhof. Ich hob den Blick und sah, wie der riesige Gorilla auf mich zustürmte. Er bewegte sich unglaublich schnell und bellte vor Wut. Er kam geradewegs auf mich zu.

Aufstöhnend duckte ich mich, drückte mein Gesicht ins Unterholz, wich zurück. Ein kräftiger Arm legte sich um meine Schultern. Jetzt bin ich dran. *Man hatte von Fällen gehört, in denen*

Gorillas Menschen angegriffen, gebissen und herumgeschleudert hatten wie eine Fetzenpuppe. Monate im Krankenhaus. Nun packte mich das Tier …

Aber es war Mark, der mich nach unten gedrückt hielt. Während er mich daran hinderte, fortzulaufen, zischte er mir zu: »Um Himmels willen nicht bewegen.«

Mein Gesicht war tief im Gras. Mein Herz raste. Ich wagte nicht, den Blick zu heben. Der Gorilla stand genau vor mir. Ich konnte ihn schnauben hören, spürte die Erde erbeben, als er auf ihr herumstampfte. Nach einer Weile merkte ich, daß er zurückwich. […]

»Er wollte uns nur daran erinnern, wer hier das Sagen hat«, erklärte Mark.

- *Angst ist eine oftmals unbewußte Emotion.* In unserem Zeugenbericht aus der Pariser Stadtbahn wird sich Jean an zwei Stellen erst nachträglich seiner Angst bewußt – zunächst in dem Augenblick, als sie anschwillt, weil sich der Hundehalter an ihn wendet, dann nach dem Ausstieg der jungen Leute, als er merkt, daß sein Herz wie wild pocht. Menschen, die um Haaresbreite einem Verkehrsunfall entgangen sind, beschreiben dasselbe Phänomen: Man merkt erst hinterher, daß man Angst gehabt hat, denn man spürt das Herz noch immer rasen. Und wenn die Mutter ihr Kind ausschimpft, weil es gerade über die Straße gerannt ist, ohne auf den Verkehr zu achten, maskiert sie ihre Angst durch Zorn.
- *Wie alle fundamentalen Emotionen hat auch Angst ein Gesicht.* Hier ist Jeans Erzählung weniger ergiebig, denn er befand sich inmitten von Leuten, die ihre Angst nicht offen zeigen wollten. Sowohl der vom Hund attackierte Jugendliche als auch die übrigen Passagiere im Wagen versuchten, ihren Gesichtsausdruck unter Kontrolle zu halten. Hätte man die Szene aber gefilmt, wäre auf dem Gesicht des jungen Mannes in dem Augenblick, als der Pitbull auf ihn lossprang, wohl wenigstens für ein paar Sekundenbruchteile eine Spur des charakteristischen Gesichtsausdrucks zu beobachten gewesen. Schon Darwin stellte fest, daß bei Angst die Augenbrauen in die Höhe fahren

und Augen und Mund sich weit öffnen. Allerdings öffnen sie sich auf besondere Weise, ganz anders als beim Ausdruck von Freude. Es sind dabei so subtile Muskeln im Spiel wie der Ringmuskel des Augenlids und der Stirnmuskel, von deren Existenz Sie wahrscheinlich gar nicht wissen. Diese Muskeln ziehen sich bei heftigem Bammel zusammen.

Man könnte annehmen, der Gesichtsausdruck für Angst sei universell verbreitet, und Darwin hatte seinerzeit schon festgestellt, daß es ihn bei den Kaffern, den Ceylonesen, Abessiniern, Feuerländern und Dajak gibt. Der Anthropologe Paul Ekman sah jedoch während seiner Forschungen auf Neuguinea mit einigem Erstaunen, daß seine Papuafreunde mehr Mühe hatten, den Ausdruck von Angst auf dem Gesicht eines Weißen richtig zu deuten, als wenn sie andere Emotionen erkennen sollten. Sie verwechselten Angst häufig mit Überraschung. Das ist allerdings nicht besonders verwunderlich, denn ist der allererste Moment zahlreicher Ängste nicht eine Regung von Überraschtsein? Im natürlichen Lebensumfeld ist ohnehin praktisch alles, was uns überrascht, also jedes plötzliche oder ungewohnte Ereignis, potentiell gefährlich, kann es doch das Herannahen eines Raubtiers oder Feindes bedeuten. Besser umsonst Angst haben als zu spät … Zusammen mit dem Zorn ist Angst übrigens auch die Emotion, welche beim Baby am frühesten deutlich auftritt. Von da an verläßt sie uns nie mehr und ist bald ein Freund, der uns rettet, bald ein Feind, der uns lähmt.

Angst, Furcht und Phobien

Angst oder Furcht?

Wenn Sie in der Großstadt durch ein Viertel spazieren, das als gefährlich gilt, sind Sie wahrscheinlich besonders auf der Hut: Das kleinste Geräusch läßt Sie zusammenfahren, Sie drehen sich häufig um, wagen nicht, den Passanten fest in die Augen zu blicken, etc. Ihre Reaktion ist eher eine *Furchtreaktion*, denn Sie erwarten das Auftreten einer Gefahr. Sie kann sich in eine *Angstreaktion* verwandeln, wenn mit Baseballschlägern bewaffnete Unbekannte plötzlich auf Sie zugerannt kommen. Nun ist die Gefahr real vorhanden.

Nach dem gleichen Prinzip wird ein kleines Kind *Angst* haben, wenn es einem heftigen Streit zwischen seinen Eltern beiwohnt, und hinterher wird es *fürchten*, Vater und Mutter könnten sich scheiden lassen (eine der großen Ängste der Kinder von heute, die viele Klassenkameraden aus geschiedenen Familien haben).

Angst	*Furcht*
Reaktion auf eine aktuelle Gefahr	Innerliches Vorwegnehmen einer kommenden oder angenommenen Gefahr
Von kurzer Dauer	Kann chronisch sein
Präzises Objekt (ich weiß, wovor ich Angst habe)	Manchmal unbestimmtes Objekt (ich weiß nicht, welche Gestalt die Gefahr annehmen wird)
Körperliche Symptome dominieren (Anspannung, Zittern etc.)	Psychische Symptome dominieren (Sorge, Beunruhigung etc.)
Abgeleitete psychische Erkrankung: Phobien (unkontrollierbare Ängste in bestimmten Situationen)	Abgeleitete psychische Erkrankung: generalisierte Angststörung (unkontrollierbare Befürchtungen auf Schritt und Tritt im Alltag)

Die (theoretischen) Unterschiede zwischen Angst und Furcht

Sind Sie ängstlich oder phobisch?

Wie läßt sich schlichte Angst von einer Phobie unterscheiden? Stellen wir uns vor, Sie hätten Angst vor Spinnen. Sie steigen deshalb nicht besonders gern in den Keller hinunter, aber die Aussicht, dort eine gute Flasche zu finden, die Sie Ihren Gästen kredenzen wollen, motiviert Sie ausreichend, damit Sie Ihren Ekel vor diesen Krabbeltieren zurückstellen. Auch kommt Sie nicht im vorhinein das große Zittern an, wenn Freunde Sie zu einem Wochenende in ihr Landhaus einladen, wo in den alten Wandschränken ein paar Spinnen hausen könnten. Und stoßen Sie wirklich mal auf so ein Tierchen, zerquetschen Sie es ohne Gnade. Wenn Sie hingegen eine Spinnenphobie haben, werden Sie sich, selbst wenn man Ihnen die Pistole auf die Brust setzt, in aller Form weigern, auf den Dachboden zu steigen, um ein paar alte Familienfotos zu suchen. Die Vorstellung, im Urlaub in ein exotisches Land zu reisen, das von fetten Spinnen bevölkert ist, wird Sie mehrere Monate im voraus quälen. Und wenn Sie mal einer Spinne von Angesicht zu Angesicht gegenüberstehen, wird Ihre Angst so groß sein, daß Sie das Tier vielleicht nicht einmal erschlagen können. Sie könnten sogar eine Panikattacke erleiden, also ein unkontrollierbares Überborden von Angst.

Natürliche Ängste

Es gibt eine ganze Reihe von Ängsten, die man als universell bezeichnen könnte, denn man findet sie in allen Epochen und allen Kulturen wieder, und zwar bei einer großen Zahl von Individuen. Epidemiologische Studien haben gezeigt, daß etwa jeder zweite Mensch irgendwann in seinem Leben an wenigstens einer exzessiven Angst von diesem Typ leidet.[2]

Wie erzeugt man im Kino Angst?

Große Regisseure haben immer in der Kunst brilliert, die Emotionen der Zuschauer zu manipulieren, ganz besonders die Angst. Zwei Kultfilme aus dem Bereich der Tierphobien, Alfred Hitchcocks *Die Vögel* (1963) und Steven Spielbergs *Der weiße Hai* (1975), lehren uns besonders gut, wie wir vorgehen müssen, um Kinogängern auf hinterhältige Weise kalte Schauer über den Rücken zu jagen ... In beiden Filmen kann man miterleben, wie die Sicherheitszone der Menschen gegenüber den Tieren allmählich zusammenschmilzt. Zunächst greifen die Vögel nur im Freien an, dann fallen sie sogar ins Innere von Häusern und Autos ein; die erste Attacke des Hais findet nachts im tiefen Wasser statt, aber dann greift er auch am hellichten Tage nahe des Strandes an, und schließlich reißt er sogar Pontons ein oder attackiert Schiffe. Nirgendwo ist man mehr sicher vor diesen Bestien. Zahlreiche Szenen sind mit »subjektiver Kamera« gefilmt, das heißt aus dem Blickwinkel der Tiere, so daß die Menschen als Beute erscheinen; die Tiere haben Fähigkeiten, die man ihnen nicht zugetraut hätte (der Hai ist intelligent, die Vögel sind gut organisiert); die Absichtlichkeit ihrer Attacken wird klar hervorgehoben (der Hai will sich für einen Angriff rächen, und die Vögel sollen »nicht zufällig« hier sein, sondern »extra gekommen«); die Wunden sind grausam (abgebissene Gliedmaßen oder ausgestochene Augen); die Bedrohung ist selbstverständlich eine extreme (es ist ein »riesiger weißer Hai«, es sind »unzählbar viele« Vögel). Die Einstellungen mit subjektiver Kamera verstärken den Eindruck, daß der Mensch nur ein jagdbares Wild ist. Von dramaturgischem Gesichtspunkt her betrachtet, sind diese beunruhigenden Szenen so entworfen worden, daß sie eine richtiggehende *Angstkonditionierung* bewirken: Sie sind kurz, so daß keine Gewöhnung eintreten kann; sie folgen nicht zu schnell aufeinander, so daß sich der Organismus erholen kann, ehe es zum nächsten Adrenalinausstoß kommt, der um so spektakulärer ausfällt; sie werden von einem beängstigenden musikalischen Motiv begleitet, das uns zu Pawlowschen Hunden macht (sobald die Musik einsetzt, verkrampfen wir innerlich und beginnen zu suchen, aus welcher Ecke die Gefahr kommen könnte ...). Schließlich wird unsere Empfänglichkeit für Angst auch dadurch gesteigert, daß wir nur die passiven Zuschauer solcher Szenen sind. Alle Forschungsergebnisse belegen nämlich: Wird man mit seinen Ängsten konfrontiert, ohne handeln zu können, ist dies das sicherste Mittel, um diese Ängste weiter anschwellen zu lassen.

Ähnliches ließe sich zu Ridley Scotts Film *Alien* (1983) anmerken, insbesondere, was die Kürze der Attacken des außerirdischen Monsters betrifft – man hat kaum Zeit, es richtig wahrzunehmen.

Gegenstand der Angst	*Anteil der Personen, die in diesem Bereich an spürbarer Angst leiden, an der Gesamtbevölkerung*
Tiere (vor allem Insekten, Mäuse, Schlangen)	22,2 %
Höhen (Balkone, Brüstungen, Leitern, stark abschüssige Straßen etc.)	20,4 %
Blut (Blut sehen, eine Spritze bekommen oder eine Blutprobe machen müssen)	13,9 %
Geschlossene Räume (Fahrstuhl, kleine abgeschlossene Zimmer, fensterlose Räume ...)	11,9 %
Wasser (mit dem Kopf unter Wasser geraten; dort schwimmen, wo man nicht mehr stehen kann etc.)	9,4 %
Gewitter (Donnergrollen, Blitze)	8,7 %

Die unter Erwachsenen am weitesten verbreiteten Ängste[3]

Wozu dienen unsere Ängste?

Die meisten universellen Ängste entsprechen den häufigsten Gefahren in der Umwelt eines Jägers und Sammlers (oder haben ihnen jedenfalls einmal entsprochen). Diese Ängste sind also von Nutzen gewesen, denn sie halfen unseren Vorfahren beim Überleben und bei der Weitergabe ihrer Gene. Jene unter unseren Ahnen, die nicht genug Angst vor Raubtieren hatten, vor großen Höhen, vor der Nacht oder vor Situationen, in denen Blut fließen konnte, hatten im Vergleich zu ihren vorsichtigeren Artgenossen wahrscheinlich kaum Zeit, Nachkommen in die Welt zu setzen ... Umgekehrt verpaßten aber auch die Allerängstlichsten günstige Gelegenheiten zum Jagen, Sammeln oder gar Kriegführen. Kriege begünstigten jedoch das Zeugen von Nachkommen, denn Frauenraub scheint in den frühgeschichtlichen Gesellschaften oftmals zu den Kriegszielen gehört zu haben. Diese doppelte Einschränkung – zu wenig Angst macht das Leben zu riskant, zu viel Angst beschränkt aber ebenso die Fortpflanzungschancen – erklärt, weshalb Philosophen wie André Comte-Sponville der Ansicht sind, man müsse der Angst die Tugend der Vorsicht entgegensetzen, dieser »Wissenschaft, welche Dinge man tun und welche man lassen sollte«[4], und nicht etwa die Tugend des Mutes.

Gegenstand der Angst	*Gefahren im Laufe unserer Evolutionsgeschichte*
Tiere	Angegriffen, gebissen, verletzt werden (zu einer Zeit, als der Mensch noch eine potentielle Beute war)
Unbekannte	Gewalttätigkeiten von seiten fremder Stämme
Dunkelheit	Sich verirren, von nachtaktiven Raubtieren angefallen werden
Höhen	Stürzen und eine Behinderung davontragen
Blut	Sich verletzen
Wasser	Ertrinken

Die Rolle der Ängste für das Überleben der Art Mensch

»REFLEXARTIGE« ÄNGSTE

Fast bei allen Ängsten kommt das Denken ins Spiel: Ich habe Angst, weil ich eine Gefahr wahrnehme (und manchmal sogar, weil ich sie aufbausche). Aber bisweilen sieht es so aus, als könnte diese Emotion auch schon existieren, bevor man eine bewußte Einschätzung der Lage vorgenommen hat. Ein lautes Geräusch und jemand, der unbemerkt an uns herangeschlichen ist und uns plötzlich die Hand auf die Schulter legt – all das kann heftige Angstemotionen auslösen. Solche Ängste sind wahrscheinlich die ursprünglichsten und animalischsten, die wir überhaupt verspüren können: Sie entsprechen dem abrupten und unkontrollierten Eindringen eines potentiell bedrohlichen Phänomens in unseren Sicherheitsradius. Bei Personen, die für Angst empfänglich sind, verzeichnet man als Antwort

auf plötzliche Stimulationen (zuknallende Tür, Telefonläuten oder Schellen der Haustürklingel, Angesprochenwerden von jemandem, den man nicht bemerkt hat) sehr häufig »Schreckreaktionen« mit deutlichem Anstieg der Pulsfrequenz.
Dieser Typ von Angst entspricht völlig dem Standpunkt von William James und seinen Nachfolgern: »Ich habe Angst, weil ich zittere!«
Betrachtet man das Phänomen von biologischen Gesichtspunkten her, so senden die Sinnesorgane Signale zum Thalamus, einer Art Zentralrechner für die Verarbeitung des sensorischen Inputs. Angesichts bestimmter Gefahrenbotschaften schickt der Thalamus direkte Signale an einen der ursprünglichsten Teile unseres Gehirns, das Riechhirn, welches dann die körperlichen Angstreaktionen auslöst, ohne daß Großhirnrinde und bewußtes Denken Zeit zum Eingreifen hätten.
Der entwicklungsgeschichtliche Vorteil liegt auf der Hand: Angesichts gewisser natürlicher Gefahren sollte man besser nicht den Bruchteil einer Sekunde mit Denken vergeuden …

Kulturelle Ängste

Sie unterscheiden sich von den natürlichen Ängsten durch ihren geschichtlichen Wandel. In der einen Epoche tauchen sie auf, um in einer anderen wieder zu verschwinden. Hierher gehören die Angst vor dem Ende der Welt, vor dem Teufel, vor Werwölfen, vor Unreinheit (je nach den geltenden religiösen Kriterien), vor Vampiren, Hexen und allen möglichen wiederkehrenden Toten. Daß man sie als »Ängste« bezeichnet, ist übrigens anfechtbar, wenn man den Emotionsbegriff im engeren Sinne dagegenhält. Es handelt sich eher um psychische Beunruhigungen, die weniger körperliche Symptome im Gepäck haben als die Angst. Ganz wie die Furcht sind auch diese Ängste mehr durch die Erwartung einer kommenden Gefahr gekennzeichnet als durch die tatsächliche Präsenz der Gefahr. Daher richten sie sich gewöhnlich auf die Zukunft (unser Schicksal im Jenseits, soziale Veränderungen, wissenschaftliche Neuerungen). In der Umgangssprache werden sie aber ohne weiteres als »Ängste« bezeichnet. Manche von ihnen verflüchtigen sich recht schnell, wenn die Realität den Gegenbeweis antritt: Erinnern wir uns nur daran, wie gelehrte Experten vorausgesagt hatten, die Einführung der Eisenbahn würde eine Tragödie sein! Sie meinten, das Nervensystem des Menschen sei nicht dafür ausgelegt, den rapiden Wechsel der Landschaften sowie die übrigen Folgen einer Geschwindigkeit zu verkraften, welche der menschliche Körper bis zu jener Zeit nie erreicht hatte.

Andere kulturelle Ängste haben mit wirklichen Gefahren zu tun, so etwa die Angst vor Infektionskrankheiten – erst prägten Pest und Syphilis ihre Epoche, später war es die Tuberkulose, und heute ist es AIDS. Nach dem gleichen Muster wird das 21. Jahrhundert vielleicht von Ängsten geprägt sein, die mit Nahrungsmitteln zu tun haben (gentechnisch veränderte Organismen, Rinderwahnsinn etc.).

Wozu dienen die kulturellen Ängste?

Man darf annehmen, daß kulturbedingte Ängste eine soziale Regulierungsfunktion haben. So dachte man lange Zeit, das Einflößen von Angst sei ein exzellentes pädagogisches Mittel. Um keine Dummheiten zu machen, sollten die Kinder vor ihren Eltern Angst haben; Diener sollten ihre Herren fürchten, um gute Arbeit zu leisten; verheiratete Frauen sollten vor ihren Männern Angst haben, damit sie hübsch an ihrem Platz blieben … Theoretisch erlaubte das einem jeden, seine soziale Funktion korrekt auszuüben: Die Schüler gehorchten aus Angst vor Bestrafung, und aus Furcht vor der Hölle liefen die Gläubigen in die Kirche und sündigten nicht.

Angst war indessen nur bei den Beherrschten einer Gesellschaft erwünscht, denn sie sollten nicht aus der Reihe tanzen. Unter den Herrschenden war diese Emotion verpönt. So schrieb Vergil, daß Angst das Zeichen für eine niedere Herkunft sei.[5] Das lag wahrscheinlich daran, daß die Aristokratie in den meisten Gesellschaften aus der Kriegerkaste hervorgegangen ist, für die Angst tatsächlich ein Handikap darstellte.

Kriegerische Gesellschaften haben gegenüber der Angst vor dem Kämpfen stets eine scharfe Intoleranz an den Tag gelegt. Ein Beispiel dafür ist die folgende Geschichte aus einem Leitfaden für Samurai, der im 18. Jahrhundert entstand (und später zur Lieblingslektüre des Schriftstellers Mishima wurde)[6]:

Als das Schloß von Arima am 28. Tag seiner Belagerung fiel, setzte sich Mitsuse Genbei auf einen Damm, ganz in der Nähe der inneren Festung. Als Nakano Shigetoshi vorüberkam und ihn nach dem Grund fragte, antwortete Mitsuse: »Ich habe Magenkrämpfe und kann keinen Schritt weitergehen. Ich habe meine Männer vorgeschickt, also bitte, übernehmen Sie das Kommando.« Dieser Vorfall wurde vom Aufseher gemeldet. Mitsuse wurde Feigheit vor dem Feind vorgeworfen und ihm befohlen, Seppuku (Harakiri) zu begehen.

Für die Militärs von heute stellt nicht so sehr das Auftauchen von Angst ein Problem dar, sondern vielmehr die Unfähigkeit, diese Angst in Schach zu halten. Eine solche Angsttoleranz selbst bei professionellen Kämpfern (wir könnten auch sagen, solch ein intelligenter Umgang mit Angst) ist allerdings erst neueren Datums. Feigheit vor dem Feind (die sich im allgemeinen mit Angst erklären läßt) zählte früher zu den schlimmsten Dingen, die ein Mann tun konnte. Im Ersten Weltkrieg hat man sehr viele Soldaten wegen »Feigheit im Kampf« erschossen.[7] Ein nachträgliches Studium der zeitgenössischen medizinischen Unterlagen brachte zutage, daß die Feigheit, die man diesen Soldaten vorgeworfen hatte, im Grunde eine Folge psychischer Schocks war, die sie erlitten hatten, als sie äußerst heftigen Kämpfen ausgesetzt waren, auf die man sie nicht ordentlich vorbereitet hatte (oftmals handelte es sich um ganz junge Rekruten oder ältere, erschöpfte Männer). Glücklicherweise haben sich die Dinge seither entwickelt, und die Militärpsychiater lernten eine Krankheit zu diagnostizieren, die man heute »posttraumatischen Streß« oder »Kriegsneurose« nennt. Als der amerikanische General Patton im Zweiten Weltkrieg ein Militärkrankenhaus besuchte, ohrfeigte er einen Soldaten, weil der keine körperliche Verwundung aufwies, sondern nach heftigen Gefechten »nur« ein psychisches Trauma davongetragen hatte. Patton hatte ihn für einen Drückeberger gehalten, aber schon damals zwang ihn die oberste Armeeführung, sich öffentlich für diese Ohrfeige zu entschuldigen.

DIE MASTURBATION: EINE DER GROSSEN SOZIALEN ÄNGSTE[8]

Wir können uns heute schwer vorstellen, welche Angst man im 19. Jahrhundert vor der Selbstbefriedigung hatte. Die meisten Mediziner, Moralisten und Hygieniker der Epoche betrachteten sie nämlich als große Gefahr für das Individuum und die ganze Gesellschaft.

So konnte man in einer französischen *Abhandlung über Hygiene und Physiologie der Ehe* aus dem Jahre 1828 zum Beispiel folgende Einschätzung finden: »Die Masturbation zählt zu den Geißeln, welche die Menschheit heimlich angreifen und zerstören. Meiner Ansicht nach haben weder Pest noch Krieg, weder Pocken noch ein ganzer Haufen ähnlicher Übel so desaströse Folgen für die Menschheit wie diese fatale Gewohnheit. Sie ist das zerstörerische Element in den zivilisierten Gesellschaften und um so aktiver, da sie beständig am Wirken ist und die Generationen allmählich zerrüttet ...«

Ein anderes Werk beschreibt, übrigens auf Illustrationen gestützt, den langsamen Niedergang eines jungen Selbstbefriedigers: »Er war jung und schön: die ganze Hoffnung seiner Mutter ruhte auf ihm [...] Doch dann hat er sich verdorben! Schon bald hat er die Leiden zu tragen, welche aus seiner Verirrung rühren: Er altert vor der Zeit, sein Rücken wird krumm. Ein verzehrendes Feuer versengt seine Eingeweide; er leidet an schrecklichen Leibschmerzen. Seht seine einst so reinen und strahlenden Augen! Sie sind erloschen, und ein feuriger Streifen umgibt sie. Er kann nicht mehr gehen; seine Beine knicken ein. Gräßliche Träume durchzucken seinen Schlummer; er kann gar nicht mehr schlafen. Seine Zähne verderben und fallen aus. Die Brust entzündet sich, er spuckt Blut. Seine so schönen Haare fallen aus wie bei einem alten Mann; sein Haupt wird frühzeitig kahl ... Seine Brust sackt zusammen, er erbricht Blut. Der ganze Körper bedeckt sich mit Pusteln, er ist schrecklich anzuschauen! Ein schleichendes Fieber verzehrt ihn, er siecht dahin; sein Körper brennt überall. Der ganze Leib wird steif! Die Glieder versagen ihren Dienst. Er deliriert, er bäumt sich gegen den Tod auf, allein der Tod ist stärker. Mit siebzehn Jahren haucht er seine Seele aus, und das unter schrecklichen Qualen …« Auch die kleinen Mädchen waren von diesem Problem betroffen, weshalb man Nachthemden aus Fischbeinstäbchen ersann, mit denen man an die schuldigen Partien nicht mehr herankam. Bei wirklich widerspenstigen Mädchen schritt man sogar zur Kauterisierung der Klitoris.[9] Diese obsessive Furcht dauerte in den meisten westlichen Ländern bis in die fünfziger Jahre des 20. Jahrhunderts an. Einer unserer Patienten, der um die Sechzig ist, erzählte uns, daß er als Jugendlicher völlig mit der Selbstbefriedigung aufgehört hatte, nachdem sein Vater, als sie einmal am »Dorftrottel« vorbeigekommen waren, gemurmelt hatte: »Vom Wichsen total verblödet!«

Mit der Religion und dem Übernatürlichen verbundene Ängste	*Mit dem Gedanken an ferne Feinde verbundene Ängste*	*Mit wissenschaftlichen Erkenntnissen und Neuerungen verbundene Ängste*
Angst vor dem Weltende, vor der Hölle, vor dem Teufel und vor Dämonen Angst vor einer Wiederkehr der Toten (Geister, Vampire, Phantome, Zombies)	Angst vor Hunnen, Barbaren, vor der gelben Gefahr, vor Außerirdischen etc.	Angst vor der Eisenbahn, vor Umweltverschmutzung, vor der Pille, der Atomkraft, vor gentechnisch veränderten Lebewesen, vor dem Rinderwahnsinn, vor AIDS …

Einige kulturelle Ängste …
(Achtung! »kulturell« muß nicht heißen »unbegründet«!)

Die Ängste der Kinder

Meine klarsten Kindheitserinnerungen sind Erinnerungen an Ängste. Jeden Abend fürchtete ich mich vor dem Zubettgehen. Mein Zimmer lag im Obergeschoß, nach meinen Kriterien sehr weit entfernt vom Wohnzimmer, in dem meine Eltern ihre Abende verbrachten. Schickten sie mich schlafen, hatte ich Angst, unter mei-

nem Bett könnte sich ein Monster verkrochen haben. Um ins Bett zu kommen, machte ich immer einen großen Sprung, denn ich fürchtete, das Monster würde mich am Bein packen, wenn ich mich dem dunklen Raum unter dem Lattenrost näherte. Hatte ich es dann bis ins Bett geschafft, versteckte ich mich natürlich bestmöglich unter der Bettdecke und ließ nur ein Nasenloch herausgucken, um Luft holen zu können. Ich hatte Angst, ein Herumtreiber könnte plötzlich ins Zimmer treten und mir die Kehle durchschneiden, ganz wie es der Menschenfresser im Märchen vom Däumling zu tun pflegte (dieser Oger hatte ja bekanntlich seinen sieben Töchtern die Gurgel durchschnitten, weil er sie für den Däumling und seine Brüder hielt). Vom großen Wandschrank, dessen Tür nie richtig schloß, will ich gar nicht erst reden, und ich brauche wohl auch nicht zu unterstreichen, daß meine Eltern es schon lange aufgegeben hatten, mich in den Keller zu schicken oder auf den Boden. Auch das Gartentor ging ich nie abschließen, wenn es erst einmal dunkel war. Eines Abends kam ich mit dem Fahrrad von einer Freundin zurück und wurde von der hereinbrechenden Nacht überrascht. Nie im Leben habe ich so wild in die Pedalen getreten, um nach Hause zu kommen. Ich war überzeugt, daß ganze Horden von Ungeheuern und Mördern hinter mir her rannten und bloß darauf warteten, daß ich ein kleines bißchen langsamer wurde, um sich dann sogleich auf mich zu stürzen, mich zu zerstückeln, mein Blut auszusaugen und so weiter. Ich hatte den Eindruck, daß meine Schrecken immer stärker wurden, je schneller ich trampelte. Noch heute ist es mir ganz und gar zuwider, auf dem Lande nachts allein herumzuspazieren oder auch nur mit dem Auto auf einer einsamen Straße durch den Wald zu fahren. Das ist idiotisch, denn an diesen Stellen ist man bestimmt viel sicherer als in der Großstadt, wo ich wohne, aber dieses Gefühl ist stärker als ich – meine Kindheitsängste werden mich wohl nie verlassen. Meine Freunde staunen immer über meine enzyklopädischen Kenntnisse auf dem Gebiet der Märchen, wo ich doch noch keine Kinder habe. Daß ich mich da so gut auskenne, ist aber keineswegs mein Verdienst: All die Geschichten, mit denen mich mein Großvater überreichlich versorgte (ich gestehe, daß ich immer ganz wild auf diese Märchenstunden war), haben mir solche Schauer über den Rücken laufen lassen, daß sie sich mit den kleinsten Einzelheiten in mein Gedächtnis eingruben.

Dieser Bericht von Pauline (35) ruft uns noch einmal zu Bewußtsein, wie verbreitet Kinderängste sind, und zeigt gleichzeitig, welche Rolle Märchen und andere Geschichten bei ihrer Herausbildung und Fortdauer spielen. Die erzieherische Funktion solcher *bedtime stories*, wie die Engländer sie nennen, ist in zahlreichen Arbeiten von Historikern und Soziologen nachgewiesen worden[10]: Indem die Märchen die Aufmerksamkeit der Kinder auf gewisse Gefahren in ihrer Umwelt lenken (man soll nicht mit Unbekannten mitgehen, ihre Speisen nicht probieren, sich nicht von den Eltern entfernen etc.), sollen sie von einem allzu riskanten Verhalten abschrecken. Es ist schwierig, die pädagogische Wirksamkeit der Märchen genau abzuschätzen, aber auf jeden Fall scheinen sie für eine Reihe von ängstlichen Kindern schwer verdaulich zu sein. Immerhin können diese Geschichten von den Eltern während des Erzählens noch abgewandelt werden, was bei Fernsehsendungen nicht der Fall ist. Von überforderten Eltern manchmal als Babysitter eingesetzt, überträgt die Mattscheibe oft gewaltlastige oder beängstigende Bilder, selbst in den Programmen, die eigentlich für Kinder gedacht sind.

Die Wissenschaft von der Angst

Angst gehört zweifellos zu den am häufigsten untersuchten Emotionen. Es gibt eine imposante Masse von Forschungsergebnissen, die nicht im Handumdrehen resümiert werden können. So haben wir es vorgezogen, uns mal auf diese, mal auf jene Arbeiten zu beziehen, um einige Fragen zu beantworten, die Wissenschaftlern häufig gestellt werden …

Macht Angst wachsamer?

Man hat phobische Personen vor einen Computerbildschirm gesetzt und ließ vor ihren Augen sehr rasch verschiedene Bilder vorüberziehen, so daß sie nicht einmal Zeit hatten, das Gesehene klar zu identifizieren. (Auch ohne Verarbeitung durch das Bewußtsein werden die Bilder vom Gehirn unterschwellig »wahrgenommen«.) Es stellte sich heraus, daß diese Bilder heftige körperliche Angstreaktionen auslösen konnten. Bei Sozialphobikern, die am Bildschirm einen Test ablegen sollten,[11] blendete man zum Beispiel zwischen den einzelnen Fragen subliminal feindselig oder wütend dreinblickende Gesichter ein. Das führte bei ihnen zu einer Angstreaktion, die sich störend auf das richtige Beantworten der Testfragen auswirkte. Dasselbe Phänomen verzeichnete man bei Personen, die Angst vor Schlangen hatten[12]: Unterschwellig wahrgenommene Bilder von Reptilien, die sofort wieder von Blumenbildern maskiert wurden, lösten körperliche Angstsymptome aus ... In einem russischen Sprichwort heißt es treffend: »Angst hat große Augen.« Je mehr Sie vor etwas Angst haben, desto schneller entdecken Sie es in Ihrer Umgebung.

Kann Angst schädliche Folgen haben?

Allgemein läßt sich sagen, daß Angst dazu führen kann, daß wir in einer offenkundig neutralen Situation Gefahren wahrzunehmen glauben. Das belegt folgendes Experiment: Man bat Sozialphobiker, andere Phobiker und »normale« Testpersonen, mehrdeutige Situationen zu interpretieren. Manche dieser Situationen hatten sozialen Charakter (zum Abendessen eingeladene Freunde bleiben nicht so lange wie geplant; ein Passant lächelt, als er an Ihnen vorübergeht, etc.), andere nicht (Sie bekommen ein Einschreiben; Sie haben starkes Herzklopfen etc.). Die Sozialphobiker interpretieren natürlich die sozialen Mehrdeutigkeiten negativ (»Die Freunde gehen früher nach Hause – also sind sie nicht zufrieden gewesen!«), nicht aber die anderen Situationen, während die übrigen Phobiker die nichtsozialen Situationen dramatisieren (»Mein Herz pocht schneller als gewohnt – bestimmt bekomme ich gleich einen Panikanfall!«[13]). Andererseits führt die mit Angst verbundene übermäßige Wachsamkeit zu einem Verlust an Unterscheidungsvermögen: Alles, was der angstauslösenden Sache irgendwie ähnlich sieht, löst sofort den Alarmzustand aus. Dann sind es zum Beispiel nicht nur die großen zähnefletschenden Köter, die angst machen, sondern überhaupt alle Hunde ...

Ein tragisches Beispiel für den angstbedingten Verlust an Klarsicht finden wir in Francis Ford Coppolas Film *Apocalypse Now* (1979). Ein Kommando von Marines im Vietnameinsatz steuert mit einem Patrouillenboot flußaufwärts und gerät immer tiefer in feindliches Gelände. Sie betreten eine Dschunke, auf der eine ganze vietnamesische Familie unterwegs ist, und wollen die Ladung kontrollieren. Weil sie einen Hinterhalt befürchten, steigt ihre nervliche Anspannung, während sich die Vietnamesen in die Inspektion fügen. Plötzlich löst die abrupte Bewegung eines Mädchens die Katastrophe aus: Die Soldaten beginnen, alle Passagiere der Dschunke wie wild niederzuschießen – um hinterher festzustellen, daß das Mädchen nur einen kleinen Hund verstecken wollte.

Welche Rolle spielt das Imaginäre bei der Angst?

Die bedeutende Rolle der Einbildungskraft ist in vielen Untersuchungen nachgewiesen worden. Bei Personen, die sich sehr vor Spinnen fürchten, löst das Wort »Spinne« heftigere Angstreaktionen aus als das Bild einer Spinne, selbst wenn diese ganz behaart und unappetitlich aussieht.[14] Im Londoner *Science Museum* gibt es eine Psychologieabteilung, die sich besonders den Emotionen widmet, also auch der Angst. Verschiedene interaktive Versuchsanordnungen erlauben es den Besuchern, sich durch kleine Experimente in die Thematik hineinzufinden. So gibt es eine Apparatur mit faustgroßen Löchern, in welche der Besucher seine Hand stecken soll. Neben einer dieser Höhlen befindet sich eine Vitrine mit großen Spinnen; aus einem anderen Loch wird ein Knurren laut. Die meisten Besucher müssen einen Augenblick der Furcht überwinden, ehe sie ihre Hände in die Löcher stecken, und eine Freundin von uns, mit der wir das Museum besuchten, weigerte sich schlichtweg, in die Höhlen zu greifen. Sie meinte: »Ich weiß ja, daß es ein Experiment ist, aber wer garantiert mir, daß letzte Nacht nicht eine wirkliche Spinne oder eine fette Ratte in dieses Loch gekrochen ist?«

Wo in unserem Gehirn hat die Angst ihren Sitz?

Die Neurobiologen haben gezeigt, daß der Schläfenlappen, ein seitlich gelegener Bereich der Hirnrinde, eine der wichtigsten Schaltstellen bei Angstreaktionen ist.[15] So führt die operative Entfernung der Schläfenlappen bei Affen neben anderen Symptomen dazu, daß Angstreaktionen praktisch verschwinden. Während ein normaler Affe vor allem vor Menschen und Schlangen Angst hat, ließen sich die operierten Tiere von den Experimentatoren problemlos streicheln und spielten auch ohne Furcht mit Reptilien herum. Wurden sie von den Schlangen gebissen, wollten sie sich die Tiere hinterher trotzdem wieder ganz aus der Nähe ansehen. Menschen mit einer krankheitsbedingten Schädigung des Schläfenlappens scheinen nach demselben Prinzip sehr abgeschwächte emotionale Reaktionen zu zeigen.

Die Forscher gingen noch einen Schritt weiter und lokalisierten die für solche Störungen verantwortliche Zone genauer: Es ist die Amygdala (Hirnmandel), die sich im Inneren des Schläfenlappens befindet. Die Entfernung dieser Zone bringt Ratten dazu, sich einer betäubten Katze zu nähern und ihr ins Ohr zu beißen. Luchse werden nach dieser Operation genauso zahm wie Katzen. Stimuliert man die Zone hingegen, löst man bei Tieren übersteigerte Angstreaktionen aus. Man bemerkte auch, daß Kaninchen mit beschädigter Hirnmandel nicht mehr lernen konnten, Angst vor Elektroschocks zu haben. Wir werden noch sehen, daß sich manche Forscher aufgrund dieser Studien für Personen interessierten, die ein besonders angstempfängliches Temperament haben. Solche Menschen scheinen nämlich an einer leichter reizbaren Hirnmandel zu leiden.

Was kann uns mutiger machen?

Selbst die kühnsten Krieger verspüren Angst. Sie schaffen es aber, diese Emotion wenigstens unter Kontrolle zu bekommen, wenn sie sie schon nicht aus der Welt schaffen können. Der französische Heerführer Henri de Turenne (1611 bis 1675), der für seine Tapferkeit als Militär bekannt war, ist ein schönes Beispiel für die Kontrolle der körperlichen Angst durch psychische Selbstbeherrschung. Einmal sprach er mitten in der Schlacht zu sich selbst: »Du zitterst, altes Knochengerippe, aber wie würdest du erst zittern, wenn du wüßtest, wohin ich dich gleich führen werde!«[16] Wie wichtig die Kontrolle der physischen Angst ist, bestätigte eine Untersuchung unter nordirischen Minenentschärfern: Jene unter ihnen, die für ihren Mut und ihre Heldentaten am meisten ausgezeichnet worden waren, hatten im Ruhezustand auch die niedrigste Pulsfrequenz von allen.[17] Ihr Mut war nicht bloß das Ergebnis einer guten mentalen Selbstkontrolle, er war auch mit einer geringeren körperlichen Empfänglichkeit für Angst verbunden. Endlich eine schöne Entschuldigung für jene von uns, die keine heldenhafte Kriegerseele in sich zu haben glauben …

Die Schule der Ängste oder Wie erlernt man Angst?

»Woher kommen meine Ängste bloß?« ist sicher eine der Fragen zum Thema Angst, die uns von Patienten am häufigsten gestellt werden. Es ist gegenwärtig nicht möglich, eine einfache Antwort darauf zu geben. Man weiß nämlich, daß gewisse Ängste durch Traumata oder ungeschickte Erziehung »erworben« werden können, allerdings nicht alle Ängste, und einige erlernt man auch leichter als andere (weshalb, werden Sie am Ende des Kapitels erfahren). Außerdem sind manche von uns zu ihrem Unglück wahre Musterschüler in der Schule der Angst: Es scheint Temperamente zu geben, die uns dafür vorherbestimmen, Angst zu verspüren …

Das Erlernen von Ängsten

Bei den meisten von uns lassen sich Ängste induzieren, wenn wir intensiven oder wiederholten traumatischen Erlebnissen ausgesetzt werden.

Es gibt offenbar drei Wege, auf denen man Angst durch direkte Erfahrung erlernen kann. Zunächst das *einmalige traumatische Erlebnis*: Wenn wir einen Verkehrsunfall erlitten haben, kann uns davon eine dauerhafte Furcht vor dem Autofahren zurückbleiben. Zweitens *wiederholte kleine streß-auslösende Erlebnisse*, bei denen man die Lage nicht unter Kontrolle hat: Ein paar Flüge, bei denen es Turbulenzen gegeben hat, reichen aus, um uns eine Furcht vor Flugreisen einzuimpfen, selbst wenn sich keine Katastrophe oder Notlandung ereignet hat. Drittens das *zeitversetzte Trauma*: Nach einem bestimmten Ereignis wird Ihnen bewußt, daß Sie gerade noch einmal davongekommen sind. Bis dahin war Ihnen gar nicht klar gewesen, in welcher Gefahr Sie eigentlich schwebten. So wird das Opfer eines Raubüberfalls nachträglich doppelt geschockt sein, wenn es erfährt, daß der Täter noch am gleichen Nachmittag jemanden umgebracht hat …

Kinder erlernen Angst auch, wenn sie sehen, daß sich ein Erwachsener aus ihrer nächsten Umgebung systematisch vor etwas fürchtet. Élodie, eine unserer Patientinnen mit Hundephobie, hatte miterlebt, wie ihre Mutter bei Hunden das Zittern bekam. Sobald ein Hund nahte, nahm die Mutter ihr Töchterchen auf den Arm, und wenn Élodie solch ein Tier streicheln wollte, bekam sie zu hören, sie solle sich bloß vorsehen …

Ängste, die uns die Evolution beschert hat: Wie soll man Angeborenes und Erlerntes versöhnen?

> Der Löwe und das Lamm werden sich das Lager teilen, aber das Lamm wird nicht besonders gut schlafen …
>
> *Woody Allen*

Ängste vor bestimmten Tierarten sind nicht erlernt, sondern angeboren. Eine Maus hat Angst vor Katzen, selbst wenn sie noch nie eine Katze zu Gesicht bekam. Angeboren ist bei Mäusen auch, daß sie nicht gern über Flächen laufen, die hoch über dem Erdboden liegen, und daß sie grelles Licht scheuen. Dies hängt offenkundig mit der Herkunft dieser Tierart zusammen: Ihre Vorfahren waren kleine Nager, die vor allem nachts ihre Behausungen verließen und dicht am Erdboden entlangkrochen. Beim Menschen hingegen erzeugt eher die Dunkelheit Angst – die meisten großen Raubtiere jagen vor allem bei Nacht.

Junge Enten, die man so aufzog, daß sie nie eine erwachsene Ente zu Gesicht bekamen, hatten spontan Angst vor den Umrissen von Raubvögeln, jedoch nicht vor der Silhouette eines Zugvogels.

Angeborene Ängste bei Vögeln[18]

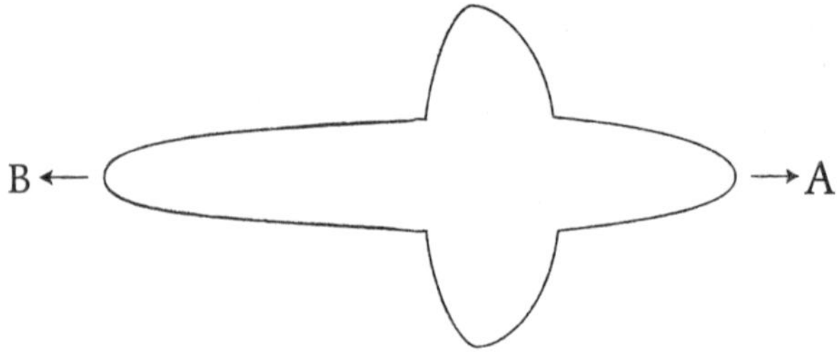

Läßt man diese Silhouette über junge Enten hinwegfliegen, löst sie nur eine Angstreaktion (in diesem Fall ein Erstarren) aus, wenn sie sich in Richtung A bewegt (sie ähnelt dann einem Greifvogel), aber nicht, wenn sie in Richtung B fliegt (wo sie an eine Ente oder Gans erinnert).

Angeborene Ängste treten auch bei unseren lieben Kleinen auf: Alle Kinder zeigen zu einem bestimmten Zeitpunkt ihrer Entwicklung übersteigerte Ängste, die unter dem Einfluß der Erziehung und des Lebens in Gesellschaft allmählich verblassen und beherrschbar werden. Die Angst vor der Leere oder vor Fremden tritt zum Beispiel erst auf, wenn sich die Fortbewegungsfähigkeit herausbildet[19]: Babys, die jünger als acht Monate sind, zeigen keine Anzeichen von Furcht, wenn man sie auf eine hoch angebrachte waagerechte Glasplatte setzt, unter der nur leerer Raum ist. Die Ängste erscheinen nämlich erst dann, wenn das kleine Kind sie »braucht«, um keine zu hohen Risiken einzugehen. Die Erziehung durch die Eltern wird es dem Kind dann erlauben, den absoluten Charakter dieser Furcht zu überwinden und die Angstreaktion künftig zu modulieren: Es braucht nur noch vor einem richtigen Abgrund Angst zu haben oder vor Abgründen, vor denen es weder Halt noch Schutzgitter

Alter	*Ängste*
bis 6 Monate	Verlust von Halt oder Stütze, laute Geräusche
7 Monate bis 1 Jahr	Unbekannte Gesichter, plötzlich auftauchende Gegenstände
1 bis 2 Jahre	Trennung von den Eltern, Baden, unbekannte Personen
2 bis 4 Jahre	Tiere, Dunkelheit, Masken, nächtliche Geräusche
5 bis 8 Jahre	Übernatürliche Wesen, Donner, »böse Menschen«, Verletzungen am Körper
9 bis 12 Jahre	Von den Medien berichtete Ereignisse, Tod und Sterben

Normale Ängste bei Kindern[20]

gibt; es braucht unbekannte Erwachsene nur noch zu fürchten, wenn kein Familienmitglied dabei ist, etc.

Die Evolutionspsychologen haben für die menschliche Art also die Hypothese aufgestellt, daß die natürliche Auslese einen Einfluß auf das Vorhandensein und die hartnäckige Fortdauer der Ängste hat. Die meisten Ängste richten sich in der Tat auf Gegenstände oder Situationen, die für unsere fernen Ahnen eine Gefahr darstellten – Tiere, Dunkel, große Höhen, Wasser etc. Solche Gefahren treten in unserem durchtechnisierten Lebensumfeld kaum noch auf; die Natur ist inzwischen weitgehend beherrscht. In einer Art von biologischem Unbewußten behalten wir jedoch die Erinnerung an diese Gefahren.

Die Ängste würden damit zum »Genpool« unserer Art gehören, deren Überleben sie begünstigten, indem sie die Menschen zur Vermeidung von Gefahrensituationen anhielten (das trifft jedenfalls auf ein bestimmtes Zeitalter zu).[21] Man nennt diese Ängste »angelegt« (von der Evolution nämlich), »vortechnisch« oder »phylogenetisch« (auf die Entwicklung der gesamten Art bezogen). Solche Ängste sind bei den meisten Personen recht leicht auszulösen, und haben sie sich erst einmal eingerichtet, ist ihnen nur schwer beizukommen.

Ängste wie die vor Steckdosen oder Waffen werden hingegen als »nicht angelegt« bezeichnet, als »technische« oder »ontogenetische« (auf die Entwicklung des Individuums bezogene) Ängste. Sie werden meist durch Erlernen erworben (traumatische Erlebnisse) und sind im allgemeinen instabiler als die zuvor genannten. Weit verbreitet sind allein solche technischen Ängste, die indirekt natürlichen Ängsten entsprechen. Das gilt etwa für die Angst vor Flugzeugen, bei der die Angst vor der Leere und die Angst vor dem Eingeschlossensein kombiniert sind ...

Diese entwicklungsgeschichtliche Theorie über die Ängste ist experimentell recht schwer zu beweisen, aber verschiedene Studien an Tieren scheinen ihre Stichhaltigkeit zu bestätigen.[22] Im Labor aufgezogene Affen zeigten zum Beispiel keinerlei Furcht vor Schlangen, bis man sie mit anderen Affen derselben Art zusammenbrachte, die in einem natürlichen Umfeld aufwuchsen. Nachdem die Laboraffen beobachteten, wie sich ihre Artgenossen hartnäckig weigerten, sich einer Futterquelle zu nähern, die neben einer Schlange plaziert war, entwickelten auch sie eine tiefsitzende und dauerhafte Angst vor Schlangen. Aber aufgepaßt, solch ein soziales Angsterlernen funktioniert nicht mit beliebigen Objekten! Man konnte Laboraffen die Angst vor Schlangen beibringen, indem man ihnen Videos anderer Affen zeigte, die von einem Reptil in Schrecken versetzt wurden. Ersetzte man auf diesem Video die Schlangen per Montage durch Blumen, entwickelten die Affen jedoch keinerlei Blumenangst, obwohl sie doch gesehen hatten, wie sich ihre Artgenossen vor diesen Pflanzen ängstigten.

Welches Naturell ist für Ängste besonders empfänglich?

Delphine erzählt:

Ich habe drei Kinder, alles Jungen. Mein Ältester und mein Jüngster sind wahre Raufbolde und Draufgänger; immer haben sie Beulen und blaue Flecke, und immer wollen sie toben. Mein mittlerer Sohn hat dagegen ein völlig anderes Temperament. Er ist viel sensi-

bler und furchtsamer. Bei plötzlichem Krach schreckt er hoch; er hat einen leichten Schlaf und häufiger Alpträume als seine Brüder. Dennoch haben sie alle drei ungefähr die gleiche Erziehung genossen. Mein Mann hat sie alle zu Rugbyspielen mitgenommen und beim Judoclub angemeldet. Mein mittlerer Sohn ist nur widerwillig hingegangen und hat seinem Vater schließlich gestanden, er würde lieber zu Hause bleiben und lesen.

Gibt es Personen, die stärker als andere dazu neigen, Angst zu verspüren? Es sieht ganz danach aus. Der amerikanische Psychologe Jerome Kagan von der Harvard University hat seine Forschungen hauptsächlich der Frage gewidmet, was aus Kleinkindern, deren psychische Charakteristika er sehr frühzeitig untersucht hatte, Jahre später werden würde.[23] Dabei zeigte er einerseits, daß es bereits in sehr zartem Alter, nämlich bereits ab vier Monaten, Kinder gibt, die viel furchtsamer als die übrigen sind, wenn etwas Neues oder Unvorhergesehenes auftritt. Erzieherische und existentielle Einflüsse sind in diesem Alter aber noch gar nicht bis zu den Säuglingen durchgedrungen. Die Zahl solcher Kinder ist keineswegs zu vernachlässigen – 20 Prozent sollen betroffen sein. Im weiteren hat Kagan gezeigt, daß dieses angstempfängliche Naturell mit einer Überaktivität der Hirnmandel verknüpft ist sowie mit diversen biologischen Erscheinungen, etwa einem im Ruhezustand hohen Herzrhythmus, der unter den verschiedensten Umständen wenig variiert. Dann entdeckte er, daß aus solchen hypersensiblen Kindern, vor allem, wenn sich diese Eigenart schon in den ersten drei Lebensjahren manifestiert hatte, häufiger auch ängstliche Erwachsene wurden. Gegenwärtig neigen die Wissenschaftler also nicht mehr dazu, alle Kinderängste pauschal als gutartig und normal anzusehen. Es ist nicht gesagt, daß sie mit den Jahren von selbst verblassen. Hinter 23 Prozent dieser Ängste verbergen sich nämlich Angststörungen, die man besser frühzeitig behandelt.[24] Anders als man manchmal glaubt, unterschätzen Eltern die Ängste ihrer Kinder recht häufig, und zwar sowohl die Tagängste[25] als auch die nächtlichen, die sich etwa in Form von Alpträumen äußern[26].

Normale Ängste	*Bedenkliche Ängste*
Andere gleichaltrige Kinder haben ähnliche Ängste (fragen Sie die Eltern der Spielkameraden).	Die Ängste entsprechen nicht dem Alter des Kindes (Angst vor Monstern bei einem Zwölfjährigen oder Angst vor dem Tod bei einem Zweijährigen).
Die Ängste treten nur in Gegenwart dessen, was angst macht, in Erscheinung.	Das Kind spricht von diesen Ängsten/denkt an sie sogar außerhalb der beängstigenden Situationen.
Das Kind kann den Ängsten trotzen, wenn man es beruhigt, ihm hilft oder es begleitet.	Nichts und niemand schafft es, das Kind zu beruhigen.
Wenn es sich beruhigt hat, gesteht das Kind ein, daß seine Angst unvernünftig oder maßlos war.	Das Kind ist überzeugt, daß seiner Angst eine wirkliche Gefahr zugrundeliegt.

Mein Kind hat Angst – muß ich mir Sorgen machen?

Strömung	*Sichtweise*
Evolutionspsychologisch »Wir haben Angst, weil das in unseren Genen steckt.«	Angst ist eine nützliche Emotion, die im Laufe der Evolution bis zu uns weitervererbt wurde. Sie dient dazu, uns Furcht einzuflößen vor all dem, was unser Überleben oder unsere körperliche Unversehrtheit gefährden könnte.
Physiologistisch »Wir haben Angst, weil unser Körper aufgewühlt ist.«	Die körperlichen Angstreaktionen entziehen sich unserer Kontrolle; sie stellen eine Art Alarmsignal dar, mit dem unsere Aufmerksamkeit geweckt werden soll.

Strömung	*Sichtweise*
Kognitivistisch »Wir haben Angst, weil wir an etwas Bestimmtes denken.«	Um mehr Sicherheit zu gewinnen, neigen wir häufig dazu, die Angst vorwegzunehmen und zu übersteigern – wir gehen über das hinaus, was für den Augenblick sichtbar und fühlbar ist.
Kulturrelativistisch »Wir haben Angst, weil wir sie erlernt haben.«	Zahlreiche Ängste werden uns eingetrichtert, weil man uns damit zu einem Verhalten anstiften will, das unserer jeweiligen Kultur angemessen ist.

Wie die vier großen theoretischen Strömungen zu unserem Verständnis des Phänomens Angst beitragen

Die Angsterkrankungen

Phobien: ein Übermaß an Angst

Phobien sind sehr verbreitete psychische Krankheiten; ungefähr 12 Prozent der Bevölkerung sind von ihnen betroffen. Sie zeichnen sich durch das Auftreten höchst intensiver Ängste aus, die an Situationen gebunden sind, welche von den meisten Individuen des gleichen Kulturkreises für weitgehend ungefährlich gehalten werden. Die phobische Person wird dazu getrieben, die angsteinflößende Situation zu vermeiden. Die häufigsten Phobien kann man in drei Hauptgruppen einteilen: spezifische Phobien (Tiere und Naturgewalten), soziale Phobien und Agoraphobie. Manche dieser Phobien wird ein Außenstehender vielleicht für ausgefallen und nicht besonders hinderlich halten. Sofern sie sich auf Tiere oder Situationen beziehen, die man unter unseren modernen Lebensbedingungen selten antrifft (Schlangen, bestimmte Insekten, Finsternis ...), stellen sie tatsächlich kein allzu gravierendes Handikap dar. Sozialphobien und Agoraphobie sind hingegen potentiell schwere Erkrankungen.

Phobietyp	*Definition*	*Beispiele für gefürchtete Situationen*
Spezifische Phobien	Intensive Angst, die sich aber auf bestimmte Situationen oder Tiere beschränkt	Tiere, Leere, Dunkelheit, Blut, Gewitter, Wasser
Soziale Phobie	Intensive Angst vor dem Blick und dem Urteil anderer Personen; Furcht, sich lächerlich zu machen oder ein unangebrachtes Verhalten zu zeigen	Vor einer Gruppe reden müssen, Unbekannte treffen, beobachtet werden, jemandem etwas von sich preisgeben müssen
Agoraphobie und Panikstörung	Intensive Angst vor dem Auftreten von Panikanfällen, vor allem an Orten, wo man sich »eingeengt« fühlt oder wo im Ernstfall jede Hilfe fern ist	Fahrstühle, Autobahnen, Flugzeuge, Warteschlangen, Gedränge in stickigen Läden, im Kino mitten in einer Reihe sitzen, offizielle Essen

Die wichtigsten Gruppen von Phobien

Die Angst vor der Angst: Agoraphobie und Panikstörung

Rachel (31) erzählt:

Ich erinnere mich noch gut an meine erste Panikattacke. Es war an einem Samstagmorgen im Juni, ich stand im Supermarkt Schlange, und mit einem Mal begann ich mich unwohl zu fühlen; ich war überzeugt, daß ich gleich sterben würde. Sie mußten die Feuerwehr rufen und mich ins Krankenhaus bringen. Ich war sicher, daß man etwas Schreckliches diagnostizieren würde, einen Infarkt oder einen Schlaganfall. Die Ärzte sagten aber, es sei nichts gewesen, vielleicht eine kleine Spasmophilie. Alle nachträglichen Untersuchungen (und es waren eine Menge!) brachten negative Befunde: Ich hatte »nichts«. Ich selbst war jedoch überzeugt, daß da etwas war, vor al-

lem, weil ich noch zwei oder drei weitere Anfälle dieser Art hatte. Von da an wurde es mir ganz unmöglich, allein aus dem Haus zu gehen, und selbst wenn meine Mutter oder mein Mann mich begleiteten, hatte ich Angst. Sobald ich etwas Ungewöhnliches in mir wahrnahm, ein etwas stärkeres Herzklopfen, ein leichtes Schwindelgefühl oder Kurzatmigkeit, sah ich mich gleich sterben ... Um meine Angst zu beruhigen, stopfte ich mich mit Tranquilizern voll, die ich immerzu bei mir haben mußte.

Rachel litt an einer sogenannten »Panikstörung mit Agoraphobie«. Zunächst traten bei ihr Panikanfälle auf: Heftige und unkontrollierbare Ängste stiegen in ihr hoch, begleitet von zahlreichen körperlichen Symptomen, die sie annehmen ließen, sie werde gleich sterben, oder von einem Gefühl von Realitätsverlust, das ihr den Eindruck vermittelte, sie werde verrückt. Diese Panikattacken sind so schokkierend, daß man ihre Wiederkehr befürchtet. Das nennt man die »Angst vor der Angst«: Das kleinste körperliche Symptom, das an die frühere Angst erinnert, wird gleich als Vorzeichen der nächsten Panikattacke gedeutet und kann so seinerseits Angst auslösen. Dieses Phänomen wird als »Panikspirale« bezeichnet, denn es kann so weit anwachsen und sich verstärken, daß es eine echte Panikattacke hervorruft. Logischerweise führt die Angst vor Panikattacken die betroffenen Personen dazu, Orte zu meiden, an denen solche Anfälle am ehesten auftreten: Menschengedränge, überheizte oder enge Räume etc. Auf diese Weise bildet sich eine *Agoraphobie* heraus (wörtlich: »exzessive Angst vor öffentlichen Orten«).

Bei dieser Art von Phobie wurden lange Zeit psychoanalytische Behandlungsmethoden angewendet, bis schließlich die kognitiven und die Verhaltenstherapien aufkamen. Letztere stellten bei Agoraphobie nämlich eine gute Wirksamkeit unter Beweis, so daß sie heute vorrangig empfohlen werden. Im Falle einer Panikstörung ist oft auch eine begleitende medikamentöse Behandlung notwendig.[27]

Frédéric (47) erzählt:

Ich war ein schüchternes, aber anpassungsfähiges Kind. Dann, in den Pubertätsjahren, ging alles in die Brüche; ich begann eine unmäßige Angst vor dem Gymnasium zu verspüren und vor dem Leben in Gemeinschaft; ich war gegen andere Menschen allergisch geworden, und nur das Alleinsein verschaffte mir Erleichterung. Im Unterricht war es mir nun unmöglich, das Wort zu ergreifen, und die Vorstellung, an die Tafel gerufen zu werden, rief bei mir Alpträume hervor. In den Pausen war es allerdings noch schlimmer; ich schloß mich die meiste Zeit auf der Toilette ein oder hockte in einer Ecke des Schulhofs und tat so, als würde ich lesen. Außerhalb der Schule war es ähnlich. Nach und nach weigerte ich mich, Einkäufe zu erledigen; mir grauste vor dem Gedanken, die Verkäufer könnten mich ansprechen. Was hätte ich ihnen antworten sollen? Auf der Straße ging ich mit gesenktem Blick umher, damit mir niemand in die Augen schauen konnte; er hätte sonst darin einen total verstörten Ausdruck gefunden. Ich lebte vom Morgen bis zum Abend in Angst – Angst vor dem Angeschautwerden, vor dem Beurteiltwerden, vor Angriffen, vor Gespött. Meine Eltern hatten mich zu unserem alten Hausarzt gebracht. Er versuchte, sie zu beruhigen und mir gut zuzureden, indem er von Lampenfieber und Schüchternheit sprach. Aber ich wußte, daß es nicht Schüchternheit war, denn ich sah ja, wie es mit den schüchternen Schülern lief: Nach einer Weile fanden sie Freunde oder schafften es, in kleinen Gruppen das Wort zu ergreifen. Lampenfieber war es auch nicht, denn ich hatte keinen Kloß im Hals und kein flaues Gefühl im Magen, wenn ich an die Tafel mußte – ich war ganz einfach von Entsetzen gepackt.

Frédéric litt in Wahrheit an einer schweren Form von Sozialphobie. Diese Störung ist gekennzeichnet von einer zwanghaften und intensiven Angst, unter den Blicken der anderen ein lächerliches oder unangemessenes Verhalten zu zeigen. Bei diesem Phobietyp, der erst kürzlich identifiziert wurde, wird jede soziale Situation als bedrohliche Evaluation wahrgenommen (wir denken, der Gesprächspartner forsche uns genau aus und bewerte uns; wir fürchten, er könne über uns spotten oder uns verbal angreifen). Das Schamgefühl beim Gedanken, man werde sich lächerlich machen oder wie ein Sonderling wirken, kompliziert das Bild zusätzlich.

Auch die Sozialphobie erfordert eine genau aufs Krankheitsbild abgestimmte Behandlung. Wissenschaftlichen Publikationen zufolge erzielt man die besten Resultate mit kognitiven und Verhaltenstherapien, die bei schweren Fällen von einer medikamentösen Behandlung begleitet werden.[28]

Posttraumatischer Streß: die ewige Wiederkehr der Angst

Sylvie (42) erzählt:

In meiner Studienzeit war ich einmal auf dem Rückweg von einem angenehmen Abend bei guten Bekannten. Mein Freund hatte keine Lust gehabt, mich dorthin zu begleiten, und so fuhr mich eine Freundin bis fast vor die Haustür. Da ich aber in einer Einbahnstraße wohnte, setzte sie mich an der Kreuzung ab, und ich lief die restlichen paar Meter zu Fuß. Als ich unter dem Vordach meines Miethauses stand und nach dem Schlüsselbund suchte, spürte ich plötzlich, wie mich jemand schubste und gegen die Mauer drückte. Ein Mann mit glasigen Augen hielt mir ein Teppichmesser an die Gurgel. Sein Gesicht kam bis auf wenige Zentimeter an meines heran, und ich spürte seinen Atem, seinen Körpergeruch, ich sah die kleinsten Einzelheiten auf seiner Gesichtshaut. Er entriß mir meine Tasche und begann, mir seine Hände auf die Brüste zu legen und zwischen die Beine zu schieben. Dann versuchte er, meine Sachen zu zerreißen. Ich war so starr vor Angst, daß ich kein Wort herausbrachte; es war mir ganz unmöglich, zu schreien oder um Hilfe zu rufen. Ich war in einem seltsam abgehobenen Zustand: Einerseits standen mir die kleinsten Details der Szene klar vor Augen, andererseits war ich jedoch unfähig zum Überlegen und Handeln. Ich spürte, daß ich in Gefahr war, daß er mich vielleicht umbringen würde, vergewaltigen, entstellen, aber die Angst war so stark, daß ich wie versteinert dastand. Ich weiß nicht, wie lange das Ganze dauerte. Plötzlich, nachdem er mir das Teppichmesser unter dem Kinn langgezogen hatte (das habe ich nicht einmal sofort mitbekommen), ist der Kerl mit meiner Handtasche losgerannt – ein Auto fuhr auf der Suche nach einem Parkplatz langsam in die

Straße ein. Ich brauchte mehrere Sekunden, ehe ich verstand, was mir widerfahren war; dann ging ich in meine Wohnung hoch, schloß mich ein und wusch mich wie eine Wilde (ich fühlte mich so besudelt, als hätte er mich vergewaltigt). Aber gleich darauf mußte ich meine Eltern anrufen – ich hatte Angst, er könnte wiederkommen.

Danach bekam ich lange Zeit Alpträume, in denen ich die Szene wieder und wieder durchlebte. Ich hatte auch, sobald die Nacht hereinbrach, Flash-backs *von dieser Attacke; die Bilder drängten sich in meinen Geist, egal wo ich gerade war. Am schlimmsten war aber, daß ich nach dieser Aggression abends überhaupt nicht mehr allein aus dem Haus gehen konnte; sobald ich unter dem Vordach stand, verspürte ich eine animalische Angst; kalter Schweiß brach aus, ich zitterte. Ich bin dann umgezogen, denn in meiner Wohnung, die ich eigentlich so gern mochte, hatte ich nun sogar Angst, wenn der Schlüssel zweimal herumgedreht war. Als ich eines Tages mit dem Bus fuhr, stieg ein Mann zu und stellte sich neben mich. Mein Herz begann zu hämmern, ich schwitzte und zitterte wie Espenlaub. Es dauerte ein paar Augenblicke, bis ich meine Reaktion verstand: Er hatte das gleiche schreckliche Parfüm wie mein Angreifer … Ich schämte mich, immer noch solche Ängste zu haben, aber ich schämte mich auch, mit meinen Freunden und Verwandten darüber zu sprechen. Ich habe leider mehrere Jahre gewartet, bis ich einen Psychiater konsultierte, der mir half, mich davon zu befreien.*

Sylvie litt an »posttraumatischem Streß« beziehungsweise einer »traumatischen Neurose«. Infolge eines Ereignisses, bei dem die betroffene Person den Tod oder eine schwere Verletzung befürchten muß, verspürt sie eine extrem intensive Angst. Diese Angst bleibt auch bestehen, wenn die gefährliche Situation längst vorüber ist. Zahlreiche solcher Fälle wurden bei Soldaten, Überlebenden von Naturkatastrophen, Geiseln, Opfern von Aggressionen, von Vergewaltigungen oder Unfällen beschrieben. Die traumatisierte Person kann keine Situationen mehr aushalten, die sie an ihren psychischen Schock erinnern. Es gibt aber auch andere Symptome: häufig wiederkehrende Alpträume, den Eindruck eines Wiederauflebens der Situation und Flash-backs. All dies bezeichnet man als »Wiederholungssyndrom«. In verschiedenen Momenten des Alltagslebens wird das Trauma wieder durchlebt. Ein berühmtes filmisches Beispiel dafür ist der Vorspann von Francis Ford Coppolas *Apocalypse Now*: eine beängstigende Vision des brennenden vietnamesischen Dschungels reißt einen amerikanischen Offizier aus dem Schlaf. Er war unter einem Ventilator eingeschlafen, der ein ähnliches Geräusch machte wie die Rotorblätter der amerikanischen Hubschrauber, die über dem Urwald unterwegs waren ... Diese richtiggehende Einschließung der Angst innerhalb der Persönlichkeit traumatisierter Menschen ist häufiger, als man früher annahm. Einst riet man geschockten Personen, sie sollten »das alles vergessen«; heute weiß man indessen, daß es besser für sie ist, wenn sie bald nach dem Erlebnis darüber sprechen, und zwar in einem angemessenen und Sicherheit spendenden Rahmen, etwa in einer Psychotherapie. Nicht jeder leidet nach einem traumatischen Ereignis an solchen Spätfolgen. Es sieht aber danach aus, als würden zum Beispiel jene Personen, die während des Traumas eine psychische Dissoziation erlebten (sich also »weggetreten« oder »außer sich« fühlten, wie es bei Sylvie der Fall war), eher an solchen Symptomen leiden.

Für die Behandlung einer posttraumatischen Störung braucht man Ärzte oder Psychologen, die sich mit dem Krankheitsbild genau auskennen. Die Therapien beruhen im Grunde darauf, daß die traumatische Szene kontrolliert wieder ins Bewußtsein gerufen wird. Das erfordert einige Erfahrung, denn bei diesem Vorgehen kann die Störung auch wieder aktiviert werden. Das Risiko, nach einem tragischen Ereignis posttraumatischen Streß auszubilden, hängt von verschiedenen Faktoren ab:

- Vorbereitung/fehlende Vorbereitung auf das Ereignis. Gut ausgebildete Militärs riskieren solche Störungen weniger als junge Rekruten; politische Aktivisten zeigen nach Folterungen weniger psychische Nachwirkungen als »unschuldige« Zufallsopfer.
- Möglichkeit/Unmöglichkeit zum Handeln. Bei einer Katastrophe ist das psychische Risiko für Rettungskräfte

oder Personen, die ganz in der Aktion aufgehen, geringer als für Opfer, die zur Passivität gezwungen sind.

- Objektive Stärke des Traumas. Nach Erdbeben wächst der Anteil von Personen mit posttraumatischem Streß mit ihrer Nähe zum Epizentrum, und bei Verkehrsunfällen steigt das Risiko einer solchen Störung mit der Schwere der Verletzungen.
- Früher erlittene andere Traumata können das Risiko erhöhen.[29]

Von einem, der auszog, das Fürchten zu lernen

»Macht uns Angst, Gallier!«

Im Comic *Asterix und die Normannen* gehen furchteinflößende Wikingerkrieger in Gallien an Land, weil sie etwas ihnen ganz Unbekanntes entdecken wollen – die Angst. Da sie gehört haben, daß diese Emotion »Flügel verleiht«, möchten sie sie endlich auch selbst einmal verspüren. Bisher konnten sie, statt zu fliegen, nämlich nur segeln, wenn auch ziemliche Strecken ... Es kommt dann zu lustigen Szenen, in denen die Kolosse aus dem Norden schmächtigen Galliern befehlen: »Mach mir Angst!« Obelix wird die Aufgabe übernehmen, ihnen dieses Gefühl zu verschaffen, welches in ihrer Kultur so selten ist.

Gibt es wirklich Individuen, die keine Angst kennen? Scheinbar geht es den sogenannten »Psychopathen« so. Die psychopathische Persönlichkeit ist dadurch gekennzeichnet, daß sie sich nur schwer an die sozialen Normen anpaßt, daß sie relativ gleichgültig anderen Leuten Schaden zufügt (beschränkter Sinn für Moral) und ihre eigene Sicherheit wie die der Mitmenschen geringschätzt. Solche Personen zeigen zum Beispiel nur sehr eingeschränkte körperliche Reaktionen, wenn man ihnen filmische Gewaltszenen vorspielt.[30] Im Verein mit anderen psychischen Merkmalen (etwa Drogenabhängigkeit) erklärt die Abwesenheit von Angst sicher auch die hohe Sterblichkeit bei dieser Personengruppe.

In den letzten Jahren hat man zahlreiche Studien über Leute angestellt, von denen es heißt, daß sie den »Nervenkitzel« suchen *(sensation seekers)*. Solche Individuen sind auf der Suche nach extremen Empfindungen, sei es, indem sie Risikosportarten praktizieren oder mit großen Autos oder Motorrädern durch die Straßen jagen. Einen Philiker könnte man als das Gegenteil des Phobikers definieren; er sucht geradezu die Nähe von Situationen oder Tieren, um welche die meisten Zeitgenossen lieber einen Bogen machen würden (Vogelspinnenzüchter, Schlangenliebhaber, Höhlenforscher oder Bungee-Jumper).

Um beim Alltäglichen zu bleiben: Wer von uns hat noch nie ein gewisses Vergnügen daran verspürt, in einem abenteuerlichen Jahrmarktskarussell seine Runden zu drehen? Wer ist noch nie in einen Horrorfilm gegangen? Diese Art Angst wird nämlich in den meisten Kulturen unter bestimmten Bedingungen sogar erstrebt. Feste wie Halloween zeugen vom Bedürfnis des Menschen, sich freiwillig einen Schauer über den Rücken jagen zu lassen, so als wollte er sich überzeugen, daß er dieses Gruseln meistern kann. Das Phänomen ist bei allen Altersstufen feststellbar: Schon Kleinkinder finden es toll, im Spiel anderen Angst einzujagen. Allzu realistisch darf es jedoch auch nicht sein, denn sonst verspüren sie plötzlich richtige Angst. Jean-Luc berichtet von einer solchen Situation:

Ich amüsierte mich damit, mit meiner Tochter Elodie Löwe zu spielen. Wir standen uns auf dem Wohnzimmerteppich auf vier Beinen gegenüber und brüllten wie zwei Löwen, die miteinander kämpfen wollen. Dann vergaß ich einen Moment, daß Elodie ja erst zwei Jahre alt ist, und steigerte mich in meine Rolle hinein: ich zog die Nase kraus, legte die Stirn in Falten, setzte einen furchterregenden Blick auf und stieß ein dröhnendes Gebrüll aus. Ich sah, wie sich ihre Miene von einem Augenblick zum nächsten veränderte; sie bat mich sofort, mit dem Spiel aufzuhören, damit sie sich in meine Arme kuscheln konnte. Ich hatte den Realismus ein bißchen zu weit getrieben … Meine Frau hatte die Szene mit angesehen und ver-

kündete gleich: »Wenn sie heute nacht Alpträume bekommt, dann stehst du *auf!«*

Wie soll man diese Hingezogenheit zu Angst und Gruseln, wie sie für unsere Epoche charakteristisch zu sein scheint, erklären? Vielleicht sind solche Experimente mit kontrollierter Angst wie kleine Nadelstiche zur Erinnerung und sollen bei der Gattung Mensch die Fähigkeit aufrechterhalten, Angst zu verspüren? Heutzutage haben wir zwar allerlei Beunruhigungen auszustehen, aber die großen Ängste, wie sie unsere Urahnen noch verspürt hatten, überkommen uns nur noch sehr selten.

Wie Sie mit Ihrer Angst besser umgehen

◆ Akzeptieren Sie Ihre Angst!

Cédric erzählt:

Lange Zeit wagte ich mir meine Angst nicht einzugestehen. Weil ich ein empfindsamer kleiner Junge gewesen war und die anderen mich manchmal als Hasenfuß bezeichnet hatten, hielt ich lieber den Mund. Wenn ich bei jemandem im Auto saß, der zu schnell fuhr, sagte ich kein Wort, selbst wenn mir schon ganz übel war. Schlimmer noch – fragte mich der Fahrer, ob ich auch keine Angst hätte, hörte ich mich antworten: »Nein, nein, alles in Ordnung …« Wenn ich einen Vortrag halten mußte, gestand ich meine Angst niemals ein. Bei einem Urlaub mit Freunden hatten wir eines Tages Gelegenheit zu einer Canyoning-Partie. Dabei waren mehrere Talschluchten zu durchqueren, durch die ein Wildbach mit eiskaltem Wasser rauschte. Die Sportler trugen eine wasserdichte Kombination und hoben mit ihren Kanus zu unzähligen Sprüngen ins Leere ab, ehe sie wieder in natürlichen Tiefwasserbecken landeten. Theoretisch ist natürlich kein Risiko dabei, aber angst macht es trotzdem. Wie üblich hatte ich mich nicht getraut, meinen Bammel zu gestehen, als die Idee zur Sprache gekommen war. Und als ich gefragt wurde: »Kommst du auch mit, Cédric?«, hatte ich wie immer geantwortet »Ja, klar«. Ich brauche wohl nicht extra zu betonen, daß ich in der Nacht schlecht schlief. Der Ausflug begann wie ein Alptraum, mit Steilhängen, die mich vor Angst schlottern ließen; natürlich versuchte ich den anderen zu versichern, es wäre alles nur die Kälte. Aber dann hat mich jemand aus unserer Gruppe errettet. Als wir ein besonders imposantes Teilstück erreichten, erklärte er unserem Tourenführer in aller Seelenruhe: »Nein, also das da, das ist zu gewaltig für mich, ich habe zuviel Angst, da runterzufahren. Ich würde gar keinen Spaß daran haben. Was schlagen Sie mir vor?« Und der Tourenführer, keineswegs verärgert, zeigte ihm einen kleinen Pfad, wo er zu Fuß hinabsteigen konnte. Ich folgte unverzüglich seinem Beispiel und hatte das Gefühl, daß viele aus der Gruppe uns voller Neid dabei zuschauten, wie wir ganz gemächlich an der Seite hinabstiefelten.

Wenn man Angst hat, sollte man zwei wichtige Ratschläge beachten: Man darf sich dieser Emotion nicht schämen, und man soll nicht versuchen, sie komplett zu unterdrücken.

Es ist keine Schande, Angst zu verspüren. Selbst Profis, die regelmäßig gefährlichen Situationen begegnen müssen, tolerieren diese Emotion ohne große Bedenken. So ist es etwa beim GIGN, einer Elitetruppe der französischen Gendarmerie, die unter anderem bei Geiselnahmen eingreift. Wenn ein Mitglied dieser Truppe zwischen zwei Einsätzen erklärt, »ihm sei nicht danach, weiterzumachen«, nimmt es ihm niemand übel, und er wird deswegen nicht »in Unehren entlassen«. Gewöhnliche Angst ist ein Alarmsignal, das auf eine Gefahr hinweist oder auf eine verletzliche Stelle an Ihnen. Hören Sie auf diese Emotion, ehe Sie Ihre Handlungen fortsetzen.

Im übrigen wissen wir, daß es unrealistisch ist, Angst total unterdrücken zu wollen; man sollte sie eher auf die Umstände abstimmen. Wenn man phobische Patienten behandelt, erklärt man ihnen vorher, daß das Ziel der Therapie nicht darin bestehe, ihre panischen Ängste völlig auszumerzen, sondern daß die Intensität der Ängste allmählich verringert werden soll, so daß wieder ein normales und selbständiges Leben möglich wird. Man muß dann lernen, trotz mäßigem Angstpegel zu handeln, wenn man erst einmal zur Einschätzung gekommen ist, daß keine übergroße Gefahr im Spiel war.

◆ Entwickeln Sie Ihre Kontrolle über die Angst!

Wie soll man es sich erklären, daß die meisten Leute mehr Angst vor Flugreisen haben als vor dem Autofahren? Das Flugzeug gilt immerhin als sichereres Transportmittel als das Auto, und bei Autounfällen kommen Jahr für Jahr mehr Menschen ums Leben als bei Flugzeugabstürzen. Im Auto ist unsere Angst jedoch geringer, weil wir das Gefühl haben, die Situation besser zu kontrollieren. Wir können selbst entscheiden, welche Fahrtroute wir wählen, wie schnell wir fahren, wo wir zwischendurch anhalten etc. Das Aufkommen von Angst ist in der Tat häufig mit dem Gefühl verknüpft, die Lage nicht im Griff zu haben.

Will man in angsterzeugenden Situationen das Gefühl der Kontrolle steigern, ist es gut, sich zu *informieren*. Wenn Sie Flugangst haben, sollten Sie sich von den Hostessen oder Piloten die Funktionsweise der Maschine erklären lassen und darum bitten, einen Blick in die Pilotenkanzel werfen zu dürfen. Wenn bestimmte Tiere Sie in Schrecken versetzen, sollten Sie sich über deren Lebensweise und Verhalten informieren. In den meisten Fällen werden Sie entdecken, daß Ihre Befürchtungen weitgehend unbegründet sind. Und wenn Sie schließlich glauben, daß man in einem steckengebliebenen Fahrstuhl ersticken kann, sollten Sie einmal einen befreundeten Arzt bitten, Ihnen etwas über den Sauerstoffbedarf des menschlichen Körpers zu erzählen.

Ein weiteres Mittel zur besseren Angstkontrolle: Erlernen Sie eine Entspannungstechnik, die Sie anwenden können, wenn später einmal die Angst herannaht.

Eine sehr wirksame Abhilfe gegen Angst ist schließlich, im Angesicht dieser Emotion eine *aktive Haltung* einzunehmen. Hören wir dazu Fabrice, der drei Jahre in Los Angeles studierte:

Während meines Aufenthalts in Kalifornien gab es mehrere Erdbeben, wie sie da unten recht häufig sind. Das erste Mal wachte ich mitten in der Nacht mit einem unbeschreiblichen Angstgefühl auf. Ich brauchte ein paar Sekunden, um zu begreifen, daß die Erde bebte. Ich sprang wie ein Verrückter aus meinem Bett und rannte auf den Fluren umher, bis mir andere Studenten aus dem Wohnheim sagten, ich solle ihnen auf die Rasenfläche zwischen den Gebäuden folgen. Dann erklärten sie mir, was man in so einem Fall alles tun mußte. Man läuft aus dem Haus und setzt sich auf den Rasen, falls die Erdstöße nicht allzu stark sind. Reicht die Zeit nicht, das Haus zu verlassen, stellt man sich in den Türrahmen, denn der bleibt am besten erhalten, wenn die Decke einstürzt. Sie haben mir auch ihren Trick verraten, mit dem man gleich bei den ersten Erschütterungen wach wird: Man errichtet eine Pyramide aus leeren Coca-Cola-Dosen, die gleich einstürzt, wenn es zu beben beginnt, so daß man rasch aus dem Haus kommt. All das hört sich vielleicht lachhaft an, aber mir half es, bei den nächsten Erdbeben keine Angst mehr zu verspüren. Ich hatte nicht mehr den Eindruck, ein wehrloses Opfer zu sein.

◆ Konfrontieren Sie sich mit der Angst!

Das beste Mittel, sich dauerhaft von einer Angst zu befreien, bleibt indessen die Konfrontation. Sie muß bestimmten Regeln genügen, die den Verhaltenstherapeuten wohlbekannt sind.[31]

Die vier wichtigsten wollen wir hier aufführen:

1) Die Konfrontation muß sich immer *unter Ihrer Kontrolle* vollziehen. Sie ist nur erstrebenswert, wenn Sie Ihre Angst wirklich überwinden wollen oder müssen. Zwecklos, jemanden zum Überwinden seiner Ängste zu zwingen, wenn er nicht selbst das Bedürfnis verspürt. Noch niemand ist von seiner Angst vor dem Ertrinken oder seiner Angst vor Hühnern kuriert worden, indem man ihn ins Wasser stieß oder in einen Hühnerstall sperrte.

2) Gehen Sie Ihre Ängste *nach und nach* an und beginnen Sie mit den weniger starken. Wenn Sie Angst vor Vögeln haben, sollten Sie sich zunächst Fotos von diesen Tieren anschauen, dann Videos; Sie sollten Tierhandlungen besuchen und schließlich Ihre Bio-Hähnchen auf dem Bauernhof selber aussuchen.

3) Achten Sie darauf, daß die Konfrontationen *von einiger Dauer* sind: Sie müssen so lange in der beängstigenden Si-

tuation ausharren, bis sich Ihre Angst um die Hälfte reduziert hat. Das nachstehende Diagramm zeigt Ihnen, wie sich Ihre Angst allmählich verringern wird, nachdem sie zunächst schnell ansteigt und sich dann stabilisiert.

4) Konfrontieren Sie sich *regelmäßig* mit den gefürchteten Situationen. Berücksichtigt man, daß die meisten Ängste schon ein ziemlich langes Lebensalter haben, wird man verstehen, daß eine einzige Konfrontation selten ausreichend ist. Außerdem sind Sie für bestimmte Ängste vielleicht auf dieselbe Weise empfänglich, wie manche Leute zu Körperfülle neigen: So wie diese Menschen zu einer angemessenen Lebensweise finden müssen (ein bißchen Diät und Gymnastik), müssen Sie Ihre Fähigkeit zur Konfrontation regelmäßig instandhalten. Gerade das ist es vielleicht, was die Liebhaber besonderer Nervenkitzel unbewußt versuchen: Psychoanalytiker würden sagen, daß diese Leute »kontraphobische« Haltungen annehmen.

Angstpegel während einer längeren Expositionssitzung

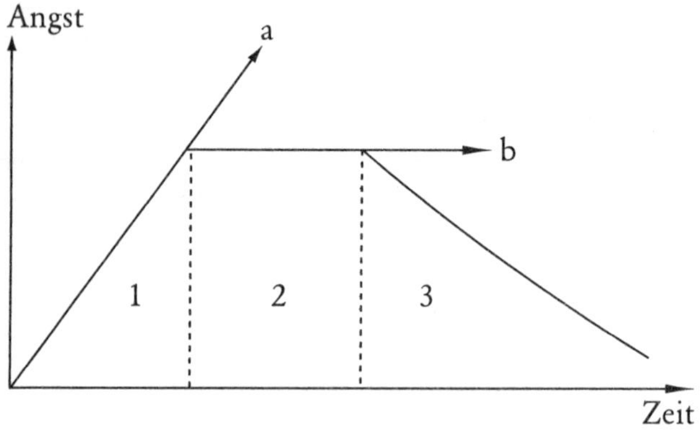

Phase 1: Anstieg der Angst
Phase 2: Stabilisierung der Angst
Phase 3: Rückgang der Angst

(a) geistige Vorwegnahme eines grenzenlosen Anwachsens der Angst (Katastrophenszenario); (b) geistige Vorwegnahme eines endlosen Verharrens der Angst auf Maximalniveau

Hier ist die Geschichte von Claire, einer Freundin von uns, die an exzessiver Angst vor dem Leeren und vor hochliegenden Orten litt: Sie mochte nicht auf Trittleitern steigen, sich Balkonbrüstungen oder Fensterbrettern nähern oder auf steilen Gebirgsstraßen fahren. Ohne das Stadium einer Phobie zu erreichen (Claire konnte solchen Situationen immerhin begegnen), war ihre Angst dennoch hinderlich: Claire fühlte sich sehr angespannt, wenn sie sich in so einer Lage befand. Nun hatte sie gerade einen Freund gefunden, der später einmal ihr Ehemann werden sollte. Alles lief wunderbar bis auf eine Kleinigkeit, aber was für eine! Er war ein begeisterter Wanderer und Bergsteiger und hatte Claire gerade vorgeschlagen, nächsten Sommer eine »leichte« Bergtour von zwei Wochen Dauer zu unternehmen. So kam es, daß unsere Freundin um eine Sprechstunde bat. Wir schlugen ihr ein etappenweises Programm zur fortschreitenden Konfrontation vor. Zuerst sollte sie alle Tage auf die oberste Plattform einer kleinen Trittleiter steigen und sich allmählich daran gewöhnen, dort oben aufrecht zu stehen; sie sollte nach unten schauen und sich nicht mehr festhalten … Dann sollte sie regelmäßig, und zwar immer für wenigstens fünf oder zehn Minuten, über die Brüstung ihres Balkons blicken (auf den sie vorher niemals den Fuß gesetzt hatte). Gleichzeitig sollte sie dazu übergehen, Brücken nahe beim Geländer zu überqueren, regelmäßig zu den obersten Stockwerken der Hochhäuser und zu Turmspitzen hochzuschauen (das hatte sie stets vermieden, weil sie dabei Schwindelgefühle überkamen) etc. Nach ein paar Wochen fühlte sich unsere Freundin bereit zur Abfahrt ins Gebirge … Die zweiwöchige Wanderung war dann idyllisch, vor allem, weil sie auf unsere Empfehlung hin den Freund informiert hatte, daß sie zu Schwindelanfällen neigte. Das und seine große Verliebtheit hatten ihn darauf achten lassen, Claire nicht zu überfordern.

GEHEN SIE MIT BRUCE WILLIS IHRE GESPENSTERFURCHT AN!

In *The Sixth Sense* (1999) spielt Bruce Willis einen Kinderpsychologen, der einen kleinen Jungen behandeln soll, welcher an schreckenerregenden Visionen leidet: Wo immer er hingeht, überall erscheinen ihm die Personen, die an diesem Ort eines gewaltsamen Todes gestorben sind ... Das verstört ihn natürlich sehr, vor allem, weil er sein Geheimnis niemandem anzuvertrauen wagt. Der gute Doktor kann das Gespräch mit ihm anbahnen und gibt ihm einen entscheidenden Rat. Während einer schönen Szene in einem Kirchenschiff überzeugt er das Kind, vor den Erscheinungen nicht mehr zu fliehen, sondern ihnen ins Gesicht zu blicken ... Wenig später wird der Junge von einer neuen schrecklichen Vision (einem vergifteten Mädchen) aus dem Schlaf gerissen. Er ergreift zunächst die Flucht, überlegt es sich aber anders, denkt an die Ratschläge des Psychotherapeuten, nähert sich der Erscheinung und spricht mit ihr. Von diesem Moment an nimmt der Film eine andere Wendung: Der Junge befreit sich allmählich von seinen furchteinflößenden Visionen, aber nun beginnen die Scherereien für Bruce Willis, bis es zu einer verstörenden Schlußszene kommt. Aber das ist eine andere Geschichte ...

Die »therapeutische« Botschaft des Films (den man freilich nicht darauf reduzieren kann) liegt auf der Hand: Wer vor seinen Ängsten flieht, bringt sie damit nicht zum Verschwinden, im Gegenteil! Ihnen trotz aller Schwierigkeiten die Stirn zu bieten, ist die einzige Chance, sie zu zähmen.

◆ Schauen Sie der Angst ins Gesicht!

Du solltest täglich über deinen unvermeidlichen Tod meditieren. Jeden Tag, wenn dein Leib und deine Seele in Einklang sind, solltest du dir vorstellen, wie du von Pfeilen, Gewehrkugeln, Lanzen und Schwertern durchbohrt und in Stücke gerissen wirst; wie dich Meereswogen zerschmettern und ein riesiges Feuer dich verzehrt; wie ein Blitz dich trifft und du vom Erdbeben zermalmt wirst; wie du von einer 1000 Fuß hohen Klippe stürzt, wie du an einer Krankheit stirbst oder beim Tod deines Meisters Seppuku begehst. Und jeden Tag solltest du dir vorstellen, du wärst bereits tot. Ein Sprichwort unserer Ahnen lautet: »Mache einen Schritt aus der Haustür, und du bist ein toter Mann.«[32]

Können diese für japanische Samurai bestimmten Ratschläge auch Ihnen nützen, wenn Sie an übermäßigen Ängsten leiden? Verschiedene Studien wollen beweisen, daß man meist dazu neigt, alle beunruhigenden Gedanken aus dem Kopf zu verdrängen. Wundert Sie das nicht, wo Sie doch immer das Gefühl hatten, von der Angst auf Schritt und Tritt verfolgt zu werden? Denken Sie aber einmal genauer nach: Haben Sie Ihre Befürchtungen wirklich schon einmal bis zur letzten Konsequenz durchgespielt? Haben Sie Ihr »Katastrophenszenario« bis zur letzten Szene abgespult? Hier der Bericht von Anne, die wegen einer Taubenphobie in Therapie ist:

Ich habe schon immer höllische Angst vor Tauben gehabt. Das erreichte wirklich das Stadium einer Phobie: Ich bekam Panikanfälle, und es war mir unmöglich, es neben diesen Tieren auszuhalten. Nach einem Umzug mußte ich zum Psychologen gehen: Unser neues Viertel war buchstäblich verseucht von diesen schrecklichen Biestern. Der Therapeut brachte mir verschiedene Techniken bei, mit deren Hilfe ich meine Ängste überwinden konnte. Vor allem konfrontierte er mich etappenweise an Ort und Stelle mit den Tauben. Aber er lehrte mich auch, bis an den Rand meiner Ängste zu gehen. Ich wußte, daß ich vor einer Taube immer die Augen schloß und den Blick abwandte, ehe ich die Flucht ergriff. Der Therapeut zeigte mir, daß ich es im Kopf ebenso machte: Wenn ich an diese Unglücksvögel dachte, stieg ein aus Angst und Ekel gemischtes Unbehagen in mir auf und trieb mich dazu, diese Bilder und Gedanken zu verjagen. Der Therapeut erklärte mir aber, daß ich damit meine Angst am Leben erhielt. Als er mich fragte: »Ihre Reaktionen verstehe ich gut, aber wovor haben Sie eigentlich genau Angst?«, brachte mich das erst einmal aus der Fassung. Ich brauchte eine Weile, bis ich ihm antwortete, ich würde fürchten, die Tauben flögen mir entgegen und berührten mich. Er stellte mir dann immer präzisere Fragen danach, was in solch einem Fall wohl geschehen würde. Darüber hatte ich noch nie wirklich nachgedacht. Nun entdeckte ich, daß ich die unbestimmte Furcht hegte, sie könnten mir ein Auge aushacken oder ansteckende Krankheiten übertragen (es ist so widerlich, wie sie über den dreckigen Boden trippeln) ... Aber als ich davon sprach, merkte ich, daß diese Vorstellungen kaum realistisch waren; der Therapeut empfahl mir übrigens auch, mit einem befreundeten Tierarzt über diese Ängste zu reden, um sicherzugehen, ob nicht wirklich eine Gefahr bestand. Zum ersten Mal ermunterte mich jemand, über meine Ängste nachzudenken, statt mich dazu zu drängen, sie nicht wichtig zu nehmen. All das hat den Fortgang der Therapie und schließlich meine Heilung wesentlich erleichtert: Ich mag Tauben noch immer nicht, habe aber keine Angst mehr vor ihnen. Und vor allem habe ich gelernt, viele andere Ängste und Befürchtungen zu meistern; ich fühle mich heute einfach stärker.

Unter psychoanalytischem Blickwinkel könnte man natürlich sagen, daß diese Taubenphobie nur das Symptom eines unbewußten Konflikts ist und daß jemand, der dieses eine Symptom isoliert behandelt, ohne seine wahre Ursache zu suchen, wie ein Klempner vorgeht, der das Leck eines unter Überdruck stehenden Warmwasserrohres abdichtet – irgendwo wird sich bald ein neues »Leck« in Form einer Verlagerung des Symptoms bilden. Diese Hypothese oder vielmehr thermodynamische Metapher konnte wissenschaftlich jedoch nie bestätigt werden, selbst wenn man Phobiker, die eine Verhaltenstherapie absolviert hatten, noch jahrelang begleitete[33]: Solche Patienten entwickelten keine »Ersatzsymptome«. Das stellt die Berechtigung der psychoanalytischen Methode zur Behandlung bestimmter psychischer Probleme nicht in Frage, sondern erinnert einfach daran, daß kürzere Therapien bei vielen Phobien eine angemessenere Indikation sind.

Damit Sie Ähnlichkeiten wie Unterschiede beider Methoden besser verstehen können, soll die folgende Tabelle zusammenfassen, welche Positionen Psychoanalytiker und Verhaltenspsychologen zum Thema Angststörungen einnehmen.

	Psycho-analytiker	*Verhaltens-psychologen*
Die Angststörungen sind in der Vergangenheit aufgrund von Erfahrungen erlernt worden.	Ja	Ja
Es gibt biologische Veranlagungen für Angststörungen.	Ja	Ja
Das aktuelle Umfeld des Patienten kann seine Störung verschlimmern oder auch zur Heilung beitragen.	Ja	Ja
Die Störung ist der Ausdruck eines unbewußten Konflikts, der häufig sexueller Natur ist.	Ja	Nein
Das wichtigste Ziel der Therapie liegt darin, diesen Konflikt aufzulösen; die Heilung wird sich daraus ableiten.	Ja	Nein
Das wichtigste Ziel der Therapie liegt darin, die Störung zum Verschwinden zu bringen.	Nein	Ja
Die therapeutische Wirkung stellt sich über die regelmäßige und fortschreitende Konfrontation des Patienten mit den angstmachenden Situationen oder Gedanken ein.	Kann hilfreich sein, ist aber nicht wesentlich	Ja, sehr wichtig
Die therapeutische Wirkung stellt sich über den »Transfer« zwischen dem Patienten und dem Therapeuten ein.	Ja, sehr wichtig	Kann hilfreich sein, ist aber nicht wesentlich
Die Effizienz der Therapie wird allein vom Patienten und seinem Psychoanalytiker beurteilt; man kann die Wirksamkeit von Psychotherapien nicht wissenschaftlich messen.	Ja	Nein

	Psycho-analytiker	*Verhaltens-psychologen*
Die Effizienz verschiedener Psychotherapien läßt sich messen, indem man (ganz wie in anderen medizinischen Bereichen) ihre Resultate bei einer großen Zahl von Patienten vergleicht, die an derselben Störung leiden.	Nein	Ja

Ein Vergleich der psychoanalytischen und der verhaltenspsychologischen Herangehensweise an Angststörungen

Was Sie tun sollten	*Was Sie lassen sollten*
Akzeptieren Sie Ihre Angst.	Schämen Sie sich nicht, Angst zu verspüren; leugnen Sie es nicht.
Entwickeln Sie die Kontrolle über Ihre Angst (durch Information, Entspannungstechniken, eine aktive Haltung etc.).	Glauben Sie nicht, gegen Angst könne man sowieso nichts tun.
Lernen Sie, einen gewissen Angstpegel zu tolerieren.	Setzen Sie sich nicht zum Ziel, künftig keinerlei Angst mehr zu verspüren.
Verringern Sie Ihre Angst, indem Sie sich mit ihr auf wirksame Weise konfrontieren (mit steigendem Schwierigkeitsgrad, ausreichend lange, regelmäßig etc.).	Systematische Flucht oder ständiges Vermeiden verschlimmern die Angst oder erhalten sie aufrecht.
Schauen Sie Ihrer Angst ins Gesicht: Wie sehen die wahren Risiken aus?	Verdrängen Sie Ihre Ängste nicht ständig aus den Gedanken, nur weil es unangenehm ist, über sie nachzudenken.

Mit Angst besser umgehen

Kapitel 9

… und die Liebe?

Es ist nur ein Gelüst des Bluts, eine Nachgiebigkeit des Willens.

Shakespeare, Othello

Das Thema dieses Kapitels ist von solchen Ausmaßen, daß selbst der ambitionierteste Autor das Handtuch werfen müßte. Sogar Freud war so vorsichtig, seine Schrift über die Liebe *Beiträge zur Psychologie des Liebeslebens* zu nennen. Durch diesen Titel stellte er klar, daß er das Thema nicht erschöpfend behandeln könne.[1]

Angesichts solcher Schwierigkeiten dachten wir zunächst, wir könnten uns mit einem eleganten Trick aus der Affäre ziehen: was bleibt uns über die Liebe eigentlich noch zu sagen, wo wir doch schon ihre wichtigen Bestandteile behandelt haben – Eifersucht, Zorn, Angst und Traurigkeit? Aber man wird uns entgegnen, daß Liebe auch Freuden mit sich bringt, und vielleicht sogar die denkbar größten, und daß man einem solchen Gefühl eben nicht gerecht wird, indem man einfach ein paar Basisemotionen zusammenrechnet.

Wir müssen also auch über die Liebe sprechen. Aber ist sie eine Emotion? Man ist versucht, das zu bejahen und sogar zu glauben, sie sei eine der heftigsten Emotionen überhaupt. Aber die Forscher werden uns antworten, daß man in diesem Falle auch einen typischen Gesichtsausdruck für Liebe finden müßte.

Das Gesicht der Liebe

> Ich sah ihn, ich errötete, verblaßte
> Bei seinem Anblick, meinen Geist ergriff
> Unendliche Verwirrung, finster ward's
> Vor meinen Augen, mir versagte die Stimme,
> Ich fühlte mich durchschauert und durchflammt.
>
> *Jean Racine*, Phädra

In *Casino* (1995) ist Robert De Niro der Chef eines großen Spielcasinos in Las Vegas. Als er den Spielsaal auf dem Kontrollbildschirm beobachtet, erblickt er zum ersten Mal Sharon Stone, wie sie, strahlend schön, gerade einen Kunden am Roulettetisch ausnimmt. Robert De Niros Blick wird starr, seine Gesichtszüge verkrampfen sich wie in einem plötzlichen Schmerz, zugleich beobachtet er weiter die schöne Unbekannte. Wir wissen, daß er sich gerade in Sharon Stone verliebt hat, denn genau das muß mit zwei Filmstars natürlich passieren. Würden wir allerdings nur Roberts Gesicht sehen, könnten wir auch denken, daß er heftige Schmerzen verspürt oder plötzlich merkt, daß er seinen Steuervorabschlag nicht rechtzeitig überwiesen hat.

Die Forscher haben noch keinen charakteristischen Gesichtsausdruck für Liebe gefunden, zumindest nicht für die leidenschaftliche, sinnliche Liebe. Bittet Sie jemand, eine zornige oder ängstliche Miene aufzusetzen, werden Sie das mühelos schaffen, aber versuchen Sie einmal, Verliebtheit zu mimen! Wenn man im Rahmen eines Experiments Psychologiestudenten eine solche Aufgabe stellt, finden die Kommilitonen das Resultat im allgemeinen lächerlich. Das beweist aber nicht, daß es keinen charakteristischen Gesichtsausdruck gäbe, sondern nur, daß es schwierig ist, ihn absichtlich herbeizuführen.

Darwin weist darauf hin, daß der Gesichtsausdruck für Liebe Ähnlichkeit mit religiöser Devotion habe. Er beschreibt die typische Körperhaltung: demütiges Niederknien, gefaltete Hände, ekstatisch zum Himmel gerichtete Augen – eine Haltung, die tatsächlich sowohl ein Heiliger im Gebet als auch ein schmachtender Romantiker zu Füßen seiner Holden annehmen könnte.[2] Aber wir bezweifeln, daß dieser Ausdruck von Liebe universell ist und heutzutage noch häufig praktiziert wird. (Vielleicht könnte man die Mode ja wieder einführen?)

Es ist hingegen gelungen, einen Gesichtsausdruck der Zärtlichkeit gegenüber Kindern zu identifizieren, der offenbar weltweit verbreitet ist: Zärtliches Lächeln, Entspannung der übrigen Muskeln, der Blick wird auf das Kind gerichtet, und manchmal neigt sich der Kopf zur Seite.[3] Stehen wir einem Erwachsenen gegenüber, den wir begehren, wird unsere Mimik allerdings weniger ausdrucksvoll. (Manche gehen so weit, von den »Glubschaugen« des verzückten Liebhabers zu sprechen. Vielleicht muß man in dieser Richtung suchen ...)

Andere Wissenschaftler versuchen herauszufinden, welche Besonderheiten es in der Stimme gibt, wenn Begehren oder Zärtlichkeit ausgedrückt werden. Ihrer Meinung nach gibt es im Klang der Stimme Ähnlichkeiten, wenn jemand zärtlich mit dem geliebten Partner oder aber mit einem Kind spricht.[4] Viele Verliebte haben schon die Erfahrung gemacht, daß man sich mit einem erwachsenen Partner in »Babysprache« unterhält.

Dennoch glauben wir manchmal, wir könnten vorhersagen, ob sich jemand verliebt hat, wenn wir einfach nur seinen Blick beobachten, die Art und Weise, wie er zum andern hinschaut. So beschreibt es auch Tolstoi in *Anna Karenina*. Lewin, ein empfindsamer junger Mann, verzehrt sich in Liebe nach Kitty, einer jungen Dame aus guten Kreisen, mit der er sich gern verloben möchte. Aber eines Tages erhascht er auf einem Empfang Kittys Blick, als sie gerade den Offizier Wronski entdeckt hat: »Beim Anblick dieser vor instinktiver Freude glänzenden Augen begriff Lewin alles, und zwar so klar, als hätte sie ihm gestanden, daß sie diesen Mann liebte.«

Später, auf einem Ball, wird das gleiche Ungemach Kitty treffen, wenn sie mit ansieht, wie sich der verführerische Wronski und die schöne Anna Karenina begegnen: »Immer wenn Wronski das Wort an sie richtete, blitzte es in Annas Augen auf, ihr Mund öffnete sich ein wenig in einem Lächeln, und so sehr sie auch wünschte, ihre ausgelassene

Freude zu verbergen, verriet sich diese doch durch klare Zeichen. ›Und er?‹ dachte Kitty. Sie blickte ihn an und war entsetzt, denn von Wronskis Gesicht strahlte wie aus einem Spiegel die freudige Erregung zurück, die er eben in Annas Zügen gesehen hatte.«

Diese Zeilen erinnern an Caroll Izards Hypothesen über die Liebe.[5] Danach soll Liebe eine Mischung aus zwei Basisemotionen sein, nämlich aus Stimulation/Interesse und aus Freude. Das ruft uns gleichzeitig Spinozas Definition ins Gedächtnis: »Liebe ist Freude, die mit der Vorstellung einer äußeren Ursache einhergeht.« Wenn Kitty bei beiden Protagonisten Liebe ausmacht, kann das allerdings eher am *Zusammenspiel* ihrer Blicke und ihrer Mimik liegen und nicht so sehr am isolierten Gesichtsausdruck entweder Wronskis oder Annas. Vielleicht sind gewisse Abfolgen von Blicken, die man sich gegenseitig zuwirft, für Liebe charakteristischer als ein einzelner Gesichtsausdruck.

Diese Schwierigkeit, einen typischen Gesichtsausdruck für Liebe zu finden, und auch die sehr unterschiedliche Verweildauer dieses Ausdrucks haben dazu geführt, daß man Liebe nicht zu den Basisemotionen zählt. Aber wenn man ihr diesen Titel verweigert, dann nicht, um ihre Bedeutung zu bestreiten. Man möchte nur unterstreichen, daß sie im Vergleich zu den guten alten Primäremotionen wie Zorn, Traurigkeit, Freude und Angst eine sehr komplexe Angelegenheit ist. Liebe ist keine Emotion, sondern eher eine vielschichtige Mischung von Emotionen, die mit besonderen Gedanken verbunden ist, sowie ein Bestreben, sich dem geliebten Wesen anzunähern.

Um sie zu definieren, spricht Izard von einer »affektiv-kognitiven Orientierung«, was sicher zutreffend, aber auch ein bißchen spröde ist. Liebe wird von Gedanken begleitet, die den anderen tendenziell überhöhen und ihm alle nur möglichen Reize zuschreiben. Stendhal hat diese Verkettung von Gedanken und Emotionen unter dem Namen *Kristallisierung* treffend beschrieben: »Es ist eine Operation des Geistes, der aus allem, was sich ihm bietet, die Entdeckung ableitet, daß der Gegenstand der Liebe immer neue Vorzüge hat.«

Das umgekehrte Phänomen kann man beobachten, wenn die Liebe vergeht. Als Anna gerade dabei ist, sich in Wronski zu verlieben, geht sie eines Tages ihrem edlen und gravitätischen Ehemann, dem Rat Karenin, entgegen und bemerkt zum ersten Mal mit einem gewissen Mißfallen, daß seine Ohren schrecklich zugespitzt sind!

Aber gibt es nicht verschiedene Arten von Liebe? Was hat die Liebe einer Mutter zu ihrem Kind gemeinsam mit der Liebe zweier Flitterwöchler oder der Liebe, wie sie manche Achtzigjährige noch füreinander empfinden?

Beginnen wir mit unserer frühesten Liebeserfahrung, die vielleicht alle folgenden prägt.

Das Bindungsverhalten

Beobachten wir einmal ein wenige Monate altes Baby in Gegenwart seiner Mutter: Es lächelt sie an, plappert und gestikuliert in ihre Richtung. Wenn alles gut geht, wird die Mutter auf diese Signale reagieren, indem sie in »Babysprache« zu ihrem Kleinen redet, ihm zulächelt und es in die Arme nimmt. Stellen wir uns jetzt vor, die Mutter verließe das Zimmer. Das Baby würde anfangen zu schreien, es würde ständig weinen, seinen Blick auf der Suche nach der Mutter durch den Raum schweifen lassen und vielleicht gar in die Richtung krabbeln, in die sie verschwunden ist. Versucht eine andere Person, das Kind zu trösten, wird es oftmals nur noch lauter schreien (Protest). Dauert die Trennung länger, etwa wenn das Baby ein paar Tage im Krankenhaus verbringen muß, wird es sich allmählich beruhigen, aber gleichzeitig niedergeschlagen und schweigsam werden; es wird den umstehenden Leuten mit Gleichgültigkeit begegnen und weder Spielzeug noch Nahrung annehmen wollen (Verzweiflung). Wenn es von aufmerksamem Personal umgeben ist, wird es unmerklich wieder an Lebendigkeit gewinnen, und kehrt dann die Mutter zurück, kann es erstaunliche Verhaltensweisen zeigen. Es ist möglich, daß es völlig gleichgültig reagiert, wenn die Mutter es anspricht, es kann aber auch zornig werden und nach der Mutter schlagen oder eine Mischung aus Zuneigungssignalen und überraschender Aggressivität zeigen. Die Mutter wird sich dann vielleicht bei den Ärzten beklagen, weil sie ein »ganz anderes« Baby vorgefunden hat, eins, das auf ihre Signale weniger reagiert als früher (Auflösung der Bindung).

Diese ganz simple Beobachtung, die heutzutage allen Psychologie-Studenten bekannt ist, wurde den Kinderärzten dennoch erst zu Beginn der fünfziger Jahre bewußtgemacht. John Bowlby, Kinderarzt und Sohn eines Lords, und James Robertson, Sozialfürsorger und Sohn eines schottischen Arbeiters, stellten der Königlichen Gesellschaft für Medizin damals einen Film vor, den Robertson gedreht hatte. Der Film hieß *Ein Mädchen von zwei Jahren kommt ins Krankenhaus* und zeigte, wie die reizende kleine Laura die Phasen des Protests, der Verzweiflung und, als sie schließlich ihre Eltern wiedersah, die Ablösungsphase durchlief.

Der Film löste bei Kinderärzten und Krankenschwestern Empörung aus. Sie fühlten sich beschuldigt, die Kinder schlecht zu behandeln. Man muß dazu ergänzen, daß das Besuchsrecht damals stark eingeschränkt war, denn man glaubte, häufige Besuche der Eltern würden eine gute Behandlung erschweren.[6]

Diese Begebenheit ist nur eine von Dutzenden in der Entdeckungsgeschichte des Bindungsverhaltens *(attachment)*, eines fundamentalen Mechanismus unserer gefühlsmäßigen Entwicklung. Sein Name bleibt für immer mit John Bowlby verbunden, dem auf diesem Gebiet die grundlegenden Entdeckungen gelangen.[7]

AUF DEM WEG ZU EINER THEORIE DES BINDUNGSVERHALTENS[8]

1936. John Bowlby, Kinderarzt und Psychoanalytiker, arbeitet in einer Betreuungsstelle für straffällig gewordene Kinder. Dort stellt er fest, daß sich diese Kinder an niemanden binden wollen, und glaubt, daß dieses Merkmal aus ihrer frühen Kindheit herrührt, die sie in Erziehungsanstalten verbrachten.
1940. Während der Bombenangriffe auf London wendet sich Bowlby gegen die Verschickung Londoner Babys aufs Land, wo sie fern von ihren Müttern leben.

1947. René Spitz, ein in die USA emigrierter Psychoanalytiker, filmt in einer Erziehungsanstalt des Bundesstaates New York den dramatischen Zustand von Kindern, die man von ihren (Haftstrafen verbüßenden) Müttern getrennt hat. Die Kinder waren niedergeschlagen, teilnahmslos und manchmal in erschreckendem Maße abgemagert. Der Begriff *Hospitalismus* beschreibt seither die körperlichen und psychischen Störungen von kleinen Kindern, die im Krankenhaus von ihren Eltern getrennt sind.
1954 bis 1956. Mary Ainsworth, eine Schülerin von Bowlby, folgt ihrem Ehemann nach Uganda und nutzt ihren Afrikaaufenthalt, um zu beobachten, wie sich die Babys in Kampala entwickeln und welche Interaktionen sie mit ihren Eltern haben. Später wiederholt sie ihre Untersuchung mit Babys aus Baltimore. Sie entwickelt ein grundlegendes Verfahren, mit dem man das Bindungsverhalten testen kann – die *Fremde Situation.* Zunächst ist das Baby nur mit seiner Mutter und mit Spielzeug im Zimmer, dann kommt ein Unbekannter hinzu. Die Mutter verläßt den Raum – sie kommt zurück – der Unbekannte geht hinaus – die Mutter geht hinaus und läßt das Baby mit den Spielsachen allein; schließlich kommt die Mutter zurück, und das ist das *happy end* (freilich ist es nicht immer *happy*, denn manche Babys schlagen ihre Mutter).
1958. Harry Harlow, ein Wissenschaftler der Universität Wisconsin, untersucht Trennungserfahrungen bei jungen Rhesusaffen. Die ohne Mutter aufgezogenen Affenkinder sind entwicklungsgestört, und Harlow beobachtet eine ähnliche Verzweiflung und einen ähnlichen Kräfteverfall wie Spitz bei seinen aufgegebenen Kindern. Bietet man ihnen als Mutterersatz zwei Attrappen an (eine »Mutter« aus Eisendraht, an der ein Nuckel angebracht ist, sowie eine »Mutter« ohne Nuckel, die aber mit Plüsch umhüllt ist), so entwickeln die Rhesusäffchen eine intensive Bindung an die Plüschmutter, und es geht ihnen wieder besser.
1970 bis 1990. Die in Minnesota von Sroufe und seinem Team durchgeführten Studien weisen nach, daß sich in den sozialen Verhaltensweisen zehnjähriger Kinder der Bindungsstil fortsetzt, den sie schon als Baby gezeigt hatten.
1985. Cyndy Hazman und Philip Shaver zeigen in den Intimbeziehungen erwachsener Menschen drei Bindungsstile auf (Sicherheit, Ängstlichkeit, Ambivalenz), die jenen ähneln, welche Mary Ainsworth bei Babys beobachtet hatte.

Um fünfzig Jahre Forschung zu resümieren: Das *attachment* ist ein angeborener Mechanismus, der das Baby an seine Mutter bindet. Er äußert sich im Austausch von Blicken, Mimik und zärtlichen Berührungen. Die Qualität dieser Bindung hat grundlegenden Einfluß auf die Entwicklung des Babys und später auch des Erwachsenen.

Besonders stark wirkt sie auf die Fähigkeit des Babys, seine Umgebung zu erkunden, und auf die Art der Beziehungen, die es mit anderen Kindern aufbaut. Hier sind die von Forschern oft beschriebenen drei großen Bindungs-Stile, wie man sie bei einem etwa einjährigen Baby beobachten kann[9]:

Sichere Bindung

Es macht dem Baby Spaß, eine neue Umgebung zu erkunden. Gleichzeitig versichert es sich der Nähe seiner Mutter, sobald etwas Beunruhigendes auftritt. Es nutzt die Mutter als »sichere Ausgangsbasis«. Es gehorcht seiner Mutter recht gut, sucht aktiv den Kontakt zu ihr und möchte in die Arme genommen werden, akzeptiert es aber auch, hingelegt zu werden.

In der *Fremden Situation* weint es zwar, wenn seine Mutter verschwindet; es ist aber auch schnell zu trösten, wenn sie zurückkommt.

Unsicher-vermeidende Bindung

Das Baby sucht nicht aktiv den Kontakt zur Mutter, sondern gerät manchmal auf unvorhersehbare Weise in Zorn gegen sie. Es scheint kein Interesse daran zu haben, von ihr in die Arme genommen zu werden, aber sobald man es wieder hinlegt, heult es los. In der *Fremden Situation* reagiert es kurzzeitig auf das Verschwinden der Mutter, konzentriert sich dann auf seine Spielsachen und scheint das Zurückkommen der Mutter ziemlich gleichgültig zur Kenntnis zu nehmen (allerdings nicht ohne ihr einen unerwarteten Fußtritt zu versetzen ...).

Das Baby »klebt« an seiner Mutter, erkundet nicht gern eine unbekannte Umgebung, erträgt die kleinste Trennung nur schwer, gerät häufig in Wut und schreit viel. In der *Fremden Situation* läßt es sich nicht beruhigen, wenn die Mutter verschwunden ist. Kehrt sie zurück, sucht das Kind eilends ihre Nähe, zeigt dabei aber auch Zorn gegen sie.

Natürlich ist es verlockend, die Verhaltensweisen des Babys zu denen seiner Mutter in Beziehung zu setzen, und es gibt auch unzählige Untersuchungen zu dieser Frage. Die ideale Mutter soll mit dem sicheren Bindungsverhalten verbunden sein: Warmherzig, aufmerksam und verständnisvoll, weiß sie sich an die Reaktionen ihres Kindes anzupassen und reagiert schnell auf sein Geschrei. Beim vermeidenden Bindungsverhalten soll man auf Mütter treffen, die eine unbestimmt zurückweisende Art haben, für ihr Kind nicht verfügbar sind, den Wünschen des Babys nur ungern nachkommen und es lieber sähen, wenn es allein zurechtkäme. Was nun die Mutter betrifft, die dem ambivalenten Bindungsverhalten zugeordnet ist, so soll sie häufig sehr aufmerksam und ängstlich sein, aber schlecht auf die Erwartungen des Babys eingestellt, da sie seine Reaktionen nicht richtig interpretiert.[10]

Dennoch sind solche Forschungsergebnisse mit einer gewissen Vorsicht zu genießen, denn:

- Der Bindungsstil kann sich im Laufe der Kindheit verändern und sogar in ein und derselben Mutter-Kind-Beziehung die Kategorie wechseln.
- Die Beziehungen zwischen dem Stil der Mutter und dem des Kindes sind noch nicht besonders klar herausgearbeitet.
- Die Beziehungsprobleme zwischen Mutter und Kind können auch von unterschiedlichen Temperamenten herrühren, die sich schlecht aufeinander abstimmen lassen.[11]
- Auch der Vater ist eine fürs Bindungsverhalten wichtige Figur; er kann den Einfluß der Mutter abmildern.

Liebe im weitesten Sinne, wie wir sie als Erwachsener verspüren, enthält noch einen großen Teil des Bindungsverhaltens, das wir als Baby für unsere Mutter (und, nicht zu vergessen, unseren Vater) entwickelten.

Hören wir dazu Véronique, die noch einmal über ihre Trennungsgeschichte spricht, von der schon im Kapitel über die Traurigkeit die Rede war.

Die ersten Wochen habe ich dauernd geweint. Ich dachte immer nur an ihn, die meiste Zeit mit jeder Menge Wut. Ich wußte, daß mir das nichts bringen würde, aber ich habe ihn trotzdem mehrmals angerufen, um ihn vielleicht wiederzusehen. Ich habe versucht, die gleichen Wege zu gehen wie er, und hoffte, ihm eines Tages »zufällig« zu begegnen.

Dann machte ich eine Phase schrecklicher Niedergeschlagenheit durch. Selbst wenn ich Freunde traf, tröstete mich das nicht besonders. Nichts schien mir mehr interessant. Ich konnte mich nicht mehr auf meine Arbeit konzentrieren und fand kein Vergnügen an den Freizeitbetätigungen, die man mir vorschlug. Nichts machte mir mehr Spaß. Eine Freundin hat mich wachgerüttelt, als sie mir sagte, wenn ich so weitermachen würde, hätte bald niemand mehr Lust, mich zu sehen.

Nach und nach gewann ich den Eindruck, wieder Geschmack am Leben zu finden. Jetzt funktioniere ich wieder normal, ich arbeite und treffe mich mit Freunden. Ich habe auch ihn zufällig wiedergesehen, aber dabei fühlte ich mich wie unter Narkose. Zum Glück war es eine sehr kurze Begegnung, und ich frage mich, ob ich nicht »aufgewacht« wäre, wenn er länger mit mir gesprochen hätte. Andererseits fühle ich mich noch immer nicht in der Lage, eine Beziehung mit einem anderen Mann anzuknüpfen.

Als aufmerksamer Leser finden Sie in dieser Beschreibung, die mit den Erfahrungen vieler sitzengelassener Liebender übereinstimmt, gewiß die drei Phasen wieder, welche die *Attachment*-Spezialisten bei Babys beobachtet hatten: Protest (Véronique ist zugleich wütend und verängstigt; sie tut alles, um ihren Ex-Freund wiederzusehen), Verzweiflung (sie wird apathisch und zieht sich zurück) und Lösung (sie empfindet nichts mehr für ihren Ex-Freund, ist aber auch nicht fähig, sich an einen anderen Partner zu binden). Die Dauer dieser Stadien und ihr genauer Inhalt sind natürlich nicht festgeschrieben: Bei jedem unglücklich Verliebten variieren sie je nach Qualität und Länge der zerbrochenen Beziehung, aber selbstverständlich auch je nach seinem Bindungsstil. Welcher ist eigentlich der Ihre?

Ihr persönlicher Stil der Gefühlsbindung

Suchen Sie sich unter den drei Punkten den heraus, der Sie am besten beschreibt.

1. »Es fällt mir relativ leicht, mich an andere Menschen zu binden, und es stört mich nicht, wenn ich von ihnen abhänge oder wenn ich spüre, daß sie von mir abhängig sind. Ich zerbreche mir selten den Kopf über das Risiko, verlassen zu werden, oder die Gefahr, daß mir jemand zu nahe kommt.«

Diese Aussage steht für jemanden, der mit Intimität gut zurechtkommt und auch wenig Probleme hat, eine gewisse Unabhängigkeit zu wahren.

2. »Ich fühle mich in einer engen Beziehung eher unbehaglich. Ich finde es schwierig, anderen total zu vertrauen und es so weit kommen zu lassen, daß ich von ihnen abhängig bin. Ich werde nervös, wenn mir jemand zu nahe steht, und oft haben meine Liebespartner ein größeres Bedürfnis nach Intimität als ich.«

In diesem Fall lieben Sie die Unabhängigkeit, während zuviel Intimität oder Nähe Ihnen mißfallen. Der andere könnte Ihnen vorwerfen, Sie wären kühl oder distanziert.

3. »Ich finde, daß mir die anderen nur zögerlich so nahe kommen, wie ich es gern hätte. Oft mache ich mir Sorgen und denke, mein Partner liebe mich gar nicht wirklich oder wolle nicht bei mir bleiben. Ich möchte völlig eins werden mit dem anderen, und dieser Wunsch läßt meine Partner oft die Flucht ergreifen.«

Hier ist es umgekehrt: man strebt nach größtmöglicher Intimität, und alle Anzeichen der Unabhängigkeit des anderen werden als beunruhigend empfunden. Wenn der Partner nicht nett ist, wird er Sie als »Klette« bezeichnen ...

Hätten Sie im Jahre 1985 in Denver (Colorado) gewohnt, dann hätten Sie diesen Test in der Lokalzeitung *Rocky Mountain News* vorfinden können. Wer damals eine Antwort einschickte, unterstützte damit die Forschungsarbeit von Cyndy Hazman und Philip Shaver.[12] Mit der ersten Antwort noch nicht zufrieden, befragten die beiden Wissenschaftler die Versuchspersonen im folgenden ausführlich über ihre Kindheit, den emotionalen Stil ihrer Eltern und ihre tiefgehendsten Liebesbeziehungen.

Die Ergebnisse der Studie zeigten, daß Personen, deren Antworten in die Kategorie »sicheres Bindungsverhalten« (Aussage 1) paßten, global betrachtet am glücklichsten waren; sie lebten weniger oft in Scheidung, setzten Vertrauen in ihren Partner und akzeptierten ihn trotz aller Schwächen. Zu alledem verschaffte ihnen auch ihr Berufsleben Befriedigung. Ganz wie die Babys mit dem entsprechenden Bindungsstil waren sie in der Lage, sowohl Bindungen einzugehen als auch selbständig zu bleiben.

Die unfreiwilligen Vertreter des vermeidenden Bindungsverhaltens (Aussage 2) waren im Beruf oft erfolgreich, schienen davon aber kaum zu profitieren. Sie konzentrierten sich auf ihre Arbeit und lebten eher einzelgängerisch. Die Anforderungen des Liebeslebens schienen ihnen übertrieben hoch, wenn sie den enttäuschenden Ertrag dagegenhielten. Sie waren selbständig, hatten aber Mühe, Bindungen einzugehen.

Was die Personen betrifft, die durch einen ambivalenten Bindungsstil (Aussage 3) gekennzeichnet waren, so hatten sie ein unruhiges Liebesleben mit heftigen Leidenschaften und grausamen Enttäuschungen; sie fürchteten das Verlassenwerden und hatten Mühe, sich auf ihre beruflichen Aktivitäten zu konzentrieren.

Wer sich über seinen Bindungs-Stil Gedanken macht, erhält mehr Fragen als Antworten, bekommt aber auch eine Ahnung davon, daß sich seine Liebesbeziehungen von heute auf dem Fundament jenes großen und instinktiven Antriebs aufgebaut haben, der ihn einst zu seiner Mutter gedrängt hatte.

Allerdings glauben nicht alle Forscher, daß der Bindungsstil des Babys prägend für den des Erwachsenen ist, zu dem dieses Baby einmal wird. Manche Gegner der Theorie gehen so weit, vom »*Attachment*-Mythos«[13] zu sprechen! Die Lehre vom Bindungsverhalten ist kein Dogma, sondern Gegenstand wissenschaftlicher Debatten, die noch andauern. Diese Debatten speisen sich aus neuen Forschungsergebnissen zu Babys und Erwachsenen und beschränken sich nicht etwa auf die immer neue Exegese von Bowlbys Gründertexten.[14]

Und Freud?

Freud und seine Schüler auf dem Gebiet der Kinderpsychologie (darunter seine Tochter Anna oder Melanie Klein) hatten sich bereits vorgestellt, daß es eine Kontinuität zwischen den kindlichen Bindungen und der im Erwachsenenalter empfundenen Liebe gibt. Sie waren jedoch der Ansicht, daß sich das Neugeborene zunächst an die Brust binde, die es mit Milch versorgt. Das Baby ziehe daraus ein großes, beinahe erotisches Vergnügen, und ausgehend von diesem Vergnügen entwickle sich die Liebe zu seiner Mutter, einer Mutter, die sich der Säugling weitgehend zurechtphantasiere, weil er ihre Realität noch gar nicht erfassen könne. Bowlbys Position unterscheidet sich in zwei Punkten grundlegend von der herkömmlichen Psychoanalyse:

- Das *Attachment* nimmt seinen Weg nicht über die Mutterbrust.
- Im Unterschied zu Freuds Standpunkt (das Baby liebt zunächst eine Brust und entdeckt später, daß eine Mama dahintersteckt) hielt Bowlby die Bindung für einen Mechanismus, der statt mit einem Nahrungsbedürfnis mit affektiven Bedürfnissen verbunden ist. Harlows Äffchen entwickelten eine Bindung an die Plüschmutter, nicht an jene aus Eisendraht, die ihnen immerhin Milch gab. *Les Nourritures affectives* (»Gefühlsnahrung«) heißt ein Buch von Boris Cyrulnik, das schon im Titel diese Sichtweise zum Ausdruck bringt.

- Bowlby maß den *realen* Verhaltensweisen der Mutter größere Bedeutung bei als den Phantasmen, die das Baby zu diesem Thema vielleicht entwickelte. Er empfing zu seinen Therapien übrigens die Babys zusammen mit ihren Müttern, was Melanie Klein heftig mißbilligte.

Bowlby war zwar Psychoanalytiker, bezeichnete sich aber auch als Evolutionspsychologe: Für ihn war die Bindung ein *Instinkt*, also ein angeborenes Programm, das von der Evolution bei Säugetieren selektiert wurde, weil das Kind die Mutter lange Zeit braucht, ehe es endlich selbständig wird. Das Bindungsverhalten begünstigt ein enges Zusammenrücken von Mutter und Kind, was für das Überleben des Nachwuchses vorteilhaft ist. Bowlbys Interesse für die Evolutionstheorie kam in seinem letzten Buch zum Ausdruck – einer Darwinbiographie. In ihr stellt er übrigens die Hypothese auf, daß die zahlreichen psychosomatischen Störungen, an denen Darwin zeitlebens litt, damit zusammenhingen, daß er in seiner Kindheit gefühlsmäßiger Zuneigung entbehren mußte.

Das *Attachment* wäre damit eine angeborene Regung des Babys und zugleich eine der Grundlagen, die unser späteres Liebesleben bestimmen.

Liebe und sexuelles Begehren

In Prousts *Auf der Suche nach der verlorenen Zeit* wird der Erzähler im Paris der Jahrhundertwende zu einer großen Abendgesellschaft eingeladen. Dort trifft er Swann, einen Freund aus mondänen und literarischen Kreisen. Es kommt der Moment, wo man ihnen Madame de Surgis vorstellt, eine sehr schöne Frau, die der Herzog von Guermantes zur Geliebten hat. Neben anderen Reizen ist sie mit einem eindrucksvollen Dekolleté ausgestattet … »Doch fast ohne jede Verhüllung […] ließ Swann, sobald er die Hand der Marquise ergriff und aus der Nähe, von oben herab ihres Busens ansichtig wurde, einen aufmerksamen, ernsthaft vertieften, ja beinahe besorgten Blick in ihren Taillenausschnitt hinabgleiten, und seine Nasenflügel, vom Duft der Frau berauscht, erbebten wie ein Falter, der sich auf der von weitem erspähten Blume niederzulassen gedenkt. Jäh riß er sich aus dem Schwindel zurück, der ihn erfaßt hatte, und Madame de Surgis selbst erstickte, wenn auch befangen, ein tiefes Aufatmen, so ansteckend kann bisweilen physisches Begehren sein.«[15]

Es wäre unsinnig, über Liebe zu reden, ohne auch das sexuelle Begehren zur Sprache zu bringen. Dieses Element des sozialen Lebens kann bisweilen beträchtliche Unruhe stiften, wie schon das obige Beispiel zeigt.

Wenn schon die Liebe nicht der strengen Definition einer Emotion standgehalten hat, so kommt wenigstens das sexuelle Begehren dem Emotionsbegriff nahe. Es ist eine oftmals plötzliche Reaktion mit körperlichen Begleiterscheinungen, die wir manchmal nur mit Mühe verbergen können. Dennoch wäre es schwierig, einen typischen Gesichtsausdruck fürs Begehren zu finden.

Wenn uns Tex Avery einen Wolf im Smoking vorführt, der in eine Nachtbar geht und auf der Bühne eine entzükkende Tänzerin entdeckt, erkennen wir im Aussehen und Gebaren dieses vermenschlichten Wolfes allerdings etliche Anzeichen für sein Begehren: Seine Augen treten aus ihren Höhlen und werden zu phallusähnlichen Ausstülpungen, die Zunge hängt ihm raus, er springt auf der Stelle herum, kann sich auf alles übrige nicht mehr konzentrieren (vor lauter Unaufmerksamkeit ißt er Teller und Zigarre auf) und versucht sich zu beruhigen, indem er sich selbst mit der Faust auf den Schädel haut. Steckt in dieser humoristischen Darstellung von Liebe ein Körnchen Wahrheit? Immerhin zeigt der Wolf Anzeichen von Freude, Stimulation und Begehren, die im Grunde nur karikaturistisch überspitzen, was man bei Wronski erleben konnte, als er Anna Karenina gegenüberstand.

Wozu dient das Begehren?

Im Kapitel über die Eifersucht haben wir schon viel über sexuelles Begehren gesprochen, und so möchten wir an dieser

Stelle nur kurz an die etwas ernüchternden Hypothesen der Evolutionspsychologen erinnern[16]:

Männer wie Frauen begehren beim anderen Geschlecht die Individuen, die für die Weitergabe ihrer Gene am geeignetsten sind (natürlich ist man sich dieses Fortpflanzungstriebs nicht bewußt).

Das weibliche Begehren richtet sich also einerseits auf einen guten Genspender (dominant, schön, kräftig und warum nicht auch ein bißchen ganovenhaft ...), andererseits einen auf lange Sicht guten Papa (aufmerksam, sozial angepaßt, zuverlässig). Alles in allem suchen Frauen also jemanden, der draußen ein wilder Korsar ist und daheim ein netter Papa. Solche Männer sind natürlich superleicht zu finden ...

Weibliches Begehren in Literatur und Film

Stark, schön, pervers, verrucht – er gefiel mir!
Livia in Viscontis Film Sehnsucht

Eine Bestätigung für die evolutionspsychologische Hypothese über die Doppelgesichtigkeit des weiblichen Begehrens kann man in der Literatur finden. In den meisten für Frauen geschriebenen Liebesromanen zieht die Heldin die Aufmerksamkeit eines »harten« und unabhängigen Mannes auf sich, der oft Cliquenführer, Aristokrat oder Abenteurer ist und manchmal ein Frauenheld. Bis zum Romanschluß schafft sie es, daß er »zärtlich« wird und nur noch auf sie allein fixiert ist.

Die großen Autoren der Weltliteratur haben ebenfalls weibliches Begehren in Aktion gezeigt: ihre Heldinnen haben »solide« Männer geheiratet und durchleben dann eine leidenschaftliche Liebschaft mit einem »Korsaren«. So ergeht es Emma Bovary mit Rodolphe, Anna Karenina mit Wronski, Madame de Tourvel mit Valmont, Molly Bloom mit Boylan, Effi Briest mit Crampas und unzähligen anderen Romanheldinnen, die in den Regalen unserer Bibliotheken lieben, leiden und hoffen.

Ideal wäre es natürlich, den Mann ausfindig zu machen,

der auf Anhieb beide Merkmale in sich vereint. Das passiert oft auf der Kinoleinwand, und solche Filme (welch ein Wunder!) werden zu richtigen Kassenschlagern.

In *Der Pferdeflüsterer* (1998) ist Robert Redford ein rauher und entschlossener Cowboy, der aber auch zu Mitgefühl und Humor fähig ist. Clint Eastwood spielt in *Die Brücke am Fluß* (1995) einen Abenteurer, der für den National Geographic als Fotograf arbeitet und ebenfalls zu Taktgefühl und Zärtlichkeit fähig ist. Beide Schauspieler schaffen es, zwei gegensätzliche Typen in einer Figur zu verkörpern: Durch ihren abenteuerlichen und unabhängigen Beruf wirken sie ein wenig verwegen, aber sie sind auch potentiell gute Papas – freundlich, verständnisvoll und voller Humor (na schön, ein bißchen alt). Man versteht, weshalb die beiden Heldinnen (Kristin Scott-Thomas und Meryl Streep) ihre Ehemänner bald vernachlässigen.

Diese Empfänglichkeit der Frauen für alle Anzeichen männlicher Stärke und Unabhängigkeit ist von großen Schriftstellern analysiert worden, und manchmal auf grausame Weise.

Milan Kundera beschreibt in *Die unerträgliche Leichtigkeit des Seins* Franz, einen braven und netten Hochschullehrer, der aber so glücklich ist, den Körper eines Korsaren zu haben: große physische Kraft und beeindruckende Muskeln. Als er eines Tages mit seiner Geliebten Sabina zusammen ist, faßt er aus Spaß einen schweren Eichenstuhl unten am Bein und stemmt ihn langsam in die Höhe. »Es ist gut zu wissen, daß du so stark bist«, meint Sabina aufrichtig, aber bald darauf verfällt sie in eine betrübliche Reflexion: Der gute Franz sei zwar kräftig, aber den Menschen gegenüber, die er liebt, sei er schwach. So findet sie ihn weniger aufregend als ihren vorigen Liebhaber Tomas, der im Alltag und bei den erotischen Spielen dominanter war. (Später erfährt man, daß Tomas mit ungefähr zweihundert Frauen etwas gehabt hat.) Sabina denkt noch ein Stück weiter: »Und wenn sie nun einen Mann hätte, der ihr Befehle erteilte? Der sie dominieren wollte? Wie lange könnte sie ihn ertragen? Keine fünf Minuten! Daraus geht hervor, daß es keinen Mann gibt, der zu ihr paßt. Weder stark noch schwach.«[17]

Freud hätte an dieser Passage sicher Gefallen gefunden, wo er doch nach einem ganz der Forschung gewidmeten Leben erklärt hatte, immer noch nicht zu begreifen, was Frauen eigentlich wollten.

In Alberto Moravias Roman *Die Verachtung* ist Riccardo ein ehrgeiziger junger Drehbuchautor, der mit seiner jungen Frau, der schönen und schlichten Emilia, ein glückliches Liebesleben führt. Einmal jedoch ist Emilia dabei, als ein Film entsteht, und muß dort leider mit ansehen, wie sich ihr Mann gegenüber dem jungen und dynamischen Produzenten Battista wie ein typischer Untergebener verhält. Riccardos kleine Verhaltensschwächen erreichen ihren Höhepunkt, als der Produzent Emilia eines Tages zu einer kleinen Ausfahrt in seinem zweisitzigen Sportwagen einlädt. Riccardo soll ihnen mit dem Taxi folgen. Emilia ist sehr zögerlich, aber Riccardo denkt nicht an das Risiko, in den Augen seiner Frau abgewertet zu werden, und sagt ihr, sie solle keine Umstände machen und die Einladung annehmen. Es sei ja bloß eine kurze Strecke, und er werde im Taxi hinterherfahren. Einige Zeit später stellt er fest, daß Emilia ihn nicht mehr liebt, und als er sie mit Fragen bestürmt, erklärt sie schließlich voller Traurigkeit: »Ich liebe dich nicht mehr, weil du kein Mann bist.«

Ein ähnliches Malheur widerfährt Adrien Deume, dem Mann von Ariane, aus der einmal *Die Schöne des Herrn* werden soll. Der karrieresüchtige Diplomat zeigt seiner jungen Frau zu deutlich, daß er ängstlich vermeidet, seinen Vorgesetzten zu mißfallen. Eines Tages verläßt sie ihn wegen Solal, einem Rebellen, der eine tiefe Respektlosigkeit gegenüber Konventionen an den Tag legt und auch weiß, wie man diese Haltung effektvoll einsetzen kann.

Später sitzt Adrien im Pyjama in der Küche und meditiert über die Ursachen seines Unglücks: »Es gibt Leute, die hatten einfach Glück, die waren schon immer stark gewesen, ohne es extra gewollt zu haben [...] War es etwa seine Schuld, wenn er schnell einzuschüchtern war, wenn er fürchtete, anderen zu mißfallen, wenn er lächelte, sobald ein Vorgesetzter mit ihm sprach?«[18]

Und Solal selbst gibt an anderer Stelle lautstark seiner Verzweiflung und Empörung Ausdruck, wenn er beklagt, daß sich Frauen von Männern angezogen fühlen, die ihre Stärke zur Schau stellen, und daß es nötig sei, mit dieser Stärke aufzutrumpfen, wenn man sie verführen wolle: »Der Verführer kann eine idiotische Bemerkung nach der anderen machen, Hauptsache, er macht sie in selbstsicherem Ton, mit mannhafter Stimme, mit einer ausdrucksvollen Baßstimme, und gleich wird sie ihn mit feuchten Glubschaugen anschauen, als hätte er eine noch allgemeinere allgemeine Relativitätstheorie erfunden ... Und um ihr zu gefallen, muß ich zu allem Überfluß auch noch ihren Mann beherrschen und demütigen, trotz aller Scham und allen Mitleids, die mich dabei ankommen.«[19]

Auch im Kino wird der Held, wenn er Polizist oder Militär ist, fast immer rebellische Züge tragen und sich seinen Vorgesetzten nur schwer unterordnen. »Beim Chef einen guten Eindruck machen« – dieser so legitime und weitverbreitete Wunsch scheint Humphrey Bogart, Harrison Ford, Mel Gibson, Nicolas Cage oder George Clooney in ihren üblichen Rollen völlig fremd zu sein. Das liegt gewiß daran, daß jede unterwürfige Haltung gegenüber Vorgesetzten den Charme dieser Helden in den Augen des weiblichen Publikums schmälern würde (und ihr Prestige bei den männlichen Zuschauern).

Und das Begehren der Männer?

Wenn ein Mann scharf auf Sie ist, liebt er Sie dann auch? Diese Frage plagt Frauen seit Urzeiten, und sie hat Anlaß zu zahllosen (bisweilen ziemlich bittersüßen) Diskussionen unter Verliebten gegeben.

Männer sind nämlich gar nicht so primitiv, wie man annehmen könnte. Von einem darwinistischen Standpunkt aus betrachtet, werden auch sie zwischen zwei unbewußten Wünschen hin- und hergerissen, mit denen sie ihr »Fortpflanzungskapital«[20] optimieren wollen:

- Natürlich möchten Männer ihre Chancen auf Nachkommenschaft erhöhen, indem sie sich so viele Sexualpartner

wie möglich suchen. Das wird ihnen besonders leichtfallen, wenn sie einen hohen gesellschaftlichen Status haben. Erinnern wir daran, daß der Weltrekord wahrscheinlich vom marokkanischen König Mulay Ismail Ibn Sharif (1646 bis 1727) gehalten wird, der einen gut geführten Harem unterhielt und am Ende seines Lebens Vater von 342 Mädchen und 525 Jungen war. Noch fruchtbarere Väter soll es allerdings unter Inkakönigen und Zuluhäuptlingen gegeben haben.
- Ein Mann muß aber auch das Überleben seiner Kinder zu sichern versuchen. Dazu sollte er eine treue Frau an sich binden, die seinen Kindern eine gute Mutter ist und von ihm unterstützt und beschützt wird. Die Evolutionspsychologen sprechen von *long-term mating strategies*, die in die Suche nach einer festen Partnerin münden (bzw. nach zwei oder mehr Partnerinnen, wenn es eine polygame Gesellschaft ist).

In wissenschaftlichen Befragungen zum Thema Liebe enthüllt sich diese doppelte Verlockung. Fragt man Männer nach ihren Kriterien bei der Beurteilung von Frauen, so hängen die Antworten sehr davon ab, ob es sich um ein kurzes Abenteuer handeln soll oder um Heiratspläne. Im ersten Fall werden Anzeichen sexueller Kühnheit und Verfügbarkeit besonders geschätzt, im zweiten Fall fühlt man sich hingegen von Frauen angezogen, die in sexuellen Dingen zurückhaltender und schüchterner sind, weil man eine solche Haltung wahrscheinlich unbewußt für ein gutes Unterpfand ehelicher Treue hält.[21]

Aber die Kombination von Bindungsverhalten und sexuellem Begehren genügt nicht, um all das zu erklären, was wir im Alltag empfinden, wenn wir jemanden lieben. Im übrigen kann Liebe auch von einer bestimmten Entscheidung begleitet sein – von Engagement auf lange Sicht.

WIE MAN EINEN MANN BEI SICH HÄLT: GROSSMUTTER HATTE RECHT

Nach Ansicht der Evolutionspsychologen hatten unsere Großmütter recht! Männer werden sich lieber an solche Frauen binden, die ihnen (sogar, wenn es nur unbewußt ist) sexuell vorsichtig zu sein scheinen. Das ist nämlich ein gutes Faustpfand für spätere Treue.

Wollen Sie einen jungen Mann, der Sie interessiert, dauerhaft an sich binden, ist es wahrscheinlich von Vorteil, wenn Sie ihn erst mal ein bißchen schmachten lassen, ehe Sie in sexuelle Beziehungen einwilligen. Sie sollten ihm auch nichts über seine eventuellen Vorgänger erzählen und nicht von vornherein zuviel erotische Kennerschaft zeigen. Manche Frauen, die von den Mythen der siebziger Jahre beeinflußt wurden, lassen sich mit den besten Absichten auf die umgekehrte Strategie ein …

Das Dreieck der Liebe

Hier geht es nicht um die berühmte Dreiecksbeziehung von Ehemann, Frau und Liebhaber, denn die gehorcht einer anderen Geometrie. Gemeint sind vielmehr die drei Komponenten der Liebe, wie man sie bei alten und neueren Autoren verschiedenenorts angeführt findet.

Dichter und Psychologen unterscheiden seit langem die leidenschaftliche, sinnliche Liebe, eine mit Begehren gemischte heftige Emotion, von der kameradschaftlichen Liebe, die von Zärtlichkeit und Zuneigung erfüllt ist.

Diese beiden Formen haben nicht denselben Ursprung[22]:

- Die leidenschaftliche Liebe soll sich ausgehend von der Bindung des Babys an seine Mutter entwickeln. Mit dieser Beziehung teilt sie etliche Merkmale: Wie das Baby sehnt sich auch der oder die Liebende nach der Anwesenheit des anderen, kann sein Fernsein schwer ertragen und verspürt heftige Eifersucht, wenn ein Rivale auftaucht.
- Die kameradschaftliche Liebe soll verwandt sein mit der gefühlsmäßigen Bindung der Eltern an ihr Kind: Man ist

auf Zärtlichkeit aus und möchte alles tun, damit der andere glücklich ist.

(Diese Unterscheidung zwischen »Liebe aus Fleischeslust« und »Liebe aus Wohlwollen« findet man auch beim heiligen Thomas von Aquino, den wiederum Descartes in *Von den Leidenschaften der Seele* zitiert.)

Zur Vervollständigung des Dreiecks kann sich noch eine dritte Komponente hinzugesellen, das *Engagement*, also die Entscheidung, die Beziehung dauerhaft zu gestalten und trotz aller Hindernisse oder äußeren Versuchungen zu beschützen.

Leidenschaftliche Liebe	*Kameradschaftliche Liebe*	*Engagement*
Heftige Emotion mit intensiven körperlichen Anzeichen. Mischung aus sexuellem Begehren und einer »Erwachsenenform« der Bindung eines Babys an seine Mutter.	Stillere Emotion, Zärtlichkeit und Wunsch nach dem Wohlergehen des anderen. Verwandt mit der Bindung der Eltern an ihre Kinder.	Entscheidung für das Zusammenbleiben und für eine gemeinsame Zukunft.

Das Dreieck der Liebe[23]

Eine praktische Übung

Auf Grundlage dieses allgemeinen Modells kann man verschiedene Arten von Liebe danach analysieren, welches der drei Elemente in ihnen fehlt (denn es wäre sehr beschönigend ausgedrückt, wenn man sagte, sie träten »nicht immer« vereint auf ...). Als Basis für diese Übung ziehen wir Woody Allens komischen und ergreifenden Film *Ehemänner und Ehefrauen* (1992) heran.

Für alle, die den Film nicht gesehen haben: Am Anfang steht ein Abendessen zweier befreundeter New-Yorker Ehepaare. Die Gastgeber Gabe (Woody Allen) und Judy (Mia

Farrow) empfangen Jack (Sydney Pollack) und Sally (Judy Davis) und müssen betrübt erfahren, daß sich ihre Freunde nach zwanzigjähriger Ehe trennen wollen, offenbar in beiderseitigem Einvernehmen.

Diese erste große Veränderung wird weitere nach sich ziehen und bei mehreren Figuren leidenschaftliche Liebesgefühle aufkommen lassen, die von den potentiellen Partnern in unterschiedlichem Maße erwidert werden. Am Ende stellt sich wieder ein stabiler Zustand ein.

Jack (Sidney Pollack) beginnt eine Liaison mit seiner jungen Aerobiclehrerin Sam (»*Sie* schreit wenigstens, wenn ich mit ihr Liebe mache!«), während Judy (Mia Farrow) ihren Ehemann darauf aufmerksam macht, daß sie sich gar nicht mehr lieben. Sie selbst entwickelt großes Interesse an Michael (Liam Neeson), einem ledigen und geplagten Kollegen. Aber Michael liebt Sally, Jacks sitzengelassene Gattin. Sie haben ein Verhältnis, aber Sally ist nicht wirklich in ihn verliebt; Jack wiederum verkraftet es sehr schlecht, seine Frau mit einem anderen Mann zu entdecken. Außerdem wird ihm klar, daß er außer der körperlichen Leidenschaft wenig mit der hübschen Sam gemein hat. Gabe kommt währenddessen Rain (Juliette Lewis), einer seiner ihn bewundernden Studentinnen, immer näher. Am Ende, als die Studentin ihren zwanzigsten Geburtstag feiert, küssen sich die beiden leidenschaftlich in der Küche von Rains Eltern. Und Jack und Sally finden schließlich wieder zusammen.

In diesem verwirrenden Hin und Her spielt auch Eifersucht eine Rolle. Obwohl Jack seine Frau zugunsten der Aerobiclehrerin verlassen hat, macht er Sally eine schreckliche Szene, als er sie in Gesellschaft des schönen Michael entdeckt. (Wenn uns die Polygamie in ihren Fängen hat …)

	Leidenschaft	*Nähe, Zuneigung*	*Engagement*	*Figuren in Woody Allens* Ehemänner und Ehefrauen
Ideale Liebe Glückliche Flitterwochen	+	+	+	Wahrscheinlich Gabe (Woody Allen) und Judy (Mia Farrow) zu Beginn ihrer Ehe.

	Leidenschaft	*Nähe, Zuneigung*	*Engagement*	*Figuren in Woody Allens* Ehemänner und Ehefrauen
Gefährten fürs Leben	–	+	+	Jack (Sidney Pollack) und Sally (Judy Davis), wenn sie sich nach ihrem Trennungsversuch am Ende des Films wiederfinden.
Leidenschaft, die den Wunsch nach Engagement auslöst	+	–	+	Jack (Sidney Pollack), als er seiner Aerobiclehrerin Sam begegnet, die sehr sexy ist.
Leidenschaftliche Beziehung, bei der einer der Partner aber nicht heiraten will oder kann	+	+	–	Gabe (Woody Allen) und Rain (Juliette Lewis), seine verführerische und um dreißig Jahre jüngere Literaturstudentin. Die Liebe, welche Michael (Liam Neeson) für Sally (Judy Davis) empfindet, die aber von ihr nicht geteilt wird.
Entleerte Liebe (man bleibt wegen der Kinder zusammen oder weil man sich vor dem Alleinsein fürchtet)	–	–	+	Gabe (Woody Allen) und Judy (Mia Farrow) zu Beginn des Films – eine stabile, aber auch verschlissene Ehe.
Horizontale Liebe (man hat sich nichts zu sagen, im Bett hingegen ...)	+	–	–	Jack (Sydney Pollack) und Sam, als er nach einiger Zeit merkt, daß ihre kulturellen Unterschiede zu groß sind.

Umfragen unter Kindern zeigen, daß die große Mehrzahl von ihnen bereits im Alter von drei bis acht Jahren eine leidenschaftliche Liebesbindung entwickelt, ohne daß dabei schon sexuelles Begehren im Spiel wäre.

Hören wir, was uns ein Vater über seine fünfjährige Clara berichtet:

Wenn man erst einmal erwachsen ist, vergißt man oft seine Liebesgeschichten aus der frühen Kindheit. Was meiner zweiten Tochter Clara passiert ist, hat mir die Augen geöffnet. Seit wir sie mit zwei Jahren in die Krippe gegeben hatten, hatte sie eine sehr starke Bindung an Paul, einen kleinen Jungen ihres Alters, entwickelt. Sobald sie morgens in die Krippe kam, wollte sie wissen, ob Paul schon da sei; ansonsten ging sie ans Fenster und hielt nach ihm Ausschau. Sie hielten sich immer bei den Händen, saßen stets nebeneinander, spielten zusammen und hatten ein unwiderstehliches Bedürfnis, einander nah zu sein. Als sie in den Kindergarten kamen, teilte man sie in dieselbe Gruppe ein, was ihre Bindung noch stärkte. Sie waren überall als das »kleine Liebespaar« bekannt. Was zunächst sehr heimlich gewesen war, wurde schließlich fast zu einer öffentlichen Angelegenheit: Sie erzählten aller Welt, daß sie heiraten wollten, wenn sie erst einmal erwachsen wären, und manchmal küßten sie sich linkisch. Aber eines Tages mußten Pauls Eltern ins Ausland ziehen, denn sein Vater war Geologe. Für Clara war das eine Katastrophe (welche Folgen es für Paul hatte, weiß ich nicht). Sie verfiel in tiefe Traurigkeit und machte richtigen Liebeskummer durch. Sie sprach sehr oft von Paul, wollte ihm schreiben, ihn anrufen und sich sogar mit ihm treffen (aber er lebte nun in Südamerika ...). Das ging ungefähr ein Jahr so, und noch heute erwähnt sie manchmal Die Große Liebe *ihrer Kindheit. Seit Paul weggezogen ist, hat sie auch noch keinen anderen kleinen Freund gefunden.*

Im Kino führt uns *Verbotene Spiele* (1951) vor dem Hintergrund von Krieg und Vertreibung die Liebe von Paulette und Michel vor, zweier fünfjähriger Kinder. Das kleine Paradies, das sie sich im Schutze einer Friedhofsmauer geschaffen haben, kann dem Normenzwang der Erwachsenen leider nicht standhalten. So endet der Film mit einer bewegenden Trennungsszene, die kein Zuschauer je vergessen wird.

In *Lolita* zeigt Vladimir Nabokov, wie sich Humbert Humbert, ein Professor in den Vierzigern, in flammender Liebe für die dreizehnjährige Kindfrau Lolita verzehrt (»Licht meines Lebens, Feuer meiner Lenden. Meine Sünde, meine Seele ...«). Man übersieht aber oft, daß diese skandalöse Liebe für ihn nur ein Wiederaufleben der größten und einzigen Leidenschaft seines Lebens ist – der Liebe, die er als Kind für Annabelle, ein gleichaltriges Mädchen, empfand, die später auf Korfu an Typhus starb. Lolita wirkte auf ihn sofort wie die langersehnte Reinkarnation dieses Mädchens.

Ist Liebe eine Krankheit?

> Ich beschwöre euch, ihr Töchter Jerusalems, findet ihr meinen Freund, so sagt ihm, daß ich vor Liebe krank liege.
>
> *Das Hohelied Salomonis (1000 v. Chr.)*

Manche Forscher beschreiben »Risikofaktoren« für das Ausbrechen leidenschaftlicher Liebe, als würde es sich bei ihr um eine Krankheit handeln.[24] Hier sind also die Persönlichkeitsmerkmale, mit denen Sie besonders riskieren, ein emotionales Abenteuer dieser Art durchzumachen.

Die Risikofaktoren

- Schwache Selbstachtung

Schwache Selbstachtung wirkt sich sicher auf unterschiedlichem Wege aus: Sie bringt uns dazu, daß wir den anderen mit lauter guten Eigenschaften schmücken, die wir selbst nicht zu haben meinen. Dies macht ihn in unseren Augen um so begehrenswerter. Sie verleitet uns auch dazu, unser defektes Ego zu reparieren, indem wir die Liebe und die Nähe einer Person suchen, die wir für prestigeträchtig halten oder die uns Sicherheit spenden könnte. Als man im Experiment die Selbstachtung junger Frauen künstlich herabsetzte (indem man ihnen mitteilte, sie wären bei einem Test durchgefallen), gingen sie hinterher leichter auf die Annäherungsversuche eines verführerischen Burschen ein. Dieser Mechanismus ist gewissen großen Verführern intuitiv bekannt: Zunächst macht man seine Beute verlegen, indem man ihr zu Bewußtsein bringt, welche Makel sie hat, und dann beeilt man sich, sie zu trösten ... Auch für den Helden in *Die Schöne des Herrn* ist »Verachtung im vorhinein« die erste Etappe bei der Eroberung einer Geliebten; aber aufgepaßt – man darf sie nie direkt ausdrücken!

◆ Abhängigkeit und Unsicherheit

Wenn Sie sich schlecht gewappnet fühlen, in der Welt allein zu bestehen, fühlen Sie sich vielleicht eher zu einem heftigen und unvergänglichen *Attachment* hingezogen. Sie erhoffen sich von dieser Bindung Trost und Schutz.

◆ Furcht

Zahlreiche Untersuchungen haben gezeigt, daß man für leidenschaftliche Liebe besonders prädisponiert ist, wenn man ängstlich ist (sei es vorübergehend oder als fester Charakterzug). Ein Zeugnis dafür findet sich in der Häufigkeit von leidenschaftlichen Liebesbeziehungen in ungewissen Kriegs- und Revolutionszeiten.

Jungen nutzen diesen Mechanismus beim »Anbaggern« vielleicht unbewußt aus: Sie nehmen die Mädchen erst mit in einen Horrorfilm, um sie hinterher »leichter« küssen zu können.

Ein solcher Mechanismus illustriert übrigens auch die Theorie von William James: »Wir verspüren Emotionen, weil unser Körper aufgewühlt ist.« Bei einem berühmten psychologischen Experiment sollten Studenten zu einer sehr hübschen Forschungsassistentin hingehen, die mitten auf einer ziemlich respekteinflößenden Hängebrücke für Fußgänger stand. Es ging angeblich darum, mit Hilfe eines Fragebogens den Einfluß der Landschaft auf die Kreativität zu untersuchen. Als die Versuchspersonen von dieser Befragung zurückgekommen waren, sollten sie sagen, wie ihnen die Assistentin gefallen habe. Dabei stellte sich heraus, daß die auf der Hängebrücke befragten Studenten die junge Frau sehr viel anziehender fanden als Studenten der Kontrollgruppe, die den Test in einem Büro absolviert hatten. Die körperliche Stimulation durch Angst hatte sich in ebenso intensive positive Emotionen verwandelt.[25]

Schon lange vor William James waren sich große Verführer dieses Phänomens bewußt. Ovid empfiehlt in seiner *Liebeskunst*, man solle sich einer Frau auf den steilen Sitzreihen eines Zirkus nähern, während unten ein Gladiatorenkampf tobt: »Da er noch spricht und die Hand ihr berührt, um den Zettel sie bittet / Und zur Wette das Pfand setzt, wer den Gegner besiegt: / Seufzt er verwundet und fühlt den geflügelten Pfeil in dem Herzen, / Und in dem Schauspiel wird selbst er ein handelnder Teil.«[26]

Nachdem wir nun die Risikofaktoren beschrieben haben, wird verständlich, daß Jugendliche eher zu leidenschaftlicher Liebe neigen als die übrigen Lebensalter: Eine noch zerbrechliche Selbstachtung und ein Gefühl von Furcht angesichts der Anforderungen der Welt sind für dieses Alter typisch, gar nicht erst zu reden von der durch den Zustrom ungewohnter Hormone gesteigerten körperlichen Emotivität.

Der junge Erzähler aus Prousts *Auf der Suche nach der verlorenen Zeit* verliebt sich nacheinander leidenschaftlich in die junge Gilberte, die Herzogin von Guermantes und schließlich in Albertine. Er vereint in sich alle oben erwähnten Merkmale:

- Er zweifelt an seinen Fähigkeiten, bezichtigt sich selbst der Faulheit und glaubt, er werde niemals auf irgendeinem Gebiet Erfolg haben (was Familie Proust auch lange Zeit für ihren Marcel befürchtete …).
- Er ist seit Kindheitstagen sehr von seiner Mutter abhängig. Das zeigt sich etwa in jener Szene, in der er verzweifelt darauf wartet, daß sie ihm einen Gutenachtkuß gibt. Er verläßt das elterliche Domizil selten und nur für kurze Reisen; Umzüge oder Fahrten an einen ihm unbekannten Ort verkraftet er sehr schlecht (selbst wenn es ins prächtige Grand Hôtel von Cabourg gehen soll).

- Man könnte sagen, daß die Angst ihren psychosomatischen Ausdruck in seinem Asthma findet, aber sie äußert sich auch darin, daß er fürchtet, anderen zu mißfallen, und daß er sich über die Gefühle der anderen sehr unsicher ist. Häufig fürchtet er, verlassen oder betrogen zu werden, und mögliche Rivalen (und sogar Rivalinnen) beobachtet er eifersüchtig genau.

Die Komplikationen

Um den Vergleich mit einer Krankheit noch ein bißchen weiterzuführen: Leidenschaftliche Liebe hat bisweilen mehr oder weniger ernste Komplikationen im Gepäck.

- Desinteresse an sozialen oder familiären Verpflichtungen. Leidenschaftliche Liebe kann dazu führen, daß man seine Prüfungen nicht vorbereitet, seine Freunde oder sogar den Partner vernachlässigt und die beruflichen Pflichten hintanstellt. Woody Allen hat es auf den Punkt gebracht: »Ich war derart verliebt, daß ich im Taxi vergaß, auf den Zähler zu schauen.«
- Ein Schwall von negativen Emotionen wie Angst und Eifersucht, wenn der andere nicht so auf unsere Wünsche eingeht, wie wir es erhofft hatten. Entbehrungszustände, die man schon mit den Entzugserscheinungen eines Drogensüchtigen verglichen hat.[27]
- Angriff auf die Selbstachtung, Entwertungsgefühl, Streß und sogar Krankheiten wie Depressionen und Schwächung des Immunsystems.[28]
- Selbstmord. Die meisten der von uns erwähnten Liebesromane enden mit dem Tod eines Partners oder gleich beider durch Selbstmord oder Dahinwelken im Liebeskummer. Im Alltag läuft es nicht ganz so tragisch, aber man sollte einmal untersuchen, welchen Anteil Liebeskummer an den Selbstmordursachen bei Jugendlichen hat. Es ist jedenfalls traurige Realität, daß die Zahl der jugendlichen Selbstmordopfer fast so hoch liegt wie die der Unfalltoten im Straßenverkehr.[29]
- Eine letzte und unerwartete Nebenwirkung von Liebe

ist – die Korruption. Nach Ansicht mancher Wirtschaftsanalysten soll eine der wichtigen, wenngleich selten zitierten Ursachen für die Korruptheit unter Funktions- und Würdenträgern aller Länder in deren Wunsch liegen, ihre Geliebten glanzvoll auszuhalten! Bei einem Umfang der Korruption, der im Weltmaßstab auf 80 Milliarden Dollar jährlich geschätzt wird,[30] hoffen wir zumindest, daß diese Damen guter Dinge sind.

Aber diese medizinische Sicht auf die Liebe reduziert zwangsläufig die Vielzahl ihrer Aspekte und läßt uns am Ende womöglich all ihre Wohltaten vergessen, die von Wissenschaftlern ebenfalls gewissenhaft aufgelistet wurden: Man erlebt Augenblicke höchster Begeisterung oder gar Ekstase, man fühlt sich endlich verstanden, akzeptiert und in Sicherheit, und manchmal wird man durch Liebe auch befähigt, die eigenen Grenzen zu überwinden, sei es, wenn man den Partner beschützen oder wenn man seine Schwächen akzeptieren muß.

Zu alledem soll Liebe auch noch gut für das Immunsystem sein! Eine dänische Studie hat nachgewiesen, daß Liebende seltener an kleinen Infektionskrankheiten leiden und daß ihre biologischen Werte von einer besseren Immunreaktion zeugen.[31]

Ist Liebe eine kulturelle Erfindung?

Sollte die Liebe, wie wir sie in der westlichen Welt kennen, bloß eine Erfindung der mittelalterlichen Troubadours und der Katharer sein? Denis de Rougemont hat dies vermutet.[32] Oder haben nicht vielmehr in allen Epochen der Menschheitsgeschichte Männer und Frauen Liebe empfunden?

Wenn man den ersten Standpunkt einnimmt, wird man besonders eifrig nach allem suchen, was die heutige Liebe von der Liebe der alten Römer oder der Samoaner trennt.

Die Anhänger der anderen Sichtweise werden umgekehrt die zeitlosen Ähnlichkeiten im Verhalten von Liebenden aller Breiten und aller Epochen hervorheben. Sie werden auch darauf hinweisen, daß man in praktisch allen Kulturen der Menschheit Liebesgedichte oder Liebeslieder findet, deren Themen uns seltsam vertraut anmuten: der Wunsch, den Geliebten wiederzusehen, das begeisterte Anpreisen seiner Schönheit oder seiner übrigen Qualitäten, das Leid der Trennung oder des Verlassenwerdens.

Richtig wundern können wir uns darüber nicht: Wenn leidenschaftliche Liebe eine Kombination aus Bindungsverhalten und sexuellem Begehren ist, muß sie notgedrungen weltweit verbreitet sein, denn ihre beiden Komponenten sind angeboren und notwendig für das Überleben der Art.

Selbst Margaret Mead erklärt zwar, daß die Bewohner der Samoainseln unsere »abendländische Liebe« mit ihrem Ausschließlichkeitsanspruch und ihrer Eifersucht nicht kennen würden, beschreibt dann jedoch nicht nur die eifersüchtigen Männer, von denen wir schon sprachen, sondern auch von Liebesleidenschaft erfaßte junge Frauen, die heftig reagieren, wenn sie sitzengelassen oder durch eine Rivalin ersetzt werden. Falls noch jemand an der Universalität bestimmter Emotionen zweifelt, möchten wir Margaret Mead selbst das Wort erteilen. Sie beschreibt den Übergang von der Kindheit zur Jugend in einer uns sehr fernen Kultur folgendermaßen: »Die Mädchen haben nun alle ihre Gleichgültigkeit verloren. Sie kichern, werden rot, zieren sich, laufen weg. Die Jungen werden schüchtern, befangen, schweigsam und meiden die Gesellschaft der Mädchen bei Tag und in schimmernden Mondscheinnächten [...].«[33]

Selbst wenn die Grundlagen der Liebe angeboren und weltweit die gleichen sind, kann ihr jede Zivilisation einen anderen Wert beimessen. Mal wird sie als gefährliche Ruhestörerin betrachtet, mal als die allerherrlichste Erfahrung, nach der man um jeden Preis streben soll (so im Konzept der Liebesheirat, die in der westlichen Welt des 20. Jahrhunderts als Ideal betrachtet wird). Die Kultur stellt auch Regeln auf, nach denen man seiner Liebe Ausdruck verleihen darf, und definiert in jeder Epoche, was schicklich ist und was nicht. Bei den von Margaret Mead beschriebenen jungen Samoanern machte der Liebende seiner Angebeteten nicht selbst den Hof, sondern nahm die Mittlerdienste eines

Freundes in Anspruch (der ihn manchmal verriet). Die jungen Waliser des 16. Jahrhunderts drückten ihre Verliebtheit viel direkter aus, indem sie nämlich ihrer Schönen aufs Kleid pinkelten.

Vereinfachend könnte man sagen, daß man in allen Kulturen außer in der abendländischen der letzten paar hundert Jahre die leidenschaftliche Liebe oft als hochgradig verdächtig beargwöhnt hat, denn sie erhöhte das Risiko von unstandesgemäßen Heiraten, illegitimen Schwangerschaften, von Untreue und gewalttätigen Konflikten. Wenn ein Mann leidenschaftlich verliebt war, konnte das auch als Mangel an Männlichkeit gewertet werden (so war es in der römischen Antike, aber auch noch im viktorianischen England), und bei einer Frau konnte es als Anzeichen für mangelnde Tugendhaftigkeit gelten. In der christlichen Religion befürchtete man, die »fleischliche« Liebe könne einen, selbst in der Ehe, von der Liebe zu Gott ablenken. So erinnert der heilige Hieronymus daran, daß ein Mann, der seine Gattin zu heftig begehrt, Ehebruch begehe! Aber umgekehrt erfahren wir auch, daß dieselben Theologen (als eine Art Vorläufer der modernen Sexualwissenschaftler) dem Mann empfahlen, er solle darauf achten, daß seine Frau im gleichen Augenblick zum Höhepunkt gelangt wie er. Dieser Rat verfolgte freilich das Ziel, eine qualitätsvolle Zeugung zu sichern ... Auch zur Heirat aus Liebe wurde man schon seit dem 18. Jahrhundert allmählich ermuntert, und das bis in die Handbücher für Beichtväter hinein!

RÖMER UND CHINESEN

Ovids *Liebeskunst* kann man als Leitfaden sexueller Freizügigkeit lesen, denn der Autor beschreibt ein ganzes Ensemble von Strategien, mit denen man verführen und aus der Liebe maximales Vergnügen ziehen kann, ohne daß man sich weiter um Treue oder Engagement in der Beziehung schert. Die beiden ersten Bücher sind richtiggehende Verführungsratgeber, und zwar für Männer wie für Frauen. Das dritte trägt jedoch den Titel »Heilmittel gegen die Liebe« und beschreibt ein Leiden, das uns durchaus modern vorkommt – den Kummer des Mannes, der sich in seine Schöne verliebt hat und damit verletzlich gewor-

den ist.[34] Und welche Heilmittel schlägt Ovid nun vor? Man solle ständig an die Fehler seiner Freundin denken und Kälte gegen sie vortäuschen. Wenn man es nicht anders schafft, könne man das Ende der Liebe suchen, indem man bis zur Übersättigung liebt. Um zu vergessen, solle man an die Qualen denken, die man ihretwegen ausgestanden hat. Alles, was die Liebe wiederaufleben lassen könnte, sei zu vermeiden, und schließlich solle der Liebhaber seine Freundin mit schöneren Frauen vergleichen …
Wenn es zum Bruch gekommen ist, so halte man sich von allem fern, was die Erinnerung wecken könnte. Man hüte sich auch, die Liebesbriefe der Geliebten noch einmal zu lesen, denn selbst standhafte Seelen könnten davon erschüttert werden. Am besten werfe man alles unbarmherzig ins Feuer!
Liest man diesen Text, so kann man schwerlich glauben, daß die leidenschaftliche Liebe eine Erfindung der neueren Zeit sein soll oder mit der jüdisch-christlichen Kultur zusammenhänge. Selbst in einer Epoche und einer Kultur, die uns sehr fernstehen, im Rom des ersten Jahrhunderts v. Chr., konnte es passieren, daß ein junger Mann seine Schöne heftig begehrte und eine starke Bindung an sie entwickelte. Seine Herkunftskultur beeinflußt natürlich, wie er seinen Zustand bewertet: Als Romantiker wäre er angesichts der Heftigkeit seiner Liebe in Schwärmerei verfallen, als Römer mißtraut er seinen starken Gefühlen.
Zehn Jahrhunderte früher, noch viel weiter entfernt von unserer Epoche, ruft eine junge Frau in einem chinesischen Gedicht aus:

»Auf der großen Landstraße
Habe ich dich bei der Hand zurückgehalten.
Begegne mir nicht mit Widerwillen,
Zerbrich unsere alte Liebe nicht!«[35]

Unsere Sicht auf die Liebe und Sexualität vergangener Epochen wird auch eingeschränkt und verzerrt durch die kulturellen Vorurteile von heute. In Flandrins *Der Sex und das Abendland* erfahren wir etwa, daß man in bestimmten ländlichen Gegenden, so in der Vendée oder der Champagne, den Verlobten freie Hand ließ, wenn sie vor der Hochzeit erotische Kontakte haben wollten. Diese althergebrachten regionalen Praktiken wurden allerdings seit dem 16. Jahrhundert bekämpft.[36] Die von Historikern ans Tageslicht beförderte Zahl illegitimer Geburten oder vorehelicher Schwangerschaften läßt uns ins Zweifeln geraten über die angeblich größere Tugendhaftigkeit alter Zeiten.

In dieser langen und komplexen Geschichte der Liebe zeichnet sich unsere Gesellschaft sicher dadurch aus, daß sie der sinnlich-leidenschaftlichen Liebe einen höheren Wert beimißt als vergangene Epochen; heute betrachtet man sie als eine positive, erstrebenswerte und beinahe moralische Erfahrung, die Bewunderung erregt oder sogar Nachsicht, wenn es zu Ehekatastrophen oder beruflichem Versagen kommt.

Wir hätten auch dieses Kapitel mit praktischen Ratschlägen abschließen können, aber es wäre wohl anmaßend oder naiv gewesen, allgemeingültige Empfehlungen zum Thema Liebe zu geben, wo sie sich doch in so verschiedenen Situationen äußert: idyllischer Beginn einer Beziehung, verheiratetes Paar, Streit unter Liebenden, Brüche, gemeinsam verbrachtes Leben, Sexualität. Ein einziges Buch würde dafür nicht ausreichen, und überhaupt gibt es zu jedem einzelnen Aspekt ja schon Publikationen.

Haben wir erreicht, was wir uns vorgenommen hatten? Ist Ihnen nun alles sonnenklar in Sachen Liebe? Wahrscheinlich nicht, denn:

An der Liebe ist alles geheimnisvoll,
Ihre Pfeile, ihr Köcher, ihre Fackel, ihre Geburt,
Und es bedarf mehr als eines Tages Mühen,
Diese Wissenschaft erschöpfend zu behandeln.
Jean de La Fontaine

Kapitel 10

Wie man mit den eigenen Emotionen leben kann

»Und vor allem: bleiben Sie vage!« – »Da können Sie mir vertrauen, ich bin ja Psychiater.«

Mafia Blues

In *Mafia Blues* ist Robert De Niro der gefürchtete Boss einer New-Yorker Mafiafamilie. Er hat Billy Cristal, einen unglücklichen Psychiater, gezwungen, sich um seinen Fall zu kümmern. Während einer Sitzung erklärt er dem Psychiater, daß ihn die Dummheit und Bösartigkeit seiner Geschäftspartner empöre (sie hatten ihn gerade zu ermorden versucht). Als Billy Cristal sieht, daß sein Patient ganz angespannt ist vor Zorn, empfiehlt er ihm sofort, er solle sich an den herumliegenden Kissen abreagieren. »Wenn ich wütend bin«, sagt er zu Robert De Niro, »dann falle ich schreiend über ein Kissen her, und hinterher fühle ich mich viel besser. Also los, machen Sie ein Kissen nieder!«

Mit diesem Ratschlag wendet Billy Cristal ein traditionsreiches Prinzip der Psychologie an: Man könne sich von seinen störenden Emotionen befreien, indem man sie so geräuschvoll wie möglich ausdrückt. Wenn man schlägt, schreit und heult, werde die Erleichterung nicht auf sich warten lassen. Dieses Prinzip ist durch zahllose Therapieformen aus den siebziger Jahren berühmt geworden, als die Therapieteilnehmer in Socken herumstanden und ihren bislang nach innen gekehrten Zorn ausdrückten, indem sie herumschrien und auf Polsterhocker eindroschen. Manchmal, wenn sie die psychischen Verletzungen ihrer Kinderjahre zur Sprache brachten, zerflossen sie auch in Tränen und befreiten so unter den wohlwollenden Blicken der übrigen Gruppenmitglieder ihre Emotionen.

Im Film überrascht der Mafiachef seinen Psychiater, indem er schnurstracks eine Automatikwaffe zückt und das

Magazin in Richtung Couch leerballert. Danach erklärt er voller Zufriedenheit, jetzt fühle er sich tatsächlich viel besser, und Psychiatrie sei wirklich eine gute Sache. Währenddessen sieht man die Federn der Kissenfüllung sanft auf den Teppichboden schneien.

Selbst wenn Sie sich nicht erlauben können, regelmäßig Ihr Mobiliar zu zerstören, teilen Sie vielleicht die Idee, daß man eine Emotion (besonders Zorn oder Traurigkeit) am besten sofort und in aller Deutlichkeit zum Ausdruck bringen soll. Nun hat Ihnen die Erziehung aber Zügel angelegt, die Sie daran hindern, die Emotion auf der Stelle loszulassen. Insofern wäre es nur logisch, an einer von jenen Therapien teilzunehmen, bei denen die übrigen Beteiligten Sie ermuntern, Ihre zu lange zurückgehaltenen Emotionen endlich zu entfesseln, indem Sie im Verein mit den anderen brüllen oder schluchzen.

Leider deutet aber vieles darauf hin, daß dieses therapeutische Prinzip des Sich-Abreagierens nur ein Mythos ist.

Der Mythos von der »emotionalen Entleerung«

Psychologen haben nämlich untersucht, welche Auswirkungen es hat, wenn man seinen Emotionen freien Lauf läßt, und die Resultate dieser Studien sind einigermaßen verblüffend.

Zorn erhält sich selbst am Leben …

Bittet man Versuchspersonen, ihren Zorn mit großer Heftigkeit auszudrücken, sind sie hinterher nur noch reizbarer und reagieren auf Frustrationen leichter mit neuem Zorn. Es scheint sie also alles andere als beruhigt zu haben, daß sie ihren Zorn zum Ausdruck brachten – im Gegenteil scheint es sie dafür zu prädisponieren, häufiger wütend zu werden.[1]

Bei Versuchspersonen, die ein frustrierendes Erlebnis berichten und dabei ihren Zorn ausdrücken sollen, geraten Blutdruck und Puls stärker durcheinander als bei Leuten, die einfach nur so von ihrem Erlebnis erzählen. Bittet man die »zornige« Gruppe hinterher, sich von neuem an das Ereignis zu erinnern, spüren sie in sich mehr Zorn als vor dem Experiment. (Das soll nicht heißen, daß die Therapien des »Sich-Abreagierens« manchen Teilnehmern nicht gutgetan hätten, aber dieser Effekt stellte sich sicher auf andere Weise ein: Man gehörte während der Therapie zu einer Gruppe, man enthüllte sein Innenleben vor einer wohlwollenden Zuhörerschaft, der Therapeut gab ein befreiendes Beispiel ab etc.).

Wenn Sie zu Hause also Ihre Kissen verprügeln oder unschuldige Einrichtungsgegenstände zertrümmern, wenn Sie sich im Straßenverkehr abreagieren, indem Sie wild hupen und die anderen Fahrer (mit denen jede Konfliktlösung physisch unmöglich ist) beleidigen, wird all das Ihren Zorn eher noch verschlimmern und Ihren Blutdruck hochschnellen lassen. Besänftigen kann es Sie wahrscheinlich nicht, und schlimmer noch: Sie werden sich daran gewöhnen, auf die Frustrationen in Ihrem Leben immer öfter mit Zorn zu reagieren.

... und Tränen machen Sie noch trauriger

Die Ergebnisse der Forschung ermuntern einen auch nicht dazu, seinen Tränen zu rasch freien Lauf zu lassen. Weinen verstärkt das Gefühl von Kummer und läßt Puls und Blutdruck ansteigen.[2] Dennoch hat jeder schon die Erfahrung gemacht, daß man sich besser fühlen kann, nachdem man »eine Runde geweint« hat. Die Forscher bestätigen, daß Weinen Erleichterung verschaffen kann, allerdings vor allem dann, wenn Sie einen wohlwollenden Gesprächspartner haben, der Verständnis zeigt und Trost spendet. Anders gesagt: Wenn Sie im stillen Kämmerlein weinen beziehungsweise vor verlegenen oder feindlich gesinnten Leuten, werden Sie noch ein wenig tiefer in Ihre Traurigkeit versinken.

GEWALT VON JUGENDLICHEN UND DER EINFLUSS DER MEDIEN

Nach der Theorie der Katharsis soll man sich von seiner eigenen Aggressivität reinigen können, wenn man gewalttätiges Verhalten anderer Menschen beobachtet. Man hat lange angenommen, daß man seine »Aggressionstriebe« abreagieren könne, wenn man sich gewalttätige Spektakel (Sport, Filme ...) anschaut oder selbst an ihnen teilnimmt. Sämtliche Untersuchungen haben allerdings nachgewiesen, daß genau das Gegenteil passiert.[3]

Im Jahre 1998 veröffentlichte die *American Psychiatric Association* eine ausführliche Mitteilung über den Einfluß der Medien auf die Gewalt bei Kindern und Jugendlichen.[4] Der erste Satz dieses Kommuniqués lautet: »Die Debatte ist vorbei« *(The debate is over)*. Nach Meinung der Verfasser brauche man nicht weiter zu diskutieren, denn hunderte Untersuchungen im Labor oder im natürlichen Umfeld hätten gezeigt, daß Kinder und Jugendliche, die Gewaltszenen als Zuschauer erlebten, in den folgenden Stunden, aber auch auf lange Sicht stärker zu aggressiven Verhaltensweisen neigten. Die *American Academy of Pediatrics* war im Jahre 1995 zur gleichen Schlußfolgerung gelangt.[5] Die Erklärungen beider Organisationen enden mit Empfehlungen an die Adresse der Eltern, Politiker und Medienverantwortlichen.

Angesichts solcher Resultate ist man immer wieder überrascht, daß regelmäßig geleugnet wird, Gewalt in den Medien hätte einen Einfluß auf das Verhalten junger Menschen. Dabei hört man Argumente wie: »Es ist ja nicht das Fernsehen oder das Kino, das einen gewalttätig macht, sondern die ganze Gesellschaft ist gewalttätig, und die Medien sind davon nur ein Spiegelbild ...« Natürlich ist Gewalt im Jugendalter ein vielschichtiges Phänomen, und es wäre unsinnig, eine einzige »wahre« Ursache für sie ausmachen zu wollen. Aber nichtsdestoweniger steht fest, daß regelmäßiger Konsum von Gewaltszenen einen Risikofaktor darstellt – vielleicht nicht den ausschlaggebenden, aber einen, der sich mit anderen Risikofaktoren (dem Sozial- und Erziehungsmilieu, der Persönlichkeit oder den Wertvorstellungen der »Clique«) summiert. Die Wissenschaftler glauben, daß beim Anschauen von Gewaltszenen verschiedene Mechanismen wirken: Lernen durch unbewußtes Nachahmen von Vorbildern (man weiß ja, daß diese Art von Lernen eine der allerwirkungsvollsten ist), Gewöhnung an die Gewalt samt emotionaler Desensibilisierung (ein so häufig beobachtetes Phänomen, daß es schon zum Gemeinplatz geworden ist) und Werteverfall. Gewalt wird als vorteilhafte Lösung präsentiert, und ihre negativen Konsequenzen (Leid der Opfer, Behinderungen, Trauerfälle) werden selten gezeigt. Der Gipfel ist erreicht mit den grafisch und akustisch immer realistischeren Kampfspielen für den Computer: Wenn man den Gegner zusammendrischt oder sein Blut spritzen läßt, heimst man Punkte ein. Alle Studien zeigen übereinstimmend, daß Individuen, die solche Spiele gespielt haben, hinterher deutlich intoleranter auf die kleinste Frustration reagieren.[6]

Trotz der Anhäufung all dieser Forschungsergebnisse muß man überrascht feststellen, daß sie nur eine schwache Wirkung auf die öffentliche Meinung und die politisch Verantwortlichen haben. Zum Vergleich sollte man allerdings auch berücksichtigen, daß zwischen dem Zeitpunkt, da Forscher den Zusammenhang zwischen Tabakgenuß und Lungenkrebs entdeckten, und der Zeit, als diese Information in der Öffentlichkeit verbreitet wurde, mehr als zwanzig Jahre lagen![7] Ein ebenso langer Zeitraum verstrich zwischen der Erkenntnis, daß Sicherheitsgurte eine nützliche Rolle spielen könnten, und dem Moment, wo die amerikanischen Autohersteller, durch Ralph Naders Enthüllungen halb gezwungen, diese Erkenntnis in den sechziger Jahren in die Praxis umsetzten. (Die Autohersteller hatten den Gurt nämlich immer abgelehnt, weil sie nicht wollten, daß die Öffentlichkeit den Gedanken ans Autofahren mit der Vorstellung vom immer möglichen Unfall verknüpfte.)

Ein letztes Argument an die Adresse all jener, die nicht an einen Einfluß der Medien auf unsere Verhaltensweisen glauben: Wenn das Fernsehen unser Verhalten nicht beeinflußt, weshalb werden dann jedes Jahr weltweit Milliarden Dollar für Fernsehwerbung ausgegeben?

Weinen oder nicht weinen

Um noch ein wenig bei *Mafia Blues* zu bleiben: Robert De Niro zeigt dort deutlich, welche unterschiedlichen Wirkungen Tränen haben, je nachdem, in welcher Situation man sie vergießt:

- In einer Szene, die wir bereits in einem früheren Kapitel erwähnten, steht er allein vor dem Fernseher und zerfließt in Tränen, als er einen Werbespot sieht. (Er muß dabei nämlich an ein schmerzliches Ereignis denken, an den Tod seines Vaters.) Diese Erinnerung nimmt ihn dermaßen mit, daß er nicht mehr imstande ist, zur Geheimsitzung der Mafiabosse zu gehen, obwohl dieses Treffen eigentlich von höchster Wichtigkeit für ihn ist.
- Man begreift seine Vorsicht aber, denn an anderer Stelle erklärt er, daß seine Mafiapartner es für ein Zeichen von Verletzlichkeit halten würden, wenn er vor ihnen auch nur die kleinste Emotion zeigte. Das löse bei ihnen sofort den Wunsch aus, Schluß mit ihm zu machen. Nicht alle Milieus haben so unbarmherzige Wertvorstellungen wie die Mafia, aber vergessen Sie nicht, daß es Ihnen in einer Atmosphäre von Konflikt oder Konkurrenz als Schwäche ausgelegt wird, wenn Sie Ihre Traurigkeit ausdrücken. Das gilt vor allem für Männer.
- An einer anderen Stelle ruft ihm Billy Cristal den Tod seines Vaters noch einmal ins Gedächtnis und bringt ihm seine verdrängten Schuldgefühle zu Bewußtsein (der junge Robert war gerade wütend auf seinen Papa gewesen, als dieser vor seinen Augen umgebracht wurde). Unter dem Eindruck dieser Erinnerungen sinkt Robert De Niro schluchzend in sich zusammen, diesmal allerdings in den Armen von Billy Cristal, der ihn tröstet und beruhigt, bis die Tränen schließlich versiegen. Dies ist für den Mafiaboß eine therapeutische Erfahrung. Der Mythos von einer Heilung durch das sehr emotionale Heraufbeschwören verdrängter Erinnerungen ist allerdings dermaßen kinowirksam, daß er bei den meisten Psychiatern in Spielfilmen zur üblichen Behandlungsmethode geworden ist. Unser amerikanischer Kollege Glen Gabard[8] bemerkte zu diesem Thema: »Ich weiß nicht warum, aber zu dieser Art von Heilung kommt es in meinem Behandlungszimmer nie – vielleicht liegt es ja daran, daß im Hintergrund keine Geigen spielen …«

Schlußfolgerung: weder abreagieren noch nach innen kehren

Wenn Sie Ihre Emotionen in Form eines »Sich-Abreagierens« zum Ausdruck bringen, kann das Nachteile haben, und zwar für Ihre Stimmung (indem die Emotion, die Sie eigentlich dämpfen wollten, noch verstärkt wird), für Ihre Gesundheit (indem Ihre körperlichen Reaktionen heftiger ausfallen) und für Ihre Beziehungen mit den anderen (selbst wenn man Freude zu offen ausdrückt, ohne auf die Situation zu achten, kann man damit Neid oder Eifersucht auslösen).

Obwohl wir Sie nicht zur »emotionalen Entleerung« ermuntern, halten wir auch nichts davon, unter allen Umständen eine solche *stiff upper lip* zu bewahren wie der englische Entdekkungsreisende in einer unserer Lieblingsgeschichten:
Mitten im Dschungel gerät ein Forschungsreisender in einen Hinterhalt wilder Eingeborener. Seine Gefährten eilen ihm zu Hilfe und sehen ihn am Boden liegen, ganz und gar mit Pfeilen gespickt. »Großer Gott«, rufen sie aus, »tut Ihnen das weh, James?« Und er, ohne eine Miene zu verziehen: »Nein, nein, bloß wenn ich lache.«

Nach dieser Kritik des Sich-Abreagierens müssen wir dennoch einräumen, daß Tränen Ihren Kummer lindern können – unter der Bedingung freilich, daß sie Ihnen erlauben, die Ursachen für diesen Kummer besser zu begreifen und offen zu formulieren. Die Anwesenheit eines Angehörigen oder engen Freundes, der Ihnen seine Empathie entgegenbringt, also Ihre Emotion versteht und respektiert, kann dabei hilfreich sein. Ein solches Ausdrücken von »Kummer-Emotionen« in Gegenwart eines wohlwollenden Zuhörers ist sogar der gemeinsame Funktionsmechanismus aller Psychotherapien.

Ebenso kann sich Zorn am Ende beruhigen, wenn Sie ihn ausdrücken. Dabei müssen jedoch drei Bedingungen beachtet werden:

- Ihr Zorn muß sich gegen die Person richten, die ihn verursacht hat.

- Diese Person sollte nicht ihrerseits mit Zorn oder Aggressionen antworten, denn sonst würde es zu einer emotionalen Aufschaukelung kommen, die noch mehr Unruhe nach sich zöge.
- Der Zorn muß in die Lösung des Konflikts durch Entschuldigungen oder Verhandlungen münden, und selbstverständlich wird sich dieser Konflikt leichter lösen lassen, wenn man seinen Zorn nicht auf beleidigende Weise ausdrückt.

Wie man sieht, handelt es sich hierbei weder um ein Sich-Abreagieren, das keine Rücksicht auf die Reaktion der anderen nimmt, noch um ein »Nach-innen-Kehren« negativer Emotionen, mit dem Ihnen ebensowenig geholfen wäre.

Emotionen und Gesundheit

Der Wunsch, die Gesundheit nicht aufs Spiel zu setzen, war einer der Beweggründe, weshalb man seine Emotionen ungezügelt ausdrücken wollte. Auch hier ging man von einem »hydraulischen« Modell aus und nahm an, daß es Störungen und Krankheiten begünstigte, wenn man seine Emotionen allzusehr zurückhielt. Die psychosomatische Medizin stellte in ihren Anfangsjahren sogar die Hypothese auf, daß zu jedem Typ von verdrängten Emotionen ein bestimmter Krankheitstyp gehöre (Asthma stehe in Beziehung zu Trennungsangst, Koliken zu nach innen gekehrtem Zorn etc.). Diese Hypothese geht übrigens auch mit dem gesunden Menschenverstand konform: Wenn wir krank werden, sind wir gleich bereit, das Auftreten der Krankheit mit streßauslösenden Ereignissen oder »Sorgen« in Verbindung zu bringen.

Werden unsere Krankheiten von Emotionen hervorgerufen?

Untersuchungen haben diese intuitiven Annahmen nicht bestätigen können. Heutzutage weiß jeder Arzt, daß die meisten Krankheiten plurifaktoriell, also einer ganzen Reihe von Ursachen geschuldet sind. Leiden Sie zum Beispiel an Asthma, so ist Ihre Krankheit das Ergebnis einer Kombination von erblicher Veranlagung, die Sie von Ihren Eltern mitbekommen haben, und dem länger zurückliegenden oder aktuellen Einfluß bestimmter Allergene. Dazu kommt natürlich, daß Ihre Asthmaanfälle in Angstperioden häufiger auftreten (hier ist die Beziehung wiederum ziemlich komplex, denn das Risiko neuerlicher Asthmaanfälle kann den Betroffenen auch dauerhaft ängstlich machen). Aber Angst ist nicht die *Ursache* für Asthma. Ebenso beginnt eine Panikstörung häufig nach einem Ereignis, das Angst oder Traurigkeit auslöste (Umzug, neue Arbeit, Trennung, Todesfall), aber sie bildet sich nur bei Personen heraus, die bereits eine entsprechende biologische Beschaffenheit mitbringen.

Die gegenwärtige Forschung stellt sich nicht mehr die Frage, ob Emotionen Krankheiten *verursachen*, sondern will eher herausfinden, welche *Rolle* sie beim Auftauchen und bei der weiteren Entwicklung bestimmter Störungen spielen. Auch in der amerikanischen Klassifikation für mentale Erkrankungen spricht man nicht mehr von »psychosomatischen Krankheiten«, sondern von psychischen Faktoren, die sich auf eine körperliche Erkrankung auswirken.[9]

Es handelt sich hierbei um ein Gebiet, auf dem intensiv geforscht wird. So erscheinen zu diesem Problem jedes Jahr Hunderte von Publikationen, von denen die meisten sehr vielschichtige Deutungen erlauben und einander häufig widersprechen. All diese wissenschaftlichen Aktivitäten haben tatsächlich an den Tag gebracht, daß sich Emotionen auf unsere Gesundheit auswirken, aber ihr Einfluß ist komplexer und weniger tiefgehend, als man es in den Anfängen der Psychosomatik gedacht hatte.

Die Beziehung zwischen Emotionen und Krebs

Die Suche nach einer Verbindung zwischen psychischem Profil, Ausdruck von Emotionen und Krebsrisiko hat bisher zu wenig beweiskräftigen Ergebnissen geführt. Jedes Mal, wenn eine Studie herausfindet, daß es eine Beziehung zwischen bestimmten psychischen Faktoren und dem Krebsrisiko gibt, wird das in den Medien unverzüglich verbreitet. Wenn jedoch andere Untersuchungen keinen solchen Zusammenhang feststellen können, werden sie kaum einmal anderswo als in medizinischen Fachzeitschriften erwähnt. Nach einer ersten Reihe von Forschungen hatte man angenommen, daß gewisse Persönlichkeiten, die stets eine freundliche Fassade zeigen und ihre negativen Emotionen zurückhalten *(Persönlichkeit vom Typ C)*, dadurch ihr Krebsrisiko vergrößern.[10] Seitdem haben jedoch andere, wissenschaftlich strengere Studien einen solchen Zusammenhang nicht bestätigt.

Als man zum Beispiel eine psychologische Evaluation von mehr als tausend Frauen vornahm, die nach einer verdächtigen Mammographie zu genaueren Brustuntersuchungen gekommen waren, fand man unter den Frauen, die zu einer Unterdrückung ihrer Emotionen neigten, keinen höheren Anteil von Krebserkrankungen als unter den extravertierteren Frauen.[11]

Fünf Studien haben übrigens herausgefunden, daß es bei Frauen unter 45 Jahren eine Verbindung zwischen wichtigen Ereignissen der persönlichen Biographie (Ableben eines Angehörigen, Trennung) und dem Auftreten von Brustkrebs gebe. Ungefähr fünfzehn andere Studien konnten eine solche Beziehung allerdings nicht nachweisen.[12]

Die frühesten Forschungen hatten ergeben, daß Patientinnen, die mit Optimismus gegen ihren Brustkrebs ankämpften, offenbar bessere Überlebenschancen hatten als die übrigen. Neuere und methodologisch strengere Studien konnten einen solchen Zusammenhang jedoch nicht bestätigen. Sie zeigten einfach nur, daß Verzweiflung und Rückzug die Überlebenschancen (in bescheidenem Maße) verringerten.

Gegenwärtig gibt es noch keine gesicherten Erkenntnisse über den Einfluß psychischer Faktoren auf das Auftreten von Krebs, obwohl Dutzende von Forscherteams mit großem Eifer daran arbeiten, potentielle Zusammenhänge zu entdecken. So dürfen wir vielleicht annehmen,

- daß dieser Einfluß, wenn es ihn denn gibt, wahrscheinlich keine erstrangige Bedeutung hat. Wichtig wird es hingegen immer bleiben, die wohlbekannten Risikofaktoren zu vermeiden (zum Beispiel Rauchen, übertriebenen Alkoholgenuß, zu fette Nahrung mit zu wenig Ballaststoffen) und regelmäßig zur Vorsorgeuntersuchung zu gehen, falls man zu einer Risikogruppe gehört;

- daß man den Patienten nicht zu verstehen geben soll, sie hätten sich mit ihren psychischen Schwierigkeiten oder der Weigerung, sie zu lösen, ihren Krebs »selber fabriziert«. Eine solche Haltung ist nicht nur ethisch fragwürdig (sie flößt leidenden Menschen auch noch Schuldgefühle ein), sondern noch dazu ohne wissenschaftliche Grundlage;
- daß es für das Wohlbefinden von Krebspatienten wie für ihren Therapieerfolg hingegen durchaus wichtig ist, sie vor Depressionen zu bewahren. Das kann durch den affektiven Beistand der Umgebung erreicht werden oder durch eine Behandlung mit Antidepressiva und nötigenfalls eine psychologische Betreuung.

Emotionen und Herz-Kreislauf-System

Auf diesem Gebiet gibt es schon mehr Gewißheiten. Zahlreiche Forschungen haben eine sehr deutliche Beziehung zwischen Zorn (egal, ob ausgedrückt oder zurückgehalten) und der Gefahr von Herz- und Gefäßerkrankungen herausgearbeitet. Es sieht ganz danach aus, als würde eine Haltung *globaler Feindseligkeit* Ihr Herz am meisten gefährden, eine Neigung, feindselige Gedanken gegen seine Mitmenschen zu hegen, generell reizbar zu sein und von Zeit zu Zeit einen Zornesausbruch zu bekommen.[13]

Um noch auf dem Gebiet der Herz- und Gefäßerkrankungen zu bleiben: Wenn man nach einem Herzinfarkt an einer Depression leidet, sind das Risiko von Komplikationen und die Sterblichkeit im ersten Jahr nach dem Infarkt deutlich erhöht.[14] Daher ist es wichtig, die Stimmung der Infarktpatienten im Auge zu behalten.

Es gibt auch eine Beziehung zwischen dem Streßpegel[15] (oder auch nur dem subjektiven Gefühl, man komme mit den Anforderungen seiner Umgebung nicht zurecht) und dem Risiko, Bluthochdruck zu bekommen.[16] Bei jungen Leuten sollen auch Depressionen ein Risikofaktor für die spätere Ausbildung von Bluthochdruck sein.[17]

Emotionen und Immunsystem[18]

»Kummeremotionen« wie Traurigkeit und Angst wirken sich mehr oder weniger dauerhaft auf das Immunsystem aus: Nach einem traurigen Film hält dieser Zustand wenige Minuten an, nach dem Ableben eines geliebten Menschen dauert er Monate. Frisch verwitwete Frauen oder Männer sind anfälliger für Krankheiten, besonders für Infektionen.[19] Ebenso hat man nachgewiesen, daß Wunden in Streßperioden langsamer heilen.

Es sind dabei vielschichtige Mechanismen im Gange, und zwar in beide Richtungen. Die beim Auftreten von Emotionen freigesetzten Neurotransmitter und Hormone wirken auf die Immunzellen, was den Einfluß streßauslösender Ereignisse auf Entwicklung und Rückfälle von Störungen, die mit dem Immunsystem zu tun haben, erklären würde (Gürtelrose, rheumatische Polyarthritis, Asthma, Schuppenflechte etc.). In umgekehrter Richtung wirken die von den Immunzellen freigesetzten Substanzen (zum Beispiel Zytokine) auf unser Nervensystem. (Daran liegt es etwa, daß wir uns schläfrig fühlen, wenn wir Fieber haben.[20])

Positive Emotionen haben vorübergehend oder dauernd einen günstigen Einfluß auf die Leistungsfähigkeit des Immunsystems. So verbessert ein guter *sozialer Rückhalt* bei HIV-infizierten Patienten die Immunwerte.[21]

Richtig umgehen mit den Emotionen und mit der Gesundheit

Die Forschungsergebnisse ermuntern uns also dazu, mit unseren Emotionen besser umzugehen. Was ist dabei besonders wichtig?

- Wer besonders schnell zornig wird, sollte diese Neigung verringern, indem er seine Beziehungen zu den anderen neu durchdenkt.

- Andere sollten ihre Verärgerung schneller und offener ausdrücken, damit sie die Anlässe für Zorn oder Groll vermindern.
- Man sollte sich einen wohlwollenden und empathischen Gesprächspartner suchen, um die »Kummeremotionen« vor ihm offenzulegen und von seinem Beistand zu profitieren.
- Positive Emotionen wie Freude und gute Laune sollte man bewußt herbeiführen und, wenn sie einmal da sind, hegen und pflegen. Verderben Sie sich nicht Ihre Freude, denn sie steigert die Abwehrkräfte Ihres Organismus!

Unsere Emotionen und die Mitmenschen

Wir hoffen, im ganzen Buch klar gezeigt zu haben, daß jede Emotion unser Urteilsvermögen, unser Gedächtnis und unsere Haltung zu bestimmten Geschehnissen beeinflußt und daß sie eine wesentliche Rolle in unserer Kommunikation mit den Mitmenschen spielt. Diese Einsicht führte dazu, daß Salovoy und Mayer[22] das Konzept der *emotionalen Intelligenz* entwickelten, das Daniel Goleman in seinem gleichnamigen Bestseller popularisierte.[23]

Wir selbst bevorzugen den Begriff »emotionale Kompetenz«, denn etymologisch betrachtet setzt »Intelligenz« nur ein *Verstehen* voraus, während das, was diese Autoren »emotionale Intelligenz« nennen, auch einschließt, daß man *sich ausdrücken* kann und zu *handeln* weiß. An dieser Stelle sei nur kurz an ein paar wichtige Bestandteile der emotionalen Intelligenz oder Kompetenz erinnert:

- Man muß die eigenen Emotionen erkennen, benennen und voneinander unterscheiden können.
- Man muß es verstehen, sie so auszudrücken, daß es die Kommunikation mit den anderen verbessert, statt sie zu stören.
- Man muß sie so einsetzen können, daß man im richtigen Maßstab aktiv wird, das heißt, man soll sich von seinen Emotionen weder lähmen noch fortreißen lassen.

- Man muß die Emotionen der anderen zu erkennen wissen und angemessen auf sie reagieren.

Wir haben diese Kompetenzen in den Einzelkapiteln zu jeder Emotion bereits erwähnt, aber auf zwei Punkte, die allgemeinere Überlegung verdienen, möchten wir doch noch einmal zurückkommen.

Die eigenen Emotionen erkennen und beim Namen nennen

Unsere Ratschläge in den Einzelkapiteln beginnen oft damit, daß man diese oder jene Emotion erst einmal erkennen und anerkennen muß, damit man sie hinterher besser kontrollieren oder sich ihrer bedienen kann. Diese Erkenntnis des eigenen emotionalen Zustands stellt sich aber nicht automatisch ein, was folgende Beispiele belegen:

- Im Kapitel über den Neid haben wir Philippe beschrieben. Als er das prächtige Schiff seines Freundes entdeckte, war ihm nicht einmal bewußt gewesen, daß er eine feindselige Emotion verspürte. Später kam diese Emotion in Gestalt unangebrachter Aggressivität bei einer politischen Diskussion zum Ausdruck.
- Zum Thema Zorn zitierten wir den Bericht des jungen Notars Jean-Marc, der von unbarmherzigen Kollegen zwar verspottet oder frustriert wird, es aber nicht schafft, in Zorn zu geraten. Würde man Jean-Marcs Herzfrequenz aufzeichnen, während jemand eine unfreundliche Bemerkung fallenläßt, könnte man gewiß eine Reaktion feststellen. Durch einen Mechanismus, den man als »Isolation« bezeichnet, bleibt diese Emotion jedoch blokkiert und gelangt nicht bis ins Bewußtsein. Ein Anfangsstadium der Emotion tritt mit Sicherheit auf; Jean-Marc bemerkt gewiß, daß man ihn attackiert hat und Zorn eine legitime Antwort wäre, aber er durchlebt die Situation, ohne diese Emotion zu verspüren – nachträglich wird sie ihn jedoch durchaus plagen.
- Im Kapitel über die Eifersucht beschrieben wir Arnaud, der von Eifersucht gepackt wird, wenn er sieht, wie sich

seine Freundin mit einem verführerischen Unbekannten unterhält. Er sagt sich allerdings sofort, daß diese Emotion etwas Schäbiges sei, und verbietet sie sich.
- Im gleichen Kapitel war die Rede von Isabelle, die sehr eifersüchtig wurde, wenn sie sah, wie »Rivalinnen« ihren Mann in Beschlag nahmen. Lange Zeit erlaubte sie sich jedoch nicht, diese Emotion auszudrücken.

Anhand dieser Beispiele können wir vier Etappen einer »emotionalen Blockade« beschreiben:

- Man ist sich seiner Emotion überhaupt nicht bewußt (während der Neid an ihm zu fressen beginnt, denkt und sagt Philippe: »Welch schönes Schiff!«).
- Man ist sich seiner Emotion teilweise bewußt (bei Jean-Marc ist die kognitive Komponente ausgeprägt – »Eigentlich sollte ich mich darüber aufregen!« –, aber die körperliche Komponente bleibt blockiert, so daß er »nichts spürt«).
- Man ist sich seiner Emotion bewußt, möchte sie aber auslöschen (»Ich verspüre Eifersucht, aber das muß aufhören, denn es ist etwas Böses!«).
- Man ist sich seiner Emotion bewußt, will sie aber nicht ausdrücken (»Ich bin eifersüchtig und weiß auch, weshalb, aber wenn ich meine Eifersucht ausdrücke, wird das schädliche Folgen haben.«).

All diese Situationen haben wahrscheinlich eins gemeinsam: Eine Erziehungsbotschaft oder Erfahrungen in der Kindheit haben unsere Zeugen gelehrt, daß es verdammenswert sei oder ärgerliche Folgen habe, wenn man bestimmte Emotionen verspürt oder ausdrückt. Nicht zufällig betrifft unser Beispiel für das am weitesten gehende Nicht-Erkennen gerade den Neid, der oft unter allen Emotionen das schlechteste Image hat und vielleicht noch schmerzhafter ist als die übrigen. Aber auch für Freude oder gute Laune würde gelten, daß bestimmte Erziehungsweisen Ihnen diese Emotionen abgewöhnen können oder Ihnen Schuldgefühle einflößen, sobald die Emotion erscheint.

Um unsere Emotionen zu erkennen und anzuerkennen, müssen wir also aufmerksam auf die ganz persönlichen Reaktionen achten und vor allem akzeptieren, daß wir alle von Regungen gepackt werden können, die wir nicht gern eingestehen. Verantwortlich sind wir nur dafür, diese Emotionen zu erkennen und zu kontrollieren.

ALEXITHYMIE – EINE WENIG AUSDRUCKSVOLLE PERSÖNLICHKEIT

Obwohl Jacques, ein Ingenieur, gerade von seiner Freundin verlassen wurde, zeigt er keine besonderen Emotionen. Fragen ihn mitleidige Freunde nach seinem Befinden, erklärt er immerhin, er fühle sich »müde«. Weil er sich nicht mehr auf seine Arbeit konzentrieren kann und immer schlechter schläft, konsultiert er seinen Arzt. Der möchte, daß sein Patient darüber spricht, was er fühlt, aber Jacques wiederholt immer nur: »Ich habe einfach keine gute Phase.« Bereitwilliger redet er über seine Müdigkeit und die Schlafstörungen; er möchte auch ein Medikament verschrieben bekommen. Nun kennt man Jacques seit jeher als jemanden, der nicht sehr gesprächig ist, der in seiner Freizeit eine Menge unternimmt (er macht Heimwerkerarbeiten für sich und seine Freunde, segelt etc.) und dessen Stimmung anscheinend niemals schwankt. Erzählt er Ihnen von einem Film oder einer Reise, hält er sich an die Fakten, die er detailliert und bisweilen ein bißchen langweilig beschreibt. Über die Emotionen, die er währenddessen vielleicht verspürte, erfährt man nie etwas. Fragt man genauer nach, sagt Jacques gerade mal: »Es war ganz schön …« Während einer Reise hat er eines Tages alle seine Freunde überrascht, als er einen jähzornigen Autofahrer, der den Fahrer ihres Wagens am Kragen gepackt hatte, k.o. schlug.

Jacques vereint in sich die wichtigsten Merkmale der *Alexithymie*[24] (aus den griechischen Wörtern *a*, ohne, *lexos*, Wort, und *thymos*, Emotion): große Schwierigkeiten, Emotionen auszudrücken oder zu benennen; ein Denken, das auf Tatsachen und konkrete Ereignisse gerichtet ist (operatorisches Denken); die Neigung, seine Emotionen eher in Taten umzusetzen, als sie in Worten auszudrücken.

Alexithymische Personen verspüren zwar Emotionen, aber die Fähigkeit zur sprachlichen Umsetzung scheint ihnen abzugehen. Forscher vermuten eine fehlende Kopplung zwischen dem limbischen System (dem »primitiven« Gehirn, in dem die Emo-

tionen entstehen) und der vorderen Hirnrinde (dem »hochentwickelten« Gehirn, in dem Emotionen benannt und kontrolliert werden können). Solchen Personen fällt es ebenso schwer, die Emotionen der anderen zu erkennen, was das soziale Leben für sie nicht gerade einfach macht.
Bei Tests zur Messung von Alexithymie erreichen Patienten mit bestimmten Erkrankungen hohe Punktzahlen (psychosomatische Störungen, aber auch Störungen des Ernährungsverhaltens, chronische Schmerzen etc.). Auch bei Menschen, die an einem Trauma leiden, beobachtet man häufig Alexithymie, aber in diesem Fall wird sie als *sekundär* bezeichnet; sie ist also mit einem bestimmten Ereignis verbunden und hat wahrscheinlich die Aufgabe, das Bewußtsein vor allzu schmerzlichen Emotionen zu bewahren. Die Folgen sekundärer Alexithymie sind aber oft ähnlich nachteilig wie bei der erstgenannten Form.

Wenn Sie Ihr emotionales Bewußtsein schulen wollen, stehen Ihnen verschiedene Wege offen.

Je mehr Sie über Emotionen informiert sind, desto aufmerksamer werden Sie für Ihre eigenen sein. In diesem Sinne kann es zur Steigerung Ihrer emotionalen Kompetenz beitragen, wenn Sie Bücher zum Thema Emotionen lesen. Wir glauben aber, daß Sie das Bewußtsein um die eigenen Emotionen auch erhöhen können, indem Sie Romane lesen oder bestimmte Filme sehen. Hierbei werden Sie nämlich an selbsterlebte Situationen erinnert und an die zugehörigen Emotionen, die Sie damals akzeptiert oder aber zurückgewiesen haben.

Sie könnten künftig auch mehr auf Ihre körperlichen Reaktionen achten, denn diese sind eine exzellente Warnanlage, die Ihnen anzeigt, daß Sie gerade eine Emotion verspüren. Ein Patient erklärte uns: »Auf Versammlungen merke ich im voraus, daß ich gleich in die Falle gehen werde, denn ich spüre mein Herz schneller schlagen.«

Schließlich könnten Sie eine Therapie in Angriff nehmen. Gegenwärtig gibt es zwei therapeutische Hauptströmungen, den psychoanalytischen und den kognitiven Ansatz. Beide haben eins gemeinsam: Sie helfen dem Patienten, seine Emotionen zu verstehen und zu meistern. Hier ist nicht der richtige Ort, um die beiden Therapieverfahren zu beschreiben[25]; wir möchten lediglich erwähnen, daß sie ihr Ziel auf unterschiedlichem Wege zu erreichen versuchen:

- Bei der psychoanalytischen Herangehensweise empfiehlt man Ihnen, die emotionalen Reaktionen Ihrer Kinderjahre wiederaufleben zu lassen und sie neu zu interpretieren, und zwar auf dem Umweg über einen Therapeuten, der – zumindest in Ihrer Imagination – vorübergehend die Rolle eines Elternteils übernimmt (das wird als »Übertragung« oder »Transfer« bezeichnet).
- Bei der kognitiven Herangehensweise sollen Sie die Gedanken und den inneren Diskurs ergründen, von denen Ihre heutigen Emotionen begleitet werden. Diese Gedanken brauchen Ihnen nämlich nicht unbedingt deutlich bewußt gewesen zu sein. Dieses Verfahren schließt einen Rückgriff auf bestimmte Kindheitserinnerungen nicht aus, denn in jenen Jahren haben Sie Ihre »Denkweisen« und Emotionen erlernt.

Was gewisse »körperbetonte« Therapiemethoden angeht, so können Sie Ihnen helfen, die physischen Erscheinungsformen Ihrer Emotionen besser aufzudecken. Auf diese Weise werden Sie schnellstmöglich erkennen, daß Sie zornig, neidisch, verängstigt etc. sind, und können diese Emotionen richtig einsetzen.

FÜHREN SIE TAGEBUCH!

Man bittet Studenten, an vier aufeinanderfolgenden Tagen jeweils eine Viertelstunde lang über das schmerzlichste Ereignis in ihrem Leben zu schreiben. (Die meisten schildern Erinnerungen an den Tod eines Angehörigen, an Mißhandlungen oder Demütigungen aus ihrer Kindheit oder an heftige Konflikte zwischen den Eltern.)
Eine andere Gruppe von Studenten bittet man, nach dem gleichen Zeitplan über Ereignisse ihrer Wahl zu schreiben. Nach den Schreibsitzungen haben die Studenten, die betrübliche Ereignisse beschreiben sollten, eine traurigere Stimmung und einen höheren Blutdruck als die anderen, was nicht weiter über-

rascht. Vier Monate später weisen sie jedoch weniger gesundheitliche Probleme auf und haben in der Zwischenzeit seltener den Arzt besucht als die Studenten, die nur über harmlose Erlebnisse geschrieben haben!
Dieser ersten Studie[26] mit ihren überraschenden Resultaten folgten ein Dutzend andere[27], die bestätigten, daß das schriftliche Wiedergeben von schmerzlichen und traumatischen Ereignissen positive Auswirkungen auf Stimmung, Selbstachtung, Verhalten und Gesundheit hat.
Die Forscher diskutieren noch, mit welchen Wirkungsmechanismen man diese Verbesserung erklären kann. Der wichtigste dieser Mechanismen (der auch bei einer Therapie am Wirken ist) soll darin liegen, daß die Versuchsperson für längere Zeit (fünfzehn Minuten) ihren schmerzlichen Erinnerungen ausgesetzt wird, aber durch die Niederschrift das Gefühl hat, das Heraufbeschworene zu meistern. Emotionen und Erinnerungen, die man bis dahin aktiv vermieden hatte und die nur hin und wieder aufgeblitzt waren, wurden jetzt neu formuliert und besser verstanden. Viele Versuchsteilnehmer erklärten, sie hätten sich »besser begriffen« oder »quälende Emotionen abfließen lassen«.
Aus dieser Unmenge von Forschungen leiten wir einen Ratschlag ab: Wenn Sie Ihr emotionales Bewußtsein verbessern, sich dabei aber nicht mit zu vielen negativen Emotionen herumschlagen wollen, sollten Sie Tagebuch führen (nun gut, nicht unbedingt *jeden* Tag!).
Folgen Sie dem Beschreibungsstil der Studenten, die von dem Experiment am meisten profitierten: sie schilderten nämlich nicht nur die Fakten selbst, sondern auch die von ihnen hervorgerufenen Emotionen, und sie dachten über die Beziehung zwischen den Tatsachen und den Emotionen nach. Auf Studenten, die am häufigsten emotionale Begriffe verwendeten und am meisten »weil« oder »denn« schrieben, hatte der Test langfristig die positivsten Auswirkungen.
Achtung: Wenn Ihr Zustand eine medikamentöse Behandlung oder eine Therapie erfordert, ist es mit dem Tagebuchführen nicht getan. Betrachten Sie diese Aktivität einfach als Bestandteil Ihrer Lebenshygiene; eine richtige Störung kann damit nicht behandelt werden.

Stellen Sie sich vor, Sie säßen im Restaurant. Auf der Speisekarte finden Sie ein Gericht, das Sie ganz besonders mögen. Als Sie es aber bestellen, antwortet Ihnen der Ober barsch: »Ham wa nich!« Ein andermal wollen Sie für den nächsten Urlaub vorsorgen und in einem Hotel, das man Ihnen empfohlen hat, ein Zimmer bestellen, aber man antwortet Ihnen in unfreundlichem Ton: »Wir sind ausgebucht!« und legt dann sofort auf. Falls Sie nicht gerade einen Grad von innerer Gelassenheit erreicht haben, zu dem wir leider noch nicht vorgedrungen sind, werden Sie mit ziemlicher Wahrscheinlichkeit einen Anflug von Ärger verspüren. Das liegt nicht bloß daran, daß man Sie um ein schönes Essen oder einen angenehmen Urlaubsaufenthalt gebracht hat, sondern auch an der totalen Gleichgültigkeit, welche Ihr Gesprächspartner angesichts Ihrer Frustration gezeigt hat.

In diesem Beispiel geht es um keine großen Dinge, aber Ihre Verärgerung kann dazu führen, daß Sie (bewußt oder unbewußt) das betreffende Restaurant oder Hotel künftig meiden. Aus diesem Grunde werden Ihnen Ansprechpartner, die mit einer besseren emotionalen Kompetenz ausgestattet sind, eher »Oh, es tut mir wirklich leid, aber das haben wir heute nicht mehr« oder »Leider sind wir schon voll ausgebucht« antworten. Schon ein Wort wie »leider« zeigt an, daß man Ihre Frustration verstanden hat (Empathie) und darauf achtet, daß Sie das auch merken (Ausdruck von Empathie).

Taxi und Empathie

An einem glühend heißen Tag nähern Sie sich einem Taxistand, um von dort aus zu einem Flugplatz zu fahren, der weit außerhalb des Stadtzentrums liegt. Ganz vorn wartet ein Taxi mit heruntergelassenen Scheiben und ohne Klimaanlage. Seine Kunstledersitze haben sich in der Julihitze bestimmt ordentlich aufgeheizt. Hinter diesem Wagen steht eine Limousine mit geschlossenen Fenstern aus getöntem Glas, die offensichtlich klimatisiert ist. Sie denken an die

Länge der Fahrt, Sie erinnern sich, daß Ihnen (in Frankreich) ein Gesetz erlaubt, unter den drei ersten Taxis einer Warteschlange zu wählen, und so steuern Sie auf den klimatisierten Wagen zu. Sofort steigt aus dem ersten Taxi ein bulliger und ganz verschwitzter Fahrer, der sehr verärgert aussieht, und macht Sie darauf aufmerksam, daß Sie in *seinen* Wagen steigen müssen.

Sie entgegnen, es sei Ihr gutes Recht, sich das Taxi selber auszusuchen.

Er kommt immer näher und beharrt zornig darauf, Sie müßten bei ihm mitfahren.

Sie beharren Ihrerseits auf den unantastbaren Rechten eines Kunden und bleiben dabei, daß Sie das klimatisierte Taxi nehmen wollen (dessen Fahrer die Tür blockiert hält).

Was wird wohl passieren?

Sie können weiter Ihre Rechte einfordern, der Taxifahrer wird weiter seinen Standpunkt vertreten und dabei merken Sie, daß die Hitze Sie beide reizbar macht, daß Sie ein Publikum bekommen, welches das Spektakel begafft, und daß in Ihnen uralte maskuline Emotionen hochsteigen, als würden all Ihre menschenähnlichen Vorfahren um Sie herumstehen und beobachten, ob der letzte ihres Geschlechts sich auch wirklich auf der Höhe zeigt.

Es kann aber auch sein, daß Ihnen plötzlich bewußt wird, daß Sie genau das Gegenteil von dem tun, was Sie Ihren Patienten immer empfehlen.

In dieser wahren Begebenheit hat sich der Fahrer beruhigt, die Tür des zweiten Taxis ging auf, und der Psychiater ist im Kühlen zum Flughafen gefahren. War dabei ein Wunder im Spiel?

Nein, der Autor hat einfach nur so reagiert, wie es jemand mit besserer emotionaler Kompetenz von Anfang an getan hätte: »Hören Sie, es tut mir wirklich leid, ich verstehe, daß es nicht schön ist für Sie, noch länger in der Sonne herumzustehen, aber ich möchte für diese lange Strecke wirklich nicht in der Hitze sitzen …« All das begleitet von einer freundlichen und zugleich bedauernden Mimik und nicht etwa von aggressiven Grimassen.

Auch hier haben die Empathie (den Standpunkt und den

emotionalen Zustand des anderen verstehen) und der Ausdruck von Empathie (dem anderen zeigen, daß man verstanden hat) die Aufregung des ersten Taxifahrers sofort vermindert und dazu geführt, daß er – gewiß noch unzufrieden brummelnd, aber sichtlich besänftigt – wieder in seinen Wagen stieg.

Im übrigen hat der Ausdruck eines Wunsches (»ich möchte wirklich ...«), der persönlicher und emotionaler ist als das Beharren auf Regeln (»es ist mein Recht«), die Kommunikation wieder mehr zu einem Austausch unter Gleichen gemacht statt zu einem Kampf um Vorherrschaft.

Dieses Beispiel kann man nicht auf alle Situationen übertragen. Es lassen sich leicht Fälle finden, in denen die schlechte Laune unseres Gegenübers durch Empathie nicht gedämpft wird (»Ich verstehe ja, daß es Sie ärgert, wenn ich Ihrer Frau/Ihrem Mann den Hof mache, aber sie/er gefällt mir einfach so sehr!«). In anderen Situationen wiederum ist Zorn eher anzuraten als Empathie (siehe 2. Kapitel).

Die Untersuchung von beruflichen oder familiären Konfliktsituationen hat indessen gezeigt, daß der Ausdruck von Empathie die Feindseligkeit des Gegenübers vermindert, während fehlende Empathie die feindliche Haltung verschärft.

Hier einige Beispiele, die diesen Unterschied verdeutlichen:

Situation	*Nullempathie*	*Ausdruck von Empathie*
Ihr Partner fährt zu schnell.	Fahr langsamer! Du bist ja *schon* wieder zu schnell!	Ich weiß, daß du gern schnell fährst, aber mir wird davon schlecht.
Ihr Kind will nicht zum Großvater mitkommen.	Du kommst mit, und basta! Es ist sehr böse, wenn man seinen Großvater nicht sehen will.	Ich sehe ja, daß du lieber zu Hause bleiben möchtest, aber ich würde mich richtig freuen, wenn du mitkämest.

Situation	*Nullempathie*	*Ausdruck von Empathie*
Ihr Mitarbeiter ist mit einer Arbeit nicht fertig geworden, obwohl er es Ihnen versprochen hatte.	Ich habe Ihnen doch gesagt, daß es dringend ist! *Dringend*, wissen Sie, was das heißt?!	Ich sehe ein, daß Sie eine Menge zu tun haben, aber es ärgert mich doch. Ich brauche es wirklich sehr, sehr bald.
Ein Arzt muß Ihnen einen Krankenhausaufenthalt nahelegen.	Was ich Ihnen sage, ist nur zu Ihrem Guten. Ich kenne mich schließlich damit aus.	Ich sehe, Sie sind natürlich nicht begeistert, ins Krankenhaus zu müssen, und ich verstehe das auch. Ich kann Ihnen aber versichern, daß es im Moment das beste für Sie wäre.
Ihr Partner ist müde und möchte mit Ihnen nicht weggehen, um Freunde zu besuchen.	Nun komm schon, wir haben es ihnen versprochen. Du könntest dich ja mal ein bißchen aufraffen.	Ich weiß, daß du keine Lust hast, aber mir würde es wirklich Spaß machen.

Von Personen, die jene Praxis der Empathie nicht gerade schätzen, hört man häufig folgende Einwände:

- »Das Ausdrücken von Empathie dauert einfach zu lange; man verliert durch all dieses rhetorische Geplänkel eine Menge Zeit.« Unserer Erfahrung nach ist es gerade umgekehrt: Mit Empathie läßt sich Zeit gewinnen, und es dauert viel länger, wenn man Endlosdialoge ohne Empathie führt, bei denen jeder taube Ohren für den Standpunkt des anderen hat.
- »Wer Empathie ausdrückt, manipuliert den anderen.« Ganz und gar nicht! Manipulation setzt voraus, daß Sie dem anderen Ihre wahren Ziele verbergen oder daß Sie auf wenig ehrenhafte Weise mit seinen Emotionen spie-

len. Wenn Ihre Wünsche ganz offen ausgedrückt werden und wenn Sie den Standpunkt des anderen aufrichtig verstehen, bedeutet das Bezeugen von Empathie keine Manipulation.

– »Wenn ich meine Empathie ausdrücke, garantiert mir das nicht, daß sich der andere meinem Standpunkt anschließt.« Das ist natürlich wahr, aber die Wahrscheinlichkeit, daß Sie sich einigen, wird trotzdem deutlich steigen. Und in jedem Fall werden Sie durch das Ausdrücken von Empathie weiterhin eine konstruktive Beziehung mit Ihrem Gesprächspartner unterhalten, wodurch Ihnen die Option auf spätere Debatten bleibt.

EMPATHIE BEI KINDERN

Im Wartezimmer einer Arztpraxis bittet eine Mutter, die mal auf die Toilette muß, eine andere Mama darum, kurz auf ihr Töchterchen aufzupassen. Kaum ist die Mutter aus dem Zimmer verschwunden, beginnt das kleine Mädchen zu weinen. Damien (achtzehn Monate) beobachtet sie aufmerksam; dann geht er zu ihr hinüber und reicht ihr sein Plüschtier. Damien hat Empathie bewiesen: Er hat den Kummer des kleinen Mädchens bemerkt und versucht, das Kind zu trösten. Für ein solches Verhalten muß er in seiner Entwicklung wenigstens zwei Etappen durchlaufen haben, die Martin L. Hoffman beschrieben hat[28]:

– *Globale Empathie.* Bis zum Alter von einem Jahr weinen Kinder zwar, wenn sie andere Kinder weinen hören, aber es handelt sich hierbei um reflexartige Empathie: Das Kind verspürt eine Art globalen Kummer, ohne seine eigenen Emotionen von denen des anderen unterscheiden zu können.

– *Egozentrische Empathie.* Das Kind differenziert zwischen seinem eigenen emotionalen Zustand und dem der anderen (es beginnt sich selbst als Individuum zu begreifen); es schlägt den anderen im allgemeinen genau das vor, was für die eigene Person gut zu sein scheint. Sieht ein Kind zum Beispiel, daß ein anderes Kind weint, weil seine Mutter fortgegangen ist, könnte es ihm seine eigene Mutter anbieten.

Wenn Damien älter wird, kommen zwei andere Stufen hinzu:

– *Empathie für die Emotionen der anderen.* Das Kind beginnt zu begreifen, daß die Emotionen der anderen selbst in ein und der-

selben Situation anders aussehen können als seine eigenen. Seine Hilfe stellt sich jetzt mehr auf die Bedürfnisse der anderen ein.
Bis hierher zeigt das Kind Empathie, wenn es direkt zum Zeugen des Kummers anderer Personen wird.
– *Empathie für die Lebensumstände des anderen.* Kurz vor Einsetzen des Jugendalters beginnt das Kind, nicht allein für unmittelbar sichtbare Emotionen Empathie zu verspüren, sondern auch für Gefühle, die mit bestimmten Lebensbedingungen zu tun haben (man versteht, daß ein Klassenkamerad immer traurig ist, weil seine Eltern sich nicht vertragen). Nun richtet sich die Empathie auch zunehmend auf ganze Personengruppen und geht über das unmittelbar Erlebte hinaus.
Die Entwicklung der persönlichen Empathie ist für das Individuum selbst wichtig, aber auch für die Gesellschaft. Studien belegen nämlich, daß Empathiefähigkeit bei Kindern wie bei Erwachsenen die Bereitschaft zu gegenseitiger Hilfe erhöht. Bei schwacher Empathie wächst hingegen das Risiko, daß man straffällig wird.

Um Empathie ausdrücken zu können, muß man aber erst einmal den Standpunkt des anderen begreifen. In einer einfachen Situation oder unter engen Vertrauten ist das leicht, aber in anderen Kontexten wird es viel heikler sein. Wie können Sie Ihre Empathie und damit Ihre emotionale Kompetenz steigern?

Beobachten Sie aufmerksam das Gesicht des anderen

Erinnern Sie sich daran, daß Emotionen einen unfreiwilligen Gesichtsausdruck mit sich bringen. Manche Leute sind geschickter als andere, wenn es darum geht, die eigenen Reaktionen zu kontrollieren. Der französische Diplomat Talleyrand (1754 bis1838) ist berühmt dafür, daß er über verschiedene Regierungssysteme hinweg immer an der Macht geblieben ist (Revolution, Napoleonisches Kaiserreich, Karl X., Louis-Philippe). Er soll eine solche Unbewegtheit an den Tag gelegt haben, daß ihm jemand in den Hintern hätte treten können, ohne daß man an seiner Miene etwas gemerkt hätte.

Aber die meisten Leute schaffen es nicht, ihren Gesichtsausdruck völlig zu beherrschen, vor allem nicht in den ersten Sekundenbruchteilen einer Emotion. Verpassen Sie diese kostbaren Augenblicke nicht!

Wenn wir reden, besonders wenn wir einen bestimmten Standpunkt verteidigen, kann es nun aber vorkommen, daß wir mehr auf unseren eigenen Diskurs achten als auf die Reaktionen des anderen. Menschen mit Verhandlungsgeschick werden diesen Fehler nicht machen. Sogar wenn sie gerade selbst sprechen, werden sie auf die Emotionen ihres Gesprächspartners achten, so flüchtig sie sich auch zeigen mögen.

Nützlich kann auch das Beispiel der Pokerspieler sein, die aus der Miene des Gegners seine Absichten zu erraten versuchen, oder das von Polizisten, die im Gesicht eines Verdächtigen aufmerksam nach Reaktionen forschen, die verraten, daß er lügt.

Sie können das Mienenspiel der anderen aber auch beobachten, um sie besser zu verstehen, besser mit ihnen zu kommunizieren und sie nicht ungewollt zu verletzen.

Aktives Zuhören und Neuformulierung

Wir wollen uns über diese Praxis, die inzwischen so ziemlich überall in den Berufsschulen gelehrt wird, nicht lang und breit auslassen. Wenn man den Standpunkt des anderen begreifen will, ist es aber tatsächlich ein gutes Mittel, seinen Gesprächspartner bestätigen zu lassen, daß man ihn richtig verstanden hat:

»Wenn ich richtig verstehe, findest du es nicht gerecht, daß du dich auch noch ums Abendbrot kümmern mußt, wo du schon soviel Arbeit hattest?!«

»Ich habe den Eindruck, du bist unzufrieden, weil ich diese Sache entschieden habe, ohne mit dir zu reden.«

Wenn der Gesprächston schärfer wird, sollten Sie den Standpunkt des anderen mit Ihren eigenen Worten formulieren und um Bestätigung bitten. Sie werden sehen, daß er oder sie sogleich weniger angespannt sein wird.

Die Kombination der beiden vorangegangenen Ratschläge wird manchmal dazu führen, daß Sie einen Moment innehalten, um den emotionalen Zustand des Gesprächspartners zu überprüfen: »Ich habe den Eindruck, meine Worte ärgern dich, nicht wahr?«

Wir haben Ihnen jetzt Beispiele für die besänftigende Wirkung von Empathie im Fall von Gereiztheit oder Zorn gegeben, aber sie hat auch einen Einfluß auf andere unangenehme Emotionen wie etwa Traurigkeit oder Schuldgefühle. Carl Rogers, der Begründer einer psychotherapeutischen Schule, zählte Empathie sogar zu den drei grundlegenden Qualitäten eines Psychotherapeuten (gemeinsam mit Aufrichtigkeit und bedingungsloser Akzeptanz des Patienten), und das ganz unabhängig von der jeweils genutzten therapeutischen Methode. Spätere Forschungen haben bestätigt, daß diese Eigenschaft von bestimmendem Einfluß auf das therapeutische Resultat ist.

Der letzte Ratschlag scheint uns am wichtigsten zu sein: Indem Sie Ihre Empathie trainieren, werden Sie zufriedenstellendere Beziehungen entwickeln und die Ursachen für negative Emotionen vermindern. Außerdem werden die anderen ein offeneres Ohr haben, wenn Sie einmal ausdrükken müssen, daß Sie mit etwas nicht einverstanden sind.

Was Sie tun sollten	*Was Sie lassen sollten*
Drücken Sie Ihre Emotionen mit Rücksicht auf den Kontext aus.	Reagieren Sie sich nicht im nachhinein ab.
Suchen Sie nach verständnisvollen Gesprächspartnern.	Brüten Sie nicht über Ihren negativen Emotionen herum.
Gehen Sie sorgsam mit Ihrer Gesundheit um, praktizieren Sie eine gute Lebenshygiene und verringern Sie die Risikofaktoren.	Glauben Sie nicht, daß sowieso »alles nur psychisch« sei.
Vermehren Sie die Anlässe für positive Emotionen; gehen Sie mit den negativen richtig um.	Glauben Sie nicht, daß alles körperliche Ursachen habe.

Was Sie tun sollten	*Was Sie lassen sollten*
Erkennen Sie Ihre Emotionen.	Machen Sie nicht immer wieder die gleichen Fehler.
Achten Sie aufmerksam auf die Emotionen der anderen.	Klammern Sie sich nicht immer am eigenen Standpunkt fest.
Formulieren Sie den Standpunkt des anderen mit Ihren Worten.	Beten Sie nicht pausenlos Ihre eigenen Argumente herunter.

Mit den eigenen Emotionen besser umgehen

*

Und jetzt, wo wir sie alle kennen,
haben wir viel weniger Grund als früher, sie zu fürchten;
wir sehen ja, daß sie von Natur aus allesamt gut sind
und daß wir nur ihren falschen Gebrauch oder ihre Übertreibungen
zu vermeiden brauchen.
René Descartes, Von den Leidenschaften der Seele

Anmerkungen und Quellen

Kapitel 1 Überall Emotionen …

1 Aron, E., *Ces gens qui ont peur d'avoir peur.* Montréal (Le Jour) 1999
2 Damasio, A., *Descartes' Irrtum.* München, Leipzig (List) 1995
3 Furetière, A. de, *Les Émotions.* Cadeilhan (Zulma) 1998. Wir verweisen auch auf das interessante Vorwort von Philippe Brenot.
4 Ekman, P., »Basic Emotion«. In: T. Dalgleish/M. J. Power (Hg.), *Handbook of Cognition and Emotion.* New York (John Wiley) 1999
5 Siehe dazu besonders De Waal, F., *De la réconciliation chez les primates.* Paris (Flammarion) 1992, oder vom selben Autor: *Le bon singe.* Paris (Bayard) 1997, und Kummer, H., *Vie de singe.* Paris (Odile Jacob) 1993
6 Mayr, E., … *und Darwin hat doch recht. Charles Darwin, seine Lehre und die moderne Evolutionstheorie.* München, Zürich (Piper) 1994
7 Diamond, J., *Der dritte Schimpanse: Evolution und Zukunft des Menschen.* Frankfurt/Main (Fischer) 1998
8 Cornelius, R., »The facial feed-back hypothesis«. In: *Science of Emotion.* Upper Saddle River (Prentice Hall) 1996. S. 100–107
9 Marx an Engels, 19. Dezember 1860. In: K. Marx/F. Engels, *Werke.* Band 30. Berlin (Dietz) 1982. S. 131
10 Freud, S., »Totem und Tabu«. In: *Essays.* Band 1. Berlin (Volk und Welt) 1988. S. 318–514
11 Freud, S., »Zeitgemäßes über Krieg und Tod«. In: *Gesammelte Werke.* Band 10. Frankfurt/Main (Fischer) 1991. S. 324–355. An anderer Stelle knüpft Freud daran an: »Die bisherige Entwicklung des Menschen scheint mir keiner anderen Erklärung zu bedürfen als die der Tiere […]« [Freud, S., »Jenseits des Lustprinzips«. In: *Essays.* Band 3. Berlin (Volk und Welt) 1988. S. 47]
12 Cottraux, J./Blackburn, I., *Les Thérapies cognitives de la dépression.* Paris (Masson) 1995
13 Averill, J., »Studies in Anger and Aggression: Implication for theories and emotion«. In: *American Psychologist,* 38, 1983. S. 1145–1180
14 Ekman, P./Friesen, W. V./Ellsworth, P., *Emotions in the human face.* New York (Pergamon Press) 1972
15 Mead, M., *Jugend und Sexualität in primitiven Gesellschaften.* Band 1: *Kindheit und Jugend in Samoa.* München (dtv) 1970
16 Ekman, P., *op. cit.*

1 Ekman, P., Nachwort zu: Darwin, Ch., *Der Ausdruck der Gemütsbewegungen bei dem Menschen und den Tieren*. Frankfurt/Main (Eichborn) 2000
2 *Ebd.*, S. 425
3 *Ebd.*
4 Scherer, K. R./Wallbot, G. H., »Evidence for universality and cultural variation of different emotion response patterning«. In: *Journal of Personality and Social Psychology*, 66, 1994. S. 310–328
5 De Waal, F., *op. cit.*
6 Berkowitz, L., »Anger«. In: T. Dalgleish/M. J. Power (Hg.), *Handbook of Cognition and Emotion*. New York (John Wiley) 1999
7 Fitness, J., »Anger in the workplace: an emotion script approach to anger episodes between workers and their superiors, co-workers and subordinates«. In: *Journal of Organisational Behavior*, 21, 2000. S. 147–162
8 Lelord, F./André, Ch., *Der ganz normale Wahnsinn. Vom Umgang mit schwierigen Menschen*. Leipzig (Gustav Kiepenheuer) 1998
9 Damasio, A., *op. cit.*
10 Pietrini, P./Guazelli, M./Basso Jaffe, K./Grafman, J., »Neural correlates of imaginal aggressive behavior assessed by positron emission tomography in Healthy Subject«. In: *American Journal of Psychiatry*, 157, 11, 2000. S. 1772–1781
11 Proust, M., *Auf der Suche nach der verlorenen Zeit. Band 3: Die Welt der Guermantes*. Berlin (Rütten & Loening) 1975. S. 214 f.
12 Joyce, J., *Dubliner*. Frankfurt/Main (Suhrkamp) 1969. S. 99
13 Dantzer, R., *L'Illusion psychosomatique*. Paris (Odile Jacob) 1989. S. 139
14 Freud, A., *Das Ich und die Abwehrmechanismen*. Frankfurt/Main (Fischer) 1994
15 Vaillant, G. E., *Ego Mechanism of Defense*. Washington (American Psychiatric Press) 1992
16 Lewis, K. M., »When leaders display emotions: how followers respond to negative emotional expression of male and female leaders«. In: *Journal of Organisational Behavior*, 21, 2000. S. 221–234
17 Lepoutre, D., *Cœur de Banlieue*. Paris (Odile Jacob) 1998. S. 171
18 *Ebd.*
19 Proust, M., *op. cit.*, S. 668 f.
20 Boyd, W., *Die neuen Bekenntnisse*. Reinbek (Rowohlt) 1992. S. 405
21 Briggs, J., *Never in Anger*. Cambridge (Harvard University Press) 1970
22 Ernaux, A., *La Honte*. Paris (Gallimard) 1997
23 Gottman, J. M., *What predicts divorce?* New York (Lawrence Elbaum Associates) 1994
24 Kennedy-Moore, E./Watson, J. C., »Men, Women and the language of love«. In: *Expressing Emotion*. New York (The Guilford Press) 1999
25 Dufreigne, J.-P., *Bref traité de la colère*. Paris (Plon) 2000
26 American Psychiatric Association (Hg.), *DSM IV: Diagnostisches und statistisches Manual psychischer Störungen*. Göttingen (Hogrefe) 1996
27 Gray, J. J., »Techniques to cool the anger«. In: *Cognitive and Behavioral Practice*, 1999, 6. S. 284–286

28 Williams, J. E./Paton, C. C./Siegler, I. C./Eigenbrodt, M. L./Nieto, F. J./Tyroler, H. A., »Anger proneness predicts coronary heart disease risk: prospective analysis from the Arteriosclerosis risk in communities (ARIC) study«. In: *Circulation*, 101, 17, 2000. S. 2034–2039
29 Kop, W. J., »Chronic and acute psychological risk factors for clinical manifestations of coronary artery disease«. In: *Psychosomatic Medicine*, 61, 4, 1999. S. 476–487
30 Kennedy-Moore, E./Watson, J. C., »The myth of emotional venting«. In: *Expressing Emotion*. New York (The Guilford Press) 1999
31 Berkowitz, L., »Aversive events as Anger sources«. In: T. Dalgleish/M. J. Power (Hg.), *Handbook of Cognition and Emotion*. New York (John Wiley) 1999
32 Lorenz, K., *Das sogenannte Böse: Zur Naturgeschichte der Aggression*. München (dtv) 1995
33 Van Rillaer, J., *Les Colères*. Paris (Bernet-Danilo) 1999
34 Lutz, C. A., *Unnatural Emotions*. Chicago (The University of Chicago Press) 1988
35 Ellis, A., *Reason and Emotion in Psychotherapy*. New York (Birch Lane) 1994
36 Cowe, M./Ridley, J., *Therapy with couples*. Oxford (Blakwell) 1990
37 De Waal, F., *op. cit.*

Kapitel 3 Neid

1 Parrot, W. G./Smith, R. H., »Distinguishing expression of envy and jealousy«. In: *Journal of Personality and Social Psychology*, 64, 1993. S. 906–920
2 Alberoni, F., *Gli invidiosi*. Milano (Garzanti) 1990
3 East, H. P./Watts, F. N., »Jealousy and envy«. In: T. Dalgleish/M. J. Power (Hg.), *Handbook of Cognition and Emotion*. New York (John Wiley) 1999
4 Freud, S., »Totem und Tabu«. In: *Essays*. Band 1. Berlin (Volk und Welt) 1988. S. 318–514
5 De Waal, F., *Le Bon Singe*. Paris (Bayard) 1997
6 Wright, R., *Diesseits von Gut und Böse: die biologischen Grundlagen unserer Ethik*. München (Limes) 1996
7 Rawls, J., *Eine Theorie der Gerechtigkeit*. Frankfurt/Main (Suhrkamp) 1975
8 Orwell, G., *Farm der Tiere*. Zürich (Diogenes) 1982. S. 113
9 Boyd, W., *Unser Mann in Afrika*. Reinbek (Rowohlt) 1994. S. 14f.
10 Girard, R., *Das Heilige und die Gewalt*. Zürich (Benzinger) 1987
11 Alberoni, F., *op. cit.*
12 Buss, D. M., *Evolutionary Psychology: The New Science of Mind*. Needham Heights (Allyn and Bacon) 1999. S. 366f.
13 Friedman, H. S./Miller-Herringer, T., »Nonverbal display of emotion in public and private: self-monitoring, personality and expressive cues«. In: *Journal of Personality and Social Psychology*, 61, 1991. S. 766–775

1 Diener, E./Lucas, R. E., »Subjective emotional well-being«. In: M. Lewis/J. M. Havilland (Hg.), *Handbook of Emotions*. New York (The Guilford Press) 2000
2 Diamond, J., *op. cit.*
3 *Duchenne de Boulogne*, Ausstellungskatalog. Paris (École nationale supérieure des beaux-arts) 1999
4 Ekman, P., Vorwort zu Darwin, Ch., *op. cit.*
5 Gottman, J. H., in: *ebd.*
6 *Ebd.*
7 Kennedy-Moore, E./Watson, J. C., *op. cit.*
8 Nozick, R., *Méditation sur la vie*. Paris (Odile Jacob) 1995
9 *Le Monde* vom 8. Januar 2000
10 Isen, A. M., »Positive Affect«. In: T. Dalgleish/M. J. Power (Hg.), *op. cit.*
11 Isen, A. M., »The effect of feeling good on helping: cookies and kindness«. In: *Journal of Personality and Social Psychology*, 48, 1972. S. 1413–1426
12 Isen, A. M./Daubman, K. A./Nowicki, G. P., »Positive affect facilitates creative problem solving«. In: *Journal of Personality and Social Psychology*, 52, 1987. S. 1122–1131
13 Estrada, C. A./Young, M. J./Isen, A. M., »Positive affect influences creative problem solving and reported sources of practice satisfaction in physicians«. In: *Motivation and Emotion*, 18, 1994. S. 285–299
14 Isen, A. M., *op. cit.*
15 *Ebd.*
16 Kraiger, K./Billing, R. S./Isen, A. M., »The influence of positive affect on tasks perception and satisfaction«. In: *Organisational Behavior and Human Decisions Processes*, 44, 1989. S. 12–25
17 Averill, J. R./More, T. A., »Happiness«. In: M. Lewis/J. M. Havilland (Hg.), *op. cit.*
18 Karasek, R. A., »Lower health risk with increased job control among white collar workers«. In: *Journal of Organisational Behavior*, 11, 1990. S. 171–185
19 Piedmont, R. L./McCrae, R. R./Costa, P. T., »Adjective check list scales and the five-factor model«. In: *Journal of Personality and Social Psychology*, 60, 1991. S. 630–637. Eine Literaturliste zu den *big five* findet man unter lpcwww.grc.nia.nih.gov/www-psc-rrn.hmtl.
20 Wenn Sie Internetzugang haben, können Sie die *big five* unter http://www.selfeval.com selbst testen.
21 De Neve/Cooper, »The happy personality. A meta-analysis or 137 personality traits and subjective well-being«. In: *Psychological Bulletin*, 124, 1998. S. 197–229
22 Cage, N., *Onassis et la Callas*. Paris (Laffont) 2000. S. 315
23 Rolland, J.-P., »Le bien-être subjectif. Revue de questions«. In: *Pratique psychologique*, n° 1, 2000
24 Michalos, A. C., »Multiple discrepancies theory«. In: *Social Indicator Research*, 16, 1986. S. 347–413
25 Diener, E./Suh, M. E./Lucas, R. E./Smith, H., »Subjective well-being: three decades of progress«. In: *Psychological Bulletin*, 125, 1999. S. 276–302

26 Diener, E./Diener, C., »Cross-cultural correlates of life satisfaction and self-esteem«. In: *Journal of Personality and Social Psychology*, 68, 1995. S. 653–663
27 Hagerty, M. R., »Social comparisons of income in one's community: evidence from national surveys of income and happiness«. In: *Journal of Personality and Social Psychology*, vol. 78 (4), 2000. S. 764–771
28 Diener, E./Diener, M./Diener, C., »Factors predicting the subjective well-being of nations«. In: *Journal of Personality and Social Psychology*, 69, 1995. S. 851–864
29 Watson, D./Pennebaker, J. W., »Health complaints, stress and distress: exploring the central role of negative affectivity«. In: *Psychological Review*, 96, 1989. S. 234–254
30 Rolland, J.-P., *op. cit.*
31 Diener, E./Lucas, R. E., »Subjective emotional well-being«. In: M. Lewis/J. M. Havilland (Hg.), *op. cit.*
32 *Ebd.*
33 Rascle, N., »Le soutien social dans la relation stress-maladie«. In: M. Bruchon-Schweitzer/R. Dantzer (Hg.), *Introduction à la psychologie de la santé.* Paris (PUF) 1994
34 Rolland, J.-P., *op. cit.*
35 *Ebd.*
36 *Ebd.*
37 Myers, D. G., »The funds, friends, and faith of happy people«. In: *American Psychologist*, vol. 55, 1, 2000. S. 56–67
38 Solschenizyn, A., *Ein Tag im Leben des Iwan Denissowitsch*. München (Knaur) 1999. S. 189f.

Kapitel 5 Traurigkeit

1 Bei dem Dokumentarfilm handelt es sich um *The Mystery of Josef Mengele*, Greystone Communications Inc., 1996.
2 Laut einer psychologischen Studie verzeichnet man unter den großen Schriftstellern eine unnatürlich hohe Rate von Depressiven und Alkoholikern. Vgl. dazu: Post, F., »Verbal creativity, depression and alcoholism: an investigation of one hundred American and British writers«. In: *British Journal of Psychiatry*, 168, 5, 1996. S. 545–555
3 Thomas-Maleville, A., *Hector Malot, l'écrivain au grand cœur.* Paris (Éditions du Rocher) 2000
4 Ekman, P., Kommentar zu Darwin, Ch., *op. cit.*
5 Kennedy-Moore, E./Watson, J. C., »Effects of crying in arousal …«. In: *Expressing Emotion*. New York (The Guilford Press) 1999
6 Ekman, P., *op. cit.*
7 Cunningham, M. R., »What do you do when you are happy or blue?« In: *Motivation and Emotion*, 12, 1998. S. 309–331
8 Freud, S., »Trauer und Melancholie«. In: *Gesammelte Werke*. Band 10. Frankfurt/Main (Fischer) 1991. S. 432
9 Stevens, A. B./Price, J. S., *Evolutionary Psychiatry. A New Beginning*. London (Routledge) 1996

10 So lautet ein Buchtitel von Stig Dagerman: *Vårt behov av tröst är omättligt.* Skutskär (Stig Dagermansällskapet) 1993. Es ist sicher nicht albern, hier anzumerken, daß Dagerman als Kind von seinen Eltern aufgegeben wurde und zu Adoptiveltern kam.

11 Coynes u. a., »The other side of support: emotional overinvolvement and miscarried helping«. In: *Marshaling Social Support: Format, Processes and Effect*, Newbury Park 1988. S. 305 f.

12 Lane, R. C./Hbofal, I. E., »How loss affects anger and alienates potential supporters«. In: *Journal of Consulting and Clinical Psychology*, 60, 1992. S. 935–942

13 Price, J. S./Slaman, L., »Depression as a yielding behavior: an animal model based on the Schjelderup-Ebhes pecking order«. In: *Ethology and Sociobiology*, 8, 1987. S. 85–89

14 Rob, L., »Cooperation between parents, teachers, and school boards to prevent bullying in education: an overview of work done in the Netherlands«. In: *Aggressive Behavior*, vol. 26, 1, 2000. S. 125–134

15 Smith, P. K./Brain, P., »Bullying in school lessons from two decades of research«. In: *Aggressive behavior*, vol. 26, 1, 2000. S. 1–9

16 Boyd, W., »Bons et mauvais en sport«. In: *Visions fugitives*. Paris (Seuil) 2000

17 Hirigoyen, M.-F., *Die Masken der Niedertracht*. München (Beck) 1999

18 Pageat, P., *L'Homme et le chien*. Paris (Odile Jacob) 1999

19 Lorenz, K., *op. cit.*

20 Kennedy-Moore, E./Watson, J. C., »Empathy and sympathy«. In: *Expressing Emotion*. New York (Guilford Press) 1999

21 Briggs, J., *op. cit.*

22 Barre-Zisowitz, C., »Sadness – is there such a thing?«. In: M. Lewis/ J. M. Havilland (Hg.), *op. cit.*

23 Lutz, C. A., ·*Unnatural Emotions*. Chicago (The University of Chicago Press) 1988

24 Abu-Lughod, L., *Veiled sentiments*. Berkeley (The University of California Press) 1986

25 George, M. S./Ketter, T. A./Parekh, P. I./Herscovitch, P./Post, R. M., »Gender differences in regional cerebral blood flow during transient self-induced sadness or happiness«. In: *Biol. Psychiatry*, 40, 9, 1996. S. 859–871

26 George, M. S./Ketter, T. A./Parekh, P. I./Horwitz, B./Herscovitch, P./ Post, R. M., »Brain activity during transient sadness and happiness in healthy women«. In: *American Journal of Psychiatry*, 152, 3, 1995. S. 341–351

27 Vincent-Buffault, A., *Histoire des larmes*. Paris (Rivages) 1993

28 Gamino, L. A./Sewell, K. W./Easterling, L. W., »Scott & White grief study: an empirical test of predictors of intensified mournings«. In: *Death Studies*, 22, 1998. S. 333–355

29 Bowlby, J., *Bindung: eine Analyse der Mutter-Kind-Beziehung*. Frankfurt/ Main (Fischer) 1986

30 Prigerson, H. G./Bierhals, A. J./Kasl, S. V./Reynolds, C. F./Shear, M. K./ Day, N./Beery, L. C./Newsom, J. T., »Traumatic grief as a risk factor for mental and physical morbidity«. In: *American Journal of Psychiatry*, 154, 5, 1997. S. 616–623

31 Kissane, D. W./Bloch, S./Onghena, P./McKenzie, D. P./Snyder, R. D./Dowe, D. L., »The Melbourne family grief study. II: Psychosocial morbidity and grief in bereaved families«. In: *American Journal of Psychiatry*, 153, 1996. S. 659–666
32 Cottraux, J./Blackburn, I., *op. cit.*
33 Freud, S., »Trauer und Melancholie«. In: *Gesammelte Werke*. Band 10. Frankfurt/Main (Fischer) 1991
34 Fava, M. J., in: *Clinical Psychiatry*, 1998, 59, Suppl. 18. S. 18–22
35 Braconnier, A./Jeanneau, A., »Anxiété, agressivité, agitation et dépression: aspects psychopathologiques«. In: *Encéphale*, 1997, 3. S. 43–47
36 Rozin, P./Haidt, J./McCauley, C. R., »Disgust, the body and soul emotion«. In: T. Dalgleish/M. J. Power (Hg.), *op. cit.*
37 Ekman, P., »The universality of contempt expression: a replication«. In: *Motivation and Emotion*, 12, 1988. S. 303–308
38 Power, M. J., »Sadness and its disorders«. In: T. Dalgleish/M. J. Power (Hg.), *op. cit.*
39 *Ebd.*, S. 503
40 Rosaldo, M. Z., *Knowledge and Passion: Ilongot Notions of Self and Social Life*. New York (Cambridge University Press) 1980
41 Kennedy-Moore, E./Watson, J. C., *op. cit.*
42 Bourgeois, M.-L., *2000 ans de mélancolie*. Paris (NHA) 2000
43 Campion, L. A./Power, M. J., »Social and cognitive approach to depression: a new synthesis«. In: *British Journal of Clinical Psychology*, 34, 1995. S. 485–503
44 Joiner, T. E., »Negative attributional style, hopelessness depression and endogenous depression«. In: *Behaviour Research and Therapy*, 39, 2001. S. 139–150

Kapitel 6 Scham

1 So erklärt es der *Robert*, das maßgebliche französische Bedeutungswörterbuch.
2 Kaufman, G., *The Psychology of Shame*. New York (Springer) 1996
3 Rimmé, B./Mesquita, H./Phillipot, P./Boca, S., »Beyond the emotional moments; six studies of the social sharing of emotion«. In: *Cognition and Emotion*, 5, 1991. S. 435–465
4 Retzinger, S. M., »Shame in the therapeutic relationship«. In: P. Gilbert/B. Andrews (Hg.), *Shame*. New York (Oxford University Press) 1998
5 Lewis, M., »Self-conscious emotions«. In: M. Lewis/J. M. Havilland (Hg.), *op. cit.*
6 Goffman, E., *Stigma: über Techniken der Bewältigung beschädigter Identität*. Frankfurt/Main (Suhrkamp) 1996
7 Darwin, Ch., *op. cit.*, S. 353 ff.
8 Keltner, D./Harkner, L. A., »The form and function of the nonverbal signal of shame«. In: P. Gilbert/B. Andrews (Hg.), *op. cit.*
9 Kafka, F., »Die Verwandlung«. In: *Romane und Erzählungen*. Berlin (Aufbau) 2000
10 Ernaux, A., *op. cit.*

11 Agejew, M., *Roman mit Kokain*. Reinbek (Rowohlt) 1986
12 Pujo, B., *Vincent de Paul, le précurseur*. Paris (Albin Michel) 1998
13 Schnitzler, A., *Erzählungen*. Berlin, Weimar (Aufbau) 1965. S. 283
14 Keltner, D./Harker, L. A., *op. cit.*
15 Semin, G. R./Manstead, A. S. R., »The social implication of emotional display and restitution behavior«. In: *European Journal of Social Psychology*, 66, 1982. S. 310–328
16 Georget, A. (Regie), *Le Cerveau en émoi*. La Sept/Arte 1998
17 Keltner, D./Harker, L. A., *op. cit.*
18 Buss, D. M., *Self-Consciousness and Social Anxiety*. San Francisco (Freeman) 1980
19 Tangney, J. P., »Shame, guilt, embarassment and pride«. In: T. Dalgleish/ M. J. Power (Hg.), *op. cit.*
20 Lewis, M., »The emergence of human emotions«. In: M. Lewis/J. M. Havilland (Hg.), *op. cit.*
21 Ekman, P., *Weshalb Lügen kurze Beine haben: über Täuschungen und deren Aufdeckung im privaten und öffentlichen Leben*. Berlin, New York (De Gruyter) 1989
22 Lepoutre, D., *op. cit.*
23 Tangney, J. P./Wagner, P. E./Fletcher, C./Gramzow, R., »Shamed into anger? The relation of shame and guilt to anger and self-reportes aggression«. In: *Journal of Personality and Social Psychology*, 103, 1992. S. 469–478
24 Gilbert, P., »What is shame?«. In: P. Gilbert/B. Andrews (Hg.), *op. cit.*
25 Kendall-Tacket, K. A./Williams, L. M./Fikelhor, D., »Impact of sexual abuse in children: a review and a synthesis of recent empirical studies«. In: *Psychological Bulletin*, 113, 1993. S. 164–180
26 Lazare, A., »Shame and humiliation in the medical encounter«. In: *Archives of International Medicine*, 147, 1987. S. 1653–1658
27 Tangney, J. P./Wagner, P. E./Hill-Barlow, D., u. a., »Relation of shame and guilt to constructive versus destructive responses to anger across the lifespan«. In: *Journal of Personality and Social Psychology*, 70, 4, 1996. S. 797–809
28 Tangney, J. P., »Shame, guilt, embarassment and pride«. In: T. Dalgleish/ M. J. Power (Hg.), *op. cit.*
29 André, C./Légeron, P., *Bammel, Panik, Gänsehaut: Die Angst vor den anderen*. Leipzig (Kiepenheuer) 1999
30 Tangney, J. P., *op. cit.*
31 Hemingway, E., *Paris – ein Fest fürs Leben*. Reinbek (Rowohlt) 1999. S. 161–163
32 Kramer, P. D., »How crazy was Zelda?«. In: *New York Times* vom 1. Dezember 1996
33 Boyd, W., *Visions fugitives*. Paris (Seuil) 2000

Kapitel 7 Eifersucht

1 *Violence conjugale*, Statistiken 1998, zugänglich unter www.msp.gouv.gc.ca
2 Buss, D. M., *»Wo warst du?«: vom richtigen und falschen Umgang mit der Eifersucht*. Kreuzlingen, München (Hugendubel) 2001

3 Mead, M., *op. cit.*
4 Buss, D. M., *op. cit.*
5 Mead, M., *op. cit.*
6 Freeman, D., *Margaret Mead and Samoa: the Making and Unmaking of an Anthropological Myth.* Cambridge (Harvard University Press) 1983
7 Wright, R., *op. cit.*
8 Dijkstra, P./Buunk, B., »Jealousy as a function of rival characteristics: an evolutionary perspective«. In: *Personality & Social Psychology Bulletin*, vol. 24, 11, 1998. S. 1158–1166
9 Buss, D. M./Dedden, L. A., »Derogation of competitors«. In: *Journal of Personality*, 59, 1990. S. 179–216
10 Proust, M., *Auf der Suche nach der verlorenen Zeit.* Band 1: *In Swanns Welt.* Berlin (Rütten & Loening) 1975. S. 487
11 Buss, D. M., *Evolutionary Psychology: The New Science of Mind.* Needham Heights (Allyn and Bacon) 1999
12 Wright, R., *op. cit.*
13 Diamond, J., *op. cit.*
14 Wright, R., *op. cit.*
15 *Ebd.*
16 Buss, D. M./Shakelford, T. K./Kirckpatrick, L. A./Choe, J./Asegawa, M./ Asegawa, T./Bennet, K., »Jealousy and the nature of beliefs about infidelity: test of competing differences about sex differences in the Unites States, Korea and Japan«. In: *Personal Relationships*, 6, 1989. S. 125–150
17 White, G. L./Mullen, P. E., *Jealousy: Theory, Research, and Clinical Strategies.* New York (The Guilford Press) 1989
18 Kundera, M., *Die unerträgliche Leichtigkeit des Seins.* Frankfurt/Main (Fischer) 1997. S. 56
19 Buss, D. M., *»Wo warst du?«: vom richtigen und falschen Umgang mit der Eifersucht.* Kreuzlingen, München (Hugendubel) 2001
20 East, M. P./Watts, F. N., »Jealousy and envy«. In: T. Dalgleish/M. J. Power (Hg.), *op. cit.*
21 Bringles, R. G., »Psychosocial aspect of jealousy: a transactional model«. In: P. Salovey (Hg.), *The Psychology of Jealousy and Envy.* New York (The Guilford Press) 1991
22 East, M. P./Watts, F. N., *op. cit.*
23 Ayoub, M., *La Vérité.* Paris (Michel Lafon) 2000
24 Misky, J., *The Eskimos of Greenland, Cooperation and Competition Among Primitive Peoples.* New York (Mac Graw Hill) 1937
25 Wright, R., *op. cit.*

Kapitel 8 Angst

1 Crichton, M., *Im Kreis der Welt.* Reinbek (Rowohlt) 1994. S. 173
2 Curtiss, G. C./Magee, W. J./Eaton, W. W., u. Koll., »Specific fears and phobias. Epidemiology and classification«. In: *British Journal of Psychiatry*, 1998, 173. S. 212–217
3 *Ebd.*

4 Comte-Sponville, A., *Petit Traité des grandes vertus*. Paris (PUF) 1995
5 Delumeau, J., *Die Angst im Abendland*. Reinbek (Rowohlt) 1989
6 Tsunetomo, Y., *Hagakure: das Buch des Samurai*. Augsburg (Bechtermünz) 2001. S. 115
7 Offenstadt, N., *Les Fusillés de la Grande Guerre*. Paris (Odile Jacob) 1999
8 Stengers, I./Van Neck, A., *Histoire d'une grande peur: la masturbation*. Paris (Les Empêcheurs de penser en rond) 1998
9 Duché, J. D., *Histoire de la masturbation*. Paris (PUF) 1994
10 Belmont, N., *Comment on fait peur aux enfants*. Paris (Mercure de France) 1999
11 Wells, A., u. Koll., »Social phobia: a cognitive approach«. In: G. C. L. Davey (Hg.), *Phobias*. Chichester (Wiley) 1997
12 Öhman, A., u. Koll., »Unconscious anxiety: phobic response to masked stimuli«. In: *Journal of Abnormal Psychology*, 1994, 103. S. 231–240
13 Stopa, L., u. Koll., »Social phobia and interpretation of social events«. In: *Behaviour Research and Therapy*, 2000, 38. S. 273–283
14 Lavy, E., u. Koll., »Selective attention evidence by pictorial and linguistic stroop tasks«. In: *Behavior Therapy*, 24, 1993. S. 645–657
15 Bear, M. F. (Hg.), *Neuroscience: Exploring the brain*. New York (Williams and Wilkins) 1996
16 Demazière, A., »Encyclopédie des mots historiques«. In: *Historama*. Paris 1970
17 Rachman, S., »Fear and courage among military bomb disposal operators«. In: *Advances in Behaviour Research and Therapy*, 1983, 6. S. 275–285
18 McFarland, D., *Dictionnaire du comportement animal*. Paris (Robert Laffont) 1990
19 Bertenthal, B. I., u. Koll., »A re-examination of fear and its determinants on the visual cliff«. In: *Psychophysiology*, 1984, 21. S. 413–417
20 Garber, S., *Les Peurs de votre enfant*. Paris (Odile Jacob) 1997
21 Seligman, M., »Phobias and preparedness«. In: *Behavior Therapy*, 1971, 2. S. 307–320
22 Cook, M., u. Koll., »Selective associations in the origins of phobic's fears and their implications for behavior therapy«. In: P. Martin (Hg.), *Handbook of Behavior Therapy and Psychological Science*. New York (Pergamon Press) 1991
23 Kagan, J., *La Part de l'inné*. Paris (Bayard) 1999
24 Muris, P., u. Koll., »How serious are common childhood fears?«. In: *Behaviour Research and Therapy*, 2000, 38. S. 217–228
25 Brewin, C. R., u. Koll., »Psychopathology and early experience: a reappraisal of retrospective reports«. In: *Psychological Bulletin*, 1993, 113. S. 82–98
26 Muris, P., u. Koll., »Children's nighttime fears: parent-child ratings of frequency, contents, origins, coping behaviors and severity«. In: *Behaviour Research and Therapy*, 2001, 39. S. 13–28
27 Émery, J.-L., *Surmontez vos peurs. Vaincre le trouble panique et l'agoraphobie*. Paris (Odile Jacob) 2000
28 André, C./Légeron, P., *op. cit.*
29 Lopez, G./Sabouraud-Séguin, A., *Psychothérapie des victimes*. Paris (Dunod) 1998

30 Hare, R. D., »Psychophysiological studies of psychopathy«. In: *Clinical Applications of Psychophysiology*. New York (Columbia University Press) 1975
31 André, C., *Les Phobies*. Paris (Flammarion) 1999
32 Tsunetomo, Y., *op. cit.*, S. 203
33 Mumby, M./Johnson, D. W., »Agoraphobia, the long-term follow up of behavioral treatment«. In: *British Journal of Psychiatry*, 137, 1980. S. 418–427. Eine ausführlichere Darstellung dieser Debatte findet man in: F. Lelord, *Les Contes d'un psychiatre ordinaire*. Paris (Odile Jacob) 2000

Kapitel 9 ... und die Liebe?

1 Freud, S., »Beiträge zur Psychologie des Liebeslebens (III)«. In: *Essays*. Band 2. Berlin (Volk und Welt) 1988. S. 532–551
2 Darwin, Ch., *op. cit.*
3 Bloch, S./Orthous, P./Santibaniez, H. P., »Effector patterns of basic emotions: a psychological method for training actors«. In: *Journal of Social and Biological Structures*, 10, 1987. S. 1–19
4 Bloch, S./Lemeignan, M./Aguilera, N. T., »Specific respiratory patterns distinguish among human Basic Emotions«. In: *International Journal of Psychophysiology*, 11. S. 141–154
5 Izard, C. E., »Basic Emotions, relation among emotions and cognition-emotion relations«. In: *Psychological Review*, 99, 1992. S. 561–565
6 Robertson, J., *A Two Years Old Goes to Hospital* (Film). University Park PA, Penn State Audiovisual Service, 1953
7 Bowlby, J., *op. cit.*
8 Karen, R., *Becoming Attached*. Oxford (Oxford University Press) 1998
9 *Ebd.*, S. 172
10 *Ebd.*, S. 182
11 Kagan, J., *op. cit.*
12 Hazan, C./Shaver, P., »Romantic love concept as an attachment process«. In: *Journal of Personality and Social Psychology*, 52, 1987. S. 311–324
13 Kagan, J., *Die drei Grundirrtümer der Psychologie*. Weinheim, Basel (Beltz) 2000
14 Zazzo, R., *L'Attachement*. Lonay (Delachaux et Niestlé) 1979
15 Proust, M., *Auf der Suche nach der verlorenen Zeit*. Band IV: *Sodom und Gomorrha*. Berlin (Rütten & Loening) 1975. S. 141
16 Wright, R., *op. cit.*
17 Kundera, M., *op. cit.*, S. 108
18 Cohen, A., *Belle du Seigneur*. Paris (Gallimard) 1968. S. 780
19 *Ebd.*, S. 409
20 Buss, D. M, »Men's long term mating strategies«. In: *Evolutionary Psychology: The New Science of Mind*. Needham Heights (Allyn and Bacon) 1999
21 Buss, D. M./Schmitt, D. P., »Sexual strategies theory: an evolutionary perspective on human mating«. In: *Psychological Review*, 100, 1993. S. 204–232

22 Sternberg, R. J., »A triangular theory of love«. In: *Psychological Review*, 93, 1986. S. 119–135
23 Hatfield, E./Schmitz, E./Cornelius, J./Rapson, R. L., »Passionate love: how early it begins?«. In: *Journal of Psychology and Human Sexuality*, 1, 1988. S. 32–35
24 Hatfield, E./Rapson, R. L., »Love in children«. In: M. Lewis/J. M. Havilland (Hg.), *op. cit.*
25 Es handelte sich um die Capillano Bridge in Vancouver. Dutton, D./Aron, A., »Some evidence of heightened sexual attraction under conditions of high anxiety«. In: *Journal of Personality and Social Psychology*, 30, 1974. S. 510–517
26 Ovid, *Die Kunst der zärtlichen Liebe. Liebesdichtungen.* Berlin, Weimar (Aufbau) 1984. S. 119
27 Peele, S./Brodsky, A., *Love and Addiction.* New York (Taplinger) 1975
28 Hatfield, E./Rapson, R. L., »The costs of passionate love and attachment processes«. In: M. Lewis/J. M. Havilland (Hg.), *op. cit.*
29 Bille-Brahe, U./Schmidtke, A., »Conduites suicidaires des adolescents: la situation en Europe«. In: *Adolescents et suicide. Des aspects épidémiologiques aux perspectives thérapeutiques.* Paris (Masson) 1995. S. 18–38
30 Abramovici, P., »Les jeux dispendieux de la corruption mondiale«. In: *Le Monde diplomatique* vom November 2000
31 Smith and Hoklund, 1988
32 Rougemont, D. de, *Die Liebe und das Abendland.* Zürich (Diogenes) 1987
33 Mead, M., *op. cit.*, S. 93
34 Ovid, *op. cit.*
35 Van Gulik, R., *La Vie sexuelle dans la Chine ancienne.* Paris (Gallimard) 1971. S. 48
36 Flandrin, J.-L., *Le Sexe et l'Occident.* Paris (Seuil) 1981

Kapitel 10 Wie man mit den eigenen Emotionen leben kann

1 Kennedy-Moore, E./Watson, J. C., »The myth of emotional venting«. In: *Expressing Emotion.* New York (The Guilford Press) 1999
2 Kennedy-Moore, E./Watson, J. C., »Effects of crying …«. In: *Expressing Emotion, op. cit.*
3 Baumeister, R. F./Bushman, B. J./Stack, A. D., »Catharsis, aggression, and persuasive influence«. In: *Self-Fulfilling or Self-Defeating Prophecies*, vol. 76, 3. S. 367–376. Auch im Internet zu finden unter: www.apa.org/journals/psp/psp763367.html.
4 Im Internet unter: www.aap.org/policy/00830.html.
5 Im Internet unter: www.psych.org/public.info/media.violence.cfm.
6 Anderson, D., »Video games and aggressive thoughts, feelings and behavior in the laboratory and life«. In: *Journal of Personality and Social Psychology*, 2000, 78. S. 772–790
7 Glantz, S. A./Slade, J., u. Koll., *The Cigarette Papers.* Berkeley, Los Angeles (Londre University of California Press) 1996
8 Glen O. Gabbard, der mit seinem Bruder Krin das bemerkenswerte

Buch *Psychiatry and the Cinema* (American Psychiatric Press, 1999) verfaßte.

9 American Psychiatric Association (Hg.), *DSM IV: Diagnostisches und statistisches Manual psychischer Störungen.* Göttingen (Hogrefe) 1996

10 Goodal, G., »Vers un modèle psychosocial de la maladie«. In: M. Bruchon-Schweitzer/R. Dantzer (Hg.), *Introduction à la psychologie de la santé.* Paris (PUF) 1994

11 O'Donnell, M. C./Fisher, R./Irvine, K./Rickard, M./Mcconaghy, N., »Emotional suppression: can it predict cancer outcome in women with suspicious screening mammograms«. In: *Psychological Medicine*, 30, 2000. S. 1079–1088

12 Einen Literaturüberblick zum Thema »Psychologische Faktoren bei Brustkrebs« findet man in französischer Sprache unter www.gyneweb.fr/sources/senelogie/newsletter/00-03.htm sowie auf englisch unter www.nbcc.org.au/pages/info/resource/nbccpubs/psychrisk/ch3.htm.

13 Williams, J. E./Paton, C. C./Siegler, I. C./Eigenbrodt, M. L./Nieto, F. J./Tyroler, H. A., »Anger proneness predicts coronary heart disease risk: prospective analysis from the arteriosclerosis risk in communities (ARIC) study«. In: *Circulation*, 101, 17, 2000. S. 2034–2039

14 Glassman, A./Shapiro, P. A., »Depression and the course of coronary artery disease«. In: *American Journal of Psychiatry*, 1998, 155. S. 4–11

15 Schnall u. Koll., »The relationship between ›job strain‹ workplace diastolic blood pressure and left ventricular mass index«. In: *Jama*, 263, 14. S. 1929–1935

16 Everson, S. A./Kaplan, G. A./Goldberg, D. E./Salonen, J. T., »30 hypertension incidence is predictes by high levels of hopelessness in Finnish men«. In: *Hypertension*, 35, 2, 2000. S. 561–567

17 Davidson, K./Jonas, B. S./Dixon, K. E./Markovitz, J. H., »Do depression symptoms predict early hypertension incidence in young adults in the CARDIA study? Coronary artery risk development in young adults«. In: *Archives of International Medicine*, 160, 10, 2000. S. 1495–1500

18 Booth, R. J./Pennebaker, J. W., »Emotions and immunity«. In: M. Lewis/J. M. Havilland (Hg.), *op. cit.*

19 Calabrese, J. R./Kling, M. A./Gold, P. W., »Alterations in immunocompetence during stress, bereavement, and depression: focus on neuroendocrine regulation«. In: *American Journal of Psychiatry*, 144, 9, 1987. S. 1123–1134

20 Dantzer, R., *op. cit.*, S. 139

21 Theorell, T./Blomkvist, V./Jonsson, H., u. Koll., »Social support and the development of immune function in human immunodeficiency virus infection«. In: *Psychosomatic Medicine* (United States), 57, 1. S. 32–36

22 Salovey, P./Mayer, J. D., »Emotional Intelligence«. In: *Imagination, cognition and personality*, 9, 1990. S. 185–211

23 Goleman, D., *Emotionale Intelligenz.* München, Wien (Hanser) 1995

24 Sifneos, P. E., »Alexithymia: past and present«. In: *American Journal of Psychiatry*, 153, 7, 1996

25 Im letzten Kapitel unseres Buches *Der ganz normale Wahnsinn* (Gustav Kiepenheuer Verlag, 1998) geben wir einen detaillierteren Überblick über die Sichtweisen beider Methoden auf bestimmte Persönlichkeitsstörungen.

26 Pennebaker, J. W./Kiecolt-Glaser, J. K./Glaser, R., »Disclosure of trauma and immune function: health implication for psychotherapy«. In: *Journal of Consulting and Clinical Psychology*, 56, 2, 1988. S. 239–245

27 Kennedy-Moore, E./Watson, J. C., *Expressing Emotion*. New York (The Guilford Press) 1999. S. 50–58

28 Hoffman, M. L., »Development of prosocial motivation: empathy and guilt«. In: N. Eisenberg (Hg.), *The Development of Prosocial Behavior*. New York (Academic Press) 1982

Inhalt

Willem Frederik Hermans

Die Dunkelkammer des Damokles

Roman

Mit einem Nachwort von Cees Nooteboom

Aus dem Niederländischen von Waltraud Hüsmert

415 Seiten. Gebunden
ISBN 3-378-00640-4

Nach über 40 Jahren erstmals in deutscher Übersetzung: Mit »Die Dunkelkammer des Damokles« hat Willem Frederik Hermans einen der raffiniertesten Romane der modernen Literatur geschrieben.

»Die niederländische Literatur dieses Jahrhunderts ist ohne Willem Frederik Hermans undenkbar.«

Cees Nooteboom

»Auch die europäische Literatur wäre ärmer ohne ihn. Privates und Politisches zu transformieren – darin ist Hermans ein Riese, auf dessen Schultern Zwerge stehen.«

Süddeutsche Zeitung

»Diesen Roman müssen wir irgendwo zwischen Dostojewski, Kafka und Boves' genialem Roman ›Die Falle‹ ansiedeln. Schöpferischer Nihilismus in Hochpotenz.«

Nürnberger Nachrichten

»Ein bewegendes Buch, das nun endlich in deutscher Sprache vorliegt – dringend empfohlen.«

Das Magazin

»Die beklemmende Paranoia, die er seinen Lesern zumutet, bildet eine der größten Attraktionen des Romans.«

TAZ

Gustav Kiepenheuer
VERLAG

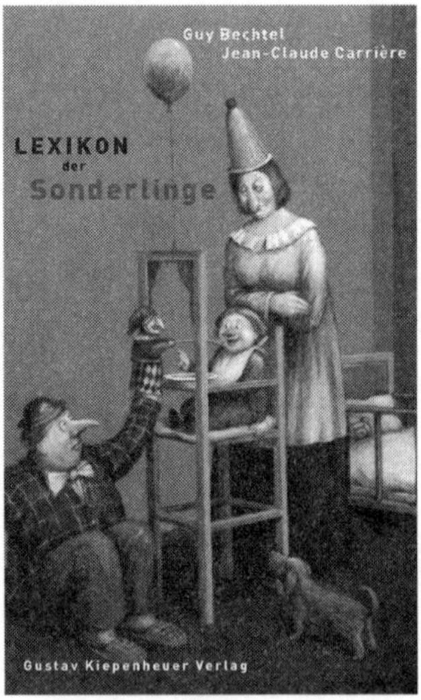

Guy Bechtel/
Jean-Claude Carrière
Lexikon der Sonderlinge

Aus dem Französischen
von Ralf Pannowitsch
und Helgard Rost

320 Seiten, Broschur
ISDN 3-378-01053-3

Wundern Sie sich auch manchmal über Ihre Mitmenschen? Dieses Buch liefert eine Galerie der merkwürdigsten Menschen und Phänomene, die es jemals gegeben hat: Originale, Verrückte, Besessene.

»Hier findet man nur Kleinode reinsten Wassers. Bechtel und Carrière sind Sammler, die liebevoll ihre Exponate beschreiben ... «

F.A.Z.

»Von der ersten Seite an spürt man, daß Kaiser, Dichter oder Pop-Ikonen zwar auch nur mit Wasser kochen, aber aus dem Wasser ein seltsam unwiderstehliches oder widerliches Gebräu entsteht. Die Gesellschaft braucht diese Originale, um zu begreifen, was das Bekenntnis zur eigenen Individualität bedeutet. Hier findet es der Leser in Reinkultur, zuweilen abscheulich, manchmal amüsant, immer unterhaltsam. «

Lausitzer Rundschau

Gustav Kiepenheuer
VERLAG

Gregor Jochim
Lexikon der Filmpannen

160 Seiten. Broschur
Mit 77 Abbildungen
und einem Daumenkino
ISBN 3-378-01050-9

Manchmal stimmt was nicht im Film: Wasserfälle, die bergauf fließen, antike Kämpfer mit Rolex am Handgelenk, James Bond, der mit der Rechten ausholt und dann seine Linke am Kinn des Gegners plaziert – selbst Meisterregisseuren wie Hitchcock, Truffaut und Tarantino unterliefen Pannen dieser Art. Gregor Jochim, exzellenter Filmkenner und passionierter Kinogänger, hat genau hingeschaut und die unglaublichsten Fehler über Jahre hinweg zusammengetragen. Entstanden ist eine Sammlung, die sich dem Filmbusiness von seiner kuriosesten Seite nähert: ein vergnügliches Kompendium mit ausführlichem Register, gleichermaßen fesselnd für Filmfreaks und alle wachsamen Zuschauer.

»Jeder Regisseur hat zwei Wunschträume: Erstens will er einen Oscar gewinnen, zweitens möchte er einmal in seiner Laufbahn einen Kinofilm drehen, in den sich keine Panne eingeschlichen hat. Man darf behaupten, daß der Traum vom Oscar der realistischere ist.«

Gregor Jochim

Victoria Griffin

Sonntags nie

Die Geschichte der heimlichen Geliebten

Aus dem Englischen von Andrea Voss

320 Seiten
Band 8069
ISBN 3-7466-8069-7

»Ich bin eine heimliche Geliebte. Damit will ich nicht nur sagen, daß ich zur Zeit ein Verhältnis mit einem verheirateten Mann habe, sondern auch, daß die Rolle der ›Anderen‹ ein beständiger Teil meines Lebens ist.«

Noch jetzt, zu Beginn des neuen Jahrtausends, wird eheliche Treue als ein feststehender Wert gehandelt und ein Seitensprung oder gar ein dauerhaftes außereheliches Verhältnis als unverzeihliches Vergehen dargestellt. Die »andere Frau« aber ist so alt wie die Ehe selbst.

Victoria Griffin fordert uns mit dieser provozierenden Lektüre auf, die Zusammenhänge zwischen Liebe, Treue, Selbständigkeit und dem anderen als Besitz von Grund auf zu überdenken.

»Das Buch ist ein Appell an jedwede Geliebte, ihre Lebensform als selbst gewählte zu erkennen, sie also zu genießen statt zu beklagen.«

Der Spiegel

Karel G. van Loon

Passionsfrucht

Roman

Aus dem Niederländischen
von Arne Braun

240 Seiten. Gebunden
ISBN 3-378-00631-5

Als Armin im Krankenhaus erfährt, daß er keine Kinder zeugen kann, gerät er ins Grübeln. Diese Entdeckung stellt sein bisheriges Leben völlig in Frage, denn der Vater seines dreizehnjährigen Sohnes Bo muß demnach ein anderer sein…

»Passionsfrucht« ist ein Psychogramm, ohne zu psychologisieren, ein Melodram ohne Larmoyanz, ein Krimi, der falsche Fährten legt – und dessen Auflösung in jeder Hinsicht überraschend ist.

»Eine fesselnde Mischung aus Psycho-Thriller und Liebesgeschichte, die viel über Väter, Söhne und Mütter erzählt.«

Frankfurter Rundschau

»Dabei gelingt es dem Autor, mit knappen, bildhaften Formulierungen die ganze Wucht und Intensität großer Gefühle zum Ausdruck zu bringen.«

Hamburger Abendblatt

Gustav Kiepenheuer
VERLAG

Karel G. van Loon

Lisas Atem

Roman

Aus dem Niederländischen von Arne Braun

240 Seiten. Gebunden
ISBN 3-378-00639-0

Lisa war gerade siebzehn geworden, als sie während eines Urlaubs in der Bretagne verschwand. Die Eltern suchten erfolglos nach ihr. Die Polizei hat die Nachforschungen nach jahrelangen Ermittlungen eingestellt. Ist Lisa entführt worden? Hat sie Selbstmord begangen? Niemand ahnt, was mit der jungen Frau geschah. Die verzweifelten Eltern müssen damit umgehen lernen, daß ihre Fragen nach Lisas Geheimnis unbeantwortet bleiben. Doch der junge Talm will sich nicht damit zufriedengeben – für ihn war Lisa die erste große Liebe …

»Ein Autor, der genau hinsieht und hinspürt – und mit seinen großen kleinen Beobachtungen ebenso in Bann zieht wie mit grandiosen Sätzen und Gedanken.«

Frankfurter Rundschau

»Mit Leichtigkeit, raffiniert, komisch und elegant erzählt van Loon von großer Liebe und vielen Toden.«

Brigitte

Gustav Kiepenheuer
VERLAG

Vonne van der Meer

Inselgäste

Roman

Aus dem Niederländischen
von Arne Braun

197 Seiten. Gebunden
ISBN 3-378-00636-6

Aus sicherem Abstand kommentiert die Putzfrau des Ferienhauses »Dünenrose« auf einer Nordseeinsel das Kommen und Gehen der Besucher. Aber Zeuge all der Träume und Geheimnisse, die sich hinter den Eintragungen im Gästebuch verbergen, wird allein der Leser.

»Vonne van der Meer besitzt die Gabe, Situationen und Personen mit knappsten Mitteln überzeugend zu zeichnen und dabei einen verblüffenden Spannungsbogen aufzubauen.«

NRC Handelsblatt

»Hier ist der kleine Roman von Vonne van der Meer, die ihrem Namen alle Ehre gibt.«

Neue Zürcher Zeitung

»Eine Perlenkette voller Lebensgeschichten.«

Freie Presse

»Unbedingt im Strandkorb lesen oder im Ferienhaus.«

Marie Claire

Gustav Kiepenheuer
VERLAG

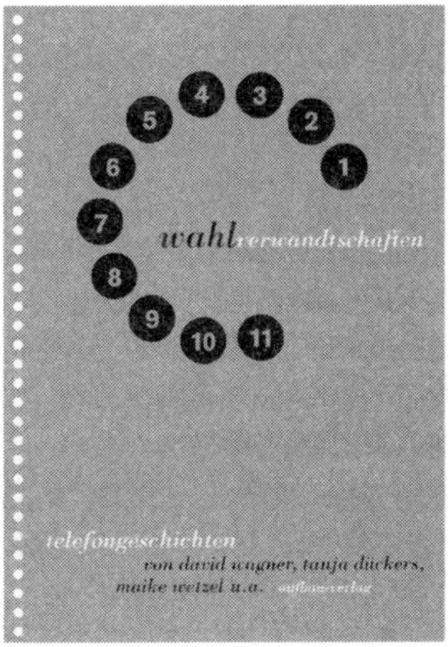

Wahlverwandtschaften

Telefongeschichten
von David Wagner,
Tanja Dückers,
Maike Wetzel u. a.

Herausgeber: Jörg Paulus,
Rainer Merkel, David Wagner

Etwa 181 Seiten. Broschur
Spiralbindung
ISBN 3-351-02933-0

Elf junge Autorinnen und Autoren schlagen ihre Adreßbücher auf und erzählen Geschichten zwischen Telefoneuphorie und -traurigkeit: David Wagner, Tanja Dückers, Maike Wetzel, Rainer Merkel, Jörg Paulus, Edda Helmke, Andreas Bernard, Falko Hennig, Annett Gröschner, Selim Özdogan und Edgar Rai.

»Das Adreßbuch wird zum journal intime: jede Nummer eine eigene, persönliche Geschichte. So entspinnt sich ein Geflecht verhuschter Begegnungen und Erinnerungen an die Jugendfreundin mit der Biene-Maja-Unterwäsche, zweisame Expeditionen in die Mangrovensümpfe des Wannsee oder die ›tiefe Traurigkeit einsamer Akademikerhaushalte‹.«

Der Tagesspiegel

Aufbau-Verlag

Polina Daschkowa

Die leichten Schritte des Wahnsinns

Roman

Aus dem Russischen von Margret Fieseler

454 Seiten. Gebunden
ISBN 3-351-02914-4

Mit den »Leichten Schritten des Wahnsinns« gab sie ihr Deutschland-debüt: Krimi-Autorin Polina Daschkowa, die mit mehr als 15 Millionen verkauften Büchern in Rußland ein Star ist. Ihr vielgelobter Thriller um einen Serienmörder und eine couragierte Journalistin spielt zwischen altem und neuem Rußland, Yuppies und Junkies, Mafia, Show-Biz und Ex-KGB.

»Rußlands Starautorin brilliert mit einem Polit-Thriller.« *Vogue*

»Ein wahrhaft märchenhafterKriminalroman.« *Die Literarische Welt*

»Unglaublich dicht und spannend.« *Brigitte*

»Eine treffende Diagnose der russischen Gesellschaft.« *NDR*

»Daschkowa erzählt mit der Opulenz russischer Romantradition und beherrscht doch die ganze Klaviatur des echten Thrill.«

Ostthüringer Zeitung

Aufbau-Verlag

Polina Daschkowa

Club Kalaschnikow

Roman

Aus dem Russischen
von Margret Fieseler

445 Seiten. Gebunden
ISBN 3-351-02934-9

Keine beschreibt das moderne Rußland so packend wie sie: Krimi-Autorin Polina Daschkowa, die »russische Minette Walters«. »Club Kalaschnikow«, Daschkowas zweiter Roman in deutscher Sprache, ist ein vielschichtiger, raffiniert komponierter Thriller um die Ermordung des Casinobesitzers Gleb. Er zeichnet ein scharfes Bild des Rußlands von heute, seinen Gewinnern und Verlierern, der Welt der Nachtclubs und der Mafia.

»Die Königin des russischen Kriminalromans.« *Femme*

»Es gibt wenige Bücher, die mir beim Lesen Gänsehaut verursachen. Polina Daschkowa hat es geschafft.« *Gabriele Krone-Schmalz*

»Hochspannung.« *Stern*

Aufbau-Verlag